JN024089

スタートアップ・マネジメント

破壊的成長を生み出すための
「実践ガイドブック」

マット・ブランバーグ［著］　杉江陸［訳］

発行：ダイヤモンド・ビジネス企画　発売：ダイヤモンド社

　私の20年間に及ぶOJTを辛抱強く助けてくれたReturn Pathの取締役会と経営陣、そしてこれまた辛抱強くスタートアップCEO兼家族の共同CEOとして私と共に歩んでくれたマルキータ、ケーシー、ウィルソン、そしてイライスに感謝したい。

「批評家の言うことが重要なのではない。ましてや勇気ある男の失敗を笑う者、勇気ある行動の欠点を指摘する者の言うことならなおさら重要ではない。すべての功績は実際に舞台に立っている者のものだ。その者の顔は埃と汗と血で塗られているだろう。勇敢に戦い、失敗し、あと一歩というところまで来て届かないことの繰り返しだ。何故なら、努力には失敗と間違いがつきものだからだ。しかし、その者は善行のために努力し続け、燃えるような情熱を持ち、献身的で、大義のために身を捧げる者である。結局最後に勝利の高みを極めるのは彼らなのだ。たとえ失敗したとしても、彼らの失敗には勇気が伴う。彼らの魂の居場所は、勝利も敗北も知らない冷たく臆病な魂と決して同じにはならない」

1910年4月23日、セオドア・ルーズベルトが行ったパリのソルボンヌ大学での演説「Citizenship In A Republic（共和国における市民権）」からの抜粋

目　次

第1部
ストーリーテリング

第2部
人的資本の構築

第**3**部
エクセキューション

第**4**部
取締役会の組成とリード

第**5**部
他者の管理のための自己管理

第6部
会社の売却

訳者まえがき

　この本は、若き起業家やビジネスパーソンをインスパイアすべく、とある起業家がたどった（しばしば善意の解釈と少々の脚色を伴う）サクセスストーリーと人間ドラマを綴るノンフィクションの小説ではない。超一流の企業の成功を分析して結果論からクールにまとめられた概念的フレームワークの紹介でもない。「本気で勝ち切る」経営のための詳細にわたるフィールドガイドだ。だから、本書を読んである種の情感を伴う読後感を持たない皆さんが多いと思う。それでも私は、本書はこれまで出版された中でもっとも具体的で実践的な成長事業の経営マニュアルではないかと思う。

　本書に私が出会ったきっかけについて話をしたい。

　私がPaidyに入社し、創業者であるラッセル・カマーとの共同経営を始めたのは2017年11月のことなのだが、その約4カ月前のこと、Paidyのプロダクト・ローンチ前からの投資家であり、Paidyの取締役でもあるArbor Venturesのメリッサ・グジーと会った。彼女は現在、テック企業を投資対象とするVC（ベンチャーキャピタル）であるArborの創業者として活動しているが、もともとは不振企業の事業再生のプロとして名を馳せた人物だ。細かくは触れないが、職業人としてもヒトとしても数多の苦難を乗り越え続けてきた「手練れ」であり、私は彼女の快活な笑顔の奥にある深みにすっかり魅了された。その面談の際に、当時のPaidyの状況や経営課題、私なりの企業経営の考え方などを話す中で、彼女が私に薦めたのがこの本だ。

　その後、実はラッセルにも同じ本書を薦めていたことがわかり、私たちは2人でこの本を読み、その後に話し合った。「ここに書いてあることだけが真実じゃない。だけど、2人の意見が食い違った時には、ここに何と書いてあるかを起点にしてディスカッションしようか」と同意した。

　その後、私がPaidyに加わってから数カ月というもの、私たち2人はしばしば意見がかみ合わず、それこそ怒鳴り合いの喧嘩をしたことも一度や二度ではない。考えてみれば当然で、ラッセルはGoldman Sachsでの輝かしいキャリアをかなぐり捨てて、若くして異国日本でゼロから事業を立ち上げた強烈な意志の持ち主であり、典型的な創業ワンマンだ。私は私で、長期にわたりマイナス成長と負けが身にしみ付いてしまった大規模金融機関を経営者としてV字回復させた自負と、日本語をあまり上手に話せないラッ

セルよりも日本人や日本の市場をより深く理解しているというある種の思い込みがある。プライドのぶつかり合いにならない方が変だ。

　そうはいっても、お互い学生時代の専攻分野は数学で、かなり定量的且つ論理的で「話せばわかる」タイプだと思う。だが、論理というのは「問い」に「答え」を導くものであって、「問い」の設定が異なる場合には、論理は元の「問い」のズレを探るための道具にもなるが、大抵はその前に相手の間違いを探し合うネタにもなり得る。つまり、私がある「問い」を勝手に設定して「答え」を言い、違う「問い」に答えようとしていたラッセルが「Riku、全然違う」と被せるところからヒートアップしていく（ことがわかっているのにヒートアップする）。

　お互いを知るにつけ、怒鳴り合いよりは相方を尊重しながらの議論に落ち着いてきたとは思うのだが、それでもやはり時に激しい感情も伴う衝突はある（Paidyの特に幹部社員は日常的にそうした光景を目にしている。それでも最後は素直に心から謝れるのが私たち2人の良さだと自負している。最近の我々は、喧嘩したらまずは一緒にハンバーガーを食べに出て、その夜にお互いが本書に立ち返ったり自省の時間を持つなどした上で、翌日に改めて謝り合うパターンが多い。時には手紙と小さなプレゼントを相方に渡すこともある）。本書はそんな私たちにとって、ハドルを組み、仲良く喧嘩しながら納得感のある経営をする上で、特に「今私たちは何を解決したいのか」を擦り合わせ、「解決方法」の第一仮説を得るための「バイブル」であり続けている。

　勿論、スタートアップであれ、大規模な伝統ある企業であれ、「こうすれば必ず上手くいく」なんていうマニュアルなどないに決まっている。人間は生き物であり、「べき」と「したい」の間を常に揺れ動くが故に、機械のように完璧に動作することが保証された会社や組織なんていうのもこの世の中に存在する訳がない。だが、「もっと上手く在り続けよう」ともがくラーニング・アニマルにとって、一つの具体的な「型」を示し、プラクティスの機会を与えている本書は革新的な存在だ。経営に「型」なんてある訳がない、というのは極めて簡単に行き着く正論だが、日本ではそういう考え方が、マネジメントスキルのトレーニングを受けずしてサラリーマンの人事異動の延長線上としていきなりトップに立たされてしまった経営者たちによる、星の数ほどの数ある致命的な失敗と伝統企業の凋落に繋がってきたと言うと過激過ぎるだろうか。

　本書は、起業家もしくは起業を志す者、スタートアップ界隈のVC・CVC関係者は勿論のことだが、大企業の第一線で今置かれた状況を変えてみせようともがくプロフェッショナルにもぜひ読んでいただきたい。数千人或いは数万人の組織にあって、全体を明確に理解して変革の仕方や事後の姿をイメージするのは容易ではないが、小さなスケールのスタートアップを理解と学びのショーケースとして活用し、自分が属する組織の持

つ問題の核心に迫るための機会にしていただければ幸いだ。そして勿論、小さなスケールのチームにより強い関心を持ったなら、読後にぜひスタートアップの門を叩いてほしいとも願う。少なくとも今の自分とは違う人種に出会え、その出会いが今後の自分のビジネス・パーソンとしての成長の方向性を発見する一助になることを保証する。大企業よりもスタートアップの方が楽しいとか、先進的だとか、そういうつもりはない。だが、「スモール・イズ・ビューティフル」と言われるように、全体が見えやすく、わかりやすいので学びやすいのだ。

　なお、本書はその性質上アメリカの読者を対象としているために、一部は日本の法制度や事業環境に合っていない記述も見られる。だがこれもまさに自分のやり方や常識を客観的に見つめ直す良い機会となるのではないかと思う。日本ではどうしても小さなベンチャー界隈のコモン・プラクティスを唯一の真実として学習してしまうところがある。「訳者あとがき」でも繰り返し述べていることではあるが、「日本」、「業界ムラ」、「男性社会」などからのアンラーニングのために外国語でのコミュニケーションを重ねてほしいが、そこに高いハードルを感じたとしても、せめて本書のような「非日本」からの情報を日常的に浴びてほしい（勿論本書はアメリカ的で、アメリカもまた偏っているのでそこは理解した上で）。

　本書の著者マット・ブランバーグは、スタートアップ経営の達人だ。VCでの投資、経営コンサルティング会社での助言、事業会社でのデジタル・マーケティング責任者としての活動などを経て、1999年にReturn Pathを立ち上げ、大きな成功に導いてきた。それにとどまらずNPOの立ち上げ、卒業したプリンストン大学のコミッティーへの参画、コロラド州の新型コロナ対策ワークフォースのリード、地域リトルリーグのサポートなど活動は多岐にわたり、シリコンバレー拠点のVC、Andreessen Horowitzの共同創業者であるベン・ホロウィッツや、Twitterの元CEOであるディック・コストロなどにも尊敬される超有名人だ。

　そんなマットが、2019年にReturn Pathを売却した後に、また新たな事業を立ち上げた。いくつになっても、そしてどんなに裕福になっても、歩みを止めず「もっと前へ」と新たな困難に向けて踏み出す彼を、一人のオペレーターとして心から尊敬してやまない。

　自戒を込めて：結局は、困難を乗り越え、やり遂げた者だけに神様は微笑（ほほえ）んでくださる。

本書について

　スタートアップのCEO（最高経営責任者）の公の姿はとても華やかに見えるかもしれない。ドラマチックなプロダクト発表、様々なメディアや講演などへの出演、成長するチームを率いてその使命を果たす、など。

　しかし、そのCEOが取り組む日常的な業務については、あまり知られてはいない。

　GoogleのCEOラリー・ペイジがストックオプションプールのストラクチャリングやグローバル・セールス・チームの体制に頭を悩ませている姿など誰も想像しないし、マーク・ザッカーバーグがより組織力を高めるべく幹部採用候補者を面接している動画がSNSにアップされることもないだろう。

　ただ、まさにこのようなことこそがCEOが費やしている時間の大部分である（かつて起業家を目指した者の多くが失敗とともに学んだことでもある）。

　私が知る中で、これらの現実をリアルにさらけ出したスタートアップのCEOに、アメリカのReturn PathのCEO、マット・ブランバーグがいる。

　私は光栄にも長年マットと一緒に仕事をする機会があった。彼は、2007年にGoogleによって買収された、アメリカ・FeedBurnerの取締役だ。その頃からずっと、彼は私の貴重な同僚であり助言者でもある。

　マットは10年近くにわたり、スタートアップのCEOの経験のあらゆる要素、つまりプロダクト発表やM&Aは勿論、休暇規程、会議の在り方、業績予測、人材採用のベストプラクティスなどを事細かに記録してきた。それらの内容は「将来、世界を変えるテクノロジートレンド」のような華やかなものではないにせよ、すべてのスタートアップの成功の鍵となるものだ。

　マットが1999年にReturn Pathを立ち上げたときのアイディアは、郵便局が提供している郵便物の「住所変更」のようなサービスを、「電子メールアドレス変更」のデータベースサービスとしてデジタルの世界でも提供するという単純なものだった。

　マットと彼のチームは、その後電子メールに関わるより広範な問題解決にも事業領域を広げていった。例えばメーリングリストの作成や、オンライン顧客調査などがその一例だ。だが市場が変化するにつれて、マットは事業の焦点を「より確実な電子メール配信」に関わるものに絞っていった。

　そしてビジネスが益々成長するにつれて、Return Pathは「電子メール・インテリジェンス」をテーマとして、偽装、フィッシング、競合追跡といったインターネット・ドメイン関連の問題解決に取り組むこととなった。

CEOというポジションを4度経験した者として（現TwitterのCEO）、ほぼ確信を持って言えることがある。世にあるほとんどの企業は、これほど数多くの方向転換を繰り返しながら長期間生き延びることは出来ないということだ。

　平凡なスタートアップとは対照的に、Return Pathは結果的に生き残り、成功した。世界中に400人の従業員を擁し、1億ドルの売上を上げている。

　彼らは決して華やかではない細かなことを大切にしながら、幾多のピボットや事業の売却、そして最近の世界経済危機にも耐えられるようなレジリエント（強靱）な企業となった。

　マットの経験は、会社そのものを築き上げるための地道なハードワークが、事業アイディアを生み出すという楽しい作業よりもはるかに重要であることを証明している。この非常に難しく且つ特殊な仕事を詳細にわたってまとめられたものは、私が知る限り本書が初めてだ。

　マットは当初『Only Once』というブログに本内容をまとめていたが、それを今回本書にまとめた。

　読者はここから、10年以上にわたってそのスキルを磨いてきた経験者から、「会社を立ち上げる」ことに関して修士課程レベルの学びを得ることが出来るだろう。

アメリカ・Twitter CEO
ディック・コストロ
2013年4月

謝辞

本書の著作には大変多くの人々のサポートをいただいた。感謝すべき人を書き連ねると長くなってしまうが、まずは弊社の長年の取締役である友人のブラッド・フェルドに触れたい。

ブラッドと私は、2004年5月10日、コロラド州スペリオルのシェアオフィススペースで互いに隣り合って座り、タイプパッドテンプレートの使用法を探りながら、それぞれのブログ、『Feld Thoughts』（www.feld.com）と『Only Once』（www.onlyonceblog.com）を立ち上げた。

ブラッドは、10年以上にわたる大切な友人であり、貴重なビジネスパートナーだ。

ブラッドがJohn Wiley & Sonsを出版社として選択し、書籍を執筆し始めたとき、いつか私も自分のブログの内容に基づく書籍を執筆するかもしれないと話したことがあった。

私は彼の最初の著書『Do More Faster: Techstars Lessons to Accelerate Your Startup』の寄稿者の一人だった。そして彼から2冊目の著書『Venture Deals: Be Smarter Than Your Lawyer and Venture Capitalist』の草稿を読んでほしいとの依頼を受けた際、「起業家の視点」と題された約40〜50の補足コメントを記入し原稿を返却した。多くの読者からその内容に関して好評を得たことから、ブラッドが本書出版の可能性に関してWileyの出版部に私を紹介してくれたことがすべての始まりだった。ブラッドは、本書の執筆にあたって、一連のプロセスの進行をサポートし、また数多くの貴重な助言を与えてくれた。

取締役会の他のメンバーに対しても感謝を述べたい。CEOとしての私を長年にわたり教育し、本書の内容そのものにもアドバイスをくれた。フレッド・ウィルソン、グレッグ・サンズ、スコット・ウェイズ、スコット・ペトリー、ジェフ・エプステインは現職の取締役メンバーだ。またベン・ペレズ、ボブ・ナップ、ジョナサン・シャピーロ、エリック・カービー、フィル・サム、クリス・ワンド、クリス・ホレンズ、ジェームス・マシアノは、弊社の草創期に取締役として支えてくれた。

私が取締役や会長を務めた企業のCEOだった、ディック・コストロ、ジム・フォレット、ラリー・キンメル、リンダ・ウーリーも、私以外のCEOがどのように職務をこなしているのかを詳細にわたって教えてくれた。これらは、CEOとしての私の経験に多大な影響を与えた。

また本書は、私に日々挑戦し、インスピレーションを与え、学びをもたらしてくれる

Return Pathのチームなしには存在しないだろう。私がここで言うチームとは世界中のおよそ400人の従業員のことだ。

特に長年エグゼクティブチームに属しているジョージ・ビルブリー、ジャック・シンクレア、アニタ・アブセイ、アンジェラ・ボードネロ、アンディ・サウティンズ。新任のエグゼクティブチームメンバーであるジョン・ベア、デーブ・ウィルビー、マット・スピルマン。

長年のチームメンバーであるアンドレア・ポンチオーニ、ケン・タカハシ、タミ・フォーマン。元シニアメンバーであるカール・フロリダ、メアリー・リン・マクグラス、ジョン・ベンツラ、ティム・ドラン、ジェニファー・ウィルソン、デーブ・ポーラス、ニノン・ブラウン、ステファニエ・ミラー、ビンス・サビオ、マイケル・メイヤー、マルティ・ドナー、クレッグ・スワードロフ、ロブ・マテス、ジェフ・マテス、チャック・ドレイク・ドレーク、レベッカ・フラビン。

本書第1部の執筆にあたって、多大なサポートを提供してくれたジョージには特に感謝している。

本書はまた、私にCEOの仕事とはどういったものかを教えてくれた数々の人々がいなければ生まれなかっただろう。

Triad Consultingのマーク・マルツは、私の秘密兵器であり、エグゼクティブコーチだった。

「CEO Forum」のメンバーであるセラ・アーバイン、ジョナサン・シャピーロ、アダム・スラトスキー、アラン・マサレック、デイビット・キドラーにはいつも助けてもらっている（デイビットの最新本『Startup Playbook』は、本書作成中に研究、執筆された。お互いに大いに刺激を得たが、内容自体は大きく異なる）。

アンドリュー・ジャレキ、ビル・フォード、ニール・ポムロイ、エレノア・レジャー、マイク・サージェントは以前に職場を共にしたことのあるシニアリーダーたちだが、私のビジネスにおいてここまで成長することをサポートし、Return Pathの経営手法に影響を与えてくれた人々だ。

Wileyのビル・ファロン、メグ・フリーボーンからの思慮深いフィードバックと編集長の支援にも感謝したい。

ブラッドの前書、また新書でもある『Startup Communities』『Startup Life』『Startup Boards』『Startup Metrics』及び本書はすべて、Startup Revolutionシリーズ（www.startuprev.com）の一部だ。

また、本書のプロジェクトマネジャーであり、ブログに投稿済みのコンテンツのキュレーター、時にはゴーストライターでもあり編集者でもあったハニー・ヒンディーの努力がなければ、本書は完成しなかった。

会社を経営しつつ、こんなにも多くの言葉を自分一人の力で綴ることは出来なかった。私たちのためにハードコピー／印刷製本の編集をボランティアで行ってくれたTechStarsのクレア・ティシャーにもまた感謝したい。彼女はただただこの本の内容を気に入り、本書をすばらしいものにしたいという気持ちから無償で編集を行ってくれた。自分一人では効果的に編集することは出来なかっただろう。

最後に本書への洞察やフィードバックを提供してくれた家族にも感謝したい。私が日々の仕事をこなしながらも本を執筆するという二重のタスクを果たす間、辛抱強く支えてくれたことにも感謝する。私の経営者或いはリーダーとしての基本的な資質を形成し、幾多の人生の教訓を教えてくれた両親のボブとジョイス、また、同じCEOとして、本書について特別なアドバイスをくれた父に心から感謝している。

私の子どもたち、ケーシー、ウィルソン、イライスは、本書のイラスト付きの絵本が出版されるか、あと10年ほど経つまでは、この仕事のことがよくわからないだろう。もしかするとそれでもまだ気付かないかもしれない。

バタバタと玄関まで走り寄り、私を迎えてくれる彼らは、いつも私を笑顔にしてくれる。最後に、私の生涯のパートナーであり、ビジネス人生においていちばん信頼出来る相談相手であるマルキータ。彼女なしで、ここまでCEOとして成功し、分別のある人間でいられたかどうかはわからない。

著者について

　マット・ブランバーグは1999年にReturn Pathを設立した。電子メールがもっと使えるものになることを世界中の人々が求めていると信じていたし、知識集約型産業のモデルとなるような理想的な職場環境を築きたいと思っていたからだ。

　マットは、電子メールの読者とマーケターの双方にとって有益なオンラインの関係強化に情熱を燃やしている。

　彼はこの最初の会社が、市場をリードするブランドとなり、革新的なプロダクトを世に送り出し、そして電子メール業界の著名な専門家たちを擁する従業員400人以上の会社へと成長していく過程を目の当たりにし、それをとても誇りに思っている。

　またReturn Pathは、Crain's New York Business and Fortuneマガジンの「もっとも働きやすい職場」にも選ばれている。

　Return Path設立前は、マットはアメリカ・MovieFone（後にAOLが買収）でマーケティング、プロダクトマネジメント、インターネットグループの運営に携わった。

　それ以前は、プライベートエクイティ（未公開株式投資会社）であるGeneral Atlantic Partnersのアソシエイトであり、Mercer Management Consultingのコンサルタントでもあった。

　彼はプリンストン大学のBA（文学士）である。

導入

『スタートアップ・マネジメント』は、会社を立ち上げたり、アーリーステージの資金を調達したりする方法について書かれた本ではない。これらのトピックは起業家には欠かせない内容ではあるが、既に世の中で十分に取り上げられている。

そして、セールス、マーケティング、エンジニアリング、財務や他の社内規範について書かれたものでもない。

Return Pathの例が多々含まれてはいるが、Return Pathの話でもない。また私のブログ、『Only Once』（www.onlyonceblog.com）の投稿には本書の内容から着想を得た内容のいくつかが記述されており、ブログや「Startup Revolution」というサイトにおいて引き続き記事を書くつもりだが、本書はブログの内容そのものでもない（www.startuprev.com参照）。

ほぼ14年前、Return Path CEOとして初めて仕事に臨む日に、誰かからプレゼントされたらどんなに良かっただろうと思えるような本が書きたいと、この本の執筆を始める時に考えていた。

CEOであるためのマニュアルやフィールドガイドはない。

General ElectricやGeneral MotorsのCEOになるのであれば、何十年にもわたってその訓練を受ける。ところが自分で初めて会社を立ち上げるとなったら、そんな贅沢は望んでも得られない。私が29歳でReturn Pathを設立した時、私はそれなりに経験を積んできたと思っていた。

経営コンサルティング。

VC。

大企業傘下のCEO直轄インターネットスタートアップのゼネラルマネジャー。

しかしCEOとして実際に職務に就いてみると、自分が何をしているのかまったくわかっていないことに気付いた。CEOという地位に身を置き組織全体を指揮するには、真の専門的技能を必要とし、特にキャリア早期においては、実際にその職務に就くこと以外にそれに代わる学びはない。私は、『Only Once』というブログを9年以上にわたり書いてきたが、その主なトピックは起業家精神、リーダーシップ、マネジメントに関する投稿だった。『Only Once』というブログ名は、長年の友人であり取締役でもあるフレッド・ウィルソンがこのブログに寄稿した「You're Only a First-Time CEO Once（初めてのCEOであるのは一度きり）」というタイトルのコンテンツが由来となっている。

その投稿で彼は：

経営の中でもっとも困難な仕事は「初めてCEO」となることだ。それを証明するデータが何かある訳でも何でもないが、初めてCEOの職に就く者の、少なくとも75%が何らかのレベルで失敗するのではないかと思う。クビになる者、沈みゆく船と共に沈んでいく者も多数いれば、自ら辞める者もいる。正しいやり方を知り、事業の可能性を発揮し切る前に事業売却を余儀なくされる者も多い。

しかし、もっとも純粋な資本主義の形であるベンチャーキャピタリズムにおいては、失敗がすべて悪いとは限らない。

何故なら、先ほど申し上げたように、「You're Only a First-Time CEO Once」だからだ。

優秀なビジネスパーソンなら、多くの場合には最速で学習を重ねる。

同じ失敗を繰り返さないし、誰よりも早く行動し、よく人の話を聞く。そして支出を減らし、よりよい人材を採用する。このような学びのリストを並べればキリがない。

では、これはベンチャーキャピタリストにとっては何を意味するのだろうか。

（未経験の者ではなく）既に経験のある起業家たちを支援するべきということだ。

しかし、それが不可能で、初めてのCEOを支援するのであれば、そのリスクを認識し、メンターやコーチとして動き、細心の注意を払うことだ。

では、これは起業家や経営者にとって何を意味するのだろうか。

初めて事業を立ち上げる際は、自分が直面している問題の存在を受け入れるべきだ。エゴを捨て、取締役会で助けを求め、コーチングやメンタリングを受ける。

失敗の可能性を理解し、失敗に対する恐怖心を乗り越える必要がある。失敗は必ずしも致命的なことではなく、ただ単に誰もが通る通過点なのかもしれない。

私はCEOとして、本書に記されたすべての間違いを少なくとも一度は犯しているような気がする。二度以上やらかしてしまった間違いがいくつかあるのも確かだ。だからこそ、初めてのCEOとして、14年間の経験から得た教訓を、他の起業家や今後起業を目指している方々に伝えることが出来れば、これ以上嬉しいことはない。

本書を読むことで、読者が一人でもクビを免れ、沈みゆく船と共に沈まず、或いは辞めることもなく、CEOの職務を遂行することが出来たなら、本書は大きな成功を収めたと言えるだろう。

本題に入る前に、3つの注意点を伝えたい。

1点目は、本書は、私自身と、私がよく知る数人のCEOの経験に基づくものであるということだ。これは主に、従業員500人以下の1990〜2010年の間に設立されたインターネット業界、またはそれに関連するアメリカ人がアメリカで経営する会社が題材であることを意味する。本書が時代に左右されず、文化や業界の枠を超えるものであるこ

とを期待しているが、私自身の経験に偏っている部分もあるだろう。

　本書作成においては、多くの人に補足、セクションの開始や結びなどへの寄稿を依頼し、より一般的になるよう努力はしているが、協力者のほとんどが私に近い属性の人々の集まりであるということも事実だ。

　2点目は、CEOの仕事に関連するすべての質問や難題に一発回答出来るような気の利いた結論や包括的な根拠を私は示すことが出来ないということだ。

　どんな規模の会社においてもCEOという職務は大変に複雑であり、「本物であること」というタイトルの本を書くことと同じように難しい。だからこそ、本書を、高尚な哲学本としてよりも実践的なフィールドガイドとして作成している。

　3点目は、私自身もすべての疑問に対しての答えを持ち合わせてはいないし、何もかもがわかっている訳ではないということだ。すべてを知り尽くしている人は誰一人いない。ただ私は、多くの「問い」と同時に、自分の経験に基づく「答え」を自分なりに導き出してきた。会社を経営するということそれ自体、臨機応変でなければならない。

　優れたCEOであっても時にはカーブボールを見逃すこともある。本書は私なりに長年の職務経験の中で学んできたことを、現時点で可能な範囲で記したものだ。

　そもそもCEOであるということは、本質的に個人的なことでもある。私には役に立つことが他の人にとってもそうであるとは限らない。リーダーにはそれぞれ、異なるスタイル、価値観、信念、世間に対するアプローチがある。ここでの私の意図は、「これがタスクXYZをこなすただ一つの方法である」という判断基準を提供することではない。創業ステージ（従業員25人未満）から売上獲得ステージ（従業員150人未満）、成長ステージ（従業員500人未満）までの企業のCEOの主要な任務を文書化し、それぞれのタスクにアプローチする1つか2つの方法を私自身の経験から挙げることだ。

　本書にフレームワークを与えるのは簡単ではなかった。

　私はかつて、フレッドのブログに掲載された「CEOの仕事とは」と題した記事を引用したことがある。そこで彼は、ベンチャー企業の経験豊富な同僚の言葉を引用し、CEOはたった3つのことしかやっていないと述べた。

　「CEOはたった3つのことしかしていない。企業の全社ビジョンと全社戦略を策定し、それをすべてのステークホルダーに伝達する。会社にとって最高の人材をリクルートし、雇用し、定着させる。銀行口座に十分な現金があるように努める」

　私はこのフレームワークの単純さが好きで、本書の概要にも少々取り入れた。本書の第1部「ストーリーテリング」では、ビジョンを伝えるための理想的な方法に焦点を当てている。

　第2部は、「人的資本の構築」というタイトルになっている。

そして、その後の概要はフレッドのフレームワークよりも少し踏み込んだ内容になっている。フレッドの3点が必須であることには概ね賛同する一方で、そのリストにいくつか、重要なトピックを追加せずにはいられなかった

　まず初めに、3つ目のトピックはより広く捉えられるべきだと思う。ただ単に銀行に十分な現金があることを確認するだけではなく、広く実行力にも関与していることから、本書の第3部は「エクセキューション（実行）」と題されている。銀行に資金を保つことと、規律を持って賢く支出することの両方に関することだからだ。

　第4部では、「取締役会の組成とリード」というCEOの仕事の非常にユニークな側面を取り上げる。第5部では、「他者の管理のための自己管理」という、何をすべきというよりどのように行うかということについて述べる。

　このフレームワークは、スタートアップのCEOが直面しなければならない、ほぼすべての課題を網羅しているが、経営とリーダーシップという重要な分野が除外されている。

　私は、経営者として、またリーダーとして、これまでの経歴の中で多くのポジティブな影響と、そしてまたネガティブな影響を受けてきた。

　私は、よいことも悪いことも学び、CEOとしての仕事に生かしていこうと心に決めた。特に、長年にわたって非常に悪しき経営慣行を目にしてきたことで、まったく異なる職場を作りたいと思う動機付けにもなった。

　会社経営を始めてから数年後、私は別のアプローチを取った。

　難しい決断を下す際に、他人が自分と同じ状況にいたならどうするだろうと考えることをやめたのだ。私は自分自身の考え方、自分自身の直感、そして自分なりの自己表現の在り方を磨いていった。

　CEOとしての自分なりのスタイルが、何を転機に確立されたのか、今となっては思い出せない。何か重大事がきっかけだったのかもしれないし、コーチと一緒に考えを深めていたときだったかもしれない。或いは明確な転機があった訳ではなく、時間を費やし役割をこなす中でゆっくりと身に付いたのかもしれない。バックミラーを覗いて振り返ってみると、自身のスタイルを確立するために、もっと早い段階でもっとたくさんのことをしておけばよかったとも思う。

　もっと思慮深かったなら、その発見を早めることも出来ただろうに。

　本書を通じて、私が「マネジメント・モーメント」と呼んでいる、自分がCEOとして体得したマネジメントとリーダーシップの原則をいくつか紹介する。

　読者として、何に賛同いただけるか、どの部分は私と異なるのか、自分自身にとって大切なものが何か欠けているだろうか、と考えてみてほしい。あなたのリーダーとしての強さと自信が、あなた自身やあなたの率いるチームに恩恵をもたらすことを保証する。

第1章
変動する時代の真のリーダーシップの重要性

　私たちが生きるこの時代（2019〜2020年）に深く関わる第2版の最初の章を、胸躍る気持ちで書き始めている。この章はまた、私たちがReturn Pathで行った社風とリーダーシップ開発に関わる仕事にも深く関係している。

真のリーダーシップとは何か

　最近のビジネス文献には、類似し、関連し、重複した（同じではないが）、互換性のある用語で溢れている。具体的には、モラルリーダーシップ、倫理的リーダーシップ、サーバントリーダーシップ、真のリーダーシップなどだ。今日の変動的複雑な世界でもっとも成功しているリーダーの共通点は、人格と行動において非常に優れた特質を示し、すべての企業関係者、特に従業員を深く思いやる点だ。

　何故今なのか。

　真のリーダーシップが常に重要であるのは明らかだ。倫理、人々、善行を無視して会社を築き、経営することも確かに可能ではある。実際、悪行に基づいて会社を築くことに成功することは可能だろう。しかしそれは短期的なものだ。CEOをはじめとするリーダー格の悪行が、会社や自分自身を危険にさらすことになった例をここ何年も見てきた。

　しかしここ10年ほどだが、社会で何かが起こり始めている。多くの組織がリーダーシップの行動を重視するようになり、破壊的且つ根本的な変化が起きているのだ。これは#MeToo運動だけに限ったことではない。#MeToo運動は、女性がセクハラや性的暴行の問題に立ち向かうために始まった。しかし今では、社会から疎外された人々などコミュニティーを多面的に支援する運動へと拡大している。よい行動は常によいものであり、悪い行動は常に悪いものであるという考え方と同様、#MeToo運動やその関連の社会的動きは、ほとんどの場合、否定的な行動に対する意識を高め（願わくは発生率を下げ）、被害者へのサポートを提供している。

　そして現在、物事は若干雪だるま式に発展しつつある。CEOは、これまでにはないほどちょっとした不適切な行為や、些細な違反のために解雇されている。また、従業員との合意の上での恋愛関係が原因で解雇されている。さらに、ストリップクラブで7万5000ドルものT&Eカードを使い解雇されている。たとえそれが顧客や従業員との外出であったとしてもだ。おわかりいただけただろうか。

　こうした大きな悪事を撲滅する取り組みは非常に重要なのだが、それだけでは十分で

はない。ほとんどのCEOは、道徳的に破綻している訳でも、泥棒でも、性犯罪者でもない。このような社会の変化は、金魚鉢の中のCEOがこれまで以上にスポットライトを浴び、より強力な顕微鏡の下にいるということを物語っている。従業員、取締役、投資家、顧客、サプライヤーなどのすべての関係者が、どのような関係を会社に望むかを決定する手段として、CEOが使う言葉、決断、行動に、より一層の注意を払っている。倫理という言葉の辞書的な定義はともかく、私は意思決定についてある賢者から次のような言葉を聞いた。「もし自分の意思決定が新聞の一面に掲載されてしまうような事態を望まないのなら、その決定が従業員、会社関係者、そして顧客との関係を損なうような場合、それはおそらく悪い意思決定なのだ」。

機会として捉えよ

本書では、CEOとして意図的に行動すること、及びCEOとしての人間性という2つの大きなテーマを掲げた。この2つのテーマの組み合わせにより、全社における高いレベルの敬意、エンゲージメント、ハイパフォーマンスを推進するためのバックグラウンドを形成することになる。また、この2つのテーマは、真のリーダーシップの実現に欠かせない要素でもある。そして、この公式を正しく理解することは、ビジネスにとってプラスになることは間違いない。どこの会社であれ、社員のエンゲージメントやパフォーマンスを高めたいに決まっている。

真のリーダーシップや「正しいことをする」という精神が重要であることの具体的なトピックについて、おそらく50ほどの例を挙げることが出来るが、ここではもっとも明らかでもっともインパクトのある組み合わせに焦点を当てることとする。

ギャップに注意せよ

過去10年間で、真のリーダーシップに関して私が学んだもっとも重要な教訓の一つは、トップから実践を始めなければならないということだ。つまりCEOであるあなたからだ。本トピックの性質上、組織という乗りものに飛び乗るように言っておきながら、自分自身が何もしないでいては何事も進展しない。また組織に今までとは違う行動を取らせたり、型にはまらない新しいビジネスプロセスを推進したりすることも、それに対する自分自身のコミットメントがなければ実現しない。部下に命令したことを自分では実践しないという会社のトップの態度、Say-Do Gapは、事実から目をそらしたり、偽善的な行動をはびこらせる腐食性に繋がり、ビジネスをリードするCEOの権威を完全に損なう。

Say-Do Gapとは何か。自分の会社であるにもかかわらず、会社のルールや習慣に従わないすべての状況だ。具体的には以下の通りだ。

・ビジネスクラス禁止のポリシーを定めておきながら、自分はビジネスクラスまたは

ファーストクラスで出張する。

・謙虚さという価値観を掲げながら、自分がどれだけお金を持っているかや、自分の功績を従業員に自慢する。

・仕事で遅刻をし、従業員に迷惑を掛ける。

・会社が財務目標を達成出来なかった年にすべての人のボーナスを減らしておきながら、自分はボーナスをフルで受け取る。

結局のところ、このような状況に対処するための簡単な方法が2つある。要は自分で守れるポリシーだけを作ればよいのだ。作ったら必ず従う。または、ポリシーを変更する必要がある場合は、すべての人が益を受けるように変更する。上で述べた例を使って説明すると、通常はエコノミークラスに乗るべきだが、特定の状況下ではビジネスクラスに乗ってもよいというポリシーがあってもよい。ただ、馬鹿げたポリシーを作ることだけは避けなければならない。私が知っているあるCEOの会社には、「CEOか社長以外はビジネスクラスに乗ってはならない」という出張ポリシーがあった。それで彼はポリシーには準拠したが、真のリーダーシップの定義には適合しない。

ダイバーシティ、インクルージョン、そしてアンコンシャス・バイアス

ダイバーシティやインクルージョンというトピックでは、概して本質や何が重要なのかを掘り下げずに、見出しや話題性にとらわれがちだ。問題は、これらの用語は人によって異なる意味を持ち、また多くの企業はインクルーシブな環境を構築することなく、ダイバーシティの数値的な（意図的に選択された）評価基準に取り組もうとしていることだ。女性エンジニアの割合にノルマを設定し、そのメトリックを公表することで、先端を行くシリコンバレーの大企業を真似するのは一見よいことのように思えるかもしれない。しかしもしもそれが、問題を狭く捉えたり、問題を具体的に考え過ぎて全体像を見失ったり、実装する意味が失われる、または意図しない結果を招いたりするのなら、真似するべきではない（例えば、ある特定の役割に女性エンジニアのみを採用しろと義務付けても上手くいく訳がない）。

では真の問題点はどこにあるのか。

Return Pathにおけるダイバーシティとインクルージョンを巡る「問題」には、複数の要因が絡んでいると判断した。そしてこの問題は実はアンコンシャス・バイアス（無意識の偏見）と呼ばれる、もっとも善意ある人々にさえ静かに浸透してしまうものに根差していると結論した。職場に存在するアンコンシャス・バイアス根絶のために取った

アプローチは、従業員のライフサイクルのあらゆる段階でそれを徹底的に追い出すためのシステム的なものだった。メトリクスを使用したのだが、それをゴールとして設定はしなかった。メトリクスのおかげで、問題がどこにあるのかを把握し、そのシステムによってバイアスを理解し、軽減することが出来た。

・私は会社のバリューの追加について個人的に起草し（最初のドラフトと最終バージョン）、それを次年度の事業計画を発表した年次総会で、何故それが重要なのかという逸話を交えて個人的に発表した。このバリューは「Opportunity of Equality（平等性の機会）」というものだが、その背後には以下の概念が存在する。

・従業員の背景、経験、考え方の違いは、最高の業績の達成に貢献する。Return Pathはすべての従業員の才能を評価し、最大限に活用し、従業員や就職希望者を歓迎する環境を形成し維持する強い決意を持っている。性別、人種や民族、性的指向、宗教的・政治的見解、国籍、年齢、社会経済的地位の違いなど、従業員の様々な背景を尊重する。

・NCWIT（全米女性情報技術センター）とのパートナーシップを通じ、アンコンシャス・バイアスと「偏見解消」のトレーニングコースとワークショップを開発・運用し、数百人の従業員、すべてのマネジャー、及びリーダーが参加した。

・アンコンシャス・バイアスを減らし、インクルージョンを構築するために、採用プロセスのあらゆる側面に変更を加えた。ネットワークを拡大することで採用ファネルを可能な限り拡大し、従来とは異なる背景を持つ候補者を探し、職種を言い換え、ブラインドオーディション技術（GapJumpers）を使用し、候補者データを分析してどこにバイアスがあるのかを理解し、そのデータに基づき面接の方法やプロセスを改善した。

・性別や人種による格差をなくすために、報酬の実態改善を行った。具体的には、スタッフを直接管理するレベル、及びさらにその1クラス上級レベルのマネジャーの職務に特定の初任時の給与レンジを設定し、毎回すべての報酬データを分析した。すべてのポジションを公募し、社内昇進のための候補者の幅広いファネルを確保することで昇進プロセスを修正し、確実なインクルージョンを実現した。

また、すべての従業員がトレーニングプログラムを利用出来るようにし、重要なプログラムでトレーニング受講者のダイバーシティが十分でない場合、参加対象ではないグループの有資格者にも参加を奨励した。

・定期的に業績管理の方法を見直し、マネジャー、チーム、従業員がその場で互いに
フィードバックを行うことが出来るようトレーニングした。また、年に4回の正式
なフィードバックサイクルも実施した。そのうち2回はマネジャーと従業員の相互
フィードバック、残りの2回は模範チームとのライブ・ピア・フィードバックだ。
最初のサイクルでは、マネジャーにガイドラインを与え、偏った発言や意図がない
かどうかをチェックした。ピア・レビュー・セッションは、トレーニングを受けた
ファシリテーターがファシリテーションを行い、その場でバイアスを識別して修正
し、報告会ではマネジャーやチームと共にそれに対処した。

・また、全社的なリーダーシップ開発にも力を入れた。従業員は効果的なコースに
よってより強い発信力を持つようにトレーニングされ、リーダーは、自分と共通点
の多いチームメンバーだけでなくチーム全員との繋がりを深め、関わりを持つよう
訓練された（詳細は後述）。

・この取り組みは非常に透明性が高く、社内で公開的に推進した。実行のための社内
委員会を作り、このテーマに沿って会社の年間目標を設定し、四半期毎に行われる
オールハンズミーティングで定期的にニュースレターとスライドを配布し、目標に
対する進捗状況を報告した。

　我々がアンコンシャス・バイアスの問題を「解決」したなどと言うつもりはないし、
より広く文化的背景を考慮すれば、即座の解決が可能であるとも思っていない。しかし
それは、真のリーダーシップの確立においてすばらしい成果をあげたいのであれば、お
そらくもっとも努力する価値のある目標だ。

リーダーシップ開発

　Return Pathでは、設立当初から、経験的にとは言わないまでも直感的に、強力な真
のリーダーシップを持つことの重要性を理解していた。それ故に、常にリーダーシップ
開発に重点を置いた。実際のコースには時とともに変更を加えたが、常に3つのレベル
のリーダーシップコースとサポートを準備した。それは、すべての人がそこから恩恵を
受け、各人がモラル・リーダーになるためのパーソナル・リーダーシップコース、マネ
ジャーがより適切なマネジャーやリーダーとしての責任を持ち、その役割に移行するた
めの最初のレベルのマネジャーコース、そしてリーダーが組織と自分自身の影響力につ
いてより広い視野を持つことを支援するシニアリーダーコースだ。
　パーソナル・リーダーシップコースでは、フィードバックの受け取り方や与え方、感
情知能の開発、巧みな会話、アンコンシャス・バイアス排除の方法などのコアスキル

コースが含まれる。全新入社員はこのコースを受講し、さらに彼らは定期的にこれらのコースとその他の「ソフトスキル」コースを受講する。

新任のチームリーダーやマネジャーを対象としたマネジャーコースには、責任についての理解や人事制度の効果的な活用などの戦術的なリーダーシップスキルや理論に加えて、ロールプレイ、ストレス下での反応の改善、チームダイナミクスの理解とナビゲート、困難な状況への対応など、多くの実践的訓練が含まれている。また、正式な権限を持たずにマネジメントを実践する人も含め、すべての経営陣を対象に、月1回のマネジメントセッションを開催し、認識と、リーダーシップスキルを深めてもらった。

最後のトラックはシニアリーダーのためのものだ。我々が十分な規模となるまでの間、このサポートには個人やグループでのコーチングが含まれていた。ここ数年、シニアリーダーを対象とした正式なプログラムを少なくとも毎年1回は実施してきた。その中には、感情知能を高めるのに役立つ深い内省と感受性、そしてコミュニケーションと繋がり、戦略的思考と計画、チームと組織の開発に関するスキル構築が含まれていた。参加者やチームから、このトレーニングは変革的なものだったというフィードバックをもらった。このトレーニングは、全社における真のリーダーシップを深めるのに役立った。

取締役会のダイバーシティ

あなたの経営陣の中に誰がいるのか（或いはより一般的に誰が従業員なのか）は十分にコントロール出来ても、取締役会の中に誰がいるのかについてコントロールするのはより難しいと感じるのではないだろうか。自分以外の取締役の選任がVC投資家によって管理されており、その投資家がすべて白人男性である場合、異なる背景を持つ取締役を一人でも任用出来るような余地はあまりないかもしれない。また、白人男性ばかりの取締役会は、社内の女性リーダーにダイバーシティのロールモデルを提示するには理想的とはいえないのは明らかだ。

本書の第4部で書いているように、とび切り魅力的な取締役会を構築することは、CEOの重要且つ困難な仕事だ。私は、投資家や経営陣の取締役メンバーとは異なる視点を提供し、有用なバランサーとしての役割を果たすことが出来る独立取締役を任用することを常に奨励している。無論、独立取締役は、取締役会の顔ぶれを変え、ダイバーシティを添えることが出来る実現性がもっとも高いポジションであることは言うまでもない。もし取締役会に独立取締役の枠がなければ、或いは強く信頼している独立取締役が既にいて解雇したくない場合は、ベンチャー投資家たちのシンジケートと協力し、もう1人取締役を追加することを検討する（たとえ意思決定を困難にする可能性のある偶数となる場合であっても、それが許されるよう

な状況である限りは)、またはオブザーバーや将来のためのウェイティングリストとして誰かを追加する、或いはベンチャー投資家の誰かに別の人を選任するように説得するべきだろう。様々な理由により、Return Pathではこれが上手くいかなかったことを、後悔している。

ただし、他の取締役と外見や経歴が異なる取締役を追加する場合であっても、任用基準や要件を変えることなく維持するようにするべきだ。女性やマイノリティなどの取締役がいないよりももっと悪いケースがあるとするならば、役割を果たすだけの能力が不足している取締役の任用だ。

職場の政治

あなたの会社は政治のためのプラットフォームだろうか。それともバリューを広めるためのプラットフォームだろうか。これは、すべてのリーダーがいずれは必ず対処しなければならない、面白くもない難問だ。Googleを見てみるとよい。長年のリベラル派が保守派の権利や信念を踏みにじっているという社内の不満故に、職場での政治的な議論を制限するための新しいポリシーを発表すると、今度はNLRB(全米労働関係委員会)が従業員に言論の自由があることを思い出させるように命じ、すぐに連邦政府の標的にされた。リーダーとしてこういう状況をフォローすることはおろか、ナビゲートしようとすることは疲れるばかりだ。

特に分裂の激しい現代においては、自らの政治的見解(自分がどれほど正しいと思っていても)を会社に押し付けるのではなく、社内でよく知られ、既に確立されたバリューを道しるべにして、たとえ彼らが問題に対して望んでいる回答を受け取れなくても、可能であればすべての従業員に理解され、感謝されるような方法で論争問題を処理することが重要であることに気が付いた。これは、私がよく口にする「ビジネスはボスである」という言葉を思い出させる。つまり、ビジネスの最善の利益を求めることや、会社のバリューと調和することは、たとえ従業員が政治的に異議を唱えることがあっても、固守することが出来るのだ。逆に、個人の価値観をアピールするというのは、多くの従業員に不満を抱かせるためのレシピでしかない。

多くの具体的な例が挙げられるが、一つだけ紹介しよう。2015年、インディアナ州は「信教自由法」を可決した。これは、人々が抱く宗教的信条に反することを強制しないことを意図したものだったが、LGBT市民に対する法的な差別を容認し得るという副作用があった。当然に、全国の事業界や政界の声がとりわけ大きくなり、この法案を支持する側も反対する側も組織化した。当社のインディアナポリス事業所(そして他の事業所もそうであったが)の従業員も、この法案への賛成者と反対者で二分された。私は、他の大規模なテクノロジー企業のようにこの法律を拒否し、インディアナ州がこの

法律を制定したことを経済的に罰するべきかどうかを熟考の末、こう結論した：それを行うとすれば、間接的に国家の中の誰かを傷つけることになる。私たちは、社内のバリューを第一に考えたアプローチを採択し、あらゆる場面において（社内では従業員と、社外ではクライアントやパートナー、ベンダーと）機会均等と差別のない会社であることを再確認し、それ以下のことは許さないということを従業員に明確に伝えた。

　何人かからは、私の判断が「生ぬるい」との批判を受けたが、私は、「ビジネス・社内のバリュー第一主義」の姿勢を固守することは、真のリーダーシップを発揮する上で、政治的な姿勢を取ることよりも重要なことだと感じた。

　Return Pathでも、サービスを提供すべきではないクライアントの有無について、定期的に議論をした。難解なケースは多くなかったものの、（例えば、大手のタバコ会社や、銃器関連会社とはメールマーケティングをしていない）、我々と共に働きたいというポルノ系ビジネスの潜在的クライアントが多くいた。何人かの従業員は（当然のことながら）そのクライアントのビジネスモデルに不快感を覚えていたが、多少不愉快なビジネスであるとしても、合法的なビジネスの拒否を正当化するのは難しいと感じる。ポルノ系ビジネスの場合、当社のクライアントは例外なくエンドユーザーと有償で取引をしていたが、Return Pathがクライアントに当社のサービスを提供することにより、フィルタリングされるような支払いが発生するメールをエンドユーザーが受信することが可能になってしまう。そのようなビジネスをオプトアウトすることも出来ただろうが、我々の行ったことは、従業員に対し、そのようなクライアントのアカウントへの関わりを、説明なしでオプトアウトすることを例外なしで許可した。それが本当に正しかったかどうか判断しかねるが、私としては最善を尽くしたつもりだ。

第1部
ストーリーテリング

フレッド・ウィルソン（Union Square Venturesの共同創立者）曰く、「会社のビジョンを示す」ことは、すべてのスタートアップのCEOが会社を設立し直ちに行う3つの主たる仕事の1つだと述べている。新プロダクト、破壊的/革新的なサービス、「ブルー・オーシャン」における独占などといった将来像は、まだ独りよがりなものになりがちだ。このようなビジョンを実現するための第一歩は、そのビジョンをストーリーへと昇華させることだ。

スタートアップのストーリーは、未来のあるべき姿を描くようなものでなければならない。人の心を夢中にし、感動を与えるものであるべきだ。出資したり、プロダクトを購入したり、チームに加わりたいというような具体的行動を呼び起こすものでなくてはならない。主役（顧客やユーザー）と、それを支える脇役（投資家、従業員、取引先、競争相手）がストーリーの構成員だ。導入（問題提起）、展開（プロダクト）、結論（解決策）が語られるべきだ。損益計算書や顧客調査、市場の現状といった様々なファクトを織り込み、ストーリーに意味を持たせなければならない。

第1部では、このスタートアップのストーリーをどのように伝えるかについて説明する。まずは、顧客が直面する問題と自分たちが提示する解決策を最初の取っ掛かりとする。次に、市場に存在する阻害要因や幾多の計画変更と向き合う。最終的には、ストーリーを本物のビジネスに仕立てる、といった具合だ。

ビジネス構築の興奮の中で、ストーリーを作る時間を無視してしまったり、ストーリーを集中して作れるときまで待とうと考えたりするかもしれない。しかしそれは大きな間違いだ。私の言うストーリーテリングは、ビジネスをスケールアップし始めている時の単発的な活動ではなく、永遠に続く継続的なものだ。作成したストーリーは、入社予定の従業員、投資家、取締役会メンバーらに共有される。また、顧客、ベンダー、パートナーにもストーリーを伝える。そして、ストーリーは、精錬され、改善され、聞き手によってカスタマイズされ、変化してゆく。しかし、非常に重要なのは実際にストーリーを持つことだ。それ故、このセクションの各章では、ストーリーを作成する方法と、よいストーリーの要素を概説する。

第2章
実現可能な夢を見る

　よいスタートアップのCEOになるために、必ずしも自分自身でストーリーを作り出す必要がある訳ではないが、どのようなストーリーであれば実現可能か、そして難しいストーリーは何かを見極める力は必須だ。

　ストーリーが見つかれば、それを周囲に伝え、時間と共に形あるものとして、最後にはそれを実際のビジネスにしなければならない。

起業家精神と創造性

　私は、人々が「私はクリエイティブではないので起業家にはなれない」と口にしているのを聞く。かつて私も自分自身についてそう言っていた。このよい例として、電子メールのアドレス変更サービスを構築するというアイディアは私自身が思い付いたものではない。発案したのは最初の共同創設者であるジェームズ・マルシャノだ。電子メールの配信可能性に関するビジネスを発案したのも私ではなく、考案したのは同僚のジョージ・ビルブリーだ。また、受信ボックス内のオーガナイザーアプリについても同様で、それはジョッシュ・バエアーのアイディアだ。すべてのアイディアはReturn Pathのストーリーの一部であり、私はアイディアを実現しそして一気にスケールすべく組織を率いてきた。アイディアをビジネスにする、或いは小規模事業を大規模なものに持っていくにはかなりの創造力、鋭いビジネス感覚、コミュニケーション力、実行力を必要とする。

　すばらしい企業の多くは、唐突に今までにない新しい発明をもとにスタートするが、時には最良のアイディアを他から借りてくる場合もあれば、既存のものの組み合わせであることもある。それはまったくもって問題のないことだ！ スティーブ・ジョブズの死後、マルコム・グラッドウェルは、スティーブはまさにこの方法で世界最大の企業を築いたとする記事を書いたのだ。グラフィカルユーザーインターフェイス（ゼロックス・PARC）からデジタルミュージックプレーヤー（ダイヤモンド・リオなる先駆けがあったがご存知か？）に至るまで、他人のアイディアにひねりを加える形でモノにした。こう書くとあまりワクワクする話には聞こえないかもしれないが、グラッドウェルはこうしたやり方は真の成長には不可欠であると指摘している。

　1779年、ランカシャー出身の内気な天才として知られたサミュエル・クロンプトンは、ミュール紡績機を発明し、綿の製造の機械化を可能にした。

　ここで注目しなければならないのは、イギリスという場所がその発明に有利であった

ということだ。紡績機に金属製のローラーを装着したホーウィッチのヘンリー・ストーン、紡ぎ車の加速と減速をどのように平滑化するかを考えたトッティントンのジェームズ・ハーグレアブ、水力を動力として使用することを考えたマンチェスターのウィリアム・ケリー。そして、精密機械設備に精通する、同じくマンチェスターのリチャード・ロバーツ。彼は、クロンプトンの発明に改良を加え、より正確且つ高速で信頼性の高い自動ミュール紡績機を生み出した。

　経済学者が言うように、彼ら一人一人が「生産性、事業性を生み出す大発明に繋がる必要不可欠な小発明をもたらした」のだ。

　発明者は、誰もが気付きもしなかった問題に対して、前例のない解決策を生み出す。サミュエル・クロンプトンのように自動で綿を紡ぐ方法を思い描き、ストーリーを語り、実現するには、飛び抜けた想像力の飛躍を必要とする。起業家はそのようなストーリーを具体化し、多くの場合、主役である顧客に焦点を当てる。

　クロンプトンが糸車の技術的な課題に目を向ける一方で、ストーンは、労働者が回転するミュールから出てくる織物を懸命に平らにする様子を想像し、ローラーを加えた。ハーグレアブは、労働者が急激に加速、減速を繰り返す不安定なメカニズムに悪戦苦闘しているのを想像し、動きをスムーズにした。ケリーは、その工程を動かすのに多大な筋力を必要とすることを想像し、水力を加えた。顧客、問題、プロダクト、解決策、すべてのストーリーを念頭に置くことが重要ということだ。

速い馬

　Return Pathを立ち上げた際、最初に私と共同創業者がしたことは、クリップボードとスターバックスのギフトカードを手にオフィスの外に立ち、通りすがりの人たちに無料コーヒーと引き換えにアンケートに協力してもらうことだった。それが私たちの最初の顧客調査であり、戦略プランの礎となった。当時使用したクリップボードはまだ引き出しのどこかにしまっていて、たまにふと目にするとニヤリとせずにはいられない。

　我が社ではもう何年もこのようなことそのものはしておらず、もう二度とすることもないだろう。我が社は既にその成長ステージを超えている。だが、戦略的プランニングは一度きりでよいと言っている訳では決してない。どんなに経営が順調であっても、会社が存在する限りプランニングをすべきだ。主要なプロダクトの発売の度にというのは少しやり過ぎだが、少なくとも3年毎には行うべきだ。そしてこのプランの作成にあたっては、会社にとってもっとも重要なステークホルダーである顧客を起点とすべきだ。

　どのようなビジネスプランにおいても、その目的は顧客にサービスを提供する上でより革新的でよりよい方法を見つけ出すことだ。

　それを実行するには以下、2つの方法がある：

　1．まずは顧客ニーズ・ウォンツの仮説を設定し、それらの仮説を顧客調査によって

テストする。

2. 顧客に何を必要としているのか、何を欲しているかを実際に尋ねる。

いずれにせよ、アイディアを取り入れそれを会社に導入する上での単純な経験則は「見込み客の意見を聞け」ということだ。勿論、このアプローチに対する意味ある反対意見もある。これまででもっとも成功した起業家もその一人だ。

2012年ウォルター・アイザックソン著作の伝記『スティーブ・ジョブズ』より、スティーブ・ジョブズのコメントを引用する。

「顧客が望んでいるものを提供するべきという人もいるが、私はそういうやり方はしない。私の仕事は、顧客が思い付くよりも先に彼らが欲するものを突き止めることだ。ヘンリー・フォードはかつてこう言ったはずだ。『もしも私が顧客に何がほしいのか聞けば、"もっと速い馬がほしい"と答えただろう。人々は実際にそのものを見せてもらうまで、何がほしいかなんてわかっていない。だから私は市場調査には頼らない。私たちの仕事はまだ歴史に刻まれていないことを想像することなんだ』」

顧客の意見を聞くことと、いまだ存在していないイノベーションを生み出すことの間にはいつも反対意見がある。すばらしい会社は両方の資質を備える必要があるし、またどのようなケースでどちらの方針を取り入れるべきかを知っておかなければならない。とはいえ、同僚のハニー・ヒンディーは、フォードの「速い馬」の引用は市場調査の致命的な欠点の証明にはならないと言う。フォードの顧客は「安全な馬」や「心地よい馬」がほしいとは言わず、速い馬を望んでいた。顧客は自分がほしいモノが「速さ」であることを明確に認識していたということだ。

ジョブズの「私たちの仕事はまだ歴史に刻まれていないことを想像することなんだ」という言葉は正しい。多くの場合、その答えは行間にはっきりと示されている。実際に顧客の話を聞かなければ、繊細であるが決定的な顧客の洞察・インサイトを見落としてしまうだろう。人々の電子メールに対する概念を変えるサービスを提供するという目的のもと、Return Pathを設立した際、見込み客の中で、「郵便局のNCOAシステムに似たECOAシステムがほしい」と言った人は誰一人いなかった。実際にあったコメントは「エラーメールが届いた時、どうすればよいのかわからないので、データからアドレスを削除する」といったものにすぎなかったのだ。

そのような注意点を把握しておけば、顧客インタビューは非常に貴重な情報源となる。自身の会社、またはビジネス特有の質問に加え、もしも他のエリアにビジネスを拡大しようとしている場合、または方向性の変更を検討している場合は、一般的な質問も準備しておくとよいだろう。

・顧客が現在直面している大きな問題は何か？

・これらの問題に対処するために、どのような新プロダクトや新サービスを提供でき

るか？

・今ある解決策をアップグレードするだけでよいのか、それともまったく新しい解決策が必要なのか？

・そもそもこの問題を解決する価値があるのか（その問題を解決するためにいくらまでなら支払えるのか）？

　かつての私のメンター曰く、人は何かへの恐怖または欲望が原因でものを購入し、その恐怖/欲望の連続性をもとに各購買者の行動を予測することが可能であるという。自社プロダクトが恐怖か欲望のどちらに訴え掛けるかを認識し、その認識をもとに調査の質問そのものや、プロダクト開発、セールス、マーケティングの方向性を調整するのがよいと考える。

アイディアの精査

　偉大な企業は皆、一つのすばらしいアイディアを元に設立されたのではなかったのか？「すばらしいアイディア」には興奮があり、想像をかき立てるものがあり、時には人間の生き方さえ変えるほどの力がある。誰もが、T型フォード（最初の自動車）、電話、コンピュータのような発明に起因したアイディアを生み出す仕組みを作ることは可能だという起業家もいるだろう。トーマス・エジソンは彼の生涯において1093件もの特許を取得したと聞けば、それも間違いではなさそうだが、私は発明とは雷のような気まぐれなものだと考えている。

　思うに、マネジメントが用意出来るのは、アイディアをスクリーニングするシステムではないだろうか。私たちが使える時間は限られている。起業する際、またはビジネス拡大の只中にどのような問題の解決に取り組みたいのかを知っておくことは非常に重要な第一歩となる。初期段階では、アイディア・スクリーニング・システムは単純なものでよく、例えばExcelを用いて数分で作成することも出来るだろう。Y軸には、すべてのアイディアをリストにし、X軸には、そのアイディアの判断基準を列挙する。

・顧客の課題/ニーズ（30%）。市場はそのアイディアを必要としているか？

・市場機会（10%）。そのアイディアが必要な顧客は何人いるか？ 市場の現在のサイズは？ 将来性はどうか？

・優位性（20%）。同業界に既に競合相手がいるか？（競争的ポジショニング）、その相手に勝てるか？（実現可能性）。

・戦略適合性（10%）。自社に解決出来る問題か？ 適切な専門性やネットワークなどを保持しているか？

・経済力（30%）。十分な資金を準備出来るか？

それぞれのアイディアを1～5の範囲で採点する（正確な市場規模や投資機会を計算する訳ではないので、これ以上細かく考える必要はない）。加重（パーセンテージ）を各点数に掛けて、最後に合計点数を計算する。その結果は、予想とはまったく違うものになるかもしれない。

　重み付けをする上で明記しておきたいのは、市場機会の点数が著しく高かったとしても、それはすべての項目を無視するに足る十分な理由にはならないということだ。10億ドル単位のアイディアがあっても、実行部隊（競争力）がおらず、必要な資金（経済力）がなければ何の意味もない。いちばん点数の高いアイディアを選ばなければならない訳ではないが、他のアイディアを選ぶなら適切な理由が必要だ。「これは大きくなるかも！」だけでは十分な理由にはならない。

車輪のようにシンプルに

　スタートアップのアイディアを評価する方法は多々ある。

　テクノロジー系の起業家の中でもっとも受け入れられている評価方法の1つは、Flatiron Partnersの前ベンチャーキャピタリストであり、現ニューヨーク市在住のCEOコーチであるジェリー・コロンナが命名した「アナログ・アナログ」という方法だ。この方法のコンセプトは、デジタルの新アイディアがオフライン（analog）の世界の類似アイディア（analogue）のどれに近いのかを理解するのがいちばん単純で、テクノロジー系のベンチマークと比較するよりも、将来の成功を予測するためのよりよい方法であるということだ。

　Return Pathで扱ってきた事業のほぼすべてに「アナログ・アナログ」がある。

　メールアドレス変更事業が郵便局の住所変更に似ているように、メールリストのレンタル事業は郵便局のリストレンタルに、メールでのマーケットリサーチ事業は電話でのマーケットリサーチにといった形で。すべてのアイディアはしっかりとしたブレインストーミングと、複雑且つ繊細な試行錯誤の結果として生み出されたものだ。

　ただ、イノベーションそのものは複雑である必要はない。

　私がよく引き合いに出す例が、カバンだ。何十年もの間、私たちはスーツケースや衣装ケース、トートバッグを持ち運び、肩に掛けたり、手で持ち運んでいた。そして腰痛やぎっくり腰をやったものだ。私たちは大変な思いをしながら空港内を駆け回っていたが、他によい方法があるなんて思いもしていなかった。

　ある時、誰かが荷物に車輪をつけることを思い付いた。ただの車輪。電気自動車じゃない。ヒトゲノム計画でも、常温核融合でもなく、ただの車輪だ。車輪が旅行カバン業界に変革をもたらし、よりよい旅行経験にも繋がった。

あなたのいる業界が必要とする「車輪」とは何か。もしも市場に爆発的な変化をもたらす至極シンプルなアイディアがあるのなら、アナログ・アナログの定義に合致するアイディアなど探し出す必要はない。

マネジメント・モーメント

事業に愛と情熱を持つ

　テリー・セメルが2000年代初頭にYahoo!のCEOを務めたとき、従業員の一人がテリーのコミュニケーション方法について、「テリーとインターネットの間には秘書とプリンターがいる」と述べたという。テリーはメールを印刷し、手書きで返事を書いた後、その内容を秘書にコンピュータに入力させていた。彼はインターネットを使わなかったのだ。信じられないかもしれないが、これは本当の話だ。

　TwitterのCEO、ディック・コストロがツイートしないのを想像出来るだろうか？ General MotorsのCEOがメルセデス・ベンツを運転していたら？ American AirlineのCEOがフライトを怖がっていたら？ 中年で肥満体形の白人が、ラテン系の流行に敏感な若い女性を対象とした美容プロダクトを製造する企業のCEOにはなれないとは言わないが、会社の事業内容とあなたの実生活があまりに懸け離れているとすれば、組織内で強い信頼を得ることは難しいだろう。

第3章
ストーリーの定義付けと分析

「リーン・スタートアップ」と呼ばれる手法の採用は、スタートアップにとって大きな前進となった。何十年もの間、数え切れないほどのスタートアップが視野の狭いプロダクト開発に時間を費やし、顧客が何を望みどんなニーズがあるかを知るための市場調査に十分な時間を掛けずに失敗していった。だが新しいモデルでは、スタートアップをより迅速に市場に送り出すことが出来る。実は、そうした新たなやり方によって、スタートアップが基本的な仮説検証の規律を確立する前に事業化を急ぎ過ぎてしまう可能性もある。

　一般常識とは逆ではあるが、私は多くの時間と資金を掛けて実際にやってみようともがく前に、初期の仮定や仮説を取りまとめて書き留め、テストを重ねることにこそ価値があると考える。本章では、プロダクトサービスを実装する前に、いかにしてストーリーを明確に定め、テストするのかについて説明する。Return Pathを立ち上げた1999〜2000年にかけて、ここで紹介する知識が私たちにあれば、数年の時間と数百万ドルを無駄にせずに済んだだろう。

自分が間違っていることを認めることから始める

　大手企業なら、今後の新プロダクトの発売をこんなふうに語るだろう：「X人の顧客がYという問題を抱えており、我々のソリューションにZドルを支払うと思われる。本ソリューションの展開計画はこれこれであり、今後18カ月間の収益と費用の予測は○○である」

　これとは対照的に、スタートアップはこのようにストーリーを語るべきだ：「X人の見込み客は問題Yに直面しているに違いない。当社はこの問題Yへの解決策としてZをQドルで提供したい。だが、我々はA、B、Cの解決策の有効性も同時に検証する予定だ。その仮説の検証計画は以下の通り」

　成熟した企業は多くの補足資料を含む80ページほどの文書でそのストーリーを語るかもしれないが、スタートアップなら、そのストーリーを1ページ或いは多くても十数枚にも満たないスライドで伝えることが出来るだろう。

　しかし、フォーマットの違いも顕著ではあれど、真の違いは仮説に対する考え方だ。単刀直入に言えば、旧来のビジネスプランでは自分たちの仮設が正しいと仮定しているのに対して、スタートアップのビジネスプランでは、仮設はおそらく間違っているというのが前提なのだ。

一起業家として最初に立てた仮説は大抵の場合は間違っている。しかし、仮説を検証し始めるまでは、それが間違いなのかはわからないものだ。大企業の経営者と違い、スタートアップは長年蓄積された比較可能な前例や豊富な情報を持ち合わせていないのだから。

スタートアップは新プロダクトを既に成熟した市場に投入するのではなく、新プロダクトや新市場そのものを創造する。プロダクトを市場に送り出すまでの計画や開発に何カ月もの時間を費やしてしまえば、空振り三振となってしまう可能性は高いだろう。勿論、早期に市場に参入したからといって空振り三振といった残念な結果にならないという訳ではないが、ただその場合、最初の打席までにすべてのリソースを使い果たしてしまうという羽目にはならない。

これは、初期のスタートアップの失敗は予測可能であり、失敗を危機と捉えずに一連の起業プロセスそのものに組み込むべきだと提唱するシリコンバレーのオピニオンリーダーであるエリック・リースやスティーブン・ゲリー・ブランクが支持する「アジャイル」、「リーン」といった方法論の考え方だ。私が少々懸念しているのは、ここ数年で、この方法論の非常に偏った理解が蔓延しているということだ。スタートアップの最初のストーリーはおそらく誤っているという前提に間違いはないが、問題は多くの起業家がそれを錦の御旗としてしまい、深く考えず、どんなに時代遅れのアイディアであってもそれをまず事業化させてしまっているということだ。幸いなことに、中庸にこそ答えがある。何カ月もの時間或いは数百のスプレッドシートの作成に時間を費やすことなく、また実行の際にも柔軟性を持たせられるような仮説設定・コミュニケーションのプロセスだ。

「リーン」の基本

「リーン・スタートアップ」は、顧客からのフィードバックに基づいた迅速なプロダクト開発の繰り返しを通じて、プロダクトを市場に適合させることに焦点を当てている。これはMBA的な従来型手法をスタートアップの世界に持ち込むのとは真逆で、ずっと効率的だ。

以下、起業に際してスマートで参考になる書籍をいくつか紹介する。

- 『The Lean Startup : How Today's Entrepreneurs Use Continuous Innovation to Create Radically Successful Businesses』エリック・リース著
- 『The Four Steps to the Epiphany : Successful Strategies for Products that Win』スティーブン・ゲリー・ブランク著
- 『Running Lean: Iterate from Plan A to a Plan that Works』アッシュ・マウリャ著

- 『*The Entrepreneur's Guide to Customer Development: A Cheat Sheet to The Four Steps to the Epiphany*』ブラント・クーパー、パトリック・ヴラスコヴィッツ著
- 『*How to Start a Business*』ジェイソン・ナザル、ロッシェル・ベイリス著（ebook）

リーン・ビジネスプランニングのテンプレート

　リーン・ビジネスプランニングを行う上でのゴールは3つのアウトプットだ。1点目は、ビジネスモデルとその礎となる仮説の定義をした一枚ものの資料、2点目がパートナーや投資家らのための簡単なプレゼンテーション資料、そして3点目が会社のミッション（使命）・ビジョン（将来像）・バリュー（価値観）の記載だ。まず初めに、1点目の社内向け資料について説明しよう。

　スタートアップ向けのお薦めビジネスプランニングテンプレートは、アッシュ・マウリャ著作の『Running Lean』内で紹介されている「Lean Canvas」だ。もしあなたがまさに会社を立ち上げたばかりであれば、本書を全編読むとよいが、本書内での注目すべき一節は「あなたの仕事は、最良のソリューションを構築することではなく、ビジネスモデル全体を的確に把握した上で、細かい部分をフィットさせていくことだ。多くのスタートアップにとっていちばんのリスクは、誰もほしがらないものを作ってしまうことだからだ」との指摘だ。

　図3.1に示されているマウリャの「Lean Canvas」のビジネスプランについて、マウリャは、「ビジネスモデルの各要素のリスクを体系的に取り除くための簡単なロード

図3.1 マウリャの「Lean Canvas」のビジネスプラン

問題	ソリューション	独自の バリュー プロポジション	アンフェア アドバンテージ	顧客セグメント
	重要な指標		チャネル	
コスト構造			収入源	

マップ」であると提唱している。この「Lean Canvas」には第2章「アイディアの精査」にて触れた判断基準がいくつか含まれている。ここはビジネスモデルが有効であるために正しくなければならないいくつもの仮説を実際に検証するために、その判断基準の詳細を文書化するステージとなる。以下、マウリャの「Lean Canvas」の9つの基準、各々の検証方法を紹介する。

問題

どのような問題を、誰のために解決しようとしているのか？

スティーブン・ゲリー・ブランクの「顧客開発モデル」では、MVP（Minimum Viable Product：実用最小限のプロダクト）を開発するにあたって、顧客の特定とプロダクトの開発は同時に行われる。ソリューションは明確に特定された顧客が抱える問題や悩みを解決出来るものでなければならない。「問題を探しながらのソリューション開発」をするべきではない。「Lean Canvas」の「問題」セクションでは「このタイプの人はまさにこの問題を抱えている」という仮説を検証すべきだ。

ソリューション

顧客と問題を明確にしてからしか、ソリューションを語ることは出来ない。

少し後ろ向きだと感じるかもしれないが、この定義は問題をソリューションよりも優先し、自分のプロダクトを誰もが望んでいると断言してしまう危険性を避け、購入者が誰であり、自社のプロダクトにどれくらいの費用を支払うかといったことを的確に把握することを確実に促してくれる。「Lean Canvas」の「ソリューション」セクションでは、「問題」セクションで特定された顧客層の抱える問題に対処するソリューションとは何かといった仮説を検証する。

問題を探しながらのソリューション開発

ポイントキャストを覚えているだろうか。

1990年代半ば、ニュースの見出しをスクリーンセーバーに映し出す（同時に企業内ネットワークを妨害した）このサービスは、すべての端末に浸透していくように思われた。しかし、そのブームは一時的なものだった。ポイントキャストにもソリューションはあった。ではそれは実際、何に対してのソリューションであったのだろうか。

テクノロジー系のスタートアップは、多数の見込み客が抱える多数の潜在的課題を同時に解決出来るであろう非常に優れたソリューションを持っていることが多い。

だが、どんなに我を忘れ、懸命にプロダクト開発に励んでも、顧客獲得には繋が

らない。何故なら、ソリューションから問題を見つけ出すことは出来ないからだ。

　このハードルを乗り越えるための鍵は、あなたのアイディアではなく顧客起点の明確なストーリーを持つことだ。「この人はこの問題を抱えており、その解決のためならこの金額であれば支払うだろう」。このようなフレーズがあと二つ三つほど出てくるかもしれないが、それでもよい。

　次にすべきは、その仮説を市場で検証し、どのストーリーが本当なのかを確認することだ。

重要な指標

　あなたはどのように仮説を検証するだろうか。

　その正当性の証明、また反証をするには、何が必要となるのだろうか。

　収益は成功の遅行指標であることに留意する必要がある。だからこそ、セールスファネルの上流工程、リードの生成やサインアップなど、項目を細分化した上で指標を示さなければ、データによる検証がかなり遅れてしまう。「Lean Canvas」の「重要な指標」内に記入すべき概要は、ソリューションが対象顧客層に受け入れられるものであるかを判断するための指標リストになる。

独自のバリュープロポジションとアンフェアアドバンテージ

　アイディアそのものはストーリーのたった一部にすぎない。そのストーリーには、チームの仲間のことも含め、もっと多くのことが網羅されなければならない。そのソリューション独自のバリューは何だろう。わずかな改良レベルではスタートアップによって立つものとしては不十分だ。あなたが提案している革新的な進歩は何だろうか？　そして、あなたのチームはどのような強みを提供出来るだろうか？

　同じスペースを狙う競合は誰か？　競合のソリューションは自社のものとどの程度類似しているか？　自社の優位性や独自のバリュープロポジションは何か。既に業界で名の知れた競合に対してわずかな改良点しか提供出来ないのであれば、市場で勝者となることは非常に難しい。Return Pathが電子メールの配信可能性に関するビジネスを10年前に始めた頃は、誰も似たようなバリュープロポジションを唱えていなかった。同様に、競争率が著しく低い業界でイノベーションを起こすか、ゲームチェンジが出来るレベルの斬新な改良が出来れば必然的に有利となるだろう。「Lean Canvas」のこの指標で検証すべき仮説は、自社が挑もうとしている競争の激しいエコシステムの中において自社の立ち位置を虚心坦懐に知ることだ。

チャネル

　私の個人的な見解ではあるが、私はこの項目が「Lean Canvas」上でのもっとも重要な指標だと考えている。ここが正念場だ。

　顧客にどうやってプロダクトを販売するのか？（アッシュ・マウリャも著書『Running Lean』において、「顧客へと至る道は何か」と問い掛けていた）

　Eコマースでダイレクトセールスをするのか。それともテクノロジープロバイダーとなり、他社のセールス力を活用するのか。もしくはフリーミアムモデル（訳注：基本的なサービスやプロダクトは無料で提供し、さらに高度な機能や特別な機能については料金を課金する仕組み）によって自社で顧客開拓を行うB2C（Business-to-Consumer）事業を営むのか。答え（或いは仮説）が何であれ、ここに記入してほしい。

　このボックスで検証すべき仮説は、どのように顧客にアプローチし、売上に繋げるかということだ。

顧客セグメント

　ソリューションの対象顧客に関して説明する際、可能な限り具体的に語るべきだ。戦略プランは野心的であるべきだが、非現実的なものであってはならない。あなたの提供するソリューションを「あったらよい」ではなく、「必要だ」と思うのは誰か。その数はビジネスが成り立つほどのサイズがあるだろうか。ここに至るための最重要ポイントは、解決しようとしている問題を特定し、典型的顧客像とユースケースを鮮明に描き出すことだ。

　顧客セグメントの理解は、対象顧客層を定義するだけでなく、「Lean Canvas」上のテストで極めて重要な要素となる、TAM（Total Addressable Market：実現可能な最大の市場規模でのプロダクトの総需要）の数値化に取り掛かるための材料となる。対象顧客の数は？　顧客はソリューションにいくら支払うか？　これがTAM数値化の始まりだ。しかし、TAMが10億ドルで、その市場に競合4社が存在する場合、10億ドルの売上を得ることは難しいだろう。

　間接競合や代替商品にも注意が必要だ。これらはあなたが競合と見なさなくともTAMに影響を及ぼす。例として、ニューヨークとワシントンD.C.間の路線を提供する航空会社を設立する場合、航空会社だけでなく、アムトラック（鉄道）も代替商品として考えるべきだ。

コスト構造と収入源

　「Lean Canvas」の財務部分でやるべきことは、損益計算書を作成することではない。投資家に対して自社の事業に投資するよう説得することでもない。

ここでの目的はアイディアからプロトタイプ、そしてMVPに至るまでの道筋の中で、大まかなパフォーマンスが数字にしてどれほどのものになりそうか、或いはどれほどであるべきかを明確にさせることだ。

　収益においては、顧客セグメント、またはTAMのデータから数字を引用出来る。そのソリューションが事業化可能であることを証明するためには、どのくらいの人数の顧客が、どのくらいの価格帯であればプロダクトを購入するのかといった予測が必要となる。

　コスト面では、何人のメンバーが、何週間または何カ月間という時間を要し、どの程度の人件費を掛けてソリューションを開発するのか。また、MVPをローンチするまではどれほどのホスティング費用やその他技術関連費用が必要かといった検討が必要となるだろう。

　仮説設定が終わったら、次はテストだ。しっかりとやるとよい。

　しつこいようだが、アッシュ・マウリャ著作『Running Lean』にはさらに詳細が記載されているが、彼のテスト方法論は基本的に問題に関する質問（本当にそれが問題なのか？）やソリューションに関する質問（もしもプロダクトを開発すれば、人々はそのプロダクトにお金を払うのか？）に関して深掘りをするものだ。

　この1ページを完成させるために非常に多くの時間を要する可能性もあるが、現時点の仮説の明確な文書化によりテストが容易になると考えればその価値はあるだろう。この「Lean Canvas」によって、創立メンバーが一丸となり、共通のゴールに向かっていくことが出来る。ビジネス仮説を証明または反証し、その結果に適切な反応をしていけばよい。

　数年にわたるリーン・スタートアップの動きの観察から、私がMVPのコンセプトについて感じた最大のリスクポイントは、十分に大きな顧客オーディエンスの興味を真にそそるにはスコープが狭過ぎるプロダクトを開発してしまい得るということだ。他のフレームワークと同様、スタートアップチームにもこのフレームワークをお勧めしたいが、鵜呑みにはしないでほしい。

マネジメント・モーメント

大きなチャンスを生かす

　私のようなアメリカ史マニアにとって、「ルイジアナ買収」は大チャンスの代表例だ。トーマス・ジェファーソンは、専制政治と連邦政府への権力集中化に反対する立場を取っていたが、異なる考えを持っていたフランス皇帝からすばらしいチャンスを得た。それは、5000万フラン支払えば、アメリカは領土をほぼ倍増出来、

ミシシッピ川とニューオリンズの港へと自由にアクセス出来るというものだった。ジェファーソンは、一瞬の躊躇もしなかった。

　大きなチャンスを生かすということは、自社にとって真の成功要因を理解することだ。適切な大規模投資時期の予兆を敏感に察し、時が来たら直ちに投資出来るような敏捷性を持ち、そしてその投資を有効にするための知的或いは社会的な土台を持っておくことが求められる。

　それはまた、日常の外側にある、困難且つ大きな意思決定を下すことでもある。それによって内部での争いが勃発することもままあるが、それに対処するのもあなたの仕事だ。当時、多くの人々がルイジアナ買収は違憲だと不満を述べた。ジェファーソン自身にも逡巡があったと言われる。しかし、彼は真のリーダーであったが故に、そのような絶好の機会を逃すことを自分に許さなかった。今日となっては、誰もジェファーソンの決定に異議を唱える者などいない。

第4章
投資家にストーリーを伝える

「Lean Canvas」を数回見直し、仮説を検証すれば、プロダクトの開発へとスムーズに移行することが出来るだろう。次はCEOとして、顧客、課題、ソリューションを含む自社のストーリーを、主なステークホルダーに伝える必要がある。

要するに、何らかのビジネスプランが必要だ。

ビジネスプランは時代遅れ……ではない！

「ビジネスプラン」と聞くと、様々なチャートやグラフでぎっしり埋められた分厚い資料をイメージするかもしれない。しかし、スタートアップのストーリーは何十もの章からなるものではなく、端的でなくてはならない。

この段階では、主に2種類のストーリーの聞き手がいる。投資家と従業員だ。

まず初めに、投資家に資金を提供してもらうよう説得する必要がある。そして、従業員に対しては、プロダクトを開発しつつ組織を構築していくために、解決すべき課題とソリューションを明確に伝達する必要がある。この2つのストーリーは共通点もあるが、同一のものではない。従業員の主要な関心事は今後18カ月のワークライフがどうなるのかということであるのに対して、投資家は期待出来る投資リターンが大切だからだ。

また、この2つのストーリーの示し方も聞き手によって自ずと異なる。投資家に対してはビジネスプランを10〜12枚のスライドで、また従業員に対してはミッション、ビジョン、バリューといったプランの実行の仕方が中心となるだろう。ビジネスプランは決して時代遅れなものではない。ただずっと端的なものになっただけだ。

投資家向けプレゼンテーション

自著『Venture Deals』のタイトルの補足で、「ベンチャーキャピタリストがディールを理解し、そそられるようになるにはいくつかの重要なポイントがある」と述べた。下記がそのポイントになる。

・エレベーターピッチ
・オポチュニティの大きさ
・競争優位性
・現状と今後のロードマップ
・チームの能力

・財務概要

　解決しようとしているニーズ、競争優位性（またはアンフェアアドバンテージ）、そして財務概要といった点において、前章で紹介した「Lean Canvas」の詳細とかなり重複する部分もいくつか見られることを先に補足しておく。

エレベーターピッチ

　どんな問題を誰のために解決しているのかを明確に定義することから始まる。

　今となっては、大きなアイディアを素早く且つ簡潔に伝えるに十分な明確さが身に付いていることだろう。もしもまだ出来ないようであれば、もう一度自身のノートを見直してみるとよい。もしもつまずくポイントがいくつかあるようであれば、それは自身のアイディアを提唱する箇所なのか、それとも反発に関して語る場面なのか。ほとんどの場合、その原因はアイディアに関する具体性の欠如である場合が多い。そういう場合はもう何歩か前の段階に戻り、考え直してみるとよいだろう。そうすれば、エレベーターピッチに再度取り掛かる際にはずっと書きやすくなっているに違いない。

　エレベーターピッチは短く、パンチの効いたものでなくてはならない。一枚のスライドに収めてほしい。あなたが技術的にかなりニッチな分野にいる場合を除いて、社外の平均的な一般人でも理解出来るような内容でなければならない。友人、親戚など業界外の人に問題とソリューションを説明しながら言葉を磨いていくのもよいだろう。

オポチュニティの大きさ

　次に、「Lean Canvas」上で集められた数々の要素を1つのスライドにまとめる必要がある。ターゲット顧客層は誰か、TAMはどれほどの規模で、初期価格設定と競争環境を考慮すれば現実的にどの程度のシェアが取れるのか。これらは事業内容によって大きく異なるだろう。モップやカビ取り剤「Tilex」の平均単価は、BNPパリバ証券が新取引清算システムに支払う金額よりもかなり低いだろう。市場機会の分析にあたっては市場規模と取引単価の両方を考慮する必要がある。潜在顧客2000万人に10ドルのプロダクトを販売するのか、それとも潜在顧客20人に1000万ドルのソリューションを販売するのか。計画実現にあたっては、潜在顧客のうち何人にリーチしなければならないのか。潜在顧客は競合ソリューションに今いくら使っているのか、または、ソリューションの欠如がどれだけ顧客のコストを押し上げているのか。

競争優位性

　このセクションでは、「Lean Canvas」上で示した独自のバリュープロポジションと、アンフェアアドバンテージが概ね使えるだろう。投資家は、市場で実績のある大規

模な既存企業を打ち負かす道筋を示すことの出来る弱小スタートアップに非常に興味を示す傾向がある。その時こそが、あなたが表舞台で輝く瞬間だ。

現状と今後のロードマップ

　1999年にReturn Pathを設立した時代には、ほとんどのスタートアップは、投資家向け説明会で「現状」に関するスライドは作成していなかった。その当時は最初に資金を集め、その後にプロダクトを開発するという流れが主流だった。何故ならそれより他に方法がなかったからだ。今日では、プロトタイププロダクトを市場に投入するのは非常に安価であり、「Lean Canvas」にて仮説を検証し、市場の有無を実証することが出来る。近い友人や家族以外の投資家は、資本調達の依頼をする前にプロトタイププロダクトが既にあることを期待している。

　投資家向けプレゼンテーションのこの項目は非常に重要だ。事業の現状も大事だし、またもっと大事なことは、これまでに何を学んできたのかということだ。繰り返すが、初期のビジネスアイディアのほとんどは何か間違えているということは皆が承知していることであり、投資家はその点においては理解を示してくれるだろう。どの状態から事業を始めたのか、何を検証したのか、何を学んだのか、どう学びを繰り返したのか？こうした情報は弱さを示すものではなく、強さの印だ！

　現状を説明した後には、今後のロードマップを明確にする必要がある。3年後にはどうなっていたいか。現状からそこに達するには何をすべきなのか。投資家向けのプレゼンテーションで、この点においてはある程度詳細な情報が必要だ。来年の成功をどのような基準で判断するか。どのようなマイルストーンと主要な指標を達成しようとしているのか。他にどのような仮説を検証する必要があるのか。どのような人材を採用する必要があるのか。何に投資する必要があるのか。サービス開始時期をいつにするのか。

チームの能力

　スタートアップの早期段階においては、最初の投資家はキャッシュフローを見て投資する訳ではない。この段階で利益を見込めないのは自明だ。大きな売上が見込める訳でもないので、売上マルチプルに基づくバリュエーションで投資をしている訳でもない。彼らは、アイディアと市場機会、またその機会をどのように追求していくかというセオリー、初期段階で何を成し遂げ、学んできたのかということを評価して投資しているのだ。彼らはあなたのストーリーに投資している。要するに、あなたのチームの能力に投資をしているのだ。

　チームの全員がビジネス経験ゼロで、開発するプロダクトの潜在顧客となるような直接的経験さえもゼロであるということでない限り、この機会を利用してチームの才能を見せつけるべきだ。何故、投資家は資金を投じるべきなのか。何故あなたのチームメン

バーがその投資を預かるにふさわしい経験を有するのかを伝える必要がある。ここで確実に行うべきことが一つあるとするならば、100%誠実であることだ。現代では、LinkedInやGoogleで数クリックすれば事実確認出来る。

　もし以前に実際に会社を創設したことがあるならば、そう言えばいい。しかし、創業期にインターンとしてスタートアップで働いた経験があるというだけで、創業経験ありと名乗るようなことは絶対にしてはならない。

財務概要

　この項目は、投資家向けプレゼンテーションにおいて、今後のロードマップ以上にもっとも詳細を語るべき箇所になる。スタートアップにおいては、どのような計画も、時間の経過とともに数字にズレが出てくる（先の話であればあるほど誤差が大きくなる）。投資家や自分自身に向けて、事業のすべての財務ドライバーを詳細に理解し示していくことは極めて重要だ。また、財務モデルの構築やキャッシュを意識したビジネス運営が出来ることを示すこともまた重要だ。そしてそもそも、今回調達すべき金額を知るために、有用な財務モデルを作ることが大切なのは言うまでもない。

　収益については、「Lean Canvas」上のTAMや、売上に関する仮説の検証結果などを大いに利用することが出来る。あなたは毎月何人の新規顧客を獲得し失うだろうか。また、顧客はいくら払ってくれるだろうか。

　コストについては、COGS（売上原価）、給与・福利厚生費、マーケティング費用、CAPEX（設備投資）の4つの主要な費用項目をモデル化するとよい。

　COGSは通常、プロダクトを製造する際の「原材料」、または収益に応じて変動する費用と定義される。ソフトウエア会社を経営している場合、それらはホスティングや通信費、クレジットカード手数料、販売手数料となる傾向にある。

　給与・福利厚生費に関しては、ヘッドカウントプラン（人員計画）から始まる。ビジネスプランを実行するために、どの部署にどのような人材がいつ必要か。健康保険や年金などはいくらになるのか。事業に必要な部署のすべてについて、現時点の人材資源（もしあればだが）とあるべき姿の確認をする。まだ部署もなくどのように計画していいかもわからなければ、アドバイザーに相談してみるとよいだろう。

　マーケティング費用とCAPEXは、事業の特性によって大きく異なる。しかし、すべての費目につき、実際に経費を使うまでの計画を細かく検討する必要がある。新たな社員を受け入れるためにオフィスを改装する、または新オフィスに移転、拡大する必要があれば、担当マネジャーがその手配を完了するまでの十分な準備時間を与える必要がある。セールスチームに新スタッフを迎えるという喜ばしい時に、机やモニターを探し回っているようであってはならない。

　リソースプランをそこで止めてはいけない。損益計算書のすべての勘定科目に目を通

してみよう。起業して間もない間は、基礎的な会計ソフトを頼るのもよいだろう（GoogleやWikipediaを使うのと同様に）。家賃から旅費、コンサルタント、社員が使うソフトウエアに至るまで、計画には1ドルも漏らさずに含めていく必要がある。

基本に立ち返る

　事業を発展させ、投資家向けプレゼンテーションを改良していく際、状況は毎年毎回異なる。どんなチャレンジにもそれぞれ参考書籍は数多あるし、会社がある課題に直面した際、その中から最適な本を見つけるのもよいかもしれない。またはそんな場合こそ、行き詰まった時にいつも本能的に手を伸ばしてしまう本、大きな問題に対応する時のための考え方を形成させてくれた本、そもそも起業というチャレンジに至るインスピレーションを与えてくれた本といった、基本に戻る時でもある。

　市場調査、ステークホルダーへのインタビュー、そして今直面している課題に関する文献の見直しなどは、戦略プランの中での数々の小さな意思決定に役立つだろう。基本に立ち返ることで、一歩下がり、より広い視点で計画を見直すことが出来るのではないだろうか。

　お奨めの文献を紹介する。

・『Profitable Growth Is Everyone's Business』ラム・チャラン著
・『The Innovator's Dilemma』『The Innovator's Solution』『Seeing What's Next』クレイトン・クリステンセン著
・『Good to Great』『Built to Last』ジム・コリンズ著
・『「紫の牛」を売れ！』セス・ゴーディン著
・『ジ・アドバンテージ なぜあの会社はブレないのか？』パトリック・レンシオーニ著
・『ザ・ゴール2 思考プロセス』エリヤフ・ゴールドラット著
・『ブルー・オーシャン戦略』チャン・キム、レネ・モボルニュ著
・『Crossing the Chasm』『Inside the Tornado』『Escape Velocity』ジェフリー・ムーア著
・『The Underdog Advantage』デービット・モレー、スコット・ミラー著
・『Competitive Strategy』『Competitive Advantage』マイケル・ポーター著
・『ポジショニング戦略』アル・ライズ、ジャック・トラウト著
・『ハードボール』ジョージ・ストーク、ロブ・ラシュナウアー著（同じく2006年「Harvard Business Review」補足記事「Curveball」ストーク著も参照）

大規模なスタートアップの投資家向けプレゼンテーション

　まるで常温核融合のような、外部資本に頼らずしてビジネスに資金を供給するモデルでも考案しない限り、ここで説明してきたような投資家向けプレゼンテーションプロセスは事業規模を拡大する度に何度も繰り返すことになるだろう。これは手間のように思えるかもしれないが、起業家として、複数回の資金調達は結果的によいことだ。利益を計上し始める前に2000万ドルの損失を出す必要がある場合、企業価値評価の上昇時に資金を調達する方が、希薄化を最小限に抑えることが出来る。もっと言えば、投資家も、資金調達ステージの後半に進むにつれ投資のリスクが低減するこのような方法を望んでいる。

　事業規模が拡大するにつれて、以前に行ったプレゼンテーションの内容はまだ概要としては有効であるものの、より詳細な説明が必要なのは言うまでもない。新たなセクションまたはスライドを追加する必要がある。

　代表事例となるような顧客は誰なのか？ どういった用途でプロダクトを使用し、そのプロダクトを好んでいるのか？ 数社の（或いは消費者向けビジネスなら多人数の）顧客を失った場合、その理由は何だったのか？ 財務諸表の計画と実績の乖離(かいり)はどうか？ 一体何にいくらのキャッシュを使ったのか？ アーリーステージの投資家は今回のラウンドに参加するのか？ などを網羅すべきだ。

　世界中のほぼすべての企業には投資家と株主が存在する。彼らに自社のストーリーを効果的に伝える方法を身に付けることは、会社を運営する上で非常に重要なことだ。たとえプロダクト重視のCEOであっても、或いは社内一のエンジニアであっても、CEOというタイトルを持つ人間ならば、自分でやらねばならない。会社が大きくなって優秀なCFO（最高財務責任者）が参画することとなったとしても、資金調達とは自分のビジネスとそれによって実現するよりよい世界のビジョンを第三者に売り込むプロセスであり、これを他の誰かに委ねることは非常に難しい。

第5章
従業員にストーリーを伝える

ストーリーの着想から記述、修正を進めてそれを投資家に伝えるのに十分な時間を費やしたら、次は自分のチームにそのストーリーを伝える番だ。あなたとあなたのチームが達成しようとしているゴール（ミッション）は何か。そのゴール達成後の世界観（ビジョン）はどういったものか。ビジョン実現のために進んで受け入れたい行動（バリュー）、そうでない行動は何か。スタートアップ企業のCEOなら大抵は、初めからこれらの質問に対する答えを用意出来ていることだろう。スタートアップストーリーの他の項目と同様に、顧客や市場についてより深く学び、適宜対処するにつれて、その答えは改善されていくだろう。

ミッション、ビジョン、バリューの定義

スタートアップCEOは、市場の現実に合わせてゴールや行動を随時修正していかなければならない。ある段階で、顧客が誰であり、自社がどのようにその顧客にサービスを提供すべきかを明確に理解しなければならない。数行の文章で正確に伝えられるほど、明瞭であるべきだ。デービット・J・コリスとマイケル・G・ラクスタッドは「Harvard Business Review」の記事『自分の戦略を説明出来るか？』で、経営者のほとんどがそういった説明をすることが出来ないと述べた。「これは誰も触れようとしない事実だが、経営者のほとんどは、事業の目的、スコープ、優位性を簡潔に説明することが出来ない。彼らが出来ないのであれば、他の人が出来る訳がない」。あなたの社内の経営陣にはこの事実が当てはまらないならよいのだが、もしそうであった場合はどうすればよいのだろうか。仮に経営陣は説明が出来たとしても、他の従業員たちはどうなのだろうか。

たとえあなたが極端なマイクロマネジャー、つまり非常に細かいことまでコントロールしたがる上司であったとしても、手で数えられる以上の従業員を抱えるようになればすぐに、会社の業務や意思決定の大部分を他の人間に委任せざるを得ない。あなたのチームが業務をこなし、決定を下すにあたって、明確で体系化された指針を示すことは極めて重要だ。事業戦略を立て、そしてどのような企業や文化を築きたいのかを決めれば、それからはミッション、ビジョン、バリューが必要になる。

Return Pathでは長年の間、自分たちがどんな会社でどこに向かおうとしているのかといったことの定義と再定義を幾度となく繰り返してきた。ミッションや戦略、競争優位性、そしてバリューなどがその対象だった。何らかのフレームワークは使用してきた

が、一貫して同じフレームワークを使用してきた訳でもない。結果的には、組織を律するためのシンプルな文章の作成に時間を費やすということが大切なのであって、完成に至る方法はそれほど重要ではない。

Simulmedia CEO デーブ・モーガンの成功している企業の定義

あなたが出会うスタートアップCEOの全員が、スタートアップの成功の秘訣（ひけつ）として、ビジョンと戦略の重要性を強調するだろう。3度の起業経験を持つデーブ・モーガンは1社目の24/7 Real Media、2社目のTacoda Systems、そして現在のSimulmediaで、その重要性を繰り返し証明してきた。

ペンシルベニア州西部の地方検事だった彼の父は、いつも反対尋問のために証人を送り出した。「口を開く前に、返答の最後の一語一句まで考えた上で話し始めなさい」。この父の言葉には起業家にとって非常に重要な教訓が含まれている。それは実行に移す前に、自社のビジョンと戦略の最後のひと言までを考え抜き、明確に定義することが非常に重要であるということだ。

ほとんどのスタートアップ、特にその中でもテック系の企業では、絶えず進化していくプロダクト、市場環境、そして消費者行動で溢れている。その世界では、予測や規則的なルールは通用せず、大企業で求められるレベルの詳細な情報を用いて計画し準備をする技量もない。そのような世界はカオスと不確実性に満ちている。出来る限り事前に計画し、障害が発生した場合や、好機が訪れた際にはアドリブを加えていくとよい（勿論予測通りになることはまずないということを認識しつつ）。

起業家とそのチームにとって、この絶え間なく変化する世界の中では、明確且つ簡潔で、徹底的に考え抜かれたビジョンと戦略ほど頼りになるものはない。市場の未来予測と、その市場で達成しようとしている目標に関する熟慮を重ねた見識がなければ、予測不可能なスタートアップの世界で生き残り成長することなど出来ないだろう。加えて、その目標をどのように実現しようとしているのかを自ら理解することも必要だ。

このビジョンと戦略は完璧である必要はない。すべてを網羅し、変わらないものである必要もなければ、すべての潜在的な可能性を先んじて示す必要もない。しかし皆を奮起させ、モチベーションを上げるためには、その内容は大胆でなければならない。企業を導くコンパスの針先となるような端的さも必要だ。また、人、時間、カネの優先順位を決める上で明確でなければならない。そして、四半期毎に書き換えるような必要がないよう、長期的な視点に立脚しなければならない。

自分の会社のビジョンと戦略を定める段階は、スタートアップにとって知的にも感情的にももっともチャレンジングであるが、同時に満足感そして一体感を味わう

ことの出来るものでもある。さらに重要なことは、疑いもせずにただ見落としていたかもしれない仮説に向き合うことを自分に強いることで、よりよいビジネスを築く上でも有用だ。

私の父は、証人に反対尋問の返答のすべてを事前に準備させた結果、彼らの証言が、当初考えていた証言より格段に改善されていたことを学んだ。それは起業家にとっても同じだ。企業のビジョンと戦略を最初からしっかりと組み立てていく人たちは、より焦点を絞り、意思決定のよりよいフレームワークを持ち、より一体感あるチームを作ることが出来るだけでなく、当初の計画とは違った、よりよい方法を見つけて事業を立ち上げることが出来る。

Simulmedia CEO デーブ・モーガン

トップダウンアプローチ

スタートアップの初期段階において、ミッション、ビジョン、バリューを定義するにはトップダウンしか方法がない。理由は単純で、この段階では会社の構成員はほぼ共同創業者とエグゼクティブだけだからだ。CEO自身、またはシニアチームのメンバーが、これらの基本的な宣言文を考え抜かなければならない。その際にWhat/何（ミッションと戦略）とHow/どのように（バリュー）をしっかりと区別して考える必要がある。

Return Pathを設立して9年がたった頃、私たちは別のアプローチを取る段階に至ったと察した。当時、弊社は大規模な再編を行った（いくつかの事業部門を売却或いは分割し、新しい重要な中核事業に集中しようとしていた）。会社は、小さなチームから、世界中のオフィスに100人以上の従業員を抱える規模に成長していた。私たちはトップダウンのプロセスをもう一度実行することも出来たが、人材重視のビジネスとしては、それが間違ったアプローチであると感じた。ボトムアップアプローチで会社を再定義すべき時だった。

ボトムアップアプローチ

Return Pathでミッション、ビジョン、バリューを定義するプロジェクトを始動した際、私たちは自社の価値観と方向性に関しては既に明確に理解しているものと思っていた。そして、その仮説を検証するため、全社員から意見を募集することにした。

この過程で使用したフレームワークは、本章の冒頭で述べたコリスとラクスタッド著の「Harvard Business Review」の記事で取り上げられたものになる。

まず、私たちは職員を10人ずつ12組のチームに分けた。チームの割り当ては無作為に行われ、各チームのリードは社内のシニアなメンバー（経営陣ではない）が行った。各チームにコリスとラクスタッドの記事を渡し、全社員参加のミーティングでこれから

何をしようとしているのか、何を達成しようとしているのかについて話した。その後、私たちはそれぞれのチームに書き込み用のテンプレートを渡し、1カ月以内に完成させるよう伝えた。

その後、私たちは、それがどのような結果になるのか予測不能な状況下で、ただただその結果を待った。完成したテンプレートがすべて返却された日に、チームミーティングでそれらをレビューした。勿論少々異なる部分もあったが、12組のチームがミッション、バリューと戦略についてかなり似た見識を持っていたことには驚いた。他にも、意外性のあったものとそうでないものがあった。例として、組織のバリューに関してかなり意見の一致が見られたことは予測していた通りだった。バリューが過去に明文化はされていなかったものの、社員は皆、日々職場でバリュー意識の高い企業文化を体感していたからだ。しかし、会社が分岐点に差し掛かっていた時期であったにもかかわらず、具体的戦略とKPI（重要業績評価指標）を効果的に社員から引き出すことが出来たことは驚きだった。

このような団結を目の当たりにして、経営陣としての私たちの仕事は、コンセプトを練ることというよりも言葉にすることだということに気付かされた。その後、私たちは社員のフィードバックをじっくり吟味し、草案を作成した。そして、コピーライターの協力の下、言葉の流れを考慮しつつ改良を重ねた。その結果を社内で共有し、皆の意見を求めた。約40人の従業員が、再度文書に目を通し、建設的なフィードバックを提供してくれた。そのコメントの中から最良のアイディアを抽出した後、コピーライターとその内容を最終確認し、全社員に公表した。

ハイブリッドアプローチ

4年後、我々はそのステートメントを見直すべきだと感じた。従業員は120人から350人へと増え、収益は1500万ドルから約6000万ドルへと拡大し、2カ所のオフィスから、4大陸に12のオフィスを構えるまで成長した。新プロダクトを数多く発売し、事業領域の拡大を実現した。私たちの戦略とミッションは、再定義することなく、年を重ねる毎に徐々に広がりを増してきた。私たちのバリューは劇的に変化した訳ではないが、4年間更新せずにおいたステートメントは少々正確さに欠けており、再度リフレッシュするタイミングのように思えた。

私たちが最初に決断したことは、別のフレームワークを選ぶことだった。コリスとラクスタッドの枠組みは、このときの私たちにはもう重過ぎた。今回はパトリック・レンシオーニの名著『ジ・アドバンテージ なぜあの会社はブレないのか？ (The Advantage: Why Organizational Health Trumps Everything Else in Business)』に記されたシンプルな5つの質問に答えることとした。

・何故存在するのか？

・どのように行動するのか？

・何をするのか？

・どうやって成功するのか？

・今いちばん大切なことは何か？

　会社が真の転換期に直面していたならば、仮に350人の従業員を抱えていたとしても、彼らから直接意見を求めていたかもしれない。だが、今回のエクササイズの主な目的はあくまでも今あるものの見直しだったので、トップダウンとボトムアップの両方のアプローチを組み合わせることにした。まず、原案を経営陣だけで見直し、約3時間でかなりしっかりとした草案を作成することが出来た。

　そして次に、オールハンズミーティングで結果を発表し、現在のステートメント、その見直しを必要とする理由、フレームワークの変更、変更原案を丁寧に説明した。その後、原案を全社に配布すると同時に、経営陣は約1週間以内にほぼ全従業員が出席する座談会を矢継ぎ早に開催した。参加者は、非常に意欲を示し、細部に至る意見を提供した。私たち経営陣はそのアイディアを収集し、草案の見直しに反映した。

　その文書を再度社内で回覧し、最終コメントを募集していくつかの修正意見を得た。これで完成！　プロセス開始から約30日後に、まるで魔法のように新たなミッション、ビジョン、バリューステートメントが完成した。

　レンシオーニ・フレームワークの続きは、本書第26章「ミーティングルーティーン」で再び取り上げる。

Return Pathのミッション、ビジョン、バリュー

　創業13年目の会社としての私たちの「目的」は、会社の創業時とはまるで異なるが、会社のバリューは、時間の経過とともに比較的緩やかに進化してきた。

　パトリック・レンシオーニのフレームワークに含まれる質問の回答と「ハイブリッドアプローチ」によって生まれたステートメントを以下に示す。

ミッションとビジョン

・何故存在するのか？　個人或いは会社が、より効率的に、より信頼性が高く、安全性も高いコミュニケーションを行うことを可能にする並外れた会社を創る。

・どのように行動するのか？　私たちは「人」を第一に考え、正しい行動をし、共に成功する。

・何をするのか？　電子メールのデータを分析し、受信ボックスにユーザーが必

要とするメッセージだけを残すことを可能にする画期的なソリューションを送信者、メールボックスプロバイダー、またユーザーに向けて提供する。

・どうやって成功するのか？　電子メールを使用する上で発生するもっとも手ごわい問題に対する独自のソリューションを構築することにより成功する。我々は、熱心な電子メール分野の専門家を発掘し、業界内で確固としたリレーションシップを開拓する。また、顧客の業績やユーザーエクスペリエンスの向上を目指しデータを収集・分析する。

・今いちばん大切なことは何か？　2013年には、スケーラブルで反復可能な販売モデルを完成させる。

バリューである「どのように行動するのか」の詳細

ピープルファースト

・もっとも優先順位の高い仕事：私たちのまさに競争力の源泉である独自の企業文化を擁護し、拡張する。

・ピープルパワー：顧客や株主と共に成功をなすための礎としての人材の力を信頼し、頼る。

・ビジネスとして考える：私たちは優秀な人材の集まりであり、皆がビジネスのオーナーだ。一貫した高パフォーマンスと引き換えに、自由と柔軟な環境を提供する。

・一生懸命楽しむ：仕事は真剣だが、他の時間は陽気さを忘れずに。いかなる時もお互いに思いやりと敬意を有し、また互いの癖までも快く受け入れる。

正しい行動をする

・秘密をなくす：透明で率直であり続け、会社がどういった状況にあり、社員がどういった立ち位置にあるのかを把握出来るようにし、人々がよりよい決断が下せるよう促す。

・法令遵守：たとえ書面に記載されている決まりではなくとも、我々は正しい行動をする。

・基準を上げる：受信ボックスに適切で信頼出来る安全なメールのみが残るというソリューションの業界標準となる。

・グローバルに考え、ローカルに行動する：地域コミュニティーのサポートのために時間とエネルギーを費やす。

共に成功する

・結果主義：開かれた、風通しのよい環境で優れた事業と会社を築く。

- 目標は高く、大胆に：他者から学び、業界の先駆者として独自のルールを定め、理想的な職場を作り上げる。率先してリスクを取る。独善、凡庸、意味をなさない意思決定にチャレンジする。
- 2つの耳と1つの口：尋ね、聞き、学び、データを収集する。建設的な議論を行い、共に前進する。
- 協業に勝るものはない：問題を共に解決し、その過程で互いに助け合う。約束を守り、困難な場合は誠実に意思疎通を図る。
- 学びの輪：私たちは学びの組織だ。失敗を恥じることなく、成長の糧とするため、その失敗を共有し、学ぶ。
- 我々だけの事業ではない：クライアントの成功とユーザーの幸せこそ私たちの成功だ。

高尚なミッションステートメントをデザインする

　パトリック・レンシオーニ著『ジ・アドバンテージ』では、優れたミッションステートメント（行動指針）の基準について説明している。

「何故存在するのか」という組織の目的は完全に理想的なものでなければならない。多くの経営陣は、自身のアイディアが大げさで意欲的過ぎるのではないかと思い悩む。それこそが、根本的な問題なのだ。あらゆるレベルの、すべての組織の従業員は、自身の業務内容の根底には、壮大で、夢に満ちた目的があるということを知るべきだ。彼らは、最終的にそれが具体的且つ戦術的な行動にかみ砕けることをわかっている。「世界をよりよい場所にするために」という目標を掲げるのは少々気が引けるかもしれないが、すべての組織は、人々の生活をよりよくするために存在する。控えめになろうと試みることはまったく意味のないことだ。

　友人のジョナサン・シャピーロは、ノミやダニの治療などの基礎薬を含むペット用薬品を販売するEコマース会社「PetCareRx」を運営している。

　もしも彼の組織の企業理念が「世界からノミやダニを抹消する」だったとしたら、どんなに馬鹿げているだろう。或いは、さらにひどいことに、「ペット分野に垂直に焦点を当てたEコマースの一流企業を目指す」であればどうだろうか。実際にはジョナサンと彼のチームは、「ペットとその飼い主の生活を向上させることで世界に愛を届ける」という理念を掲げた。世界に愛を届けることはすばらしいことだ。笑みに満ちた子どもの顔をペロペロなめる犬のイメージが浮かんでくるだろう。こんな素敵なイメージを好まない人間などいない。

組織のバリューに従う

　自分自身が組織のバリューや方針に従ってはいないのに、他の従業員にそうする
よう促したところで、誰も言うことを聞きはしない。キリスト教の伝道師であるジ
ム・バッカーやジミー・スワガートが姦通罪を公に認めた後、彼らの従業員は自分
の上司の説教を簡単に受け入れることが出来ただろうか。身近な例を挙げると、私
は数年前に非常に厳しい経費運営方針を実行する倹約的な企業に勤めていた。例え
ば、主要な都市に出張に出向く際の宿泊費は1泊150ドル以下でなければならない
といった規則があった（一度1泊180ドルのホテルに宿泊した従業員がいたが、
CFOは30ドルを返金させた）。しかし、CEO自身は、出張の際はフォーシーズン
ズの高級ホテルに宿泊していた。たとえ同行した従業員が他の規程額内のホテルに
宿泊していてもそうだった。他の従業員に何故彼だけ規則に従っていないのかが問
われた際は、彼だけが例外となるよう方針を変更した。このような状態で他の従業
員が節約を是とすることが出来るだろうか。

アメリカ・Moz CEO & 創立者 ランド・フィッシュキンが語る企業のバリュー

　*Mozの創立者で（長年）CEOを務めたランド・フィッシュキンは、自社のバリューを
上手く文書化しただけでなく、それをMozの文化の一部とするという偉業も成し遂げた。
ランドはこの旅路に関する多くのことを、彼の著作『Lost and Founder』の中で記録し
ている。*

　2004年にMozを創業した際、明確な文化、特定のミッションやビジョン、バ
リューはなく、唯一の目標は家賃を払えるだけのお金を稼ぐということだった。私
たちは何とかやりくりし、会社の文化は時とともに自然に醸成されたが、明らかに
何かが欠けていた。2007年からコアバリューを確立するプロセスを開始し、その
過程でTAGFEE（Transparency：透明性／Authenticity：信頼性／Generosity：
寛大さ／Fun：楽観性／Empathy：共感／Exceptionalism：例外主義）という
言葉が生まれた。思い返してみると、正式なバリューを設定することによってもた
らされた効果は信じられないほど大きかったと思う。

　我々にとって、TAGFEEは、ビジネスにおけるすべての行動や意思決定におけ
る一連の設計図のようなものだ。プロダクトの開発方法、問題の解決方法、人材の
採用方法、そして何よりも重要であるお互いとの関わり方のすべてに影響を与え
る。採用プロセスにも組み込まれており、その過程で使用される一連の質問は
「TAGFEEスクリーン」と呼ばれている。面接において候補者がどんなにスムーズ

に質問に答えられたとしても、もしも企業文化やバリューにフィットしていないようであれば採用はしない。TAGFEEスクリーンは、各部署のパフォーマンス評価・検討方法の一部として採用している他、6カ月毎に個人評価においても活用している。

　個人的にもコアバリューは、どんなスタートアップ企業の長期的な成功のためにも不可欠だと考えているが、ジム・コリンズ（『Good to Great』『Built to Last』の著者）のような人々の研究のおかげで、規模拡大に成功した企業と企業文化にコアバリューを取り込んだ企業の間には高い相関関係があることが多くの研究で取り上げられている。

　バリューを確立し、実践するためのいくつかのガイドラインを以下に説明する。

　1．コアバリューは内部から生まれる。

　　バリューは創業者のアイデンティティの一部でなければならない。だからといって、日常における創業者の人格そのものを正確に反映していなければならないという訳ではない。あなた自身がかくありたいと目指す姿の中で、4〜6つの原則をバリューとして設定することを勧める。

　2．バリューを面接や業績評価に織り込む。

　　そうしなければ、あなたが、ただ口だけでコアバリューを真剣に受け止めていないとチームに気付かれてしまうだろう。

　3．バリューの視点から重要な決定事項の分析をする。

　　コアバリューは、議論の組み立てや判断の礎であるべきであり、後付けであってはならない。

　4．バリューの内容が対立することがあり得ることを認識する。

　　これは普通に起こり得ることだが、優先順位を決める基準がない場合は非常に困難となる。例えば、Mozでは、透明性と共感性がよく対立関係となる。両立出来ない状況下では、共感を優先する。

　5．たとえすばらしい業績を上げる社員であっても、コアバリューを満たしていない場合には、チームから去ってもらう。

　　さもなければ、他のチームメンバーに対して、バリューの大切さは他のことに比べて二の次の価値しかないのだと思われることになるだろう。そしてその「他のこと」こそが、言わずの間にコアバリューになってしまう。企業文化の厄介な「社内政治」の多くは、この失敗に起因している。この問題を発見した際には、従業員と広くコミュニケーションを取り、その解決に努めるべきだ。それでも上手くいかない場合は、あなた自身が行動するしかない。

　起業家の中には、コアバリューは単なる「人事業務」の付け足し、或いは、軌道修正を困難にし、スタートアップに必要なスピードを下げることに繋がる「失敗の

元」だと提唱する者もいる。私はその考えには真っ向から反対する。もしもあなたのミッションとビジョンが、ただ単に一時的な機会を利用して金を稼ぐということであれば、私のアドバイスは無視してもらって構わない。しかし、個人では出来ないことを達成するために組織が存在していると信じ、持続可能なものを構築しようとしているのならば、コアバリューを確立し、取り入れた方がよい。

Moz CEO&創設者 ランド・フィッシュキン

第6章
ストーリーの見直し

草稿は破り捨てるために作られる。すべての文書マニュアルがこの点においては一貫しているが、スタートアップの草稿にもこれが当てはまる。計画段階を過ぎて生き馬の目を抜く厳しい市場に実際に参入すれば、スティーブン・ゲリー・ブランクの「事業計画は、顧客と初めて接触した後は使い物にならない」との格言の意味するところを理解出来る。スタートアップの存続可否は、この厳しい現実にどのように対応するかによって決まる。事実を拒めば失敗する。事実を感知し、それに対応せねばならない。抜本的に方向転換が必要になるかもしれないが、それも含めて対応が出来れば生き残り、繁栄する。

ワークショップ

作家のワークショップというものは、高等教育においてもっとも屈辱的であり、腹立たしい経験ではなかろうか。心を込めて書いた渾身の作品を、批判してやろうと手ぐすね引いている聴衆の前で読み上げなければならない。聴衆がそのすばらしさに言葉を失ってしまうほど感銘を受ければよいのだろうが、実際には、彼らはその作品の欠点をあら探しするに決まっている。

顧客、取引先、チームメンバー、業界の専門家といった生身の人間の前で事業計画を披露する場合もそれは変わらない。「Lean Canvas」テンプレートに入力することで、事業計画の作成を開始することは出来る。

話し合いを始めるきっかけとして、ラフな草案を示すのは恥ずかしいことではないが、その後は主要な顧客、チームメンバー、投資家、そして業界人といったステークホルダーに提示し、意見を求める必要がある。屈辱的な場面も多々あるだろうが、絶対に必要な作業だ。

サイズ感を試す

私は決断したり方向性を変更したりする際、熟慮した上でサイズ感を試してみることが大好きだ。ズボンが自分の体形に合うかどうかは、試着室で実際に試してみるまではわからない。決断も同様に実際に試してみるまではわからない。決断がなされた時にどんな気持ちになるのかを想像する必要があるだろう。

たまに、単に口から出た言葉がどのように聞こえるのかということを試してみることもある。ホーマー・シンプソン（訳者注：テレビアニメ「ザ・シンプソンズ」

のキャラクター）はよく「考えてただけ？ それとも口に出してた？」と物思いに
ふけることがある。新しい文章や理論を明確に表現し、自分が期待するように他人
に聞こえるかどうかを試してみるのはすばらしいことだ。

　また、様々なメッセージやストーリーが聞き手によって、どのように機能するの
かを試す場合もある。最後に、サイズ感を試すもう一つの目的として、決断が組織
にどのような波及効果をもたらすのかを理解することもある。外に表現すること
で、人々が「ちらつかせる」懸念や反応などの観察を重ねることはとても有益だ。

　従業員と一緒に「試着」してサイズ感を試す際に注意すべきは、事前または事後
に、自分がそうしているということを彼らに知らせることだ。それを怠ると、皆が
私のホーマー・シンプソン的つぶやきを指令と勘違いしてしまうことがあるが、そ
れは勿論よいことではない。

変更時期を知る

　あなたが実施するインタビュー、そして市場から直接入手する情報などの価値は、実
施者の意欲に比例する。顧客は、あなたのソリューションの一部によい反応をしている
だけで、他の部分は見て見ないふりをしているのではないか。インタビュー対象者はあ
なたがサービス提供者であると明確に理解した上でプロダクト購入意向を示しているの
だろうか。あなたは彼らのフィードバックを快く受け入れ対応したいと望むだろうか。
または、顧客は時間さえ掛ければいつかあなたのプロダクトを買いたいと思うだろうと
勝手に自負しているだけなのではないか。

　スタートアップ企業は、業績や市場の状況に応じて、その都度ギアを入れ替えるしか
ない。戦略プランは構築時に大変な労力を必要とするが、同様に、必要とならばそれを
再度完全に書き換える覚悟が必要だ。早まって助けを請う必要はないが、現実を永遠に
否定してはいけない。

　いつまで自身のビジョンにこだわり、いつから市場に身を委ねるのかを知ることは、
科学でもあり、また芸術でもある。あなたに出来ることがあるとすれば、重要な兆候を
見極め、悪い状況が一時的であるのか、それともそれがおそらく真実なのかを見極める
ことだ。

・データは初期のテーマを反証する。

　スタートアップとは、未知の世界に飛び込んでいくものであり、独自の事業テーマ
を市場で検証したいと思っている。その結果、最高のシナリオとしては、最終的に
も正しいアイディアにたどり着くこともある。だが通常は、初期の仮説は全体また
は部分的に間違っており、検証の過程で調整が必要となる。私は数年前にReturn
Pathでまさにこのことを体験した。電子メール関連事業を拡大した際、顧客は提

供する5つのサービスのうち、2つまたは3つほどのサービスの購入を希望するだろうと予測していた。だが結局、ほとんどの顧客は1つ、稀に2つ購入する程度だった。顧客企業が複数のサービスを購入したケースもあったが、その企業の窓口となる部署も予算も別々だった。つまり、それぞれのサービスに別々のセールス部隊を必要としており、効率が悪かったため的を絞る必要性に迫られた。

・不名誉な結果
最終損益は、事業が上手く機能しているかどうかを示す最良の指標だ。新たな市場を創造するには忍耐が必要であり、投資家はすぐにリターンを期待しない（というか期待すべきではない）だろう。しかし、あなたが「スタートアップ」段階に停滞し続け、「スケーリング」や「グロース」段階に進めない場合、または大きな案件を獲得出来ない場合、おそらく売上以上の支出が続くであろう場合、度重なる資金調達によって株式持分の希薄化が延々と続いている場合などは、おそらく投資家も黙っていない。

・身内のノイズ
仮に事業テーマが機能し業績好調であったとしても、成功のよりどころになっている基盤はまだ脆弱(ぜいじゃく)であるかもしれない。プロジェクトを完結することが出来ない、経営陣が絶えず火事場の対処に追われている、すべてが常に混乱状態と隣り合わせにある。多くの起業家はこれこそが起業の現実だと言うだろう。だが、私は違うと言いたい。スタートアップに混乱はつきものだとただ受け入れるのではなく、それを最小限に抑えることを目標とするべきだ。これらの問題の兆候を察して方向転換する方法は無数にあるだろうが、最終的には「会社」を変える、または「事業」を変えるというただ2つの方法に絞られる。

スタイルのピボット：ストーリーを別の方法で伝える

「重要なのは、実体ではなくスタイルである」。これはオスカー・ワイルドのもっとも有名な表現、または誇張表現の一つだ。大げさ過ぎるが、心に留める価値がある。

スタートアップのCEOの多くは、企業をどう運営するかということよりも何をするのか、つまり企業の「スタイル」ではなく、ビジネス「そのもの」に焦点を当てる傾向にある。だが、企業のピボット（スタイルの変更）はビジネスそのもののピボット（実体の変更）と同様に重要であり、大きな変化をもたらし得る。

通常、スタートアップがピボットを余儀なくされるのはPMF（プロダクト・マーケット・フィット）がない、または戦略が機能していなかったりする場合だ。ただ時折、突如新たな機会が現れ、速やかに行動に移す必要性が出てくることもある。例え

ば、2008年と2009年に発生したようなマクロ経済の変調の結果、または業界特有の
ものも考えられる。どんな場合でも、素早く行動しなければならない。ピボットは長期
的な戦略計画に基づいたものであるべきであるが、時にはそう出来ないこともある。

企業買収

　会社を経営する上で考えられる機会として、企業買収が挙げられる。スタートアップ
は、新市場や新業界を創造したり、或いは未成熟な市場に参入したりすることが多い
（ちなみに、これがブルー・オーシャン戦略そのものである）。もしもあなたが市場に参
入する最初の企業であれば、一時的であるにせよ必然的にその市場のリーダーとなり、
やがて競合が出現してくる。

　通常、競争を避けることは出来ない。それを排除出来るのは、マクロ経済の低迷期、
或いは競合スタートアップの危機の2つの状況が考えられる。もしあなたがCEOとして
上手くやり、ビジネスが基本的に健全であれば、一度や二度の景気後退で会社が倒産し
てしまうことはない。ただ、競合他社が同じような状況下にいるとは限らず、そのまま
事業から撤退してしまう可能性もある。情勢を分析しながら、オファーの最適なタイミ
ングを待つとよい。

　Return Pathでは2度にわたり直接競合を買収したことがあった。1度目はインター
ネットバブル後、「Veripost」と呼ばれるコロラド州に本社を置く会社だった。両社共に
比較的新しいスタートアップ（創業2年未満）であり、新カテゴリーでのプロダクトの販
売に苦戦していた時、有力な見込み客が続々と廃業していた。この買収は、販売プロセ
スにおける競争的要素を排除することによって、売上拡大を大きく加速させた。生き残
れるかどうかもわからなかったときに、この買収は文字通り救世主だった。

　2番目の買収先は、2008年に獲得した「Habeas」という名のはるかに小さな競合
相手だった。同社は資金不足の中で調達が上手くいかず、悪いことに当時は2008年の
大不況直前だった（金融市場は既に2007年からジリ貧に陥っていた）。この買収の主
な成果は、財務利益の獲得だった。同社のほとんどの事業が我々の直接競合だったた
め、重複する費用やプラットフォームを排除するよう厳しく管理した。結果として、
75％の売上をわずか10％のコストにより維持することが出来た。

　スタートアップ経営の難しさを考えれば、競合は不景気などのマクロ経済要因がなく
とも瀬戸際に追い込まれるかもしれない。もし彼らがあなたに必要なものを持っていな
いのであれば、セールスチームにその会社の顧客を引き抜く準備をさせよう。

　　注記：自社と競合他社は、顧客や市場マインドシェアだけを巡って競争している訳で
　　　　　はない。人材を巡る競争もある。面接段階でも競合しているかもしれないし、
　　　　　他のスタートアップが経費削減で放出する人材を面接するかもしれない。何は
　　　　　ともあれ、これらの面接は重要な競合情報の源となる。そのチャンスを使っ

て、競合他社の経営状況はどうか、オファーをすんなり受け入れるか否かを判断することが出来るだろう。

多角化

すべての起業家は、自分には10億ドルの事業アイディアがあると自負してビジネスを始める。だがほとんどがそのアイディアは採算が取れないという悲しい現実に直面する。優れたアイディアを持った企業もあるが、そのアイディアには十分な広がりがない。大規模なビジネスの実現には、やらなければならないことが多々ある。多角化が必要だ。

多角化とは、根本的に異なる市場に参入したり、まったく新しい技術的課題に乗り出したりすることではない。それは、今いる市場内で革新をもたらし、問題を解決する方法を見いだすことだ。

多角化の一つのやり方として、オポチュニスティックな買収が挙げられる。前述した買収とは異なり、単一市場を独占するためではなく、似て非なるプロダクトを提供する会社を抱き込むことにより、新たな収益源を確保して収益を拡大することが目的となる。

もう一つの多角化の方法は社内の新規事業の立ち上げだ。その事業は既存の人材の能力を最大限に活用出来るものであるべきだが、新たに外部人材を雇用する必要があっても構わない。どちらを行うかは、新事業部門を「購入」する方が安いか「構築」する方が安いかにかかっている。前の章でこうした質問の詳細をレビューしたが、同じ原則はここでも適用される。

Return Pathでは、数回の会社や技術の取得により多角化を図ってきた。そしてこのうちのいくつかは大きな成功を収めた。2003年にAssurance Systemsを買収したことで電子メールインテリジェンスは進化し、同年のGasPedal Consultingの買収によりプロフェッショナルサービス業務が立ち上がり、IronPortからBonded Senderを買収したことで認証事業に参入といった具合だ。零細企業にとって多角化はかなり困難だろうが、現時点で部分的なソリューションのみを持っていて、新しい技術やプロダクトを追加すれば包括的なソリューションに育つ可能性がある状況であれば、多角化は大きな意義のあるものになるだろう。

フォーカス

Return Pathでの経験として、買収によって得られた成功もいくつかあったが、多角化戦略の失敗こそが地獄への道に繋がるということも明らかになった。AOLとTime Warnerの合併はその代表例だろう。「融合」は実現することなく、両者は破産寸前にまで追いやられた。そのような失敗例を片目に、Return Pathでも融合を試みたが、その選択によって経営破綻の危機に直面した。

Return Pathが最初に「スタートアップ」から「スケーリング」への移行を試みた時

期に、私たちが語ったストーリーは、多角化と融合に関するものだった。

「電子メールは、あらゆるビジネスにおいて、極めて重要で複雑な部分だ。配信可能性、顧客調査、マーケティングリストといった電子メールのソリューションの一つを購入した会社は、直ちに他のソリューションを買い求めるだろう」

これが私たちの理論ではあったが、様々なプロダクトの実現において期待されていた販売や売上のレバレッジはほとんど実現されずに、単一の経営陣と小さなバランスシートによって運営される単なる小規模事業の集合体に成り下がった。

それはあまりにも複雑な会社形態だった。取締役の一人であるスコット・ウェイズはそれを「世界最小のコングロマリット」と呼んだ。その時の彼の顔には笑みはなく、そしてその表現は正しかった。

収益は200万ドルから3000万ドルに急増したものの、経営は悪夢のようだった。予想していたよりも共通点のない事業を追加したことによって発生した複雑性を取り除く必要があった。1つの事業分野に注力するため、2007年に他の事業分野をすべて売却し、より迅速で持続可能な成長のためのステージを整えることを決定した日は、会社史上もっとも重要な時期のうちの一つだ。私たちが「非中核事業」とした事業を完全に売却したとき、収益は3000万ドルから約1100万ドルまで減少した。しかし、その後の5年間で、当社の成長は加速し、現在の売上は7000万ドルとなっている。

数年後、少し違った方法で再びこの教訓を学んだ。市場からの非常に強い需要に基づき、2012〜2014年の間に2つの新しい事業部門を立ち上げた（その後そのうちの1つは2つの買収によって強化された）。当社のトップ顧客やパートナーは、当社のデータを利用し、セキュリティ分野にさらに踏み込んでいくよう促してくれたが、それによって開発されたのが、ビジネスメール詐欺対策サービスの「Email Fraud Protection」と呼ばれるプロダクトだった。さらに複数の大規模な調査会社が、当社のメールパネルからデータにアクセスし、Eコマース関連の効果測定をするために当社と非常に大型の契約に署名することを申し出た。過去に行った事業分離の教訓から、これらの事業に十分な規模と成長性、そしてコアビジネスとの共通点があるかどうかも確認し、その上で、これらの事業を拡大させ、複雑な事業にも対応する自信があった。しかし、これらの新規事業はいずれも成功したものの、最終的には当社の事業から離れ過ぎてしまい、2017年に2つのユニットを売却する結果となった。数年後に実施したM&Aの振り返りの結論は、ラインエクステンションはまったく同じ顧客の同種の予算をターゲットにし、且つ「似通った」プロダクトの場合にのみ事業性があるということだった。

自分オリジナルのアイディアが次のGoogleやFacebookにはなり得ないということを実感することは、夢を潰されるようで面白くないと思うだろうが、そこには貴重な学びがある。それは、かつては自社のビジネスの補助的なものと見なしていた事業が、実際には次の一大ブームになるかもしれないということだ（『The Four Steps to the

Epiphany』を著したスティーブン・ゲリー・ブランクは、これこそがスタートアップが実際に壁を破るための唯一の方法であると述べた）。市場の声を聞き、成功し得るものに注力するのだ。

　主要な事業ユニットの成熟度合いによっては、賢い売却によりキャッシュを確保する好機になるかもしれない。もしもそのアイディアが実現しないようであれば、チームを新しい方向に向かわせればよい。これはすなわち、既存事業への資源の再配分に繋がる。

Bionic CEO デビッド・キダーが語る事業の方向転換

　3度の起業経験を持ち、『The Startup Playbook』の著者でもあるBionic CEOデビッド・キダーは、事業のピボットに関しては誰よりも詳しい。

　スタートアップは熱探査ミサイルのようなもので、ミサイルの標的は企業のビジョンと目的によって定められ、ロケットはミッションと業務によって推進及び制御され、誘導システムはバリューと信念によって実現される。

　多くの場合、ピボットとは、企業のビジョンと目的といったミサイルの標的を変えることではなく、ロケットが標的に向かう過程での操縦方法を変えることだ。この過程は常に不安定、時には致命的にもなり得るが、そうでないこともしばしばある。

　まず、その過程においてもっとも重要なステップは、成功の根源はプロダクトではなく人にあると認識することだ。チーム全員が会社のミッション、ビジョン、バリューを、これ以上ないほど明確に理解していなければならない。次に、彼らが核となるビジョンに完全にコミットしなければならない一方で、目標に向かう過程において、変化する状況に応じて頻繁に業務も変化するということを理解しなければならない。もしも正しい文化が会社に根付いていれば、ミッションを変えたりピボットを図ったりしたところで、ビジョンにコミットしたチームが揺らぐことはなく、また揺らがせてはいけないだろう。スタートアップ企業のCEOの仕事はビジョンを設定し、チームから信頼とコミットメントを得て、チームにミッションを完遂しビジョンを達成するため（要は目標を達成するため）の環境を提供することだ。

　ピボットを受け入れ、生き残っていくためのもう一つの側面として、精神面において強靭なチームを作り出すことが挙げられる。これは、会社設立当初から、変化が起き得るという期待値を予め持たせることによって獲得出来る能力だ。我々は最良のロードマップと緻密に練られた計画があってもなお、やみくもに舵を切ってしまうことが多々ある。障害物を避け或いは乗り越えて進むために必要な方向転換は、全員が認識し、且つ受け入れなければならない。ピボットの合理性に関する私の好きな説明の

一つに、Amazonの創設者ジェフ・ベゾスの言葉がある（37signals 創設者ジェイソン・フリードにも関連する）。

「しばしば正しい」人とは、よく考えを変える人だ。私は、一貫性を持つということが長所であるとは特に思わない。今日のアイディアが明日にはまったく矛盾するアイディアへと変化することは健全だし、奨励されるべきとさえ考えている。

もっとも賢い人間は、常に自身の認識を改め、既に解決したと思っていた問題を再考し続ける。彼らは、新しい視点、新しい情報、新しいアイディア、矛盾、そして自身の考えに対する挑戦的な意見をも受け入れる人間だ。

では、「しばしば間違える」人の特徴とは何だろう？ それは1つの視点にこだわり、細かいことに執着する人間だ。

正直に言えば、ピボットを失敗のように感じることも多い。特に、この可能性を予めチームに含めていない場合はなおさらだ。しかし、チームと目標（ビジョン）との間に存在する様々な致命的な障害を避けるべくピボットしないということは無責任な行為としか言いようがない。ピボットはスタートアップCEOの義務だ。

Bionic CEO デビッド・キダー

事業のピボット：異なるストーリーを語る

事業のピボットは、多くの起業家が会社の方向性の変更を考慮する際に思い浮かべることだ。市場でのポジショニングを変えたり、社内モデルを調整したりするより、はるかにリスクが高く、複雑であるが、避けることは出来ない（市場に力ずくで挑もうとするのではなく、市場の声を重視しようとしているならば特に）。ピボットは飛躍ではなく、自社の核となる強みを軸にした方針転換だ。

2009年後半、私はニューヨーク市のリーン・スタートアップの会合でスピーチをする機会があった。題目は「ピボット」だったが、私の発言は聴衆の一人の掛け声によって簡潔に3語に要約された"Pivot, don't Jump!"（「ピボットだ、飛躍するな！」）。

自身の「PMF」の草案が外れていると気付いた時、まったく異なる方向へと飛躍したいという誘惑に駆られることだろう。耐えなさい！ スタートアップのピボットは、クライアントの要請または主張（顧客があなたのセールス電話に応答しないことによって示唆される要請も含む）やコアコンピテンシーに沿った方向でなければならない。

Return Pathでは幾度にもわたってピボットを繰り返してきたが、その際に「飛躍」したことはない。我々は様々なビジネスを立ち上げられるような有能なチームを抱えているが、コアコンピテンシーである電子メール分野から懸け離れた分野で成功するのは想像し難い。

例えば、SMS配信ビジネスに着手したらどうかとの提案を受けることが多々あった。

「将来性のある事業だと思いませんか？」。我々にはわからない。我々はテキストメッセージやモバイルキャリア事業に時間を費やすつもりはない。「ソーシャルメディア・メッセージングの効果測定に着手しては？ 関連事業ですよね？」。そうかもしれないが、当社の主たる事業ではない。電子メール配信ソフトやアナリティクスからサービス、データ、ホワイトリスト、効果測定へと拡大させていくことこそが我々の「ピボット」であり、それは「飛躍」ではなかった。

第7章
ストーリーの実現

　子どもに本を読み聞かせるすべての親が、「本当にあった話なの？」という質問を一度はされたことがあるだろう。子どもたちに対して秘密を守るにしても打ち明けるにしても、大抵の場合その答えは「No」だ。空想の世界においては、その他に考えられる答えはない（ホビットやホグワーツ魔法学校が存在する夢の世界を崩すことが出来るだろうか）。だが、スタートアップの世界では、すべてのストーリーを実現させることが目標となる。

　「Lean Canvas」スライドは、仮説を内部に向けて提示し、仮説検証という目標に向かってチーム全体をまとめるものだ。また、投資家向け資料は、必要な資金を確保するためのものになる。そして、あなたのミッション、ビジョン、バリューは、目標を達成するために何をするのか、もしくは何をしないかを示すものだ。これらのステートメントの作成から、チームの組成や取り組みなどの肝心で詳細なことに取り掛かるまでの間にあるのが、組織を構築するプロセスだ。

　しかし、組織構築プロセスは優れた事業戦略の構築や、PMFを把握するために行う顧客開発ほど明確に定義されていない。だが、重要なことだ。それこそがあなたのアイディアを会社という形にさせるものだからだ。

意図を持って会社を築く

　会社を創るにあたってもっとも重要なのは、すべてを意図的に行うということだ。面倒なことが起こってしまった後よりも起こる前に対処した方が状況は変えやすい。あなたは必要以上に細部にこだわるマイクロマネジャー、または結果論からあれこれと文句を言うマネジャーだと思われているだろうか。或いは、会社にとって、長期的には好ましくない方向とわかっていても、それを見ぬふりをして受け流してしまうタイプなのだろうか。大切なのは何事にも自発的に取り組むことだ。

　Return Pathの立ち上げ10年目以降、私は事業やプロダクトの構築と同じくらいの時間を会社の構築のために費やしてきた。そのことに関して、まったく後悔はない。最初の頃は、従業員25人のまっさらな会社としてはあり得ないようなこともした。勤務7年目に従業員に与えられるサバティカル休暇がその一例だ。だが、長期的にはこの労力は無駄ではなかった（短期的な視点で考えると少々無駄な点もあったが）。会社が初期段階にあったとしても、会社そのものの構築に焦点を当てることによって長期的な利益を得る方法は2つある。

1．事業規模の拡大に必要となる基盤の構築に役立つ。

すばらしい「ホッケースティック」の瞬間をつかみ、事業規模を急速に拡大するためには、非常に強固な基盤の上で事業拡大を図ることが重要だ。会社を「築き上げる」瞬間を成長段階まで待ってしまうと、手遅れとなってしまうことだろう。そして、成長そのものが原因となって会社が滅びてしまう可能性もある。

2．プロダクトや事業に問題が生じたとしても、会社は必ずしも倒産する訳ではない。

Return Pathのオリジナル「メール住所変更」事業は2002年までには時代遅れの事業となってしまうことが明らかになった。だが熟慮を重ねて構築された会社であったReturn Pathはピボットを試み、生き延びた。2019年に最終的に会社を売却した際、Return Pathは4000人の顧客を有し、1億ドルの収益を上げ成功していたが、私が話した社員のほぼ全員は、もっとも重要で影響力のある要素としてReturn Pathの社風を挙げた。その全員が業界を一変する「ゲームチェンジャー」的なプロダクトに取り組んでいたにもかかわらずだ。

事業構築と会社構築を比較した際に、どちらかが片方より重要であると言っている訳ではない。結局のところ、優れたCEOと経営陣は、持続可能で自立可能な会社を築きたいのであれば、両方の要素が正しく機能しているかどうかを考慮しなければならない。

会社構築において大切なこと

ここでは、会社を構築する上で大切な要素をいくつか紹介する。大半の人が「文化」とひと括りにしてしまうものも含まれるが、私は個別の要素として見なすことが出来る具体的なものであると考えている。

・地域

チームを1つのオフィスにまとめたいのか？ それは絶対なのか？ 人材がいるところならどこでもいいのか？ 開発資金を最適化・削減するために、オフショア開発能力を持ちたいのか？ また、インドや中国の人材を管理するノウハウがチームにあるのか？ Return Pathでは、1999年のインターネット業界において人材が不足していたということもあり、優秀な人材の確保のため、複数の拠点を設けることを早い段階で決定した。もし、もう一度やり直すことがあり得るとしたら、次の2つの道のうちの1つを主張していたであろう。事業所を1つにして重心を出来るだけ長くここに置くか、誰がどこにいようと関係のない完全なリモートファースト政策を実施するかだ。

・オフィスのタイプ

オフィスがほしいのか、それともしばらくはバーチャルでよいのか？ 都心部か郊外かどちらに拠点を置きたいのか？ 広いオープンスペースに全員が着席する形がよいのか、それとも壁で仕切られたキュービクルでも問題ないのか？ 形式張っていない、自然発生的な会話ほど人間の距離を縮めるものはない。Return Pathの創業時のオフィスは広いオープンルーム一室であったが、それは様々な理由において便利ではなかった。そうとはわかっていても、私たちはセールス1日目からオフィスがほしく、これが創業時において身の丈に合う唯一の方法だった。

・システム

AppleユーザーかWindowsユーザーか？ Microsoft OfficeなのかGoogle Appsなのか？ ExchangeかGmailか？ BasecampやConfluenceのようなコラボレーションツールを活用しているか？ 1日目からクラウド上ですべてのシステムを運用するのか？

・ドライビングフォース（原動力）

セールス重視の会社なのか？ プロダクト重視の会社なのか？ またはテクノロジー重視の会社なのか？ 或いは人を第一に考える会社なのか？ 我々は常にバランスの取れたアプローチを取ってきた。我々は、セールスのみを重視している訳でもなければ、プロダクトやテクノロジーそれぞれに限って重きを置いている訳でもない。私たちはビジネス重視だ。それが我々にとってはよい方法なのだ。

・採用と報酬

社員に惜しみなく高報酬を与えるか？ 現金報酬と株式報酬について、どのように考えているのか？ ほしいのは重責のあるシニアのスタッフか、それとも数多くインターンを獲得したいのか？ 我々は経験を買い、物事を前進させるために、初期においては数多くのシニアスタッフを雇ったが、とても金の掛かる選択だった。我々の初期段階の給与はかなり低く設定されており、全員が7万5000ドルと同一の給与だった。だが機関投資家から資金を調達した後は、現金報酬も株式報酬も市場の適正水準に近づけた。

・休暇に関する方針

厳格な休暇方針なのか？ または緩い方針であるのか？ 休暇日数に病欠は含まれているのか？ フレックスを導入するのか？ 午前8時以前や午後5時以降、会社に自分以外誰もオフィスにいない状況だったら頭に来るだろうか？ 産休や育児休暇（男

性も含む）はどうするか？　大半の企業は成長するにつれてより形式的になるが、我々は逆によりフレキシブルになろうとした。

・経費に関する方針

どのくらい倹約するのか？　従業員の携帯電話やデータプランの費用を支払うのか？　ジムの会費はどうか？　我々は家賃や出張費など多くの場合に倹約しているが、携帯電話やジム会費など、個人に関わるものに関しては寛大な方針を取っている。

・コミュニケーションのパターン

主なコミュニケーションはミーティングで行うか？　または電子メール中心なのか？　電話を使用する予定はあるのか？　或いは、個人の携帯電話に頼るつもりなのか？　我々は複数の拠点を有しているため、Return Pathではメールやハングアウトを中心に活動しているが、デスクトップにビデオが普及してきたこともあり、それを使う機会も増えてきた。昔は電話がオフィスじゅうにあったが、社員の多く、とりわけエンジニアは滅多に利用しなかった。最近では、デスクに電話を設置したことのないエンジニアリング事業会社を買収し、電話のないオフィス環境を実験中だ。

・社員一人一人に感謝する

社内で従業員の誕生日を祝うのか？　自分でチームメンバーの誕生日を覚えておくのか？　雇用記念日はどうか？　イベント事のプレゼントにはどのような規程を設けるのか？　Return Pathでは誕生日パーティーは設けてはいないが、我々独自の方法でお互いに祝うようにしている。これらの記念日のお祝いなどについては後ほど詳しく述べることにするが、ここでは触れられていないチームビルディングのためのアクションもまだある。しかし、そのすべてには共通点がある。それはあなたがどうお祝いしたいかということには関わりなく、すべての企業が直面しなければならないことだ。意思を持って社員一人一人を認知し、彼らの貢献に感謝するとよい。生産性や成長にすばらしい影響があるのは間違いない。そしてそれを無視すれば、残念な結果が待っている。

目的の明確化：ストーリーに含まれるモラル

　会社というものは、様々な方法で世界をよりよい場所にすることが可能だし、またそれを目指すべきだ。民間企業が市場にもたらした医療、または社会福祉事業の進歩を見れば、多数の企業の中核事業がその実現に関与してきたことは確かだ。Return Pathが病を治し、飢えている人々を満たす事業が出来ていたらとふと思いにふけることがある。このような強力な内的動機をミッションに組み込むことが可能な事業を運営してい

たら、どれほどすばらしいだろう。一瞬で人々をやる気にさせることが出来るだろう。

しかし、残念なことに世の中に存在するほとんどの企業は我が社と同様で、「世界を救う」という本質的性質を持ち合わせている訳ではない。それでも、自社の事業目的と会社の存在意義を明確にし、チームの士気を高めることは必須だ。Return Pathは、我々がサービスを提供するすべての顧客が置かれているであろう状況に我々のストーリーを組み込むことにより、存在意義を表現している。

例えば、Return Pathのプロダクトの一つに電子メール認証があるが、そのプロダクトはマーケター、出版社、銀行、その他の企業の電子メールが誤ってスパムとして認識されることを防ぐことが出来る。それだけ聞けば、特に社会に影響を与えるようなサービスとは思えないだろう。だが、その認証事業上で詳しく見てみると、そのサービスにより年間で1兆通の電子メールを認証していることがわかる。その認証がなければ、電子メールの25％が誤ってスパムフィルターに送られていたことになる。言い換えれば、私たちのサービスのおかげで、昨年は2500億通の電子メールが無事に受取人に届けられたことになる。

次に私は、Match.com、eHarmony、UNICEF、The American Cancer Society、Scholarships.comまたThe College Boardといった我々の取引先に視点を移してみた。

Return Pathのサービスが存在することで、毎年何人の人が結婚し出産することになるのだろうか。非営利組織から食料や衣料品を入手出来る人はどのくらい増えるのだろうか。大学に進学する人はどうだろう。こうして考えてみると、自分の事業が世界の「善いこと」に直接繋がって見える。勿論、時には最終的な「善いこと」に行き着くまでにもう何ステップかの仕事が必要なことも多いのだが。

他者を支援する力になる – たとえそれが間接的であったとしても

あなたは病を治す事業をしていないかもしれない。だからといって、あなたの会社が人を助けることが出来ないという訳ではない。地域サポートプロジェクトを立ち上げたり、資金を提供したり、地域や世界に還元したりする他の方法を見いだすにしても、プロダクトという枠にとらわれない、会社がよりどころとしているミッションやサービスの精神を基にチームを活性化することが出来る。多くの企業にとって、この要素をミッションやバリューに加えることは、単によいことだというだけでなく、採用やマーケティングツールとしても価値のあることだ。

我々は効果を最大限に生かし、また支援活動を会社構築活動としても活用するため、ここ数年、支援活動に対するアプローチを変えてきた。初期段階においては、毎年、地域奉仕活動のための有給休暇を従業員に与えていた（後にオープン休暇を設けてからは、あまり意味がなくなってしまったが）。また、社員からの依頼により、彼らが個人

的に支援していた奉仕イベントへの協賛もした。社員たちが共に参加出来る地域支援活動プロジェクトを立ち上げたこともあった。ハリケーン・カトリーナの事後にはHabitat for Humanityという非営利団体とニューオリンズに複数のチームを送ったし、ハリケーン・サンディ後の復興支援のためロッカウェイズに日帰りで出向いたこともあった。

他の企業では支持する慈善団体に資金やサービスを寄付したり、従業員の寄付に見合ったマッチングギフト・プログラムを提供したりしている。それはすべて、社内で公表し、会社に与える影響を人々に理解してもらうことが出来れば、すばらしい働き掛けとなる。

現在、我々は昨年に始動したDream Fundという新プログラムを試行している。その目的は、手当たり次第に広げてしまった取り組みをより焦点を絞ったものに置き換えることだ。我々は上述した他の活動を基本的に中止し、その代わりに社内でアイディアのあるチームを募集し、我々の拠点がある地域に利益をもたらす活動を実施するため、年に数回、1回につき1万ドルのサポート申請をするように呼び掛けている。その活動は単に資金をつぎ込むだけではなく、行動が伴わなければならない。これまでのところ、当社のチームは虐待を受けた子どもたちの施設の部屋の改装を支援する実地作業、癌の治療資金を集めるためのウォーキング活動、識字能力の向上を目指す活動などを行っている。

数年前、当社プロダクト部門の中に、「リターンシップ」と呼ばれるプログラムを作るアイディアを持っているメンバーがいた。これは育児休暇後の母親のために構成された、トレーニングを中心とした16週間の有給インターンシップ形式の職場復帰プログラムだ。我々は数年にわたり、このプログラムのコホートを数回実施し、数十人の参加者がこのプログラムの恩恵を受け、成功を収めた。それは参加者やその家族にとって有益であり、また会社も労働力を多様化させるというよい結果となった。その後、他の企業による同様のプログラムの実施を支援することになり、最終的にはこのプロジェクトはPath Forwardという独立非営利企業設立に繋がった。その後も、Return Pathは常にPath Forwardと密接な関係を維持している。事業所に当社チームメンバーと共にPath Forwardのスタッフを配置し、現在では何十社、何百人もの女性と共に働いている。それは常に全社の誇りだ。

あなたは会社で癌の治療に直接関わっていないかもしれないが、癌に苦しむ人、その治療をする人たちへ手を差し伸べているだろうか。

シンボリズムの重要性を理解する

　シンボリズムの価値を理解し、それをいつ使用するのかを決定することはCEOとしての重要な仕事だ。時には、シンボリズムとは他者にシグナルを送ることそのものであり、それ以上の意味はないこともある。実質的な意味が含まれているものではないことが多いため、象徴的な振る舞いをすることは時間の無駄だと捉えられがちだ。

　しかし、もしあなたが、実質的なものを好むが故にシンボリズムを軽視しようとしているのであれば、一度以下の実例を読み考えてみるといいだろう。

　2008年11月、GM、Ford、Chryslerの各社CEOは連邦政府に財政支援を要請した。当時、デトロイトとワシントンD.C.の間には毎日24便のノンストップ便を運行していたが、3人のCEOは支援要請のためにワシントンへ個別に3機の専用ジェット機を使用した。彼らはジェット機を共有することさえしなかったのだ。

　スコット・トンプソンはPayPalにて有望なCEOとして務めた後、Yahoo!のCEOに就任した。彼はYahoo!を復活させ、シリコンバレーで同社を栄光の地位へと導くにはエンジニアである自分が適任であるというセールスポイントを公言していた。

　だが実際には、エンジニアの学位を取得していたという履歴書は改竄されており、専攻は会計であり、在学中にコンピュータサイエンスの講義を一つだけ受けていただけということが判明した。

　ヒラリー・クリントンが2009年に国務長官に就任した際、ニューヨーク州のデービッド・パターソン知事は、クリントンの上院議席の空席を埋めるために、キャロライン・ケネディ氏を任命することを検討した。だがその後、1988年以降ケネディがほぼすべての選挙にて投票をしていなかったことが明らかになった。

　GMとChryslerは政府からの助成金を手に入れたが、CEOの3人は議会の前で辱めを受けた。スコット・トンプソンのYahoo!でのCEOの任期は5カ月と持たず、ニューヨークの連邦上院議員はカーステン・ギリブランドとなった。

　シンボリズムは重要だということがわかるだろう。

Return Path 共同創業者 ジョージ・ビルブリーが語る、ビジョンと戦略の変化におけるCEOの役割

共同創業者であり、プロダクトにおけるビジョナリーであるジョージ・ビルブリーは、*Return Path*の成功に欠かせない存在だった。彼は過去13年間にわたって当社の戦略が進化していくのを目の当たりにしてきた。そして、その経験はビジョンと戦略における CEOの役割が時間とともにどう変化するのかということに関する独自の視点を得るよいきっかけとなった。

会社が成長するにつれて、会社が直面する戦略的課題は変わる。CEOは、変化する課題に対応するために戦略の焦点を変えていく必要がある。それはまさに我々がReturn Pathで経験したことだ。会社が成長するにつれて、ターゲット顧客が誰なのか、どのような問題を解決しようとしているのかを正確に把握する初期段階から、ぎこちない10代の「思春期」へと移行し、さらに多くのオポチュニティの中から最適なチャンスを選び抜くのが成功の鍵という、より成熟した段階へと発展していった。

初期：PMFの発見（従業員数：最大25人）

挑戦：

会社はまだ始まったばかりだ。あなたとあなたの（小さな）チームは、ターゲットとなる顧客層、解決すべき問題、そして、その問題の解決方法について、大まかなアイディアを持っている。CEOの主な仕事は、そのアイディアを検証し、結果を基に検証を繰り返し、チームのためにPMFを見いだすことだ。最低限のセールス/マーケティング、顧客サービス、そして勿論プロダクトそのものを構築する必要がある。

CEOの制約：

この段階では、社内にはゼネラリストが多く、専門的な知識を持つスペシャリストはそれほど在籍していないだろう。CEOは「何でも屋」でなければならない。

CEOの戦略的役割：

あなたの仕事は、PMFをドライブすることだ。あなたのスキルセットによって、セールス電話の担当となるかもしれないし、または初期の試作品を製作することになるかもしれない。ともかく顧客獲得、サービス提供が可能かを確かめるため、セールス/マーケティングとサービスのプロセスのプロトタイプを試作する。その実現のためには、ゼネラリストのチームを創る必要がある。

発展中期：スケール拡大の時期（従業員数：25〜100人）

挑戦：

おめでとう！プロダクトがマーケットにフィットするとわかった。今こそ、あなたのプロダクトを好んでくれた初期顧客からもう一歩踏み込んで、前進すべき時だ。より大勢の一般顧客に目を移す時期となる。そのためには、引き続きバリュープロポジションを検討する必要がある。それはプロダクトやサービスの使い勝手をよくしたり、一般顧客の問題をより直接的に解決したり、ターゲット顧客層がよりよい仕事をこなせるようにすることなどが含まれる。バリュープロポジションの改良には、サービス、セールス、課金などといったプロダクトの外的機能を改善する必要がある。そしてすべての機能の拡張性を確保しなければならない。

CEOの制約：

CEO（または創業チーム）だけでの運営は不可能だ。スケール拡大と、より成熟した業務プロセスを構築することが新しい焦点となるが、すべての創業者がそれに強いとは限らない。

CEOの戦略的役割：

自身で仕事をこなす段階から、仕事をしている人々にビジョンを提供するというステージに進む必要がある。実行を支えてくれるような、有能でよりレベルの高いチームを採用する必要がある。様々な事業の要素がどのように「フィット」していくのかというビジョンを提供する必要がある。そして、新しい「スケーラブル」な解決策が、絶対的なバリュープロポジションを反映したものであるということを確かめる。チームが成長するにつれて、より多くのビジョンをチームに委譲する。彼らに挑戦的な質問を問い掛け、答えを考えさせてみよう。

次の動きは？ 資源の増加＝選択肢の増加（従業員数：100人以上）

挑戦：

引き続き、スケーリングが課題となる。ただ、この段階においては既に安定した「基盤」を有している。ここでは様々な戦略投資を検討していくことになるだろう。国際的に事業を拡大していくのか？ 近接領域の市場やソリューション分野に進出するのか？

CEOの制約：

スケーリングとは、会社の規模が大きくなると、CEOが自社の長期的なビジョ

ンから目を離し始める可能性があることを意味する。

CEOの戦略的役割：
　中核事業の枠を超えてイノベーションを生み出すために、企業内に反復可能なケイパビリティを開発する。リーダーシップチームと、何に投資をするのか、またはしないのかということに関して共通の考え方を持っておくべきだ。ポートフォリオ投資のフレームワークを構築し、共有する必要がある。

Return Path 共同創業者 ジョージ・ビルブリー

第2部
人的資本の構築

企業の人材基盤を構築し、組織的行動を強化することは、如何(いか)なる企業のCEOにとっても重要な業務となる。業務時間の50%をも消費するタスクにもなり得るが、これ以上に事業レバレッジを高めるものはない。ピーター・ドラッカーは、「文化は朝食として戦略を食べる」との有名な言葉を残している。昼食に業務の実行、夕食に取締役会をと仮定すれば、自分のチーム以上に重要なものはないということに気付くだろう。本書の第2部では、会社の人材マネジメントにおける重要な要素、すなわち、チームの構築と文化から、雇用の全サイクル（リクルーティング、採用、新入研修、フィードバック、業績管理、給与昇進、報酬、解雇）、或いは遠隔地の従業員管理という非常に現実的で増大し続ける課題などについて書く。

第8章
グレートチームの配備

　創業メンバーの仲間うちの集団から卒業し、真の会社へと成長すると、これまでにないもっとも重要な仕事である「採用」を始める時期となる。一流の有能な（The best and the brightest）チームを形成してこそ会社は成長する。そして、チームメンバーを採用した後はすぐにそのさらなる拡大を考えなければならない。採用というタスクはもっとも重要であるというだけでなく、もっとも難しい仕事でもある。

単細胞から膵臓へ

　弊社の取締役グレッグ・サンズはかつて、スタートアップのステージを超えて成長する企業の様子を、小型生物の細胞の発達に例えていた。アメーバやパラメシアは1つの細胞で構成されており、その細胞は食べ、動き、周囲を感知し、応答するというすべての動作をこなさなければならない。細胞が分裂してもなお、新しい細胞たちは他の細胞に結合しているというだけであって、引き続きそのすべての動作を継続して行わなければならない。しかし、生物がより複雑に発達するにつれて、個々の細胞は特殊化していく。そして本格的にその複雑性が増すと、肝臓、脾臓、胃、膵臓が必要になる。

　スタートアップも概ね同じような働きをする。初期段階においては、自主的に進んで何十ものタスクを同時に引き受けることが出来るゼネラリストを雇わなければならない。開発者が潜在顧客と商談をし、会計士がプロダクトの方向性に関して助言を与え、生粋のセールス担当者も日中に数時間は電話を置いて、新しい従業員のコンピュータをセットアップすることだってあるだろう。

　これは、4人程度の従業員とアイディアしかない、エキサイティングなスタートアップの話だが、このような時期はそれほど長くは続かない。多くの従業員にとって、この段階から脱却することは祝うべき成長だ。何故なら、プログラマーは経理の会議に参加したくはないし、セールス担当者はエンジニアと暗く静かな部屋に座ることを好まないからだ。皆がもっと鍛え伸ばしていきたいと願う知識やスキルがあり、それを可能にする適度の専門性を持ち合わせている。

　ただすべての従業員を満足させられるという訳ではない。Return Pathでは、開発者の一人は従業員数が25人を超えた時点で会社を去って行った（彼は会社が「大企業化」していると感じていた。冗談のように聞こえるかもしれないが本当の話だ）。従業員の多くはこの時期に備え、新しい役割を担う準備をしておくべきだ。

一流の有能な（The best and the brightest）チーム

チームを組成することは非常に重要だが、おそらく初期段階においてはその困難な仕事の大半を自分でこなさなければならないだろう。リクルーターも人事部もおらず、会社のビジョンを自分以上に上手く売り込むことが出来る人間は他にいないからだ。この段階では、人材採用にあたって高額の給与を提示することは出来ないだろう。そこで、ビジョンとストックオプション（自社株購入権）の価値を効果的に伝えることがチーム組成の重要な要素となる。この章の各セクションでは、効果的なチームを組成、開発、そしてリードする方法について触れていく。何百ものベストプラクティスを一つのアドバイスにまとめるなら、それは次のような言葉になるだろう。

「出来るだけ早急に可能な限り最良のチームを構築する」

わかりきったことに聞こえるかもしれないが、人によっては一流の人材の中に身を置くことは威圧的でもあり、または脅威と感じることもあるだろう。しかし、それは事業を成長させるためには必要なことであり、そして成長し続けていくためにはこれを継続して徹底しなければならない。

一流のチームの構築方法：

・カルチャーがフィットするかに注意する。

最良の人材を見つけるとは、その「チームにとって」最適な人材を見つけるということだ。「チームにとって」という点はよく軽視されがちだが、世界一優秀なPerl開発者であっても、チームと一緒に協力して働くことが出来なければ会社に大きな価値をもたらすことはない。

・超一流のスペシャリストの発掘。

CEOのあなたは、おそらく会社一のゼネラリストだろう。それが近いうちに、自分よりも年上で賢く、経験が豊富で、高給取りの専門家たちに取り囲まれることになる。それは最高のチームを築くために重要な要素だ。あなた自身が世界一のプログラマーで、最高のセールスパーソンで、さらに敏腕な会計士でもない限り、早急に優秀なチームの組成を始めた方がよい。

・自分の弱点を補う。

自分の強みを補う人材を雇っても、自分自身が成長することはない。真逆のことをしよう。自分の才能が欠如している分野に長けている人材を招くことでその弱点を補強するのだ。勿論、これは自分の弱点を認め、その分野に強いチームメンバーを尊重しなければならないということだ（私自身が世界レベルのプロダクトビジョナ

リーではなく、私の共同創業者のジョージ・ビルブリーがそうであるように）。

・雇い過ぎない。

　可能な限り優秀な人材の採用を望むだろうが、必ずしも大企業で活躍してきた社員である必要はない。そのような従業員は、スタートアップでは失敗する可能性が高い。彼らは明確に定義された役割と豊富な経営資源に満ちた環境に慣れ親しんでいる。だが、スタートアップにはそのどちらも存在しない。私が以前、あるテクノロジー関連企業で勤務していた際、Fortune 500企業の一社で非の打ち所がない経験を積んできた新しいマーケティング・ヘッドを迎えたことがあった。その新任の彼は出社初日に、社内でタイピストはどこにいるのかと聞いて回った。それがトラブルの最初のサインだった。セールス部員にはこの概念は当てはまらないと考えるかもしれないが、それも違う。セールス部員がベータ・バージョンのリリースについての説明資料をPDFで見込み客にメールで送信することだけに執着し、実際に先方を訪問し自社のプロダクトを売り込む作業を怠っているようなら、数多くの見込み客リストを持っていたとしてもそれはまったく意味のないことだ。

・念入りにリファレンス（推薦者）をチェックする。

　履歴書の情報を鵜呑みにしてしまうのはよくない。優良大企業の社員の多くは実際にビジネスを立ち上げる方法など知らないし、そのために実際に何をしていいかを理解出来ている訳でもない。彼らの提出した履歴を検証するためには、推薦者に連絡を取り聴き取りするなどして、情報を掘り下げて調べる必要がある。

・チームから意見をもらう。

　採用はあなたの業務の中でもっとも重要なタスクだが、一人でこなすことは出来ない。エンジニア、会計士、または弁護士などの専門職を雇う際には、その分野に精通している人間に候補者の専門性に関して精査してもらう必要がある。そして、会社のカルチャーにフィットしているかどうかを確認するには社内のチームの同意ほど心強いものはない。

　で、恐ろしいことを言いたい。誰を雇おうと、あなたはCEOなのだ。専門性の高いポジションに経験豊富で有能な人材を採用した後でも、チーム内のすべての業務領域部門をあなたが管理しなければならない。たとえ、自分よりも年上で、賢く、経験が豊富で、給料の高い専門家がいても、だ。

Foundry Group マネジングディレクター ブラッド・フェルドが語る 自身の専門分野内の雇用とマネジメント

「採用」において私に唯一の弱点があるとするならば、それはマーケティングだ。*Return Path*の創業前、私は*MovieFone*でマーケティング兼プロダクト本部長を務めていた。その間、数年にわたってマーケティング・ヘッドとの関係性に苦戦してきた。そして、10人以上のCEOと仕事をしてきた経験のあるブラッド・フェルドもまた、このパターンを幾度となく職場で目にしてきた。

　私は、CEOが採用する人材には、常に正反対の2つの特性があることに気付いた。一つは、「自分よりも知識のある人材の採用」、そしてもう一つは「自分が知っている知識で十分」という観点だ。この2つの考えが衝突する際、CEOが「自分が知っている知識で十分」と考えている分野の人材の採用不足に陥る確率が高い。すなわち、セールスの経歴を持つCEOはセールス本部長の採用に消極的で、マーケティングの経歴を持つCEOはマーケティング本部長、テクノロジー分野の知識が豊富なCEOはエンジニア本部長の採用を拒む傾向にあるということだ。

　実際にそのような状況下で人材を雇った場合は、その人物を過度に管理したり、才能を潰してしまったりする傾向にある。マーケティング分野に長けているCEOは、常に余計な世話を焼くか、マーケティング本部長に完全に仕事を委ねて、マーケティング本部長が自分の腕を証明するのを蚊帳の外から眺めるか、いずれかの方法を取るだろう。最悪のケースは、その時の気分で時には過度に管理し、時にはまったく興味を示さずと、極端に相違する姿勢が入り交じり、一貫性のある姿勢を示さないことだろう。

　このリスクを回避するため、CEOが取れるいちばん効果的な手段は、適した人材を見定め採用する権限をマネジメントチームの誰かに委ねることだ。有能で、時にはCEOに意見を物申すことが出来、同時にチームのカルチャーにフィットする人間でなければならない。もしも委ねた人が上手く採用出来ないパターンに陥った場合には、出来ればCEOが助けに入り成功に導けばよい。

　勿論、他にも選択肢はある。それは自分ですべてやってのけることだ。事務的な作業を処理する部下を雇い、自分自身でセールス、マーケティング、エンジニアリングなどの専門性を発揮するのだ。このやり方は必ずしもいつも可能ではないが、あなたが尊敬していない経営陣に邪魔されるよりはよい選択だろう。

Foundry Group マネジングディレクター ブラッド・フェルド

人事の採用

　私は、会社経営の初期段階に敏腕な人事部門のヘッドを採用する必然性を大いに信じている。給与や福利厚生などの人事関連処理業務を扱う人間を指している訳ではなく、組織の構築をサポートし、企業文化を共に形成していける戦略的パートナーのことだ。

　いつ人事部門のヘッドを採用すべきかを正確に判断するのは困難だが、理論的には、早ければ早いほどよい。私は従業員20人の時点で人事部門のヘッドを採用し、1年以内に従業員を100人まで増員することを目標とした。実際にその目標通り会社が急速に成長していればその人材を活用することが出来たかもしれないが、期待通りにはいかず、その人に別の役割を任せる結果となってしまった。大半の企業では、有能な人事部門のヘッドの雇用時期は従業員50人ほどの段階が望ましく、100人に達した頃ではおそらく遅過ぎる。このポジションの採用に関しては支払う給与に対してその2倍、3倍または4倍の価値があるといった純粋な取引関係であると見なすべきではない。若手のセールス担当者やアカウントマネジャーには応用可能な考え方かもしれないが、人事部門のヘッドは企業文化の中核となる人間であり、共同創業者、投資家、取締役と同様に重要な戦略的パートナーであるからだ。

あなたの会社のCPOとCOOは？

　経営陣の中にはCPOとCOOの存在が不可欠だ。それは、Privacy（プライバシー）とOperation（オペレーション）の最高責任者を指しているのではなく、ここではParanoia（悲観性）とOptimism（楽観性）を意味している。Return Pathのリーダーシップチームには、悲観的な者、楽観的な者、そして双方の観点を備えた者がいる。幸いなことに、私には「Chief Paranoia Officer」のジョージ・ビルブリーと「Chief Optimism Officer」のアニタ・アブセイというビジネスパートナーがいる。2人はそれぞれプロダクト、セールス部門を管轄しており、まさにそのパーソナリティーに合致している。

　私の見方はシンプルだ。経営においてはどちらの特性も必要不可欠であり、その双方のバランスが取れていることが望ましい。楽観性は、真っすぐに前を見据えて前進し続けさせてくれる。軽快なステップで笑みを浮かべながら、絶対に計画を実行してみせるという信念はモチベーションを駆り立てる。一方で、悲観性は隅々に潜む問題に注意をもたらす。夜中に頭を悩ますこともあるかもしれないが、現実的な視点を保ち、必ずしも自明でない潜在的な脅威からビジネスを守る原動力となる。

　片方の特性のどちらかが強過ぎてもそれはチームの心理状態にとって大きな問題

となるが、どちらも経営陣の議論において欠かざるべき貴重な視点だ。それはマネジメントチームにとって、恐怖と欲望が連なる道のりにおいて、実際の目標地点を確実に把握するようなものでもある。

セールスとマーケティングの採用

　起業家の仲間からのもっとも頻度の高い質問の一つが、マーケティング（B2Cの場合）とセールス（B2B [Business-to-Business] の場合）のヘッドを雇用すべき時期だ。

　これはいつの時点でフリーランスの公認会計士を使うのをやめて専任のCFOを置くべきなのかというような専門性の問題ではない。CEOがここで問うべき質問は、「いつ外部に目を向けて、顧客に集中しなければならないのか？」という問いだ。

　この質問に対する答えは「昨日」なのかもしれない。

　顧客を開拓すべきなら、セールスやマーケティングは後から考えることでなく、初日（Day 1）の時点で見込んでおくべき事柄だ。売上責任を負う人材を雇う時期はそのビジネスがどの程度外部関係構築（B2B形態のメディアやサービス事業の場合）やオンラインのマーケティングテストやプランニング（Eコマース事業の場合）などに依存しているかによって異なる。ここで考慮すべき3点は以下の通り。

1. 最初のプロダクトの発売前に一定の顧客参画が必要な場合、収益が見込まれる時期の数カ月前にはセールスに投資しなければならない。

　　これはまさにReturn Pathでもあったケースだ。我々はプロダクト販売予定時期の5カ月前にセールス・ヘッドを採用した。何故なら、そのローンチを成功させるために10～12のベータカスタマーを迎える必要があったからだ。

2. あなた自身が生粋のセールスマンなのであれば、少し待てばよい。

　　だが、すべてのセールス電話を自分一人で処理することなど出来ない。高い価値のある見込み客に当日中に折り返し電話を入れることが出来ないようであれば、確実に他の者の助けが必要な時期だ。特に見込み客からプロダクトを試してみたいとの要望が入る口コミ主体のビジネスの場合はなおさらだ。

3. 今すぐにセールス・ヘッドが必要なのであれば、それは既に遅過ぎる。

　　セールス・ヘッドの採用には数カ月の時間を要することが多い。その人材が必要になる時期を定め、その2、3カ月前には採用を始めるべきだ。会社の初期段階には、CEOが多くの時間をプロダクトの販売に費やすことはよいことなのだが、すべての時間をそれに費やしてもいけない。

ライバルたちのチーム

　効果的に経営陣を率いるには単に一人一人の個人を管理するだけでなく、チームが集団として機能するよう配慮する必要がある。ビジネスにおいてチームは、決定を下す前にすべての選択肢を検討し、複数の意見を考慮する必要がある。100%の確率で常に全員が100%の合意に達するマネジメントチームだとすれば、それは問題だ。意見の相違があり、その緊張関係を生産的に利用しつつ意思決定を促すことが出来る経営陣の方がはるかに効果的だ。このようなチームを構築するためには、CEOとは異なる視点を有し、強い反対意見に対しても怯まず意見する度胸を持ち、そして違った角度から物事を解釈する能力を持つメンバーを探し出す必要がある。

　私が模範とするモデルは、政界にて多大なる成功を収めた2人の大統領、エイブラハム・リンカーンとジョージ・ワシントンの政権だ。

　対抗馬たちに「二流のイリノイ州弁護士」と嘲笑われたリンカーンは、極度の危機情勢下、国家の舞台に不意に姿を現し、歴史を代表する政治指導者の一人になった。勿論、リンカーンにも欠点はあったが（彼は無能な将軍を解雇するのに時間を掛け過ぎた）、彼の最大の強みの一つは、政治的ライバルの大半を引き入れて自身の政権に迎え、「大団結政権」を築きながら政敵を無力にした点にある。ドリス・カーンズ・グッドウィンのリンカーンの伝記が「ライバルたちのチーム」と呼ばれているのはこれに由来する。

　このリンカーンのやり方は、自分にはあからさまには挑戦的な態度を示さなかったが互いにライバル関係にある者たち（ハミルトンとジェファーソン）を政権に迎えたジョージ・ワシントンの手法とは微妙ではあるが重要な相違がある。

　あなたのチームでは、リンカーン、またはワシントンのモデルどちらかの「ライバルたちのチーム」が存在するだろうか。私の感覚では、リンカーンのモデルは滅多になく、ワシントンのモデルの方が多用されているのではと思う。

　リンカーンには、リーダーシップを発揮するための選択肢がほとんどなかった。スワード、チェイス、そしてベイツを政権に招くことは、国家の危機状況下において地理的にも政治思想的にも代表感を政権にもたらす唯一の方法であった。企業においても、大規模合併に伴う不確実性の高い経営統合時、或いは業績悪化に伴う構造改革時などには代表的な経営陣や取締役会が必要となることは確かにあるだろう。ただ、このような極端な状況を除けば、リンカーンのモデルはリーダーシップの弱体化を招く、ボスにとってのマイナス要因となるだろう。

　ワシントンのモデルは、注意深く運営すれば企業にとって非常に有効だ。ワシントンは怒りに満ち溢れたハミルトンと軽薄なジェファーソンを手懐けることが出来なかったという向きもあろうが、実際には、アメリカの創成期にあって異なる意見

を持つ2人のぶつかり合いによって結束力を高め、似通った考えを持つ集団で組成された内閣とするよりもよい結果をもたらすことが出来たのだ。

CEOとして多様な意見に耳を傾けることは重要であり、そして自身の考え方に対し抵抗なく異議を唱えることが出来るチームメンバーを揃えることもまた非常に重要だ。CEOの仕事は、すべての派閥を満足させるような和解点を探り出すことではなく、意思決定の材料として、多様な視点に基づく意見を聞き入れることだ。それにより、会社、そしてCEO自身もはるかによい結果を出せる。

時とともにチームのスケールを拡大する

Return Pathの従業員数が100人に達した時、取締役会は私に、マネジメントチームのメンバーを一人も損なうことなく事業拡大を図ることは不可能と考えてよいだろうと述べた。「いつも誰かは去っていく」。これは概ね真実であると私も思う。だからこそ、チームと私はこの問題を認識して、私たち自身を拡大すべく時間と労力を注いできた。我々がこれまでに実行したことは以下の通りだ。

1．優れたマネジメントの価値を理解し、正しく評価する。

マネジメントには、キャリアを歩む中で学習する他のスキルとはまったく別のスキルを要する。そのスキルを磨いていくには、まずそれに伴う課題を把握しなければならない。以下が理解すべきことだ。

a.マネジメントは重要だ。

b.マネジメントには特有のスキルを必要とする。

c.向き不向きがある。

あなたが、すべてにおいて抜きんでたスキルを身に付けたいと思う頑張り屋さん（私が出会ったスタートアップのCEOでそうでない人間はいなかった）であれば、次のステップに進む適性を備えていると言える。

2．常にマネジメントスキルの向上に努めている。

我々には、360度フィードバック、人材開発プラン、及び重大インシデントのポストモーテム（事後分析）など独自の企業文化が個人としてもシニアチームとしても身に付いている。長年にわたり、我々の大半がエグゼクティブコーチの助けを借りてきた（私のコーチであるTriad Consultingのマーク・マルツは本書の第5部［第43章］に寄稿している）。四半期に1度のオフサイトミーティングでは、人材パフォーマンスの開発プランとのギャップについて反省会を行う。内部から学ぶことはプロセスの一部にすぎない。

3．他者の成功と失敗から学ぶ。

私のチームは、同業他社（可能であれば同規模、またはやや規模の大きい企業）の

経営状況の把握のため、競合やパートナー企業にコンタクトを取ることにかなりの時間を割いている。我々は、しっかりと吟味しながらベンチマークとなる会社を選び、面談のスケジュール調整を行う。そして知識とベストプラクティスを彼らと共有する。その恩は、我々より規模の小さい企業が助言を求める際に応じるという形で返すようにしている。そして、このプロセスで得た学びを日々の業務に組み込んでいく。

4．最強の次世代マネジメント候補たちを育成する。

すべてのエグゼクティブチームにおいて、自分たちの能力を補うようなリーダーシップとマネジメントの下支えが必要だ。注意すべきは、トップパフォーマーではあるがまったく準備が出来ておらず不適任な人材を、重要で高報酬の役職に昇進させることで、平凡なマネジャーばかりにしてしまうことだ。このリスクを軽減させるために、単に外部採用に頼るべきではない。チームを有能なマネジャーに育成するべきだ。勘違いしてほしくないが、その実現には膨大な時間と資金の投資が必要となる（開発に関しては第12章を参照）。ただ、それに見合う価値はある。さもなければ、昇進を期待しない企業文化となり、チームのモチベーションに想像通りの影響を与えるだろう。

5．我々は外部からの採用について否定的である。

とはいえ、たとえチームの全員が順調に成長しているとしても、事業の拡大には社内で育成可能な人数以上の経営幹部やマネジャーが必要な場合もある。ただ、外部からの採用には大きな危険がある。最大のリスクは、無能なマネジャーが居座り、問題を引き起こすことだ。企業文化、人材はどちらも重要だ。新たなマネジャーが職に就けば、即座にそれらの担い手となる。もしもマネジャーとして能力を発揮していないようなら、辞めてもらうしかない。すぐにだ。

6．会社拡大の中での私の結論は、最善の方法は、ある程度の機能的な専門知識（とおそらくはドメインの専門知識）を持ちながらも、自分のやり方に固執し過ぎない優秀な中間管理職を外部から採用することだ。彼らを当社のシステムの中で当社のフレームワークによってリーダーとして育成し、時間を掛けて上級管理職へと成長させることが出来た。会社を売却した時には、3人の創業メンバーを除き、ほぼすべてのエグゼクティブメンバーがシニアエグゼクティブとして処遇されたか、或いは買収時にはそうでなかったがその後エグゼクティブチームに昇進していった。

Vibrant Media 前CEO セラ・アーバインが語る
エグゼクティブチームのスケーリング

セラ・アーバインは本書の初版でこの抜粋を書いたが、2016年、悲しくも他界してしまった。彼女はVibrant Media、及びAbout.comの元CEOでもあり、成功を果たしたエグゼクティブチームの構築に関する彼女の時代を超越した洞察は、今でも有益さを失っていない。セラは、適切な人材の発掘に必要なものを熟知し、また適切なチームを長期にわたって維持するためにCEOが下すべき厳しい決断が何たるかを理解していた。

企業の成功を予測する上で、「関係」よりも優れた指標はない。その関係とは、CEOとシニアエグゼクティブチームとの関係、シニアエグゼクティブ同士の関係、そしてシニアエグゼクティブと事業との関係だ。すばらしいチームを構築出来れば、ビジネスも成功する。機能不全のチームを構築してしまえば、数学の教師にでもなればよかったと後悔するだろう。

すばらしく機能するチームの「関係」には、3つの共通点がある。

・支援

リーダーシップ・チームはお互いに支え合い、相互に支援を求める。マキャヴェリの権謀術数主義は、それが属するべき場所である学校の図書館に保管しておけばよい。

・信頼

チームのメンバーは、互いを信頼し合おうと常に前向きに努力し、そして信頼されるために行動で応える。

・価値

チームの各メンバーがビジネスに価値をもたらす。各々が一貫して会社の成功に必要なレベルの専門領域を極め、戦略思考に貢献することが出来るからだ。

初めてチームを作る際は、今後24カ月でなすべきことを実行する能力のあるチームを構成すべきだ。多くの人から前倒しの採用をするよう勧められると思うが、そうしてしまえば、12カ月時点の目標ですら到達出来ないチームを作ってしまうことになりかねない。あなたの会社で心から働きたいと思う人材だけを雇うべきだ。もしも少しでも疑念を抱くなら、雇うべきではない。必要であれば契約社員やコンサルタントを活用すればよい。

6カ月毎に、今後12カ月間の評価をしよう。もっとも率直な意見をくれるアドバイザーや取締役会メンバーを招いて、あなたの計画とチームに関する話し合いに3

時間ほどの時間を割いてみよう。4カ月前には必要なかったが、5カ月後には必須となるだろう人材不足の領域を特定し、その人材が必要となる160日前に採用を開始する。今後12カ月で成功するために必要となる能力を現有チームが現時点で十分に提供出来ない領域のギャップを把握する。そのギャップを補うために、能力開発への投資が必要となる。コーチを雇うのは金のかかる選択だと思えるかもしれないが、有能な代わりのリーダーを探すことに比べれば安いものだ。また結果として、同僚が成長していく姿を見ることが出来るのだからよいことだ。

　この種のチームは突然生み出されるものではなく、時間とともに育っていくものだ。チームが十分な時間を一緒に過ごせば、一つのユニットへと進化し、お互いに頼り合い、お互いに援助し合うようになるだろう。

　しかしながら、そのような親密さはよいことでもあるが災いにもなる。何故なら会社の立ち上げには最適であったチームが、2年後もそうであることはほぼないからだ。多くの人間は会社と共に進化する。だが、会社と共に進化しない者、会社のビジョンに同意しない者、或いはスタートアップの段階を好むがために、摩擦を招く者も現れるのが必然だ。

　かなりの確率で、そのような人物に去ってもらうことになるか、或いは事業の初期段階の成功に欠かせない存在であった人物に降格を命じるという難しい形にもなり得る。初めてCEOを経験する者は、チームを変えるスピードが遅い。それではダメだ。不適任の人間をチームに置き続けることは、変革をもたらすことよりもはるかにリスクが大きい。これは、直属の部下との間には常に十分な距離を保つというCEOの第一の基本ルールに関係する。あなたには、彼らを評価し、時には否定的なフィードバックを与え、必要ならクビにする責任がある。これらを躊躇なく行うには、ある程度の距離感が必要となる。あなたのシニアチームはあなたの会社のもっとも価値の高い資産かもしれない。だからこそ、彼らには注意を払い、必要に応じた気配りをしてほしい。優れたチームがいれば、あなた自身もよりよいCEOになれる。

Vibrant Media 前CEO セラ・アーバイン

マネジメント・モーメント

コンセンサス文化を避ける

　コンセンサスを得ることは、重要な企業文化関連の意思決定の際には不可欠になることもある。確かにコンセンサスもコラボレーションなどとともに重要ではある

が、CEOのあなたがそれに頼り過ぎてしまえば、すぐにコンセンサス文化が浸透してしまうだろう。

　あなたには決断を下す責務があり、時にはきっぱりと権威を示す必要性もある。それが出来なければ決断は骨抜きの妥協の産物となってしまう。強権的な手段を悪用してはいけないが、決断を下さねばならないことは事実だ。皆の意見をまとめて真ん中を取るべきではないし、さらに悪いのは、反対意見があるという理由で物事を進めないことだ。妥協や絶対的な規則が増えマヒ状態や停滞に陥るのは企業にとって健全ではない。正しいバランスを見つけることが重要だ。

第9章
各機能の管理者としてのCEOの役割

　人材に関するCEOの主な役割は、すべての部署をまとめるチームのリーダーであることだ。経営幹部からマーケティングインターンのスタッフに至るまで、組織全体に模範を示し、企業文化を定義し、組織の一致団結を図らなければならない。また、社内の各部署の「機能の管理者」としての責務も果たさなければならない。そして各部署はそれぞれ固有の課題を抱えている。

ゼネラルマネジャーとしての基本

　CEOが各機能分野をリードする際に担う役割は、CEOの持つ経験によって大きく異なる。以下は、企業の各部署のゼネラルマネジャーとしての役割を補う、様々なタイプのCEOに一般的に適用可能な教訓だ。

・セールスの統括。
　CEOのもっとも重要な役割の一つは、セールスリーダーになることだ。B2C企業であれば多くの場合はさほどでもないが、B2B企業にとってはこれが非常に重要となる。多くの顧客を自分自身で知り、数多くの主要取引のクロージングや、その後の顧客との関係維持に関しても個人的に関与することが求められる。企業との大きな取引がないにしても、顧客を知り訪問を行うことは市場を知る上で重要だ。私の場合、セールス担当者には、いつでも、必要ならば何回でも顧客に電話すると伝えている。

・事業開発の統括。
　優秀なセールス担当者は、CEOがいてもいなくても取引を成立させることが出来るが、戦略的なビジネスパートナーシップとなると話はやや微妙になる。それにはCEOが特に得意であるべき経営陣との繋がりやビジョンの共有が求められる。

・マーケティングの統括。
　B2C企業のセールスのサポートに関しては、CEOがすべきことは多くない。だからといって時間に余裕が出来るという訳ではない。代わりにB2C企業においてはマーケティングが主な収益のドライバーであり、マーケティングを統括することがCEOにとって最重要の仕事になる。ハイレベルな企業イメージやポジショニングなどは勿論のこと、SEO（検索エンジン最適化）やSEM（サーチエンジンマーケ

ティング）の指標まで、マーケティングの詳細に注意を払うべきだ。会社にCMO（最高マーケティング責任者）がいるなら、また別の挑戦がある。過去10年以上にわたり、CMOの平均在職期間は経営幹部の中でもっとも短かった（現在の平均は約20カ月）。オンライン広告と定量的広告手法がマーケティング業界で革命を起こし続けている今、特に難しいポジションと言えるだろう。

・財務の統括。
CEO（CFOではなく）が主導権を握らなければならない財務の課題は2つある。1つめは、財務報告の正確性と適時性を常に保証することだ。報告書の作成作業はしないだろうが、その内容を保証する責任はCEOにある。また、ベンダーへの支払いについても方向性を決めなければならない。私が以前いた会社では、経営陣がすべての請求書に目を通しそこから交渉を始めるため、期日通りに支払いをすることはなかった。それも一つのアプローチだ。Return Pathでは、事前に価格を厳しく交渉し、期日通りに支払いを完了するようにしている。どのようなアプローチを取るにしても、方針を示し、その方針を一貫させなければならない。

・法務の統括。
きっちりした法務チームなら、「杓子定規」に物事を進めることで、責任リスクからあなたを守るだろう。しかし、このようなチームは、やみくもに弁護士を雇い、コストも掛け過ぎ、おまけに保守的になり過ぎるリスクからあなたを守ってはくれない。CEOの仕事は、弁護士のほうにビジネスマンへの報告義務があること、そしてそれが逆であってはならないことを明確に示すことだ。弁護士が「カウンセラー」と呼ばれているのには理由があるのだ。私が知っているあるCEOの一人は、彼の弁護士に「あなたの仕事は、私が刑務所に入らないようにすること、それだけだ」と言っていた。それが正しいアプローチかどうかはともかく、そういった指針がCEOにとっての法務コストを下げることは確実だ。

・プロダクトの統括。
CEOは必ずしもテクノロジーに長けている必要はない。しかし、プロダクトをマーケットにフィットさせる必要はある。それが、CEOの示すビジネスの方向性の基盤であり、市場へのアプローチの基本となる。データベース／インフラについて気の利いたコメントをすることは出来ないかもしれないが、エンドツーエンドの顧客体験には細心の注意を払わなければならない。これは、大規模なプロダクトチームを抱える企業において、人材の入れ替わりとともに失われることが多い。また、テクノロジーに強くないCEOは、技術チームが壁にぶつかったことを把握す

るのが難しいことを認識しておく必要がある。そのため、他の分野よりも外部の
データポイント（自社のネットワーク、プロダクト組織の他のシニアマネジャーや
スーパースター、外部コンサルタント）に頼りたくなるだろう。チームのスケール
アップが停滞する、または手を抜くなどでマーケティングが崩壊してしまうことも
あろう（そんな時はCEOがハンズオンで問題解決するのも選択肢だ）。一方で、同
じことがプロダクトに起こった場合には、別の問題だ。テクノロジーに強いCEO
であれば、会社の最高のプログラムコーダーでありたいという誘惑と真剣に戦う必
要がある。

・オペレーションの統括。
　会社によって、オペレーションにおけるCEOの役割は大きく異なる。製造業のよ
うな労働集約型の業種でない場合は、直接実務に携わる必要はなく、他の経営陣に
統括させ、自分は指標を管理するだけでよい。会社が労働集約型である場合は、そ
れが重要な競争差別化要因となるため、細部にまで注意を払う必要がある。

・人事の統括。
　多くのCEOは、人事部を財務の配下に置きたがる。しかし前章で述べたように、
人事のトップはCEOにとってもっとも重要な戦略的パートナーの一人だ。たとえ
あなたが外交的で人当たりのよいリーダーでないとしても、企業文化を他人に完全
に委ねることは出来ない。企業に莫大な利益をもたらすことになる、採用とその後
のオンボーディングは、CEOの重要な任務だ。Return Pathでは、人事の責任者
は常に私の直属となる。別のやり方での組織運営は考えられない。

　あなたが最初のコードベースを書き、プロダクトを開発した本人であるなら、エンジ
ニアやプロダクトのチームとの関係は、マーケティングをバックグラウンドに持つ
CEOとはまったく別のものになるだろう。どのような経歴であっても、CEOは会社の
すべての部署を統括しなければならない。

Return Path CTO アンディ・サウティンズが語る
技術者でないCEOがテクノロジー企業を率いる上での役割

　私はこれまでの経歴において、経営コンサルタントからマーケティング・リーダーま
で様々な経験を積んできたが、エンジニアや開発者を務めたことはない。以前、コード
を書いた経験はあるが、それはTRS-80というホームコンピュータでBasic（及びBasicA）
をかじった程度で、しかもそれは1982年のことだ。Return Pathのようなテクノロジー

企業をリードするのに私なりの苦労があるものの、アンディ・サウティンズにCTO（最高技術責任者）として長年支えられていることが私の仕事を楽にしている。

技術者でないCEOは、ビジネスゴールの達成を推し進めることと、技術チームが直面する問題に理解を示すことの双方のバランスを取ることが必要になる。私は技術者として、プロダクトを市場へ送り出すことの必要性を熟知しているが、技術者でない者が「xxだけでも何とかならない？」、「明日までにこの機能だけ追加してくれない？」、「100倍の処理が出来るようにだけしてくれないか？」などと言ってくることが時折辛抱ならない。技術者でない者にとっては単純なことに思えるかもしれないが、実際には非常に困難な作業なのだ。

また、技術チームが必須だと思っている作業があったとしても、あなたにはその必要性が理解出来ないケースもあるだろう。例えば、あなたのチームはメンテナンス性を高めるためにコードのリファクターが必要だと相談に来るかもしれない。エンジニアを信頼したい気持ちはあっても、あなたは本能的にそのリファクターは新しい機能の追加ほど重要なことではないと感じることもあるだろう。彼らが細部に執着し過ぎだと感じている時に、どこまで技術チームの言い分を受け入れ、または反対に自分の意見を通せばいいのだろうか。私が学んだ効果的な対処法は次の2つになる。

1．CEOネットワークを活用する。

他の組織でやっていることを幅広く眺めてみることは重要だ。自社とは異なる組織であっても、数々の同様な課題を抱えているはずだ。もし直面している技術的課題が腑に落ちない場合、他社の意見を求めることは効果的だ。例えば、あなたが2カ月以内に完成すべきだと思う新機能の導入に、技術チームが4カ月必要だと言ってきた場合、仲間に相談し、自身の直感を確かめてみよう。他社でも過去に同じ問題に直面したことがあるのか？　他社では類似機能の導入にどのくらいの期間を要したのか？

2．技術チームにアグレッシブな目標を持つ他のチームと話し合いをさせる。

同業他社からの意見に耳を傾けることは、あなたの視点の健全性を確認出来るばかりでなく、あなたと技術チームが今まで考えもしなかった新しいアイディアの発見にも繋がる。技術を専門としないCEOとして技術チームと共に仕事をするという現実を受け入れ、お互いの強みと弱みを理解し合おう。技術チームが直面している課題を理解することと同様にセールス、マーケティング、経理など他の業務を推進することも重要だ。双方が、どのようにビジネスに貢献出来るのかを理解し、お互いを尊重することによって、あなたがビジョンを実現する可能性ははるかに高くなる。

Return Path CTO アンディ・サウティンズ

グランドレミングにはなるな

リーダーシップの成功においては、皆が目指している方向を見極めた上で彼らの先頭に立ち、「私についてきなさい」と集団を率いることだという人もいる。十分に組織化され、素早く動いていくパレードの前に飛び出し、グランドマーシャルとなることが、指導者として成功を収めるための一つの方法であることは確かではあるが、CEOは先頭に立つパレードの方向が正しいことを慎重に見極めなければならない。

多くの者が向かうから、正しい方向であるとは限らない。かつて頭のキレる多くの人たちが、チューインガムの自宅配送事業は理にかなっており投資する価値があると期待したが、後にCNETはWebvanのこの事業を「歴史上最大のインターネット事業の失敗」と取り上げた。また、アイディア自体はよいとしても、自分が運営している組織には最大限に可能性を引き出すための能力が備わっていない場合もある。ゲリー・レヴィンとスティーブ・ケースはまったく別のビジネスを融合させ新しい事業を生み出すコンバージェンスに深く興味を示したが、それは10年後にはもともとの事業へと分裂する結果となった。集団を率いるグランドマーシャルでなく、ただ世論に流されるだけの「グランドレミング」（レミング：食糧不足になると集団自殺を図るネズミ）になってしまえば、そこからはよい結果は生まれない。自分が真っ先に崖から落ちるだけだ。

Return Pathの企業文化は非常に独特で、よその文化の構築のための教科書だというつもりはない。企業の成功に繋がる文化は多種多様だ。それぞれの企業に文化は存在するのだが、熟慮の上で意図的に確立されたものもあれば、従業員の振る舞いと雰囲気を基に徐々に根付いたものもある。ただ、後者のように流れに任せるのではなく、考え抜いてほしい。

イチジクコバチ879

CEOとしての自身の成長のため、私は常に優れたビジネス本から見識を得ているが、リチャード・ドーキンス著の進化生物学に関する書籍『Climbing Mount Improbable』から様々な方面においてビジネスに適用可能な奥深い示唆を得られた。

世界中には900種以上のイチジクの木が存在する。驚きだ！ 私は何となくイチジクの木というものが存在するということは知っていたが、正直なところ私に馴染み深いイチジクは「Newtons」のクッキーの中に詰められたイチジクのペーストくらいだ。

雑草などは、種によって非効率的で自然な方法により繁殖することがある。大気中に舞った花粉が10億分の1の奇跡的な確率で適切な時期に適切な場所に着地し繁殖する。その真逆がイチジクだ。イチジクの木は、花粉を運び受粉するハチの援助を受けて繁殖するだけでなく、それぞれのイチジクの樹種専用の900種類以上のハチが存在する。

それぞれの樹種に適したハチだけが各々の木に受粉することが出来る（イチジクコバチ879は、Acophila mikiiとWiebesia viduaの種の間に属するまったく異なる種のハチである）。この2種の生物は数千年にわたり共進化してきた。我々人間がイチジクの木をイチジクの木と識別していなかった時代に、イチジクコバチは繁殖のため各々の種を区別する方法を既に解明していた。

これがビジネスにどう関係するというのか？ その接点は数多くあるが、まず初めに企業文化に関する教訓について触れたいと思う。

私たちの大半は、そのイチジクの木やイチジクコバチを種類別に識別することも出来なければ、何千または何万、何百万種類もの木々や昆虫の中からその約900種類の木とハチを識別することも出来ないだろう。私は何百ものインターネット会社、また何十もの電子メール会社を知っているが、その職場を見回りその会社の役員に会えば、どの会社なら働きたいと思うか否かを5分以内に判別することが出来る。会社が古く、規模が大きければ大きいほど、企業文化はより明確に深く根付いている傾向にある。ここで学

ぶべき教訓は、あなたの社内での役割や地位に関係なく、企業文化の構築の際には自分の家族にするような気遣いと細部への注意を払うべきだということだ。

現状には満足しないReturn Path
人事部シニアバイスプレジデント アンジェラ・ボードネロ

スタートアップが生き延びるか否かはチームの在り方にかかっている。プロダクトも大切ではあるが、人が先に来る。以下、私の長年のビジネスパートナーである人事部シニアバイスプレジデントのアンジェラ・ボードネロが、「ピープルファースト」の優れた会社の定義を紹介する。

会社を創るということはそれ自体ワクワクすることだし、また人々が何かを作り上げ、人と繋がり、貢献出来る、すばらしい文化や職場を築くのはもっと楽しい。

並の会社として、楽しいイベントや仕組みやその他各種のプログラムなどをそれなりのものとして作るだけなら、比較的簡単だ。ただ、より多くの人材を複数のロケーションで抱えつつ複雑な問題を解決するような会社になるにつれて、効率性を維持し、無駄な労力を排除出来るような仕組みの必要性を感じるだろう。人並みにとどまらない何かすばらしいものを構築するためには、CEOは、平凡なもの、常識に縛られたポリシーや仕組み、プロセスなどの導入に抵抗することが必要だ。

ニューワールドと言われる働き方が生まれている。この新しい世界の中では伝統的な人事の在り方は効率も悪いし、見当外れだ。代わりに、4つの大切なことを紹介する。

1. 役に立たない才能にNoと言う。

誰でも一度は、組織にとって必要不可欠と思われる才能に満ちた人材と仕事をしたことがあるだろう。残念なことに、その優秀な人材はチーム内でコミュニケーションを図り共に仕事をすることが出来ない。その場合、大抵の企業では彼らが誘発しかねない問題を最小限に抑えるために、彼らを「箱」の中に閉じ込めようと必死になる。だが、それは決して上手くはいかない。何故ならその「箱」は積み重なり、そしてサイロ（孤立）化する。どんなにその箱が上手く組み立てられていたとしても、その優秀な人物はその中の20人の同僚の意欲を下げ、会社に貢献することはほぼないだろう。それにはまったく価値がない。

2. ポリシーによるマヒにNoと言う。

ポリシーやルールは、時間とリソースを管理するためのくだらない仕事から人々を守るためにある。有給休暇・病欠期間、経費規程、労働時間管理規程、ソーシャルメディア規程、服装規程、また私が特に好む「倫理規範」などがそ

の例だ。現実的には、明確な方向性の指針さえあれば、社員の99％は毎日適切な判断を下すことが出来るだろう。もし間違いが生じたとしても、話せばすぐに解決する。直面するすべての状況に対してポリシーを作り、人を押さえ込むよりも、自由にやらせればよい。社員を信頼し、彼らの判断に委ねるべきだ。

3. バリューの軽視にNoと言う。

これはもっとも難しく、度胸を試される類いのことだが、組織のバリューに反することを拒否することは、組織のカルチャーの存続と繁栄のためには不可欠だ。例えば、透明性を重視するならば、あなた自身がよいことも悪いことも失敗も公然と（かなりの頻度で）共有することにコミットしなければならない。例外を導入してしまえば、すぐにただ壁に貼られたまったく無意味なバリューとなってしまう。

4. 機能しない経営陣にNoと言う。

何が大切でどちらに向かうべきかクリアに理解しているが、肝心の実行力に欠ける経営陣というのは典型的な悪い事例だ。個人の人間関係と社内の駆け引きがモチベーションとなっている経営陣を数多く見てきた。ビジネスの本音の会話は仕事の後に酒を飲みながら行われ、日中はまったく機能しない。個人の利益がチームの目標達成に勝る。会議では柔らかな笑みを浮かべ、ただうなずき、部屋を去った後に「本音」を話す。これを許してはダメだ。経営陣の健全性に猛烈にコミットすべきだ。個人とチームの成長について互いに意見を重ねるとともに、互いにフィードバックを求め、お互いの責任を確認し合おう。容赦ないまでに正直にお互いに向き合うとともに、自分自身をもとことん見つめよう。経営陣の機能不全、個人の利益の優先、自分の価値観の偏重などを排除しよう。自分史上最高のチームを作るために。

　会社が成長し、規模が拡大するにつれて、あなたは重要な選択を迫られる。誤った決断の回避のためのガイドラインを作成して物事を押さえ込もうとする誘惑に駆られるだろう。「誰かがヘマをして、誤った決定を下さないだろうか」という議論に時間を費やすのはやめよう。話の方向を転換し、ベストな人材に焦点を当てるべきだ。業績のよい社員、信頼出来る社員、卓出した決断力のある社員、論理的且つ創造的で、多少の曖昧さにも対処可能な社員に任せてみてはどうだろうか。

　社員に自由を与え、より重要でインパクトのある仕事や、難しいビジネス課題の解決に集中させるべきだ。これが現代において会社が勝ち抜くための方法だ。

　　　　Return Path 人事部シニアバイスプレジデント アンジェラ・ボードネロ

6本の脚と1対の羽

このセクションを書くにあたり、初めに述べておくが、私は特定の1つのカルチャーを勧めるようなことはしない。あなたはイチジクコバチの328、236、812どの種類であっても構わない。ただ、自分に適した木を選ぶことに留意すればよい。もし幾分の条件をつけるとすれば、すべてのイチジクコバチに6本の脚と1対の羽がついているように、すべての企業になくてはならないバリューというものが存在する。あなたが世界に通用する会社を構築したいのなら、絶対に必要なことが2つある。それはスタッフに対する尊敬と信頼に満ちた環境だ。これらがなくとも、市場の動向やタイミングのおかげで事業が立ち上がり、財務的にはある一定レベルまで成功を収めるかもしれない。ただ、もっとすごい会社になれるのならチャレンジしない理由はないはずだ。

人間らしい働き方

私はワーク・ライフ・バランスの重要性を強く信じている（補足参照文献：ダニー・メイヤー寄稿の本書第5章『セルフ・マネジメント』と、ブラッド・フェルド、エイミー・バッチェラー著『Startup Life』）。私はかつて、週労働時間100時間の過酷な環境で仕事をしたことがある。本音を言うと、それは最悪だった。コンサルタントとして勤務していた時代には、勤務表に週121時間と記録した週もあった。一週間は土日を入れても168時間しかないのに！ 新卒の高収入のアナリストであっても、時間給は恐ろしく低かった。週121時間労働の頃を思い出すと今でも震えがする。40、50、60、70時間の週も思い出される。それでもまだ生き延びることは出来る。週平均40時間という労働時間でやっていくのは、高成長企業の比較的給料の高い知識労働者にとっては難しいことかもしれない。だがそれが週121時間となればシャワーと睡眠の時間もなくなる。

がむしゃらに働き続ければ大量の仕事を片付けることが出来るかもしれないが、週50時間の労働環境の生産性の高い人間に比べれば1時間毎の生産性は低くなるだろう。がむしゃらに働いたって2倍の仕事はこなせないのは明らかだ。重度のプレッシャーの中で働いてこそ成果が出せるという人間はただ単に嘘をついている。もっと中立的な言い方をすると、嘘ではないかもしれないが、職場で過ごす時間を正当化しようとしているだけだ。ある一定時間以上働けば、生産性は必ず下がる。猪突猛進型のCEOであっても、長時間の勤務労働環境よりも生産性の高い労働環境を作ることに集中した方がよい。

人生に浮き沈みがあるように、仕事にもその波は存在する。仕事をスムーズにこなしていくためには、必要とならば時には突発的に長時間労働を迫られることもあれば、逆に少量の労働時間で済む時もあるというのは当然だ。ワーク・ライフ・バランスは、1

日ずつ、または週毎にでもなく、長期的にしか図ることが出来ない。だからこそ、個人の自由や柔軟性と引き換えに高い業績を要求され、重責を担うにあたり、私は常に「生身の人間らしい働き方」を実現することの重要性を感じてきた。Return Pathでは以下の方針で人間らしく働ける環境作りを目指してきた。

- アメリカで標準とされる以上の手厚い出産休暇と育児休暇の提供
- 柔軟な「在宅勤務」方針の制定
- より柔軟な労働条件の容認。子どもが生まれたばかりの社員は特に優遇。業務上問題がなければ週3〜4日勤務可（給与は比例して減ずる）
- 継続勤務7年以上の社員を対象とした6週間の有給休暇（その後5年毎に更新）
- 業務遂行可能な限り制限なしの「オープンバケーション」方針

この方針により、社員が楽しく生活を送りつつも仕事を期限通りにやり遂げることが出来る、非常に生産性の高い環境を作り上げることが出来ている。

この方針の詳細は、チームメンバーの生活を尊重する形で会社によって変わっていくものだろう。

信頼出来る環境作り

信頼は関係構築の根幹であり、その関係性は組織の根幹をなすものになる。

信頼を育む要素のすべてが組織の強化に繋がる。最終的に、信頼出来る環境を構築する要素は、透明性、誠実さ、そして思いやりだ。

以下、その例を示す。

- 取締役会の後、実際に使用された取締役会資料とその会議内容を社員と共有する。
- 悪いニュースは早急に、都度伝える。そうすれば社員はパニックに陥らず、妙な噂が蔓延することもない。
- タカのように厳しく管理する。たとえ辛い選択であっても、業績の悪い社員や企業カルチャーにフィットしない人材は早めに去ってもらうことが重要だ。解雇するにあたっては早過ぎるという概念は存在しない。
- 自らすべてのルールに従う。例えば、社長室は控えめにし、自動販売機の補充、ウォーターサーバーのボトル交換、グループランチ後の清掃、箱の梱包、重いものの運搬なども自分のすることではないなどと思うことなく気を配る。
- チームが週末に仕事をしなければならない場合、実際にまたは遠隔的にでもそばにいることを示す。それがただ感謝の気持ちを伝えるためだけであっても。
- 深刻な問題が起きた際は、CEOとして責任を取る。
- 大きな成功を収めた際は、CEOとして自分ではなく他者の功績を称賛する。

信頼の環境を育む透明性、信頼性、思いやりという資質は、CEOだけでなく、すべての経営陣に適用する必要がある。では、CEOの役割とは何か。それは、これらの基準に沿って全員を管理することだ。第1章の「真のリーダーシップとは何か」で書いたが、このことはスタートアップCEOが心に留めておくべき主要なテーマなのだ。

Return Path 取締役兼IronPort Systems 創業者兼CEO スコット・ウェイズが語る、強くそれでいて気軽に話し掛けやすい指導者になるということ

スタートアップのCEOの中には、滅多に社員との交流を図らず、厳格な指揮統制型の運営方法にて会社を経営する者もいるが、*Return Path*はそんな会社ではない。私は、親しみやすい雰囲気を出せるようにかなり努力する。ただ、あるリーダーが残した言葉にあるように「必ず自分が最終責任を負う」。*IronPort*（2007年に*Cisco*が買収）の創業者兼CEOのスコット・ウェイズがこの双方の均衡を取る方法に関してアドバイスを提供する。

私が知る有能なリーダーは、賢く、決断力があるだけでなく、誰もが恐れずに彼らに異議を唱えることが出来る環境作りをしている。CEOは社内の誰よりも知識が豊富な人間だとの思い込みが浸透している中で、それを実現することは非常に難しいことだ。しかし、その固定観念に沿った振る舞いをすれば、優れた決断を下すために必要なフィードバックを得ることは出来ないだろう。では、どうすればCEOとして強くありつつも話し掛けやすさや親しみやすさを示す、という対極のバランスを取れるのだろうか。以下、私自身も活用した実践的な事柄をいくつか挙げる。

・自己認識に努める。
　すべてのリーダーにはフィードバックが必要だ。360度評価を通じて、周囲があなたのことをどう見ているのかという他者からの認識を理解する。自身の弱点や欠点を学び、それを受け入れる。そして、「長々と説明することも出来るが、手短に説明しよう」とオープンにジョークを交えながら改善していけばよい。

・失敗を語る。
　弊社IronPortでは、顧客の損失から開発の失敗、誤った戦略に至るまで、徹底的なポストモーテムを行っていた。自身の苦労、失態、重大な決定の裏に隠れた考えを認め、共有することほどリーダーを親しみやすくするものはない。もしも指導者が先頭に立ってこれを実行すれば、会社全体が失敗から学ぶということに対してオープンになるだろう。

・どんな仕事にも率先して取り組む。

いつでも自然な姿で、会議室の昼食後の清掃、重い荷物の展示会への運搬、ウォーターサーバーのボトル交換、拭き掃除などに取り組む。皆が少しずつ手を差し出せば、経費の5%を削減することが出来る。

・社員全員の名前と特徴を覚える。
　全従業員数500人に至るまでは何の言い訳も通用しない。記憶力の悪い私にとっては、これはかなり難しかった。クリエイティブに方法を模索することが大切だ。かつてCiscoで900人の従業員を受け継いだ際、私は社員データベースを印刷し、フラッシュカードを作成したこともあった。

・社員と交流を図る。
　金曜日の午後には社員とビールを飲もう。昼食に連れ出そう。深夜にオンラインゲームに参加しよう（初心者であった私はすぐに負けてしまった）。あなた自身が内向的である場合は特に、重い腰を上げて意図的に交流の機会を設けるべきだ。

・「プロフェッショナルとしての親密さ」を大切にする。
　私はこの成句が好きなのだが、リーダーが距離を縮め、自身の家庭での生活やキャリアの悩みなどを進んで共有するべきだ（「私の妻はかつて、トイレに私の携帯電話を投げ入れたことがあるんだ」など）。部下に対してオープンに自分の弱みをさらけ出すことほど信頼を築くものはない。

・「ながらリスニング」をやめる。
　社員に業務の進捗状況を尋ねたり、集中してじっくりと話を聞いたりするのはよいことだ。一方で、時計やスマートフォンをチラチラ気にしたり、部屋の中に誰がいるのか周りを見回すリーダーもよく見掛ける。それは誠実ではない。

・肩の力を抜いて！
　型にはまった、「会社の方針」に沿った答えを提供するのではなく、心から相手を信頼して自分自身の考えについて話すべきだ。自分自身の言葉で、その場で即座に社員と共に問題の追求が出来るリーダーは、真の信頼を勝ち得ることが出来るだろう。オールハンズミーティングのような場においては特に重要だ。

・プレゼンテーション力を向上させる。
　人前で話すのが苦手なら、CEOとしてそのスキルを磨く必要がある。コーチ

をつけてみる、録画してみる、司会をやってみる、など方法は多々ある。目標はマラソン選手のような強い心臓を持ち、聴衆に対して可能な限り自然に心地よく語り掛けることだ。

・異なる意見を受け入れる。
　社員が自分のアプローチや決定に意見することを促す。周囲にあなたは完璧ではなく、必ずしも最良の答えを常に準備出来るとは限らないということを知ってもらうことが大切だ。時には、彼らの方が優れた答えを持っているはずだ。あなたが最終決定者であることには変わりはないが、異なる意見を受け入れることが出来れば、よりオープンさを高めることが出来るだろう。

Return Path 取締役

IronPort Systems 創業者兼CEO スコット・ウェイズ

マネジメント・モーメント

間違いを認める

　ジョージ・W・ブッシュは、2004年のジョン・ケリーとの大統領候補討論会で、彼がメジャーリーグ球団のテキサス・レンジャーズを所有していた際にサミー・ソーサをトレード移籍させてしまったこと以外には人生で大きな失敗を犯したことはないと発言し、視聴者を驚かせた。何故なら、イラク戦争は「大量破壊兵器の使用の危険が迫っている」との誤った情報を基に開戦されたという事実が認定された後だったからだ。

　今日の極端に二極化した政界では、政治家が間違いを認めることを阻む傾向にある、その流れに逆らうには人並み外れた勇敢さを備えたリーダーでなければならない。CEOとして、失敗とその間違いから学び得た教訓を公に認めることが出来れば、会社の規模を問わずリーダーとチームの絆を強めることが出来るだろう。そしてそれは、リスクを取ること、そして失敗から学ぶことという2つの大切なスキルの習得を全社員に促すことにも繋がる。

第11章
採用という課題

Return Pathで採用される確率は、名門大学に入学出来る確率よりも低い。

我々の従業員数は400人だが、その採用に至るまでには、3万人の候補者をスクリーニングした後、採用したい人材と交渉、そして90日間の厳格な試用期間の実施後、仕事を継続することが出来る人材か否かを見極めるための評価で締めくくるという長いプロセスを経てきた。その一方で、競合他社も我々とまったく同様に採用を試み、また数多ある他の会社も同じ人材プールの中から採用しようと必死だ。採用がスタートアップのCEOにとっての主な業務の一つとなるのは自明だ。

スタートアップ特有の課題

優秀な人材を確保することは、会社の経営状態が振るわない時期に至っても常に私の優先事項だ。ただ、採用には多くの課題が存在する。Aクラスのプレーヤーを見つけること、或いは他のほとんどの課題はスタートアップに特有のものではないが、以下の3点は、私の経験上特に起業家たちが採用を行う際に直面する問題になる。

・ジョブディスクリプションを明確に定義する。

成長企業の求人広告の大半は、新たに設けられたポジションの募集であり、そしてたとえ以前から存在するポジションの人材入れ替えであっても、大抵は業務内容が当初のものからは変わっている。明確で簡潔なジョブディスクリプションを作成することは、採用プロセスにおいて重要な第一歩だ。しかし、主な業務内容を箇条書きにすること以外にも、スタートアップの採用担当マネジャーがしなければならない大切なことが2つある。1つめは、現在のジョブディスクリプションは時間とともに進化、変化していく可能性があるということを認識し、どのレベルのゼネラリスト、またはスペシャリストがそのポジションに適しているのかということを明確にすることだ。2つめは、採用する従業員の役割、責務、そしてその人間が加わることによって生じる既存の役割や業務プロセスの変化に関する理解を共有するため、採用する人間と将来的に関わることになる社員とそのジョブディスクリプションを精査することだ。

・確実に業務をこなす時間を確保する。

小企業の経営者の大半は、多少なりとも過剰労働の傾向にある。経済的余裕のない小企業の多くは、新しい人材が絶対に必要となるまで、またはその約1カ月前まで

は、採用を待つだろう。このミスマッチにより、会社が人員の追加を決定した時点で採用担当マネジャーはさらに過剰労働になり、職務定義、採用、面接、トレーニングの全プロセスを実行する時間を見つけることが出来なくなる。これは、スタートアップが陥りがちな大きな落とし穴の一つであり、この流れを止める唯一の方法は、採用担当マネジャーがこの新規採用プロセスを第一に優先することだ。人材レバレッジとより多くの責任能力の長期的な増強と引き換えに、他業務のアウトプットが減少する事実を同僚に受け入れてもらえるよう状況を整えることが必要となる。

・採用プロセスは入社日で終わる訳ではない。

　私は入社1日目を採用プロセスの中間点と考えている。初日のオリエンテーション（トイレの場所など）、事業説明（企業のミッションと社員の役割）、目標設定（入社後90日間の計画）、そして試用期間90日後の正式な評価などの入社後のプロセスはその人材を組織に融合させ、採用の適切さを再確認させ、その人材の生産性を高めていく上で成功を左右する大切なことだ。

友人または家族の採用

　友人や家族を雇用することは、経営者自身、また組織にとってもすばらしいことだ。信頼出来る人材、既にその仕事ぶりを知っている人材、苦境の一つや二つを一緒に乗り越えてきた人材がそばにいた方がよい。また、スタートアップの過酷な状況下で共にする多くの時間を友人と一緒に過ごすことが出来るならば、よりやり甲斐も感じつつ楽しむことが出来るだろう。とはいえ、状況を適切に管理することが出来なければ、友人や家族の雇用は経営者にとっても組織にとっても非常に厄介な事態へと悪化する可能性を含んでいる。

　友人や家族を組織に迎え入れる際は、他の従業員に対して事前に透明な説明をしておく必要がある。この場合、通常のプロセス以上に採用の決定に際して他の社員の意見を求めることが必要だ。そして、社員たちに対し、友人や家族であるというだけで彼らが優遇されるということはなく、平等に対処するという自身の意思を知らせ、もしもそうでないと感じた時はいつでも意見するように伝えるべきだ。

　そして、その友人や家族を雇用する前に、その友人や家族に対し、一旦入社すれば彼らは他の社員と同じように処遇されるという事実を伝えねばならない。彼らには他の社員と同様に同じ規則を守り、CEOである自分自身が上司であるという現実を受け入れてもらわなければならない。それが出来ないようなら入社すべきではないということをしっかりと告げる。このような「事前契約」の会話を経ていても、友人や家族の解雇は非常に心が痛む決断だ。そんな場合には、より入念な準備

が必要となる。ただ、それが本当に正しい決断なのかを考え抜く必要がある一方で、時間を掛け過ぎるのはよくない。友人や家族に対する決断の場合、あなたのCEOとしての信用度への影響は他の決断の10倍大きいと考えるべきだ。

　私自身は、弟のマイケルを大学在学中に1学期だけインターンシップとして雇い、妻のマルキータを専門的なアドバイスを求めてコンサルタントとして雇った以外に、家族を雇ったことはない。これからも家族を雇うことはないだろう。社員にとってみれば、CEOの友人を批判することだけでもしんどいのに、妻や兄弟までもさらに加えるのはあまりに酷というものだ。

卓越した人材の採用

　マネジャーの大半は、事前に予測や計画が可能な戦術的な意思決定を行う。採用に関しても同様だ。次年度にモバイルアプリを導入する予定がある場合、6〜12カ月前にアプリ開発者の採用を開始すればよい。これとは対照的に、CEOは長期的な戦略企画に従事しなければならない。そして計画が変更になったり、事業が新たなフェーズに突入したりすれば、突如としてまったく新しい人材が必要になる。その際に出来ることといえば、何とか期限までに人材を探しまくるか、あとはせいぜい何年も前に連絡した人を見直すか、くらいしかない。

Return Path 採用担当・ヘッド ジェン・ゴールドマンが語る 採用におけるCEOの役割

　ジェン・ゴールドマンは、*Return Path*のベテラン採用担当・ヘッドだ。一般的にCEOが採用に捧げる時間の多さを考えれば、私が成し遂げたと言える成功のすべてにおいて彼女が非常に重要な役割を果たしたと言っても大げさではない。ここでは、CEOがどのようにして採用担当者の業務に貢献することが出来るのかを紹介する。

　すべてのあらゆる規模の企業において、人材採用は全社員の責務だ。採用における成功の鍵は、優れた人材を探し出し、引き付け、選び出すにあたって果たすべき役割を全社員に理解してもらうことだ。CEOの役割は極めて重要であり、非常に独特だ。特に、CEOが注力すべき分野は3つある。

　1．露出を図る。
　　多くのCEOはブログやソーシャルメディアのアカウントを持っており、社外の何らかの団体に属している。これらは、CEOが優れた人材を獲得する上で大きな役割を果たす。採用候補者は、Twitter、LinkedIn、その他のソーシャルメディアでCEOを「フォロー」する傾向にあり、それは人材を見つけ、引

き付けるための格好の手段となる。ソーシャルメディアを通じて、採用候補者に企業の文化を効果的に伝えその企業で働きたいかどうかを考えさせることが出来る。

2. 可能な限り多くの候補者を面接する。

Return Pathの初期段階では、代表のマットはすべての採用候補者の最終面接者であり、多くのチーム面談にも加わった。ただ、従業員数が約200人に達した時点で、彼はプロセスの終盤に短時間面談するのみになった。そして、社員数約300人になり、この権限を他の経営陣に委譲し、現在では組織内の特定のポジション（マネジャー、経験豊富な一般社員、その他重要なポジション）のための面接のみを行っている。CEOとの面談は、経験の浅い候補者を緊張させてしまうこともあるが、ほとんどのケースでは候補者たちはその機会を持てることに感銘を受けている。

3. リファレンス（推薦者）を確認する。

CEOが担えるもう一つの重要な役割は、リファレンスの確認だ。私は常に「非公式な」情報を得ることを推奨している。候補者を知ってはいるが、公式の推薦リストには含まれていない人物。大抵の場合、CEOはそれを可能にする強力なネットワークを持っている。この情報源からは、既に用意周到に電話の準備をしているであろう公のリファレンスからのものよりも多くの情報（よくも悪くも）を得ることが出来、人事主導のチェックでは不可能な「真のスクープ」をCEOの電話一本で得ることが出来る。採用、ソーシング、面接、リファレンスの確認は、CEOが常に多大なインパクトを与え得る採用プロセスの一部であり、成長中の会社では特にそれが当てはまる。

Return Path 採用担当・ヘッド ジェン・ゴールドマン

常に市場を見渡す

ほとんどの場合、CEO以外の経営陣の採用業務は各部署特定のニーズにとどまる。例えば、CFOが新しいコントローラーを必要とする場合、CTOがデータベースの専門家を必要とする場合、またはセールス・ヘッドが2人のセールス担当者を必要とする場合などだ。ただ、CEOは常に会社全体の採用を視野に入れておかなければならない。

これは「常に市場を見渡す」行為の一つであり、顧客や競合他社の動きを見張ることと同じくらい重要だ。友人、取締役会メンバー、または同僚などから人材の推薦があった場合、たとえその時点ではその人材が備えているスキルを必要としていなくても、まずは面会することだ。時間がなければ、誰かシニアなメンバーに面会してもらってもよい。もしかすると、今すぐにでも雇いたいと思えるような優秀なエグゼクティブに出会

い、まずは採用してポジションは後から考えるといった可能性もある。これは、ジム・コリンズ著作の『Good to Great』の「適切な人をバスに乗せろ」という理論とまったく同じ理念だ。

　たとえ採用中でない場合も、この手の面談機会を持つことには何の問題もない。その人材の必要性が生じた時点で、その人物に連絡を取ればよい（もしもその時点で採用募集中のポジションがない場合は、面談者に期待を持たせないよう、事前にその旨を伝えておくべきだ）。採用時期は未定であると正直に伝えればよい。我々は随時、積極的に市場をチェックすることにより、リクルーターに高額な費用を払うことなく、シニアレベルの中核人材を迅速に雇うことが出来た。

採用ツール

　信頼出来る同僚や友人からの紹介に加えて、採用を考慮する際には、以下、5つの重要なポイントに留意すべきだ。

　1．バリュー

　　既に述べたように、企業文化やバリューを採用基準とすることは非常に重要だ。バリューに同意しない、または文化に合致しない人間は、雇ってはいけない。

　　裏を返せば、その文化とバリューは、優れたリクルーティングツールとなる。

　　もしもあなたの文化に非常によくフィットする人材がいるなら、おそらくその人物はその事実をあなたと同じように認識している。彼らこそがあなたが探し求めている社員であり、また、あなたは彼らが働きたいと思える会社をつくったということなのだ。まさにwin-winだ。

　2．前職

　　採用をする上でもっともシンプルな方法は、前職の知り合いに連絡を取ることだ。これはあなたのチーム全員が試みるべきことだ。実際の職場環境を通してその働きぶりを把握している人物がいるというのに、何故、まったく知らない人物を受け入れるという大きなリスクを負う必要があるのだろうか。

　3．チーム

　　チームの規模が拡大するにつれ、採用のために活用出来るルートは拡大する。あなた自身の前同僚だけでなく、同様にチーム全員の前同僚にアクセスが出来る。明確な目的を共有し、ハイパフォーマンスな組織を構築することに成功しているなら、社員は皆、前職を共にした優秀な人材をその会社に呼び寄せたいと考えるだろう。我々の新規採用者の40〜50%は常に既存社員からの紹介であり、それは採用コストの削減、基準の高さ、企業文化の一貫性の維持に大いに貢献している。我々は、社員（経営陣や採用担当マネジャー以外）からの紹介によって採用が決定した場合に2500ドルのボーナスを支給しているが、たとえその制度がなかったとしても、

同等の成功率を上げることが出来ると自負している。

4．会社の評判

どんなに革新的で破壊力のあるプロダクトサービスを提供している会社であっても、評判の悪い会社で働きたいと思う人はいない。誰だって、働きやすいと評判の会社で働きたい（Googleのポジションに応募した人に聞いてみたらよい）。Return Pathは、コロラド・ビジネス誌、クレインズ・ニューヨーク・ビジネス、フォーチュンの「Best Places to Work（最適な職場）」リストに掲載された。これらの表彰は、いずれもすばらしい採用ツールとなった。

5．セールススキル

前述のように、自社に来てほしい人材を呼び寄せるということは、起きている時間の半分以上を会社で費やしてほしいと頼んでいるということだ。それに見合う価値を提供すべきだ！　報酬や福利厚生も重要ではあるが、あなたのビジョン、何故そのビジョンが大切なのか、そして候補者がどのように貢献出来るのかということを売り込まねばならない。

面接：候補者の精査

採用プロセスにおいては大抵、求人リストに記載されているスキルと人材要件が重視される傾向にある。この人物は開発者として優れているのか？　優秀なセールス部員なのか？　有能なマーケターなのか？　その質問に対する候補者は、必ずYesと答えるだろう。真実を知りたければ、リファレンス（リクルーターによって提供されるリストとそれ以外のものも含む）と当該分野の専門家の意見を得る必要がある。Opswareの共同創業者であり、テクノロジー分野のベンチャーキャピタリストでもあるベン・ホロウィッツがかつて指摘したように、日本担当のセールス・ヘッドを雇う場合、そもそも日本語を話すことが出来なければその人物が有力な人材であるかどうかなど判断出来ない。当該分野の専門家を見つけ、答えを教えてもらうべきだ。

CEOとして、あなたは、文化的なフィットとエンゲージメント（X要因）を探ることに注力すべきだ。そのための最良の方法は、候補者との面接を自分自身で行うことだ。

クリーブランド空港検査

長年にわたり、我々は取締役と経営陣による24時間のオフサイトミーティングを開催している。それはビジネス、また私生活の会話が交じり合う、とっても有意義な時間だ。

あるオフサイトミーティングを通じて、仕事を共にする同僚との関係がどんなにすばらしいものかを心から実感した。シニアスタッフ、役員、Return Pathに属す

る誰であっても、勿論性格は異なるが、共に楽しみ、また仕事について生産的に考え、話し合うことが出来るのだ。

　睡眠8時間、労働8時間（どちらも事実とは異なるかもしれないが）という一般的な仮定を基に考えると、我々は起きている時間の半分は仕事に費やしていることになる。だからこそ、気の合う仲間と仕事をした方がよい！　それはReturn Pathで採用する人材すべてが同じような考えやユーモアのセンスを持ち合わせていなければならないという訳ではない。目を輝かせながら「わかる」と言える人材を探している。明確で、強い信念を持ち、積極的に自分の意見を伝えることが出来る人間であってほしいのだ。また、採用、面接、雇用の際には、明るく陽気で、あまり深刻に考え過ぎない人物であるかどうかを見極めるようにしている。次回の人材採用時に「起きている時間の半分」という言葉を頭に思い浮かべてほしい。あなたが一緒に時間を過ごしたいと思うのはどの候補者だろうか。前職で経営コンサルティングをしていた頃は、このプロセスを「クリーブランド空港検査」と呼んでいた。もしも候補者と共にクリーブランド空港で足止めを食らってしまった場合、その時間を楽しめるか、それとも苦痛でたまらないだろうか。そうはいっても、自分と同じような人物を雇うことには常に危険が伴う。それが快適過ぎるからだ。

2つの耳と1つの口

　本書において私が何度か繰り返す言葉がある。それはセールス・ヘッドであるアニタ・アブセイのお気に入りの「人間に耳が2つあり、口が1つであることには意味がある」という言葉だ。特に採用面接をする際は、自分が話すことよりも相手の話に耳を傾けるべきだ。シニアな人の多くは、候補者との面接の際に自分が話し過ぎる傾向にある。自分の売り込みがしたいのか、ただただ自分の声を聞くのが好きなだけかもしれないが、いずれにせよ、それは間違った行動だ。

　面接において、おそらくもっとも重要な質問は「当社の事業について、どのように考えていますか？」という質問だろう。CEOとの面接時に、もしもその候補者がその質問に対する答えを準備出来ていないようならば、採用すべきではない。どのポジションの候補者であっても同じだ。会社のWebサイトをチェックしたり、採用プロセスを通して会社のことを学び、事業に対する自身の考えを固めたりしていない経理担当を雇う理由などない。会社の事業に関心を持つ人材を見つけるべきだ。この質問だけでは、まだあなたが会話の主導権を握っている状態だ。会話の半分は相手に主導させるべきだ。候補者からの質問はどのようなものだろうか。その質問は的を射ているか。候補者は15〜30分程度時間を使うに足る質問を準備しているか、それとも単なる一般的な心配事だけなのか。面接の大半を「聞く」ことに費やし、候補者の理解に努めたい。

面接するべき人物とは？

　私が面接する候補者の人数はかなり多く、昨年はおおよそ60人、今年もおそらく同等またはそれ以上の候補者を面接することになるだろう。1年間で100人以上を採用した年（その雇用により全従業員数は275人まで増員）までは、全候補者に対して面接を行った。直属の部下やそのまた部下だけでなく、インターンを含むすべての候補者だ。

　通常、面接は電話やSkypeで行い、所要時間は15〜30分になる。

　採用がほぼ確実である候補者を対象とし、マネジャーが既に下した決定の再確認のために行うケースが大半だ。その採用担当マネジャーの決断を覆し、採用を却下したケースは非常に稀であった。そのような場合は大抵、マネジャーが空席を埋めることに躍起になっていることが明らかで、これは頻繁に起こることではなく、起こった場合には止める必要があった。

　この短時間の面接によって、私にとっては組織全体をよりよく知る術が増えて、候補者にとっては当社の企業カルチャーの手触り感を持て、結果的に私と全従業員がお互いを知ることが出来るという意味でよいことだった。また何よりも、それは採用のための強力な武器でもあった。優れた候補者は、たったの15分であっても、CEOが候補者に関心を持ってくれたという事実に心から感謝してくれた。

　全候補者の面接をやめた時は複雑な気持ちだった。何故なら、会社が急速に成長することは喜ばしいことではあったが、直ちに全社員との個人的な繋がりを失い始め、廊下で擦れ違う社員の名前を覚えることも難しくなったからだ。

面接時の3つの重要な質問

　採用候補者と交わす会話のほとんどは、採用目的のポジション特有のものであろう。ただ、そのポジションがマーケティングインターンであろうと、CMOであろうと、すべての候補者に共通して知っておくべきことがいくつかある。私は必ず以下の3つの質問をする。

　　1．当社のビジネスについてどう思うか。これは、候補者が当社について下調べを行い、当社の事業についての何らかの視点を養っているかどうかを探る質問だ。当該事業の専門家である必要はないが、ある程度の研究と考察を行っているべきではないだろうか。

　　2．当社のことをどう思っているか。面接のプロセスで出会った社員やそこで感じられた職場環境などにどの程度関心を抱いたのか、などを知るための質問だ。

　　3．誰であっても、過去に自分自身の開発計画を立てたことがあると思う。その

ような中で頻繁に指摘されることには何があるだろうか。「あなたの最大の弱点は何か？」と尋ねられると、大抵の人間は戸惑いを覚えるだろう。この質問はかなり具体的で、思慮深い答えを要求する。嘘っぽい模範回答（「私の最大の弱点は、気にし過ぎること」、「人に一生懸命働き過ぎだと言われること」）の場合、彼らはフィードバックプロセスを処理するのに十分な自己認識を持っていないと判断出来る。

超一流のチームにするために

　私が近年読んだすばらしいビジネス書の一冊に、ブラッド・スマート著の『Topgrading（トップグレーディング採用術）』がある。本書では、Aプレーヤーだけで構成されるその組織の構築方法と、それに繋がる優れた面接方法を紹介している。ビジネス書にしては長編だが、一読の価値がある本だ。自分自身や人事担当者だけでなく、多くの採用に携わる従業員に配布すべきだ。

　近年、「Harvard Business Review」や他の書物にて「Bプレーヤーの重要性」が取り上げられているのを目にするが、私は『Topgrading』のAプレーヤーにこだわり抜く考え方を推奨する。Aプレーヤーの定義は「そのポジションに想定する報酬レンジにいるタレントプールの中で上位10％以内にいる人材」だ。

　『Topgrading』では、Aプレーヤーを、A1プレーヤー（将来的にエグゼクティブになり得る資質を備えた人材）、A2プレーヤー（高い昇進可能性のある人材）、またA3プレーヤー（現職に適しており、長くその役割を担える人材）と区別している。どのようなポジションにせよ、Aプレーヤー未満の人材で妥協する必要があるだろうか。

オンボーディング：入社後90日間

　採用プロセスは従業員の出社初日に終了する訳ではない。それが完結するのは90日後だ。

　おそらく、採用プロセスにおいて、オンボーディングはもっとも重要であると言えるだろう。これほど従業員の勤続期間に大きな影響を与えるものは、他にない。勿論、採用時点で適した人材を選ぶことは必須だが、どんな人材であっても、適切なオンボーディングが出来なければ、組織に定着させることは出来ない。これこそが、組織の規模を問わずすべての会社がしばしば失敗する問題だ。

　あなたの出社初日を思い出してほしい。あなた（或いは会社の誰か）は、自分の座席

がどこかわかっていただろうか？　あなたのコンピュータのセットアップが完了されていたか把握していただろうか？　あなたが担当するプロジェクトは既に用意されていただろうか？　自分の上司にいつ挨拶することが出来るのかわかっていただろうか？　その答えはおそらく「No」だ。

　綿密なオンボーディングがもたらす効果にあなたは驚くだろう。弊社には全従業員の入社後90日間の社内活動を管理することだけを業務とする、オンボーディング担当のマネジャーがいる。そこまでする必要はないかもしれないが（全従業員数が100人を超える規模に会社が成長するまでは無理だろう）、オンボーディングを成功へと導くには、以下を満たすことが必要だ。

・入社日前にオンボーディングを開始する。

　　採用プロセスが入社後90日間は続くように、オンボーディングプロセスも入社日前から実行されるべきだ。Return Pathでは、新入社員全員に、入社日までにチームへの自己紹介として「Wall Bio」という名のメッセージと画像による1ページの資料を準備してもらうようにしている。これは新入社員に向けた企業文化への導入の第一歩であり、そして受け入れる側のチームもまた今後仕事を共にする仲間を迎えるよい機会であると楽しみにしている。まったく同じ方法を取る必要はないが、入社日前から新入社員をエンゲージすることは重要だ。

・事前に新入社員のデスクを準備する。

　　入社日にキーボードなどの備品を探し回り、自席の内線番号を調べることに時間を費やすことほど心が萎えることはない。だからこそ、我々はまったく逆の方法を取る。新入社員がReturn Pathのオフィスに足を踏み入れた時には、デスク、コンピュータ、モニター、そして電話はすべて完璧に設置されている。オフィス、またはキュービクルにネームプレート、また会社のグッズ（Tシャツやトートバッグなど）も準備する。我々にとって、彼らを会社に迎え入れることが出来ることがどんなに喜ばしいことかを伝えるために、シャンパンのボトルと私の手書きのメモも用意する。ビジネスの初期段階においては、採用を承諾してくれた時点で彼らの自宅にシャンパンを送っていたこともあった（ニューヨーク市外に配達する必要性もあったため、あまり長くは続かなった）。

・入社オリエンテーションの資料を準備する。

　　企業文化や風土、そしてスピード感など、新入社員が日を追う毎に学んでいくこともあるが、直ちに明確に把握しておくべきこともある。会社のミッションやバリューは何か？　どのように組織が構成されているか？　現在の戦略計画は？　これらは全従業員が共通して認識すべきことであり、（可能であればCEOから）その説明

を受けるべきだ。直属の部下を採用した場合には1対1で詳細を説明すべきだし、或いは新入社員の複数人を対象に、朝食やランチを取りながらセッションを行うのもよいだろう。

・90日間の業務目的と目標を明確に設定する。
　詳細は従業員のポジションによって異なるが、設定すべき目標は全従業員に共通する。ジョブディスクリプションは？　彼らが最初に行うべきことは？　把握しておくべき情報は？　会っておくべき人は？　申し込むべきトレーニングコースは？　目を通しておくべき資料はあるか？　そして最重要事項として、最初の90日間における主な業務目的は何か？　入社後最初の四半期を「慣らし」に費やすべきではない。明確な目標に向けて積極的に、意図的に取り組むべきだ。

・90日後に評価プロセスを実施する。
　360度評価、または一般的な上司・部下の評価であっても、新入社員が順調に業務をこなし、企業文化に馴染んでいるのかを見定めるには入社後90日という時期は非常に適している。必要ならばこの時期に間違いを認め、お互いに違う道を選ぶ方が、さらに数カ月時間を投資した後にその決断を下すよりもはるかに容易だ。以上で、採用プロセスは完了する。そして、またその繰り返しだ。

マネジメント・モーメント

丁寧な情報共有の徹底

　大抵のスタートアップでは、許可（事前）と許し（事後）を請う行為の間に「丁寧な情報共有」という段階が存在する。

　これは実務に関わることだ。健全な組織では大半の従業員が企業ルール、フレームワーク、そしてミッションを理解し、能動的に新しいものを生み出すことに従事出来る組織だ。そしてもっとも大事なことは、皆が自分の仕事が何なのかを理解しているということだ。仕事において、「とにかくただやっておく」べき状況が多々発生するが、そのような場合、関係者が「その」プロジェクトの進行を把握していれば、後に発生し得る問題を排除し、予測していた結果とは真逆の状況へと陥る危険性を回避する安全弁となる。

　自分が今やっていることによって、社内の誰が影響を受けるのかを考えるように教育することも大切だ。誰かが自力で業務を進めていかなければならない場合には、少なくとも同僚に「丁寧な情報共有」をするべきだ。

第12章
毎日あらゆる面で少しでも前進する

　あなたのスタートアップに人材を採用するという作業は、本質的にはセールスピッチだ：あなたが思い描く夢に共感し、実現に参加したいと思わせる。恋愛において花とチョコレートで相手を魅了するように。オンボーディングを成功に導く重要な教育的要素がある一方で、あなたの主張を語り掛ける売り込みとそれに付随する活動が必要だ。困難なことは、その後、採用した人物の業績と適合性（後者の方がより困難である）に関するフィードバックを引き出し、そして提供しなければならない時に発生する。

　自己認識力が高く、冷静沈着な人物であっても、他者に「よい仕事をしていない」と言われれば嫌な気分になる。同時に非常にポジティブなフィードバックをもらっても同じだ。偽りのない正直なフィードバックを行うにあたって、批判的な意見を共有することは不可欠だ。それは心地のよいことではないし、涙を流す者もいれば、解雇や辞職に至る場合もあるだろうが、あなたのためにもチームのためにもCEOとして大切な仕事だ。

　多様なフィードバックの方法があるが、私は4つの構成要素：非公式の1対1ミーティング、アドホックコミュニケーションと公式の業績評価、360度評価からなる、シンプルな2×2の構図を見いだした。

フィードバック・マトリクス

　従業員にフィードバックを与える機会は様々であり、フィードバックの種類も多い。
　この多様性を単純な2×2のフィードバック・マトリクスにまとめると理解しやすい

図12.1 フィードバック・マトリクスの導入

	非公式	公式
業績	1対1ミーティング	業績評価
開発	アドホック コミュニケーション （偶発的な情報交換）	360度評価

　フィードバックのタイプは基本的に2つに分けられる。

　　1．従業員の目標や目的に沿った業績に関するフィードバック

　　2．従業員のスキル、文化的適合性、仕事の仕方に関するフィードバック

　上記のフィードバックを提供する方法は、公式の方法と非公式の方法の2つに分けられる。

　このマトリクスは、どのようなフィードバックを提供しよう（または引き出す）としているのか、またどのような結果を達成しようとしているのかを明確化するために非常に役に立つ。また、フィードバックを与え、受けるというプロセスの浸透にも効果的だ。フィードバックが求められると同時にそれが当然のことと認識され、定期的に実施される企業文化を植え付けることは、人々の心の底にあるフィードバックに対する不快感を克服させる最良の方法であり、規則性を生み出す手助けともなる。それは、あなたとマネジメントチームの組織運営を支えるだけでなく、透明性、称賛（すべてのフィードバックが否定的な訳ではない！）、率直であり建設的な批判を尊重する企業文化の構築を促す。

1対1ミーティング

　形式張っていない1対1ミーティング（チェックインミーティング）は、頭でっかちで威圧的な定期評価システムに頼らずチームメンバーの脈拍を測るすばらしい方法だ。週に1度の頻度で開くのがベストと思うが、一貫性さえ保たれているなら、頻度は問題ではない。あなたやマネジャーたちがミーティングの大まかなアジェンダを設定することも重要である一方で、形式張った形にしないためには部下が自発的に話を進められるよう促すことも肝心だ。

　1対1ミーティングの定例アジェンダはシンプルだ。毎週、あなたと部下は目標を見直し、その目標に対する進捗状況をトラッキングし（図12.1：業績評価）、短期間の優先順位を設定する。もしもあなたの部下が管理職である場合は、彼らが監督する部下の目標進捗も把握する。

　部下にそのミーティングの主導権を握らせるということは、あなたの彼らへの信頼を明確に示すとともに、彼らに自身のキャリアの責任を担わせるということでもある。この1対1ミーティングの基本的なフレームワークを設定した後に、あなたが実行すべき重要な役割は2つ。フィードバックを提供することと、組織全体の視点を提供することだ。CEOであるあなたは、組織内の他の誰も持ち得ない、全体を俯瞰的に見渡す視点を備えている。あなたの部下はただ単に自身の業務がどのように組織内の他の仕事を補強し、または対立してしまうかを認識していない場合もある。その時こそが、あなたの視点を共有する絶好の機会となる。

アドホックコミュニケーション

非公式の業績評価は定期的に実施するとよいが、他の事柄に関する非公式なフィードバックはいつでも行うことが可能だ。このようなフィードバックは、素早い修正と称賛の2つに分類される。

ネガティブなことへの対処としては、時に即座に修正を要する行動への対応がある。従業員がチームのコアバリューに反する行動を取る、同僚を疎外する、またはその他の問題を引き起こす場合などが挙げられる。このような問題に直ちに対処することが出来なければ、あなたの企業文化を汚してしまうこととなる。あなたとマネジメントチームが、そのような事態を許すことがないよう目を光らせることが非常に重要だ。ポジティブなこととしては、従業員が傑出した成果を上げた際に、可能な限り即座に且つ公然にその功績を認め、その行動を助長することが出来る。既に述べたように、「称賛」を重んじる文化の構築は「業績」を重んじる文化の成功において不可欠だ。

アドホックなプロセスにも、ベストプラクティスがある。私は、ケン・ブランチャード、スペンサー・ジョンソン著『The New One Minute Manager』にて紹介されている短時間のチェックイン方法を実践している。以下、要約だ。

・当該従業員に対して、後にフィードバックが来るという事実を事前に伝える。
・インシデント発生後に可能な限り迅速にフィードバックを提供する。
・具体的に伝える。
・沈黙の時間を数秒確保する。
・最後に握手をする。

「アドホック」とは、単純に言えば、事前にスケジューリングされたミーティングではないということを意味している。それはいいかげんで生産性のないミーティングであるという訳ではない。上記の簡単なガイドラインはウイークリーミーティングと同様に強い影響力を持つ。

業績評価

人生において、努力することは大切だ。

ウディ・アレンの名言に、「人生の成功の80%は、ただその場に現れることだ」という言葉がある。もし彼の言葉が正しければ、おそらく89%は顔を出すこととそれなりの努力をすることであると言えるだろう。

もしもあなたが努力を怠ったにもかかわらず成功することが出来たなら、それはただ運が良かっただけだ。究極的には、どう仕事を片付けるかということが重要だ。無駄な時間を費やし、同僚やクライアントとの関係性を悪化させることは、短期的な利益を上

回る長期的な惨事へと繋がる可能性がある。すべて結果がものを言う、とはよく言ったものだ。顧客は、あなたが効果的にプロダクトを開発し、問題を解決することが出来ていなければ、あなたがどれだけ努力をしていたとしても信用は与えないし、投資家は最終的には結果を要求する。

　週単位で成果を測定することは現実的には不可能であるがゆえに、週単位の非公式の業績評価では大きな意味を持たないが、年単位の業績評価プロセスは中心的に取り上げられるべきだ。

　これらのプロセスは時にやり過ぎることがあるがそうはしないでほしい。「従業員は目標に対していかなる業績を上げているか？」という本質的な問題に焦点を当て、出来る限り肩の力を抜いて、短時間で実施しなければならない。そして、年次業績評価では（包括的な360度評価と異なり）、マネジャーと被評価者の2人だけで議論するべきだ。

　組織によって、業績の定義は異なる。業績に関するベンチマークを明確に且つ頻繁に共有すれば、従業員は自分自身、そして他者の評価をする際に問題を感じないはずだ。各評価項目で、「期待値通り」、「最良」、または「改善の余地あり」との評価基準項目を基に業績を評価することが可能となる（Return Pathでは、「RPS（Return Path Standard：Return Path期待値内）」、「BP（Best Practice：最良）」、「AI（Area for Improvement：改善の余地あり）」との独自の略語を使用していた。評価結果が、「最良」または「改善の余地あり」の場合は、詳細記入欄を設ける。そして実際の業績レビューの際には、「特別なこと（従業員が傑出している/欠如している分野）」と「不一致（従業員とマネジャーが順調に進んでいる/進んでいないと同意しない分野）」の2点に焦点を当てるべきだ。

360度評価

　360度評価の効果を最大化するためには、ライブ形式である必要はない。組織が成長するにつれて、360度評価をライブ形式で実施することは自ずと不可能になる。Return Pathでは、ヘッドレベル以上に限ってライブ形式にて360度評価を提供している。他の従業員に対しても、複数の評価者からの多面評価を実施しているが、その場合にはオンラインフォームを使用している。そのフォームには、自己査定、上司と部下による査定、業務上関わりのある一握りの同僚や他の従業員による査定が含まれる。このプロセスは匿名で行われ、今後12カ月間の従業員の開発計画の立案に役立てることが出来る。

　ライブ形式の360度評価では、業績と改善のフィードバックをまとめて1回のセッションで行っている。時間は要するが、すばらしい結果を得ることが出来る。以下、その実施方法を紹介する。

　ライブ形式の360度評価の前に、評価対象者は外部のファシリテーター（エグゼク

ティブコーチ）に会い、掘り下げたディスカッションを行う。例えば、以下のような問いに答える：

・過去1年間に発生した重大インシデントは何か？
・上手くいったことと、そうでなかったことは何か？
・前年の能力開発計画において達成したことは何か？
・どの成長課題に関する具体的なフィードバックがほしいのか？

　続いて、ファシリテーターはより大人数のグループで、別のディスカッションを進める（会社の規模が比較的大きい場合は、このグループはマネジメントチームのみ或いは同部署のチームメンバーとなろうか。アーリーステージのスタートアップなら全従業員で行われるケースもあるだろう）。評価対象者は、そのディスカッションには同席しない。時には、ファシリテーターがディスカッションにしっかりと従事出来るよう、議事録担当を設けたり、全セッションを録音・録画したりすることもあろう。

　セッションは守秘性が担保され、参加者は自分が述べた内容がセッション外に漏洩する心配をする必要はない。参加者にとっては心地のよいことではないかもしれないが、他者の評価、特に管理職に就く者の評価に対して透明性が高まることはよいことだ。誰にでも改善出来る点があり、それがどのような事柄であるのかをオープンに話し合うことによって、評価対象者ははるかに優れた結果を出すことが出来る。

　15人もの人が部屋に集まり、あなたについて議論をしていると思うと、心を打ちひしがれる思いになるかもしれない。壁の奥から笑い声が聞こえてくれば、なおさらだ。しかし、そのセッションによってあなたが得られる見識は計り知れない。ライブ形式のセッションから、オンラインフォームの集積データからは取得不可能な2つの情報を得ることが出来る。それは、フィードバックの重要度と優先事項、そして矛盾するフィードバックの詳細だ。私の前職のマネージャーは、異なる人間からのフィードバックの共通性に関して、「3人の医者に病気であると告げられたら、すぐに横になるべきだ」と語っていた。

　注記：業績評価及びライブ形式の360度評価の双方に適用可能なベストプラクティスは、プロダクトリリース、マーケティング強化、またはデザインリニューアルのような大切なイベントを控えている時期に行わないということだ。私はかつて、自分が対象のライブ形式の360度評価を取締役会後に行っていた。そのセッションで議論された内容は、12〜18カ月間の私の業績評価ではなく、その直前に開催された取締役会にて議論された特定のイベントに焦点が当てられている傾向にあった。フィードバックと反省会にはそれぞれ異なる目的があり、また違ったプロセスを要する。その2つはまったく別物であると捉えることが必要だ。

そして、評価方法に関する私の最後のアドバイスは、このプロセスの自動化だ！Return Pathでは、数年にわたって360度評価を手作業で実施していた（主にExcelとWordを使用）。後に、Halogen Softwareのe360 Reviewsというオンラインソリューションに移行し、現在はWorkdayと呼ばれるソリューションを採用している。自動化されたシステムは、プロセス管理に必要な事務処理時間を75%削減し、利便化の向上に繋がった。

Return Pathでは長年にわたり、360度評価をかなり進化させ、修正してきた。会社売却前に、ピア・フィードバック・システムを構築した。これは社内のほぼすべてのチームが四半期毎に対面し（またはビデオで）、ラウンドロビン（持ち回り・総当たり）・フィードバックを行うシステムだ。この形式は非常に有効だった。チームの全員に加え、随時他のチームの関係者が参加し、チーム内の他のメンバーすべてにフィードバックを同時に与え、チーム内の様々なフィードバックを関連付けた。また、ラウンドロビンで四半期毎にプロセスを行うことで、年に一度の一方通行のレポートではなく、相互の会話を定期的に、より頻繁に行うことが出来るようになった。

5歳児に語り掛けるように！

最近、短くはあるがとても説得力のある話を耳にした。残念なことに、私は誰からこの話を聞いたのかを思い出せず、提供者の方には、もしも私が適切にこの話の価値を伝えることが出来ていないようであれば、お許しいただきたい。

男は幼稚園の教室に入り、レッスンを受ける生徒を前に質問をする。「このクラスの中で、踊ることが出来る人は手を挙げて？」と男が尋ねると、クラスの全員が大きく手を挙げる。「歌うことが出来る人は？」と尋ねると、ケラケラと笑う声と話し声が交じり合う中、また真っすぐ且つ勢いよく手が挙がる。「じゃあ、絵を描くことが出来るのは？」と聞くと、この3度目も100%の手が挙がる。

次に、同じ男が大人で埋め尽くされた会議室に足を踏み入れる。「この中で、踊ることが出来る人はいますか？」。2、3人の手が遠慮がちにゆっくりと挙がる。すべて女性だ。「この中で、歌うことが出来る人はいますか？」。今度は室内の反対側の角から、2、3人が迷い迷いに手を挙げる。多く見ても5%ほどか。「この中で、絵を描くことが出来る人はいますか？」と尋ねると、今度は挙がる手は皆無になる。

ここで考えてほしい。我々は年を重ねれば重ねるほど、培ったスキルが落ち、知力が減退するのだろうか。とんでもない！　我々の自分自身に対する期待が増していくだけだ。期待値は、個々のスキルの習得につれて毎年上がっていく。何故？　5歳児にはさほどの能力差は存在しない。歌を歌い、絵を描き、踊り、靴の紐を結ぶという行為は彼らの生活そのものだ。だが、我々は年を取るにつれ、様々な分野に

おいて世界レベルの専門スキルを有する人々に出会う。そこで突然、我々の自己認識に変化が生じる。歌う？　この私が？　スティングじゃないんだから、と。

　ビジネスにおいても、これとまったく同じ現象が見られる。人々は自分のある一つのスキルが向上すると、その他のことには不向きであると思い込んでしまう傾向にある。複数の分野を極めることを願い、さらにはその挑戦を試みることを恐れない人間は滅多にいない。私の経験上、新しいことに飛び込むことを恐れないこの種の人間は、異なる分野においても成功を収め、または少なくとも自身の仕事に関する幅広いスキル、知識、視野を習得する傾向にあるように思う。或いは、異なる業種の仕事を経験したいと思う人間は、ただ生まれ持った才能に長けた人であるだけなのかもしれない。どちらが原因でどちらが結果なのかは定かではない。

　社員が新しいことに挑戦し、成功することを応援する経営者はさらに少ない。経営者にとっては、従業員が既に把握していること、今現在携わっていること、または会社を創立した当時から彼らが担当していることを基に彼らに業務を振り分けていくことの方が断然容易だ。「従業員Xにはその業務を遂行するスキルが足りない」という言葉をたまに耳にすることがある。

　私はその言葉を信じない。勿論、能力開発は必要だ。彼らを完全に異なる役職に抜擢（ばってき）する際には、きちんと面談をする必要がある。きちんとした意欲と適切な態度を有していれば、まったく異なる部署や業務に移動が可能であるという信念を持つことは、今日の社会で事業を運営する上で重要な成功要因となる。その逆は、組織に変更を加えたり、挑戦したりすることが不可能な環境下で、新しいことに挑戦してみたいと意欲に溢れる者や抑圧されているように感じている才能のある人材を流出させ、その「弱点を補強する」ために外部からの雇用に頼らざるを得ない状況に陥ることだ。それが上手くいく場合もあるが、それを実践するということは、既に組織内で能力があると認識されている従業員よりも、外部のまったく知らない人間に役職を任せた方がいいと言っているに等しい。社内に向けてそのようなメッセージを送りたいだろうか。

自分自身に対する業績フィードバックを求める

　CEOとして、あなたが実行すべき大切なことの一つとして、自身の業績に関するフィードバックを他者に求めてほしい。勿論、このフィードバックを有効なものにするには、まず、あなた自身にフィードバックを受け入れる姿勢がなければならない！
　それは以下の4つを非常に上手にこなすことが出来なければならないということだ。
　1．フィードバックの依頼
　2．フィードバックを丁寧に受け入れる

3．フィードバックに基づく行動

4．フォローアップとフィードバックを求め、改善を確認する

　ある意味、フィードバックを求めることは簡単かもしれないが、同時に不自然に感じることもあるかもしれない。お察しの通り、あなたは上司だからだ。では、何故フィードバックが必要なのか？　それは、実際、誰もがいつでもフィードバックによって恩恵を受けることが出来るからだ。初めてCEOを経験する者は特にそうだ。一方で、経験豊富なCEOは、状況の変化に伴って自身にも変化を求められる。取締役メンバーやチームが自分の行動や業績をどのように評価しているのかを理解することは、自分自身が成長し続けるために非常に重要な要素となる。フィードバックを求める際には、その内容が具体的であればあるほど容易になる。私は自身の主要業務（本書の構造に反映されている）に関するフィードバックを定期的に求めている。

1．戦略

我々はやるべきことに集中出来ているか？　私は、目標達成にこだわりつつ市場の動きに機敏に対応出来ているか？

2．スタッフ管理/リーダーシップ

有能で、目的を共有した、団結力のあるチームを構築・維持するという点で、私は効果的か？　マネジメントレベルのメンバーはそれぞれの役割に適した人材なのか？

3．リソース配分

社内で議論される優先順位に関する課題をバランスよく解決出来ているか？　コストは適切に管理されているか？

4．実行

チームと私は計画に対して実行が出来ているか？　より実行力を高めるために私が出来ることは何か？

5．取締役会・投資家とのリレーションシップマネジメント

取締役会は効果的で関与が得られているか？　私は取締役会を十分に主導出来ているか？　取締役メンバーとして貢献が出来ているか？　私は聞くことと、話すこととのバランスが保てているか？　我々のコミュニケーションは明確で、頻度は十分か？

　フィードバックを受け入れることは、それを求めるよりもさらに難しい。与えられたフィードバックに納得する場合もあればそうでない場合もあるだろうが、批判的になることなく、その意見を聞き入れることがフィードバックを継続的且つ確実に得る唯一の方法だ。腕を組んで、理屈っぽい態度を示せば、あなたが言うことだけが正しく、相手の意見には興味がないというメッセージを相手に送ることになる。もしも自分に向けられた意見に反論する場合は、詳細を述べることが大切だ。自分の思惑を説明するより

も、自身の態度が及ぼすインパクトを理解しなければならない。

　フィードバックを内面化し、実際に行動に反映させていくためにも、まったく同じロジックが適用出来る。もしもあなたがフィードバックに基づいた行動を取ることが出来なければ、人々はあなたにフィードバックを提供しなくなるだろう。言うまでもなく、あなたがCEOとして成長することもない。そもそも、フィードバックを生かすつもりがないのなら、その提供を求める必要もないだろう。まさに4つ目の実行力のポイントに繋がる訳だが、あなたの行動がフィードバックを与えてくれた人に求められた形で変化して初めてループが完結する。

開発計画の作成と達成

　正式なフィードバックを得ることが出来たら、次はそのフィードバックを開発計画や行動計画に反映させるステップとなる。もしかすると、あなたに何十もの改善点を提案してくる者もいるかもしれない。その場合は、上位3つをピックアップして、そこから始めよう。

　この時点で、フィードバックの内容は既に明確であることが望ましいが、そうでない場合は、提供者に相談の上で優先順位をつけるべきだ。その後、その上位項目とその改善に必要なアクションの詳細を含むシンプルな開発プランを作成する。

　表12.1は、私が作成した直近の開発計画2つになる。

　このプロセスは、あなたのチームにも適用可能だ。チームの各個人に自身の計画を立てさせ、その内容をファシリテーターと共にレビューさせ最終化する。

　次に、計画を実行しなければならない。オフサイトミーティングで、お互いにその計画を公開、共有することからスタートする。こうしたオープンさによって信頼が醸成され、フィードバックのタブーを軽減する（そもそも、共有する相手はフィードバックの提供者でもあるから都合がよい）。その後、少なくとも四半期に1回、計画に対する進捗度を自己評価し、全員からコメントを求めるというプロセスによって、相互に計画を見直す。チームが偽りなく正直に対応する限り、この手法は、能力開発プランに対する個人の実行責任を推進するすばらしい方法となる。

　精度を高めるため、私は会社全体に対して自分の計画を公表している。通常はブログで発表し、コメントを残したければ、遠慮なくそうしてもらうよう促す。自身のコミットメントを共有している相手が多ければ多いほど、その計画に忠実に従う可能性が高まるからだ。

表12.1 開発計画サンプル

スキル	アクションの詳細
コミュニケーション	コミュニケーションを明確化する。特にメッセージの共有には留意し、繊細な内容を含むものに関しては全体に共有する前に他者に確認を求める。
	話の途中で「えー」、「あのー」といった言葉を挟むのを避ける努力をする。
	チームや取締役会と共に、バリューに関する判断や決定を下す前にすべてのフィードバックを見直し、もっと広い視野から、その決定がもたらすであろう結果を十分に考慮する。
リーダーシップ	組織全体に対し個々が果たすべき責任の理解とその達成を要求し続ける。社員に「好かれる」ことよりも、好感、尊敬、恐れが混合した印象の維持を念頭に置く。
	シニアスタッフのミーティングには意識的に参加する。組織の把握に努め、個々の責任と期日を理解し、その失敗が及ぼす影響を共有し、マネジメントチームが外部コンサルティング会社から学んだコミュニケーションテクニックや手段を知る。
業務の明確化	組織図とタスクの責任が適切、明確且つ一貫しているかを確認する。
支援と開発	従業員に実践可能な能力開発プランを作成させ、そのプランを基に一年を通して前進していく支援をする。
	人々の弱点を早期に理解し、雇用や解雇の即断即決に繋げる。
	ニューヨーク在住のマネジメントチームとオフィス外で過ごす時間を確保する。
実行	セールスやマーケティングの業績向上に個人的に貢献し、組織の優先事項と個人の優先事項を一致させる。
	新規顧客獲得の売り込みのため、セールスチームと過ごす時間を増やす。
	マーケティングは、常によりよいアウトプットを求め続けるべきエリアと心得る。抜群の広告宣伝効果を追求する。
資源の配当	ビジネスの運営において起業家精神を忘れず、より積極的になる。
	自分の金を使うように会社の資源を扱う。
	支出や費用削減に関する特定の意思決定に悩みがあれば、積極的に文献を探す。
	可能なら、分析的思考に頼り過ぎることを避けるため、実際の分析から離れ、他者の意見に耳を貸しつつ自身の直感を基に決定を下す。

開発エリア	アクションの詳細
組織内に不寛容気質を醸成し、私に対する依存度を低下させる。	全社が私と同じくらいに不寛容になり、前進、成功、改革、合理化、実現状の課題の克服・最小化などをやり遂げるまで妥協出来ない状態にする。
	物事の本質を深く理解することを促進する。
	チームの要求レベルを上げる。
	チームの団結を育む。
	執拗（しつよう）にやり遂げる態度を実践する。

全従業員と対話する際に、コーチ兼メンターとしてアドバイスを提供出来るよう努める。	マネジャーとのフィードバックループの構築。
	問い掛けとサポート・擁護。
	管理、コーチング、メンタリングそれぞれの実戦的理解を深め、対話者とこれ（上記3つのいずれか）はお互いが成し遂げるべき関係構築や業務そのものであるということを明白に伝えることに努める。
	戦術的アイディアを提供するのではなく他者の戦略的思考を引き出す方向へシフトする。
全レベルの従業員に、深く、持続性のあるエンゲージメントを植え付ける。	私なりの「個人同士の触れ合い」手法を、従前通り全員を知るべく努力する一方で、より大規模な組織にフィットすべく進化させる：研修、マネジメント向けトレーニング、面談、オンボーディング、入社90日後のチェックイン、円卓会議などを含む。
	エンゲージメントを組織化するためのテクノロジープラットフォームを人事のリーダー及び役員秘書と協力して整える。
	次なる大規模なクロスファンクショナルプロジェクトを用意する。

キャッチャー仮説

「Harvard Business Review」から、リチャード・ガゾとヘイグ・ナルバンシアンによる『Making Mobility Matter』と題する非常に興味深い記事を紹介する。

メジャーリーグ・ベースボールのゼネラルマネジャー30人のうち、12人がキャッチャー経験者という事実がある。正規分布に基づいて計算すれば、その数は2人または3人程度であるはずだ。まるでマルコム・グラッドウェル著『Outlier』の一節のようだ。著者は、この事実に関してこう説明している。キャッチャーはチームメートを広く見渡し、敵チームに誰よりも近い位置に身を置き、同時に複数の出来事に注意を払いつつ、動揺するピッチャーの精神科医としての役割も負わなければならない。キャッチャーとして優秀な業績を上げることが出来るこの種の人材は、本質的にマネジャーとして成功を収めるために必須となるすべての資質を有している。

この学びはビジネスにどう生かせるだろうか？ まず、組織内の「トレーニング場」となるポジションを特定する。時には、特定の社員を現役職から（完全に、または部分的に）外し、より責任の大きい、短期間のクロスファンクショナルプロジェクトを任せることも出来よう。もう一つのアプローチは、「ミニGM」職（ゼネラルマネジャーよりも責務はやや軽いがそれと類似した役職）を新設し、会社の成長とともに未来のリーダーとして成長する可能性のある人材を育てることだ。

あなたの組織でキャッチャーの役割を果たす人間は誰だろうか？

CEOの業務において、もっとも重要であり議論を巻き起こす可能性のある仕事の一つが、報酬の管理だ。報酬の額を決定するにはそれなりの技能を要する。リソースが限られているスタートアップではなおさらだ。いずれにせよ、透明性の高い一連のガイドラインに従うことで、公平で事実に基づいた決定を下すことが可能になる。個人の報酬は機密情報として管理されるべきだが、報酬の基準は公開されるべきものだ。

報酬の決定に関する一般的ガイドライン

まず初めに、万国共通の事実を念頭に置くことが必要となる。「ほとんどの人々は、大抵、期待通りの報酬を得ていないと感じている」。

優秀な社員、またそうでない社員も同様に、自分は昇給に値すると信じる傾向にあり、その事実を変えることは出来ない。ここで打つ手があるとすれば、過小評価されているという彼らの感情を少しでも抑えることと、報酬を決定する上で非常に重要となる「高い報酬を支払えば、エンゲージメントが高まるという訳では必ずしもない」という事実を忘れずに心にとどめておくことだ。ただ、社員がその報酬不足の現実をかなり深刻に感じているのであれば、彼らはいずれ仕事に対するモチベーションを失うことになるだろう。矛盾しているように聞こえるかもしれないが、ここでは二極化する双方のバランスを保つことが非常に重要となる。

このバランスを維持するには、以下のガイドラインを使用する。

1. 採用候補者と報酬について交渉する際は、早期に、そして頻繁に彼らの希望を確認する。特にシニアレベルの採用の際は、候補者にぞっこんほれ込んでしまう前に、ミスマッチをスクリーニング出来るよう早い段階でこれを確実に行うのがよい。私は以前、シニアレベルの優秀な候補者と面接をしたが、彼らの給料は当社が支払える給料を50%以上上回っていることを後に知った。

2. 特に業績の高い現社員に対して、ヘッドハンターからの熱烈なお誘いの電話を取ることさえも彼らが躊躇するのに十分なほど株式を獲得させる。

3. 役職と業績レベルがほぼ同等である社員同士が、ハッピーアワーで情報交換をし、腹を立てることがないよう注意する。

4. 職歴にとらわれないよう努める。インターンとして入社した社員が、将来本部長に就任する可能性は大いにあるが、インターンとしてしかその社員を見ることしか出来なければ話は別だ。その社員の過去の報酬や貢献度と比較しつつ、現時点の社

員のレベルや業績に応じてどれだけの株式報酬を獲得しているかに焦点を当てるべきだ。前年度のデータに目を通すことも必要だが、それに固執しないよう努めるべきだ。このことについては、第1章の「変動する時代の真のリーダーシップの重要性」で詳しく論じた。

スタートアップの報酬に関する3つの要素

エグゼクティブの報酬は3つの構成要素から成る。それは、基本給、インセンティブ、株式だ。エグゼクティブチームとそして自分自身のために、毎年その3つのすべての要素に注意を払う必要がある。会社が成長するにつれ、従業員数が増え、それらを考慮するべき対象者も益々増えていく。

基本給

基本給は、おそらく3つの中でもっともシンプルな要素だ。特に会社が成長し、より多くの基準データが入手可能な状況下であれば、なおさらだ。外部、または個人投資家からの融資を受ける前の初期段階においては、労力を提供して、高い資本を得るという「スウェットエクイティ」の原理の下、チームが身体的、そして感情的に耐え得る最低限の数字まで抑えたいと思うのが普通だ。Return Pathでは、VCから調達するまでの最初の9～10カ月間は（私を含む）、社内全体で基本給が7万5000ドル以上の者はいなかった。

売上成長ステージに突入すると、自分自身や従業員に妥当な現金報酬を与えることが重要になる。株式で食料品を購入するのは非常に難しい（逆の話を耳にしたこともあるが、それは、1996～1998年の間のサンフランシスコとパロアルトの非常に小さな地区限定のことだ）。

我々は、役員報酬決定プロセスには、毎年いくつかの基準データを用いている。

- 採用データ：「マーケットレート」の推定は、採用市場で活動していれば容易だ。
- MercerやHay Groupなどコンサルティング会社の公開データ
- 同等レベルの役職の採用によって算出された独自の社内データ
- 役職と業績に基づく内部比較データ
- Advanced-HR, Inc.及びOpinion-Impact Inc.が毎年実施するVC役員報酬調査と、シニアの類似企業公開データ

最後にここで付け加えたいのは、上級管理職に就く者に毎年の昇給を与える必要はないということだ。我々の取締役の一人は、かつてこのようなことを言っていた。「年に20万ドルを稼ぐ者は、生活費が増えるかどうかということは気に掛けない。年に15万ドルの報酬を得る者であっても、気休めのように翌年、5000ドルの昇給を与えられる

よりも、1年空けて2年後に1万ドルの昇給を得る方が望ましいと思うこともある」。

インセンティブ

　セールス以外のインセンティブの適用に関しては諸説がある。我々も数々の方法を試してみたが、最終的にはいつも同じ結論に至ってきた。我々の初期段階においては、インセンティブ制度は存在しなかった。真のスタートアップ企業として機能していた我々のメンバーたちは、自身の情熱と株式の魅力に駆り立てられて仕事に従事していると感じていたし、既に達成されていた高い業務品質と業務量がボーナスの誘惑によって左右されるとは思ってはいなかった。

　そして、ある時点に達した時に、会社の存続のために社員全員の給与を減らさなければならない状況が発生した。全社員の基本給を10%軽減させる代償として、全社の財務パフォーマンスに基づき15%のボーナスを与えることにした。何故なら、平等という原則の下、皆が協力して乗り越えるべき時期だと考えたからだ。ただ、従業員は会社の売上や支出に関して彼ら自身のコントロールが及ばないという事実を実感すればするほど、いら立ちを露わにし、彼らの仕事に対するモチベーションの向上には繋がらなかった。

　この結果を経て、我々は全社員のボーナスを維持したが、各個人のボーナスは会社の業績と個人の定量評価及びマイルストーンの組み合わせに基づいて決定することにした。しかし、その管理方法において一点問題があった。それは、全社員が目標に関して同レベルの「ストレッチ」を持ち、全マネジャーが同レベルの厳しさ、または指標を基に評価しているということが明確でなかった点だ。四半期末に手の込んだスプレッドシートがマネジメントチーム内で回覧された後に、ほぼすべての従業員が95〜100%の割合で自身の目標を達成するという奇跡的な結果が明らかとなった。それは何の利益にもならない、ただの労力の無駄遣いとしか思えなかった。また、あまりにも多くのインセンティブを生み出したことによって、チームの連携を損なうという意図していなかった結果を引き起こす原因にもなり、特にシニアレベルにおいてはその影響は顕著だった。

　それから、また一定の期間を経て、15%のボーナス制度を廃止し、基本給を10%増やして以前のやり方に戻すことにした。ただ、今回はエグゼクティブやセールスはその枠外とした。我々が実施していたボーナス制度を継続してもろもろの煩わしいことを改善していくよりも、ストレッチ目標を追い掛け業績の振るわない社員は解雇することも厭わないという規律を浸透させる方がよっぽど効果的だと判断した結果だ。

　この制度における例外は、セールスへの報酬だ。個人の開発目標と、マーケティングの目標と、会計上の目標と、会社全体の目標との間にズレはあるかもしれないが、売上を伸ばすという一貫性のあるセールス目標は会社の最優先目標から乖離するということ

はあり得ない。セールス部員には個人の業績に応じた報酬を与えるべきだ。この場合は本来の目的から大きく外れる心配をする必要はない。

試行錯誤を繰り返して私がたどり着いた結論は、情熱と株式が大きな原動力となっているスタートアップでは、インセンティブの導入は非常に困難であるということだ。私がこの経験から得たインセンティブ制度の効果的な適用法があるとするならば、それはチーム連携と個人のセールス成績の向上だろう。

株式

株式は、基本給やインセンティブよりもはるかに難しく微妙だ。基本給やインセンティブと同様に、外部の基礎データも役には立つが、基本給とは反対に、各社のキャップテーブル（資本構成表）や資金調達の歴史はその会社の規模、ステージ、セクター、従業員数などによってまったく異なる。我々は、100%すべての従業員にストックオプションを付与している。我々は全従業員が時間、資源、資金に関する決定を下す際に、この会社のオーナーのように考え、行動してほしいと願っている。それを実現するための最良の方法は、彼らを会社のオーナーにしてしまうことなのだ！

あなたや従業員が受け取る種類株式は多くの要素を含んでおり、すべて交渉可能だ。CEOとしては、自分にも有利な取引であることを望むだろうが、同時に従業員と会社の双方にとって公平な取引となるよう従業員のプログラムを管理することも非常に大切だ。可能であれば、基本ポリシーに対して多くの（または一つでも）例外がないことが望ましい。

当社では創業後、長期にわたって完全希薄化ベースの約20%のオプションプール（全従業員対象）を設けていた。会社によっては割合が10%以下の場合もあれば、25%の場合もあると聞く。だが、より重要なのは、オプションプール内の株式のベスティングがされていないまたは付与されていない比率だ。何故なら現在の従業員ベースで毎年どれだけの株式を得ているのか、そして付与可能な株がどれだけ残っているのかが示されるからだ。状況は会社によって異なるが、我々は従業員ベースに毎年約2%の株式を与えるべく努め、そして今後入社する従業員のために最低2%は付与されていない株式プールを残してきた（初期段階においてはその数字はより高かった）。

従業員個人の持分比率の決定は、初期段階においては非常に困難だ。

その比率に関する2つのトピックを以下に示す。

・株式付与の種類
・株式付与に伴うベスティング条件

私はこれまで、矛盾する2つの経験則を耳にしてきた。「ほんの少量ずつ株式を分配する」という方法と「優秀な社員が最大限に株式を獲得出来る状況を整える」というも

う一つの方法だ。大抵の場合、この2つは実質的にはそれほど相反関係にはない。ビジネスの超初期段階では、シニアレベルの従業員に対して会社の2%の株式を付与することは決して珍しいことではない。その後の段階においても、後に入社したシニア社員の持分比率は0.5%にまで達する。ここで重要となるポイントは、株式を付与することの方が付与した後にそれを回収するということよりも断然容易だという事実を念頭に置くことだ。だからこそ、初めは付与比率を可能な限り低く設定し、時間の経過に伴いその比率を上げていくことが望ましい。

　株式の付与方法は様々だ。ここでは、一般的な方法を端的に説明するが、会社特有の詳細に関しては必ず会計士や弁護士に相談してほしい。もしも創業株式（通常の普通株）だけを保有しているのなら、現時点ではこれについて心配する必要はない。時を経て、投資家を迎え入れる時期が来た時に、他の種類や形式で株式を得ることになり、また他の従業員も同様だ。

　伝統的なストックオプションのもっとも一般的な形態は、ISO（インセンティブストックオプション）だ。ISOは、従業員のみに適用可能であり、役員や顧問のような非従業員に付与可能な唯一のオプションであるNQSO（無資格ストックオプション）よりも、獲得した利益に対する税制措置が整っている傾向にある。また、当該年度に付与されたストックオプションが一定以上の場合、IRS（内国歳入庁）からはオプションの一部をNQSOとすることが求められる（訳注：日本においては本記述は適用出来ないことに留意）。

　ここで考慮すべきもう一つの重要事項は、株式のベスティングスケジュールになる。ストックオプション、または制限付き株式（実質的には権利確定と同様であるクローバック条項付き）の一般的なベスティングスケジュールは1年の「停止期間」を含む4年間で均等に配分されている。つまり、1年間は株式の権利確定は行わず、その期間を経た後に月毎、または四半期毎に権利確定となる。しかし、パフォーマンス条項付き（利益率や収益目標のような特定の目標の達成に基づいて株式が付与される）から、3〜5年のもの、バックロード式のもの（4年間の年率固定25%ではなく、10〜15%または25〜50%というパターンで変動する）など他の方法も存在する。どの方法を選んでも問題はないが、従業員に対して高い一貫性と合理性を維持することが非常に重要となる。

　企業売却やIPO時のアクセラレーション条項を入れる企業もある。数年前、インターネットバブルの崩壊で、多くの企業が全従業員に対して「シングルトリガー」の100%の確定行使権を与えた。つまり、会社が買収されれば、全従業員の株式の権利確定が可能になるということになる。ここ数年では、被買収企業の従業員の多くが買収後に株式を現金化し、退職するケースが多発し、買収企業がその買収後にその非に気付くという好ましくない状況が発生している（ブラッド・フェルドとジェイソン・メンデルソンは

自著の『Venture Deals』で、まさにこの理由から賢い投資家は「シングルトリガー」の促進を見送る傾向にあると指摘している）。現在では、「シングルトリガー」をより控えめな形式（1年または2年）にて提供するケースが多く見られる。時折、解雇と併発する会社の売却、または売却に伴うレイオフ（一時解雇）による「ダブルトリガー」の100％の権利確定が発生する場合もあるが、多くの企業ではアクセラレーションに関する規程などは設けられていない。

　　注記：一般的に「シングルトリガー」アクセラレーションを回避すべきとの概念には、
　　　　　1つだけ例外がある。それは、取締役への適用だ。取締役は常に支配権の変更に
　　　　　応じて解任されるため、取締役のオプションは直ちに行使されるべきだからだ。

報酬削減は？

　本章で述べたことの大半は、「常に報酬は増加する」という仮定に基づいている。従業員のパフォーマンス悪化や降格、または会社の業績の大幅な落ち込みにより報酬削減が余儀なくされるシナリオではどうなるのだろうか？

　個人の給与削減は、非常に厄介だ。シニアレベルの社員である場合はその実行は不可能ではないが、その場合は当該社員に求められる責任に対して、それを達成する能力が欠如しているという事実が明白でなければならない。もし出来たとしても、給与削減は社員が大きく意欲を失う要因となり、悪い勤務態度、時には離職に繋がる事態へと発展することもあるだろう。ここでの最善策は「レッドライン」報酬だ。年次の昇給なしで、無期限に報酬を同額に設定する。近いうちに従業員の業績や役割の範囲が広がることを願い、もしそれが叶った場合には、再度その報酬内容の見直しが可能となるというものだ。

　もっと面倒なのは、現役職レベルに見合う給与を提供する金銭的余裕がない状況に陥った場合だ。我々は数年間で2度、取締役に対する給与支払いの休止、そして減額を行った。それが一時的なもので、ジュニアの人間よりもシニアの人間に負荷がかかっている限り（少なくとも同等でなく）、連帯責任を前面に掲げて短期間は粘ることが出来る。だが、その場合は念入りに対象者とコミュニケーションを取らなければならない。そしてそれが出来ても、その努力は無駄となってしまうかもしれない。

　もしも一時的な取締役の報酬削減にとどまらないほど会社の業績が悪化した場合、あなたは、スタートアップにおいて起こり得る最悪の状況に向き合わなければならない。それはビジネスにおいて、マネジャー管理職が担う業務の中でいちばん気の滅入る業務と言える「解雇」だ。

マネジメント・モーメント

気軽な話し合いの内容が事実上の命令となることを避ける

CEO（特に未経験のCEO）は時に、自分の発する言葉が与える影響力を理解することに苦労する。

社員がCEOの発言を真摯に受け止め、行動に移してしまうことで、気軽な会話の中で交わされた言葉が事実上の決定となってしまうことが多々ある。CEOの発言が既に制定済みの法律のような効力があるものだと社員が信じ込み、その言葉を無意識に受け入れ、不注意にも何度も同じような現象が発生する。

ある時点において、とあるアイディアの追求を諦めると決定した場合には、誤った期待や失意を生まないよう配慮することも大切だ。この誤解を避ける最良の解決手段はコミュニケーションと判断だ。アイディアを試行している段階であるということを、周囲に早い段階で頻繁に伝える。そして、意図がしっかりと相手の腑に落ちていることを確認するためには、フォローアップを欠かさない。誰とコミュニケーションするかを、注意深く特定することも非常に重要だ。CEO、或いはどんなリーダーであっても、その言葉は非常に大きな力を持つ。規模感を考えず、適切な注意を払わなければ、予期しなかった重大な事態を招くことにもなりかねない。

第14章
昇進

「どうすれば昇進出来るのか」と尋ねられたら、私はいつも同じように答える。
「今の仕事に加えて昇進後に望まれるであろう仕事を今からしっかりこなせ。そうすれば役職は後からついてくる」と。

　マネジャーやCEOにとって、もともとマーケティングコーディネーターとして採用した人物を、後にマーケティングマネジャー、ディレクター、或いはヘッド候補として検討することは心理的に難しいものだ。こうした偏見は巨大な落とし穴でもあり、壊すべき習慣でもある。どのような組織も、会社が成熟し成長するにつれて、積極的に社員を上級の役職へと昇進させる環境作りをすべきだろう。スタートアップにおいては特にこれが当てはまる。

社内からの採用

　可能な限り組織内で人材を育て、昇進させる。社内に人材を確保することはよいことであり、若い（柔軟性があり育成可能な）人材を雇うことはよいことだ。そして、昇進の可能性はモチベーションを大いに高める。シニアレベルの社員全員を外部から雇えば、現社員のもっと多くのもっとよい仕事をしようとするモチベーションを殺ぐことになるだろう。これは会社の規模を問わず、どんな会社にも当てはまるが、スタートアップ特有の留意事項でもある。

　大手製薬会社が新たにセールスリーダーを雇用する必要があるなら、他の大手製薬会社の現役もしくはセールスリーダー経験者という自明且つ十分に大きな候補者のタレントプールから探せばよい。では、電子メール配信サービスに特化した会社がコンサルタントを新規採用する場合はどうだろうか。「140字メッセージ」に特化した会社がSMSエンジニアを採用する場合は？　これらの場合には、前述の製薬会社ほど比較可能な候補者がいないことは明らかだ。

　スタートアップの多くは、単にビジネスを始めているだけでなく新しい市場そのものをも創造している。そのような会社であるならば、社内のメンバーを昇進させるという選択は理にかなっている。外部から人材を採用した場合に必要となる社風への順応サポートや、斬新なビジネスの詳細についてゼロから伝授する手間が省けるからだ。

　ただ、必ずしも常に社内から新規ポジション候補を見つけることが可能な訳ではなく、時にはそれが最善の方法ではない場合もある（最近、我々が国際財務に精通する人材を雇用する必要があった際に、そのスキルを備えた人物を外部採用することにした。

その際には、経理部の誰もそのスキルを有しておらず、何の異論も生じなかった）。組織内で社員を昇進させる前に、「ピーターの法則」で指摘される事態（現ポジションにて有能だった者は昇進後の新しいポジションでは無能となり、最終的に無能な人材だけが残るという原理）とならないよう注意を払う必要がある。

昇進の基準

　昇進がその場しのぎの恣意的な判断ではなく、業績の成果を基に報い得ることが出来るものだと実感してもらうためには、昇進に関する明確な基準を設けることが重要だ。Return Pathでは、各役職に「レベル」を割り当てており、誰がヘッドのポジションに昇進可能なのか、またはそうでないのかを明白にしている。このシステムは極端に厳密でもあまりに一般的でもよくない。何故なら、部署によってタイトルの理解が異なる場合が多く、制定済みの規程に従わなかったと非難されることなく、基準の外で昇進の判断を下す柔軟性も必要となるからだ。

　Return Pathでは、プロモーションを決定する際に4つの基準を設けている。

- 成長：自分の強みと開発が必要な分野を認識しており、個人として及びプロフェッショナルとしての成長を重視している。会社は社員に十分なフィードバックを提供し、強みを積極的に活用し、同時に十分に開発されていないスキルを改善するよう動機づけている。
- プロフェッショナリズム：会社のバリューを順守し、当社の事業に情熱を注ぎ、Return Pathのコミュニティーに貢献し、約束を守る。従業員は、あらゆる交流の中で最高水準の行動基準を維持する。
- 実行：協力的に業務に取り組み、複数の視点を求め、理解することに長けている。分析的で、データに基づいて判断を行う。イニシアチブを取り、結果を出す。継続的に優れた貢献をするために、アウトプットの質をしっかりと評価する。
- 影響：他の人々に与える影響を理解し、それを管理する。慎重に話を聞き、効果的にコミュニケーションを取り、他の社員が自己の強みを発揮出来るように支援する。フィードバックを与えることで他の社員の成長を支援する。

「ピーターの法則」のマネジメントへの適用

　私が経営コンサルティングに携わっていた頃、会社のシニアレベル全員が大半の時間をセールスに費やしたら一体どうなるのだろうと考えていた時期がある。彼らはセールスのトレーニングを受けたことはなく、一般的に複雑な分析や顧客のケーススタディの作成に長けている人間の多くはセールス活動を嫌っているからだ。

会社は優秀なセールス担当を採用し、マネジャーに昇進させるべきなのだろうか。

経営には不向きである性格というものがあり、その性格に当てはまるのであれば経営に携わる必要はない。マネジメントレベルへの昇進は功績の証しであるという一般的な概念は、私にとっては意味のないものに思える。自身に割り当てられた仕事が出来るからといって、その仕事に携わる人々のマネジメントが上手く出来るとは限らない。言い換えれば、「ラインワーカー」（生産ラインで働く従業員）としては優秀な人物が優れたマネジャーになるとは限らないということだ。チームを管理し主導するべきポジションに社内の不適合者を任命するよりも、外部からその特定のポジションに適した人材を呼び寄せる方が望ましい。もしも頻繁に前者（不適合者のマネジャー任命）の決定が下されれば、会社にも個人にとっても大きな損失となるだろう。

「ピーターの法則」に馴染みのない人は、「人々は自分の能力の及ばない役職にまで昇進されるものだ」という端的な説明でその真意を理解することが出来るだろう。それ以上のポジションに彼らが昇進することはない。その頃には、会社の全ポジションは職務を遂行する能力のない社員で埋め尽くされる。

Return Pathでも、自身の仕事はよく出来るが管理者としてはまったく機能しない、またはAクラスではない人材を多々目にしてきた。不適合な人間を誤って管理職に昇進させてしまうことが引き起こす問題は、優秀なスタッフを実務から離してしまうことだけではない。問題はその役職は高い報酬と地位が得られるために、その職に就くことを誰もが切望するということだ。その昇進が期待通りの結果を生まず、失敗に終われば（絶対にではないが）、雇用の問題に発展しがちだ。人は失敗を認めることを一般的には好まないし、「後退」することも好まない。そして大抵は、報酬の問題に発展してくる。

ただ時には、昇進させるべきではないと認識していても、他に打つ手を見つけられない場合もある。我々にはかつて、管理職就任を望む、業績第1位のセールス担当がいた。彼女の社内での振る舞いを把握していた我々は、当初から彼女の管理者への異動が上手くいくとは思ってはいなかった。絶えず昇進を懇願してきた彼女は、最後にはその昇進が叶わないのであれば辞めると言い放った。我々は可能な限りの注意を払い、トレーニングを提供して、彼女にチャンスを与えることにした。その後どうなったか？予想通り、上手くはいかなかった。結局、彼女は降格という屈辱に絶えられず会社を去っていった。一方、管理職に昇格させたもう一人の優秀なセールス担当がいたが、2年後には以前のシニア・アカウントエグゼクティブ職に自ら降りてしまったケースもある。自分がメンターよりもセールス活動の方が向いていることを彼自身自覚しており、またセールス担当レベルでの報酬のアップサイドが大きいことにもモチベーションを感じていた。

この事態を避けるためには何が出来ただろうか？ 我々は長年にわたり、シニアレベルの（部下を持たない）一般社員の業務がマネジャーと同様のやり甲斐、面白さ、報

酬、影響力、昇給などといった恵まれた業務となる社風の構築に努めてきた。しかし、これにも限界がある。明らかな限界は、組織の最上位レベルに見られる。一人のCEOが管理出来る部下の数にも限りがあるため、Cレベル（CEO、CFO、COOなど「C」という文字で始まる最高責任者レベルの経営幹部）で部下を持たない社員は多くても1、2人がせいぜいだろう。もう一つは社会的な理由だ。多くの企業では、管理スパンの広さを成功の証しと見なす。応募条件が職歴15年以上となっている、給与10万ドル以上のポジションに応募する際に、現在までに一度も人を管理した経験がないとなれば、採用企業は不思議に思うだろう。世間の歪んだ常識では「自身の担当業務だけにしか従事しない者が、ビジネスに多大な影響を与えることが出来るのだろうか？」と判断されがちなのだ。

実際、管理業務には、まったく異なるスキルが求められる。そのスキルの習得には、他の業務と同様に経験から学び、自身で学習し、実践し、評価されるというプロセスを必要とする。大抵の場合は有能でスーパースターのようなマネジャーの脇でその仕事ぶりを観察することが鍵となる。何故ならその人物は周囲に一日中影響を与え続ける人物であるからだ。勿論、トレーニングによってマネジャーを育成することは出来る。ただ、ピーターの法則で述べられているように、ある業務が上手くこなせるからといって、その人間をまったく別のスキルが必要な業務に昇進させるべきだとは限らない。

この課題に対処する方法は多々あるが、私の経験上もっとも効果的だったのは、人材を組織内の新たな意味のある役職に移動させることであり、それは必ずしも管理職である必要はないのだ。我々は、この方法を「水平型スケーリング」と呼んでいる。

水平型スケーリング

社員の成長を促すために可能な限り彼らを昇進させると同時に、それが上手くいかなかったケースも把握し、その人材の雇用を継続しつつ社内で成長させる方法を見いだすこともまた重要だ。

社員の成長促進の伝統的な方法は、所属部署内でシニアレベルの役職や管理職へと出世させる「垂直型」だ。既に記したように、このアプローチはピーターの法則の影響を真っ向から受けやすい方法だ。もう一つの方法は、社員を異なる役職やチームに異動させる「水平型」だ。このアプローチは、社員の成長とスキルの開発を可能にするとともに、長い目で見るとより高いレベルのポジションに付き、組織にとってより有用な人間を育てることが出来る。要は、キャリアはもはやハシゴである必要はなく、ジャングルジムになってしまった、というのが水平方向へのスケーリングの原則なのだ。

我々は過去に、エンジニアリングマネジャーがプロダクトマネジャーに、経理マネジャーがプロダクトマネジャーに、そしてプロダクトマネジャーがセールスリーダーへと異動したり、カスタマーオペレーション担当がマーケティング担当に、そしてアカウ

ントマネジャーがセールスに異動したりという様々な事例を経験してきたが、同様なことはこれからも続くだろう。また、マネジメントチームが担当部署を変えることや、まったく新しい職務を追加したこともあった。

このような異動が必ずしも常に上手くいくという訳ではない。社員が新しい役割を担う上で本当にふさわしい素質を備えているのかどうかを確認しなければならない。これが成功すれば、すばらしい。社員に新たな課題を与え、颯爽とした活気のある状態を保ちつつチームに新しい視点をもたらし、その人材と知的財産を維持することが出来る。この水平型スケーリング法を試す場合は、その異動を公に祝い、同様な可能性を他者にも周知するのが望ましい。たとえ組織図上では横向きに動いているだけであっても、そのような社員の知識やこれまでの業績には必ず報いるようにする。

役職を変更するよりも、責任の重要度を上げる

数年前、ブラッド・フェルドは自身のブログ『Feld Thoughts』で、役職を誇張する「役職インフレ」は大企業に蔓延する問題をスタートアップに持ち込むものだと述べた。

最近、役職インフレは至る所で顕著だ。直近では、一般的な役職（「本部長」など）に「エグゼクティブ」や「シニア」、「シニアエグゼクティブ」、「スペシャル」、「チーフ」といった形容詞を追加した名刺や電子メールの署名が多く見られる。中でも「チーフ」というタイトルは非常に曖昧だ。何故なら、「CSO」というタイトルだけでは、それが「チーフセールスオフィサー」を指すのか、それとも「チーフセキュリティオフィサー」であるのかが明白ではないからだ。

私がこの事象に初めて出くわしたのは、前職のMovieFoneで出会ったハリウッドの映画会社の職員に、「マーケティング部 会長」といった冗談のようなタイトルがついていたことに驚かされた時だ。タイトルの決定においては、様々な問題が発生する。部署によってその理解が異なること、報酬との一貫性が保たれていないこと、意味のない誤った動機を誘発してしまうことなどがよい例だ。

そこでブラッドは抜本的な代案を提案した。それは、組織のシニアメンバー全員を各部署のヘッドと見なすということだ。会社のコントローラーとはディレクターなのか？シニアバイスプレジデントなのか？ そんなことに意味があるのか？ どうであれ、そのコントローラーは「会計及び財務報告品質管理のヘッド」であるということは明白だ。

私は、一部の企業で実施しているような全タイトルの切り替えや廃止に対しては肯定的ではない。ただ、社員を昇進させる際は、ブラッドの提案を念頭に置くように努めている。単に「ディレクター」を「ヘッド」に変えるだけなのか、それとも、新しい責務を担う人物を任命しているのか？ 前者であれば、それはただの時間の無駄だ。ただし、本章の冒頭で述べたように、その人物が既に「次の」業務に携わっている場合は例外だ。

昇進の撤回

　報酬の減額と同様に、従業員の降格、特に昇進の撤回は非常に困難だ。不可能ではないが、その複雑性を考えれば他の方法を検討する方が無難だ。考えられる解決策としてもっとも容易なのは、その人物にまったく異なる役割を任せることだ。撤回されたとはいえ、昇格の機会を与えられた人物は、おそらく才能のある価値の高い社員であるはずだ。ただ単に、不適合の役職に任命されたというだけなら、適切な役職に異動させればよい。ただ、その人物が比較的シニアで、現職で優れた業績を保ってはいるものの、その成長が企業の急速な成長スピードに追い付いていない場合はこのやり方も難しいかもしれない。

第15章
報い：「些細なこと」こそ意味を持つ

「言うまでもない」という古い格言は、経営が好調なスタートアップ企業では使われてはならない言葉だ。暗黙のやり取りではなく、リアルなコミュニケーションこそがビジネスの成功の礎になる。優れたCEOであればこの重要性は把握しているだろうが、一方で傑出したCEOであっても、従業員の優れた業績や行いを認識し、それに報いるという極めて重要なコミュニケーションを見落としがちだ。

「言うまでもない」ことは存在しない。何故なら、小さなことこそが重要だからだ。「ああ、なんて報いのない意味のない仕事だったのだろう」と仕事を終えて感じたことがあるだろうか？ もしもあるなら、それは決して気分のよいものではないだろう。絶対に社員をそんな気持ちにさせてはならない。

「言うまでもない」ことは存在しない

我々人間は「特別なとき」のために生きている。誕生日、記念日、休暇などの節目で時の経過を記憶する。宗教や文化によって異なる部分もあるが、子どもの命名、バル・ミツバー（ユダヤ教の成人式）、コンフィルマシオン（堅信礼）、プリメラコムニオン（初聖体拝領）、結婚式、葬儀などの特別なイベントを自身のライフサイクルに刻んでいく。

職場もこれとほぼ変わりはない。「言うまでもない」状況になり得るが、「特別なとき」へと転じることも可能な例を考えてみよう。

・チームメンバーの勤続記念日を把握し、皆で祝う（勤続年数が長いほど、より盛大に祝福する）。
・プロジェクトの完了または移行期間を祝福する。
・プロジェクト、または重要対応の完了時から2週間後に会議を開き、ポストモーテムまたは報告会を行い、上手くいった点を分析し、学んだ教訓を今後のために書き留める。
・内容が何であれ、手を貸してくれた同僚には他者に見える形で感謝する。明確且つシンプルなコミュニケーションは、楽しさ、やり甲斐、責任感、集中力といった要素を促進する職場環境の構築に役立つもっとも安価で簡単な方法だ。

贈り物

　個人のために厳選された贈り物は金銭価値の10倍の価値がある。家の改装が趣味の社員にとっては、250ドルの小切手よりもホームセンターの250ドルのギフトカードの方がよっぽど意味深いものだろう（Home Depotの250ドルのギフトカードが誰にでも標準のギフトであれば話は別だが）。贈り物は一般的なものではなく、当該社員に対する感謝と彼らの好みをしっかりと把握しているという気持ちを表すパーソナルなものでなければならない。

感謝の社風を構築する

　感謝の気持ちに溢れた環境は、仕事を成し遂げるために全力を尽くそうという姿勢に繋がる。誰だって、CEOであっても、よい仕事をした時は、それを認知されることに喜びを感じるものだ。私は仕事を愛しているし、他者からのフィードバックがなくても私のすることに変わりはないが、特に経営陣や取締役からの感謝の言葉は私にとって深く心に響くものだ。他の誰もが同様に感じることだろう。

　感謝を伝えるということは、オールハンズミーティングで大声を上げて行うべきことではない。会社の成長に伴い、継続不可能になっていく（誰もが毎週または毎月と定期的に称賛に値する何かを成し遂げることが出来るとは限らない）。また悪いことではないが、社員に感謝することをわざわざ覚えておいて会議で行うことでもない。もっとカジュアルな、とんと背中を叩くようなものだ。ケン・ブランチャード著『Whale Done!』にインスパイアされた、「感謝に溢れる組織そのものを構築する」ということなのだ。

　かなり前のことだが、我々はReturn Pathのイントラネット上で同僚の功績を認知するために社内表彰制度を導入した。当社はその後、このシステムを「You Earned It」というSaaSプロダクトに置き換えたが、考え方としては同様で至って単純なものだ。社内イントラネット上に「アワードリクエスト」フォームが準備され、従業員は誰でもこのフォームを使って、同僚に対して5つのアワードのうちの1つをリクエストすることが出来るというシステムだ。そのリストは時とともに進化している。

　その後、投稿された内容が規則に沿ったものであり、人々がシステムを悪用していないことを確認するため、オフィスマネジャーがクイックなレビューを行う。初期には、週に1度のオールハンズミーティングで内容を読み上げた。会社の規模が拡大した今では、表彰はwiki上と電子メールで毎週発表している。リーダーたちは定期的にそのリストに目を通し、誰がよい仕事をしているのか、そしてこの社内表彰制度に加えて別に感謝する必要があるのかを確認するべきだ。

従業員数が約350人に達した現在では、毎週約30〜40人に対してこの表彰を行っている。その際に渡す一般的なアワードは25ドルのギフトカードだが、大半の社員はギフトカードよりも周囲からの自身の功績の認知の方が意味のあるものだと言う。

　このシステムは完璧ではない。最大の欠点は、その使用方法が使う人やグループによって異なり、一貫性が保たれていないということだ。しかし、このシステムによってオフィス内にて同僚の背中を叩きつつ功績を称える機会が生まれ、チームワーク向上の促進となったことは非常によいことだ。

　以下が各アワードの詳細になる。

・EE（Everyday Excellence）
　日々の業務に誇りを持ち、傑出した行動を示す従業員を称える。

・ABCD（Above and Beyond the Call of Duty）
　Return Pathのスピリットでもある自身の職務責任を超えた卓越した働き振りを称える。

・WOOT（Working Out of Title）
　自身の責任外の業務に関しても進んで支援を提供することが出来る人物を称える。

・OTB（On the Business）
　日常業務を超えた、ビジネスの長期的・戦略的方向性に沿った考え方・行動を称える。現在の課題やプロセスをただ単に最適化するだけでなく、その行為自体が必要であるのかも考慮すべきだ。時には立ちどまり、「型にとらわれずに（out-of-the-box）」、現在実施していることと、組織内のその他の事項との相互関係性を考える。そうすることで、一本の木の葉、枝、幹、根、そして土を森の中の他の数百の木々と繋ぐことが出来る。一歩引いて全体像を把握する。

・TLAO（Think Like an Owner）
　一人一人が会社の未来の一片を握り、Return Pathの会社の所有者として判断を下し行動する権限を付与されている。日々の業務の中で、我々はプロダクト、サービス、他者との関係性において、個人としての責任を負っている。自分のもののように会社の資金を扱い、先を見越した行動を取る。我々には知性とモラルがあり、ビジネスのオーナーと同様に状況に対処することを委ねられる。自分の周囲で起こる変化に気付き、直接自分に責任があることでなくても必要ならば対処する。

・Blue Light Special

会社の経費を節約する賢い方法を考えた人を表彰する。

・Human Firewall
　ミーティング内での提案、プロダクトの特色、或いは社内の方針や実施事項に関する提案など何らかの方法でセキュリティやプライバシーの保護に細心の注意を払っている同僚を称える。

・Coy Joy Award
　Jen Coy（癌のためこの世を去った長年の従業員）に追悼の意を表してつくられたアワードだ。彼女は前向きで楽観的であり、もっとも困難な状況下でも根気強く最後までやり遂げる忍耐力を兼ね備えていた。このアワードは、Return Pathのバリューを体現し、職場に喜びを分け与える個人を表彰するものだ。彼女のスピリットは新入社員を寛大に歓迎したり、他の従業員に対して深い気遣いや思いやりを表現したり、前向きでやる気をかき立てる影響力を与え、他者に笑いを提供するなどの形で現れる。

　感謝の気持ちを表現することを制度化するにとどまらず、その方法は他にも色々とある。人間関係のまさに「真実の瞬間」を最大限活用するべきだ。私が時折行うのは、「感謝の手紙」を手書きで用意し、それを職場の誰かに託すのではなく、社員の自宅に郵送することだ。純粋に感謝の気持ちを表現する方法は様々。自分に合う方法を見つけ一貫性を維持することが重要になる。

マネジメント・モーメント

自身のニーズではなく相手のニーズに合わせて人を管理する

　各社員や各チームによって、求められるマネジメントスタイルやアプローチは異なる。私はこの管理方法をカメレオンマネジメントと呼んでいる。すべてのカメレオンは同じ体で状況に応じてその見せ方を変える。あなたが一貫した経営哲学を持っていたとしても、部下や部署によって見せ方を変えることが必要だ。
　私は、キャリアの早期段階において5人の部下のマネジメントを行っていたが、その5人の職務やチームはまったく異なっていた。彼らを同一の方法でマネジメントすることはまったく非生産的だった。小さな例を挙げるなら、8時開始のミーティングは、ありえないほどクリエイティブだが不眠症の社員には適していなかった。より大きな例は、入社したばかりの管理経験のない元コンサルタントと戦略的な議

論をする際は、森を見過ぎて、木を見ることを忘れがちになってしまっていた。

　結局のところ、あなたはマネジャーであるということを忘れてはならない。明確な指示の下で結果を求め、個人の成長を強力に支援し、チームの団結を求める。これらの特性をチームに示す方法や各々に課された職務を実行させるために人を動かす方法は、相手によって大きく異なる。自分のニーズではなく、相手のニーズに基づいて人をマネジメントすることが大切だ。

第16章
サテライトオフィスと従業員の管理

　もしもReturn Pathで一つだけやり直せることがあるとすれば、出来るだけ長い期間会社を1つのオフィスにまとめていたかったということだろう。

　現在、我々は4大陸7カ国に12拠点を展開している。創業10年以上になる我が社は、国際的に大人数のセールスチームを擁している。ご想像の通り、チームは初期段階から複数の拠点に分散されていた。まず、我々は優れた人材を集めるため、ニューヨークとサンフランシスコの2拠点からスタートした。そして初期の合併により、会社設立から2年以内にニューヨーク、サンフランシスコ、ボルダーに拠点を置く運びとなった。

　サテライトオフィスを構えることが理想的なケースもある。特に海外市場に向けてのセールスにおいては、広範囲に分散するチームに発生しがちな課題を緩和する方法はある。重要なのは、物理的な近接性という価値を認識することだ。それは、古くさい考えのように聞こえるかもしれないが、チームが拡散すればするほど、それを犠牲にしないように注意を払う必要がある。しかし、それと同様に重要な第二の鍵は、複数の拠点と多くのリモート従業員を持とうとする場合、この原則を受け入れ、それに沿ったシステムとプロセスを構築する必要があるということだ。ユビキタスデスクトップビデオの普及に伴い、これは容易になってきた。

バーチャル世界のブリック・アンド・モルタルの価値

　流行語でもあるTelecommuting（在宅勤務）という言葉だが、少々古い言葉のようにも聞こえる。その理由の一つは、在宅勤務が遠い未来の技術に根差した話ではなく、もはや実生活に根付いたインターネットに基づく当たり前のものだからだ。ハイテク・スタートアップの社員は、今まで以上に在宅勤務に頼り（本書を執筆しているたった今、Yahoo!の新（執筆当時）CEOのマリッサ・メイヤーは在宅勤務を禁止したようだが）、日常的に自宅や社外のオフィスで同僚とコミュニケーションを図っている。出張は依然不可欠だが、オンライン上での共同作業やテレビ会議ツールが利用可能な今、10年前に比べて飛行機移動を承認すべき基準ははるかに高くなっている。それでもなお、物理的なオフィスを構えることは非常に有益だ。以下、その例をいくつか示す。

・人との繋がり
　インターネット、特にソーシャルメディアが人間を孤独にするとの特集記事が毎月のように掲載されている。深入りはしないが、ここで押さえておくべき大切な点は、バーチャルの世界で何十億人もの人々を結ぶグローバルWebは、人と繋がっ

ていたいと思う人々の欲求を現時点ですべて満たすことは出来ないということだ。Invisionのように、1000人以上の従業員を抱えていても、事業所を持たない会社も既に存在するが、私が知っている限りそのような会社は、従業員を集めるために毎年、旅行やエンターテインメントに多額の費用を費やしている。そして勿論、2020年の世界的なCOVID-19パンデミック（この本の第2版を書き終えた時点で本格化している）は、我々すべてにリモートワークを強要している。パンデミックがこのトピックに恒久的な影響を与えないはずはない。

・コラボレーション
オンライン上のコラボレーションツールはすばらしく、その中でもDropbox、Google Drive、Basecampなどがもたらす変革は目覚ましい。だがこれらのツールがどんなに優れていても、完全に対面のミーティングに取って代わるものにはならない。Intelでは、廊下で擦れ違う社員たちがその場に立ち止まり、その場でアイディアを交換し合う様子を多々目にし、その会話の進行を容易にするために廊下にホワイトボードを設置するというアナログな解決法に出た。適切に設計されたオンラインコラボレーションも有益ではあるが、この種の相乗効果を生み出すことは不可能だろう（これも「古い慣習」と言うべきか？）。

・集中力
何にでもすぐにアクセス出来るという利便性には、ネガティブな面もある。すべてのものへのアクセスの利便性そのものが害なのだ。信頼に満ちた社風を構築するにあたっては、社内のサーバー上でトラッキングを測ったり、特定のURLをブロックしたりしないことは重要なのだが、一方でFacebookやYouTubeは常にワンクリックでアクセス可能であり、オフィスから離れた場所ならFacebookのステータスを更新したいと思う誘惑はさらに高まるだろうし、在宅（自宅でなくともオフィス外での）勤務に伴う集中力を奪う無数の要因については私から述べる必要もないだろう。

とはいえ、世界はバーチャル化へと向かっており、決して逆には進まない。これによりもたらされる結果の一つは、職場への移動に対する人々の意欲の低下だ。前述した採用の難しさを考えれば難しい決断を強いられるだろうし、またそれを極端な二元論にする必要もなく、まさにCEOの仕事としてバランスよく舵取りを行う必要性も出てくるだろう。どこで採用するのであれ、ベストな人材がほしいものだ。理想としては皆が一つのオフィスにいるのがよいが、それが可能でなければ、サテライトオフィスを設けたり、在宅勤務を可能にしたりしなければならない。

リモートで働く従業員管理のベストプラクティス

リモートで勤務する社員の管理には、独特の課題がある。Return Pathでもこうした経験は十分積んできた。エグゼクティブチームのメンバーは4拠点に分散され、もう一人は当社の事業所がない街のコワーキングスペースで勤務している。我々は、リモートの社員が自宅やコワーキングスペースで効果的に働けるように、いくつかのガイドラインを設けている。以下がそのガイドラインだ。

・適切なワークスペースの設置

我々はリモートの社員に、必要な機器と備品を備えた適切なワークスペースを設置するよう勧めている。ワークスペースは静かで、気の散る要因が完全に排除されているべきだ。理想的にはドアがあり、「職場」と「家」の空間が明確に区別されているとよい。また、Skypeやテレビ電話などのビジネスアプリケーションの使用に対応可能な通信速度と品質を備えるよう求めている。

・経費

我々は、リモートの社員が毎月の備品と通信料金割増分を補う一定金額を経費として精算することを認めている。コワーキングスペースの利用は自宅にオフィスを構えるよりも高額なため、その利用に関しては承認を得る必要はあるものの、合理的である限りコワーキングスペースの選択を推奨している。

・オペレーティングシステムのカスタマイズ

我々は、リモートで働く社員、特にそのスタイルに慣れていない社員には、バーチャル環境に合わせた働き方の細やかな見直しと変更を加えるようアドバイスしている。例えば、リモートで働く彼らは音声やビデオの使用量が多く、同僚やマネジャーと頻繁に短いミーティングを行う可能性が高いため、通常以上にコミュニケーションに力を入れる必要があるということを社員に念押ししている。リモートの社員がオフィスに出向く際には、事前に主な会議の設定をすることで、彼らがオフィスで過ごす時間を最大限に活用出来るように工夫している。

・定例会議の実施

必ずしも意識的にではなく、同じオフィスで働く社員と頻繁に非公式の「ミーティング」を行っていることだろう。廊下で擦れ違った際、デスクに立ち寄った際、お馴染みの「キッチン」でおしゃべりをするなど方法は多様だ。これらのやり取りには非常に価値があり、リモートで働く社員には出来ないことだ。この損失を埋め合わせるためには、リモートの社員とSkype上で頻繁に定例会議を開くことが重要

だ。オフィス内での「偶然」のやり取りを再現することは難しいが、リモートの社員を完全に無視してしまうという過ちは避けることが出来る。

CEOとして、リモート社員を直接管理しているか否かにかかわらず、会社のバリューが本社或いは他の物理的オフィスで勤務する社員だけに当てはまるものではないという事実を伝え続ける必要がある。マネジャーに対して、働き方の見直し、そしてリモート社員の能力を最大限に引き出すために必要となる強い信頼と情報共有の方法を教えることはその一つだ。

別拠点の異なるチーム

本章で述べたことの大半は、複数のオフィスに一つのチームを配属するケースについてだ。別拠点に別々のチームを配属するとなれば、また話が違う。インドに開発拠点を置いたり、アイルランドにバックオフィスを置いたりする場合、社風や透明性の考慮はあまり意味のないことだ。この場合、あなたの役割はチームのマネジャーというよりは、サービスの提供を受ける消費者に近い（開発チームの場合はこの定義は少々曖昧だが）。機能部をオフショアに移転する場合、その関係はベンダーとの関係に似ている。明確に期待内容を定め、その内容に沿って管理する。そして、その要望が満たされない場合は、ベンダーを変更する。ニューヨークにセールス拠点を、そしてコロラドに開発拠点を置くなど国内での機能分担の場合には状況はもう少し複雑であり、ベンダーとの関係のように管理することは出来ない。このような場合、両拠点の関係を悪化させがちだが、課題に適切且つタイムリーに対処し問題発生を回避すべきだ。特に難しい内容を含む会話などは、電子メールに過度に依存しないことが重要であり、電話、またはビデオでのやり取りが望ましい。

第2部をこの話題で締めくくるのは非常に気が重いが、避けることは出来ない。あなたは時に、人材を解雇しなければならず、さらに必要となればレイオフという手段さえも取らなければならない。

唐突な解雇があってはならない

当社のもっとも重要なマネジメントトレーニングの基本方針の一つに「社員が解雇される際は、その決断が当事者にとって予測もしなかった事態であってはならない」というものがある。解雇そのものも辛いが、本当に厳しい対話はその数週間から数カ月前に既になされているべきだ。以下に、解雇を行う前に踏むべき事前ステップを示す。

1．社員に対して雇用継続にリスクがあることを警告する。

あなた自身、またはマネジャーが解雇する社員は、解雇の数週間前に、現状が好ましくないという事実とこの状況を修復するために当事者がすべきこと、そしてそれが実行出来なければ解雇するという現実を通知されなければならない。この最後の言葉は明確に述べられ、書面でも明示されるべきだ。これは絶対条件になる。婉曲的であってはならない。「別の方向性」や「新たな挑戦に挑む」などといった言い方も許されない。「さもなければ解雇になる」としっかりと通知すべきだ。

注記：このルールには例外が1つある。社員が窃盗や暴行などの言語道断な違反を犯した場合、この中間段階を挟む必要はない。直ちに解雇せよ。

2．PIP（Performance Improvement Plan：業績改善計画）を提示する。

PIPは、可能な限り具体的且つ定量的でなければならない。時には達成不可能な基準を設定すべき場合もある。業績の低いセールス部員の例なら、30日以内に達成しそうにないXドルという売上目標を提示するなどだ。とはいえ、PIPは、解雇という決断が手当たり次第のものではないということを明確にし、また社員自身が提示内容が達成不可能であると自覚した場合は、自身の意思で辞職を申し出ることも多々ある。

3．雇用継続リスクの高い社員に対する指導時間を大幅に増やす。

例えば日常的に直属の部下と週に1度の面談（チェックイン）の機会を設けている場合、解雇のリスクの高い社員に対しては週2 〜 3回とその頻度を増やすべきだ。それによって、あなたが当該社員を解雇せずに済むように全力を尽くしているという姿勢を示すことが出来る。状況を好転させるかは社員の力量次第だ。

私が初めて従業員を解雇しなければならなかったのはMovieFone在籍中のことだったが、それは非常に気まずく、不快な経験だった。おそらく、解雇された当事者よりも私の方が精神的に滅入っていただろう。これは私の誇張ではなく、その当事者が私に言ったことだ。不況が原因のレイオフで、避けることが不可能だった。

　情の深い人間にとって、理由が何であれ、相手の目を見つめて、相手にもう仕事がないときっぱりと伝えることは非常に辛いことだ。だが同時に、解雇される当事者はその通知を受けた直後はその事実を受け入れられないとしても、その理由がはっきりと理解出来れば、一般的にその事実を受け止める傾向にある。そうなれば、彼らは今後のキャリアを建設的に立て直し、より適した仕事を探すことが出来る。

解雇に関する透明性の限度

　透明性は、Return Pathのもっとも重要なバリューの一つだ。解雇に関してもこのバリューを適用すべき理由は多々ある。

・説明を加えることで解雇を計画的に見せる。

　パフォーマンスの高い有能な社員に、理由もなく解雇される可能性があると思われたくはないだろう。もしも社員が社内で一つでも謎の解雇事例を耳にすれば、正当な理由なしに契約を切られる可能性があると信じてしまうかもしれない。

・人は勝手な解釈をする。

　人間には、物事の理由づけが必要だ。説明がなければ、自分自身で作り出す。解雇の際にしっかりとその理由を説明しなければ、チームは絶対に満足しない。彼らは自分なりの理由を作り上げ、想像に基づく架空のストーリーによってさらに間違った噂が蔓延することになりかねない。

・解雇は会社のバリューの強化に繋がる。

　解雇の理由を説明するということは、あなたが会社のバリューを大切にしているということを伝えることにもなる。バリューをないがしろにすると、クビになる。こうしたメッセージは何も言わずにバラバラと解雇をしても伝わるはずがない。

　上記の利点があってもなお、何故解雇に透明性を適用するには限界があるのだろうか？　それは法的責任の問題だ。解雇事由を書面で提供したり、或いは大勢のスタッフたちにベラベラと伝えれば、解雇された当事者に対して法廷で争うための武器を与えてしまっていることになる。弁護士の後ろに隠れて身を守るのは好きではないが、解雇のコミュニケーションには非常に高いリスクがある。ここで打てる最良の策は、自分なり

151

の説明を伝えるべきグループだけに伝えることだ。戦いの半分以上はこれが目的と言っていいだろう。もう一つ言えば、シニアスタッフの陣容を信頼に足るものにしなければならない。もしもシニアメンバーの中にパフォーマンスの悪い者やコアバリューに反している者を解雇せずに放置すれば、社員たちからの敬意を失うことになる。解雇は心地のよいものではないが、それにより社員たちは他者の仕事ぶりに関して腹落ちするのも事実だ。

解雇手当

前述のように、可能な限り解雇手当を雇用契約に含めるのは避けるべきだ。信頼に基づいた関係を築き、条件を書面に残さないことで得られる柔軟性がほしい。もし契約に含む場合、3〜6カ月程度の給与相当の解雇手当となるだろうか。契約がないなら、ポリシーを策定し一貫してそれに従うべきだ（Return Pathでは、勤務年数1年に対して給与2週間相当とし、1週間単位で四捨五入する）。方針よりも寛大な措置を取るのはよいが、そのポリシー以下の対応をしてはならない。

時にはこうした対応をすることに納得出来ないこともある。なにせ社員を解雇するには理由があり、あり得ないほどパフォーマンスが悪かったり、或いは会社のバリューに真っ向から反するような行動を取ったりというケースもある。そのような社員に対して多額の手当を与えるのは寛大過ぎるように思えるかもしれないが、それでも手当は支給すべきだ。もしも憎しみから退職金の方針に違反しているとして裁判に持ち込まれれば、どちらが勝とうと多額の弁護士費用を支払うことになる。最後は円満に終えるのが何より。規程の額を支払おう。

雇用契約で最近よく目にするのは、「給与ブリッジ」と呼ばれる制度だ。解雇手当とは異なり、定額の報酬ではなく、次の職を見つけるまでの期間を乗り越えるために支給されるという報酬規程だ。対象者の次の勤務先が見つかっていない場合はX週間分の解雇手当に加えてY週間の給与ブリッジを支給するが、既に次の仕事が見つかった場合には、ブリッジの給付は行わないというものだ。

レイオフ

失敗を宣言して会社をたたむ事態を除けば、スタートアップのCEOとして従業員をレイオフすることよりもひどいことはない。従業員が自身の失態のために退職を要求されるという正当な理由があってのものではないからだ。会社の業績悪化のため、業務を縮小するためになされるものであり、従業員の過失が原因ではない。原因はCEOのあなたにある。

私は創業段階において、3度レイオフを施行しなければならなかった。その時期は私のキャリアにおいて最低の時期でもあり、おそらく人生最悪ワースト10に入る日々だった。絶対に必要でない限りすべきことでは決してなく、本当に必要になり且つ初めての経験であれば、下記のガイドラインに沿って実施してほしい。

・追い込まれるより早期にやる。
　そんな最悪な事態にあっても、状況は常に見た目以上に悪いものだ。資金調達に時間がかかる、売掛金が底を突く、などいろんなことが起きる。残された時間を少なく想定し、早く行動することが肝要だ。

・最低限の数字よりも多くやる。
　同じことをもう一度やるなんて絶対にあり得ない。必要最低限よりもより深く踏み込むことで二度目のリスクを軽減出来る。

・この機会に業績の悪い従業員にさよならを言う。
　特定のポジションがなくなる場合、その役割を担う社員を解雇する以外、他に手はない。同時に、大きなハウスクリーニングの機会として捉えることも可能だ。法務面でサポート出来る人間をそばに置くことは忘れずに。

・事前にしっかり計画する。
　レイオフの一連の実行は、あなたのキャリアにおいてもっとも感傷的なこととなる可能性が高い。だからこそ、行き当たりばったりはいけない。前もって整理対象の人物たちに向けて、またチーム全体に向けてのメッセージを周到に準備、計画するべきだ。

・レイオフ実施後にオールハンズミーティングを行う。
　レイオフはチーム全員にとっても感傷的なことだ。レイオフの理由、出来れば数字を含めた説明、今後の動き、今回のレイオフ適応外であった社員の扱いなどの内容を網羅したオールハンズミーティングを開催しよう。解雇される社員もそのミーティングに参加することが望ましい。公の場で、彼らの貢献を称え、感謝の気持ちを示すことが出来るからだ。

　結局のところ、レイオフの実施によって得られる利点は（会社を救うこと以外）、二度と同じことをせずに済むようにと、ビジネスモデルを磨き上げ、収益性を強化するべく考え抜くきっかけとなったことだ。

問題は一度にまとめて解決する

アインシュタインは言った。「賢い人は問題を解決する。もっと賢い人は問題を回避する」。問題は発生する前に未然に防ぐのが最良の策だ。だが通常は、問題が発生した後に頭脳を駆使して解決しなければならないケースの方が多い。問題は一度にまとめて解決するべきだが、そのためにはその問題の発生を自ら見つけ出す必要がある。数日連続で遅刻している社員がいないか？ または彼らは普段よりもキマった格好をしていないだろうか？

そんな場合、彼らは新しい職探しをしている可能性が高い。あちこちから新入社員に関する一貫した文句が出ていないか？ その場合、彼らは新しい環境に馴染めていないのかもしれない。あなたとチームはビジネスの弱点に関して常に十分に考えておくべきだ。経営を脅かす可能性のある重大な脅威を認識し、あなたの内にあるパラノイア的思考を呼び起こして、その視点から物事を観察する必要がある。火の元になる煙を早期段階で感知する術を学ぶことが必要だ。

Etsy 前CEO チャド・ディッカーソンが語る人材の変化におけるCEOの役割

スタートアップCEOにとって唯一不変であるのは、有能な人材の獲得と育成が業務のかなりの割合を占めるということだ。そのやり方によって状況は大きく変わる。Etsyの前CEOチャド・ディッカーソンは成長に伴う有能な人材の変化におけるCEOの役割に関して至言を残している。

人材の獲得・育成にあたりCEOが果たす役割には、以下、3つのステージがある。
1. バリューの定義
2. 採用におけるマネジャーへの信頼
3. クローザーの役割を果たす

バリューの定義

CEOの誰もが、「賢くて意欲的な人材を採用したい」というようなことを言うが、あなたの会社内での「賢くて意欲的」という定義は、チーム内でダーウィンの生存競争の原理に耐え、目的を達成することが出来るということなのだろうか？ それとも、お互いの人間性、アイディア、そして実行力を改善するために協力して

働くことが求められる、オープンで協力的な環境で仕事が出来るということなのだろうか？ 私は個人的には後者を好むが、CEOは採用前に自社のバリューを明確に定義し、伝達出来なければならない。企業文化はあなたの行動の基盤となり、どのような組織を構築したいのかを決定付ける要素となる。

採用におけるマネジャーへの信頼

　CEOは、企業文化に関わるバリューを明確に定義した上で、マーケティング、エンジニアリング、プロダクト、人事、その他の各部署の役割のバリューに適した人材の採用に焦点を当てるべきだ。採用の際には、その候補者が所属する部門の採用を放任出来るほど、信頼に値する人物であるかどうかを自問自答してみるとよい。そうすることにより、よい結果が得られるだろう。反対にそのステップを挟まなければ、そのポジションに適した人材を採用することは出来ず、企業の拡大を図ることは難しいだろう。

クローザーの役割を果たす

　スタートアップの初期段階においては、CEOは採用候補者全員と面接するかもしれない。企業の従業員数が100人近くにまで増員し、各部署に信頼出来るリーダーを配置するようになると、CEOが全候補者と面接を行うことは物理的に困難になる。結果的にCEOが進捗を遅らせる障害となる可能性が高く、候補者をいら立たせ、採用担当マネジャーへの信頼不足を露呈させることにもなりかねない。「クローザー」として機能し、広範且つ生産的に採用プロセスに関わっていく方法はある。企業規模がどんなに拡大しても、CEOは常にあらゆるレベルの鍵となる重要な候補者の面接は行うべきだ。こうすることで、2つの利点が会社そしてCEO自身にもたらされる。

・（勿論）候補者採用をクロージングする
・CEOの採用プレゼンのキレを維持する

　また、直属のマネジメントチームにすぐに入る訳ではない会社の将来のスターに出会い、関係性を築くにも最適の方法だ。

Etsy 前CEO チャド・ディッカーソン

第3部
エクセキューション

戦いの勝敗を決定するのはエクセキューションの巧拙だ。あなたが構築したチームと共にあなたのストーリーを実現するのだ。本書冒頭で述べたように、重要なのは「大きなアイディア」ではなく、アイディアを基にあなたとチームがいかに実行するかだ。元手の資金を獲得し、事業モデルを機能させなければならない。

　第3部では、企業の資金調達から予算管理、効果的な会議の運営、目標設定、過去の結果に基づく業務改善のための学習環境の構築など、実行にまつわる重要事項を取り上げる。

第3部　エクセキューション

スタートアップのCEOは、正確な予測が不可能なほど多くの不確定要素が存在する中でも、キャッシュフローと予算について綿密な予測を立てる必要がある。スタートアップでは避けられない事情として市場の不確実性を受け入れなければならないが、会社の運営における規則性を維持することにより、それを緩和することが出来る。Company Operating Systemを構築するのだ：規則的な一連の行動とリズムを構築し、チームが日々不確実性と向き合うことが出来るようにするものだ。

会社のリズムを決める

どんな不確定な一日であれ、日は昇り、そして沈む。月もまた、週、月、年毎に一定のサイクルで満ち欠けを繰り返す。これから我々にはどのような未来が待っているのかはわかりかねる、がしかし、毎年概ね12月21日が一年でもっとも日が短くなる日であるということは知っている。

スタートアップのカオスの世界にも、同じように規則性をもたらす方法はある。最新のプロダクトは予定通りにローンチ出来るか？ 新しいセールスリーダーは顧客獲得数を3倍に伸ばせるだろうか？ 新しいマーケティング戦略は市場で注目を集めることが出来るだろうか？ あなたも、プロダクト・ヘッド、セールス・ヘッド、そしてマーケティング・ヘッドにも、その行方を知ることは不可能だ。とはいえ、チームメンバー全員が頼りにすることが出来る方法はいくつかある。

・主要会議の事前スケジューリング
次の四半期の取締役会や次年度の戦略会議にて議論するであろう内容は誰もが推測出来る。それらの会議の日時は事前に共有されるべきだ。些細なことのように思えるかもしれないが、こうした会議は後の事業の方向性に大きな影響を及ぼすことが多い。事前にスケジューリングしておけば、誰もが変化の可能性がある時期を知っておくことが出来る。

・主要コミュニケーションにおけるフォーマットの一貫性
Return Pathでは、四半期毎の取締役会で使用する全プレゼンテーション資料を社内で公表している（機密情報を取り扱ういくつかのセクションは除く）。内容は毎回異なるが、フォーマットは（ほぼ）常に同じだ。大きなニュースがある場合、誰もがすぐに知ることが出来る。毎年、または2年毎にフォーマットを変えることは

可能ではあるが、レポートは常に一定のフォーマットに綴られるべきであり、そうすることで大きな誤解を招く可能性を軽減することが出来る。

・リーダーシップグループと意思決定プロセスの明確性
たとえフラットな組織であっても、船の舵を取る、複数の階層によって構成される権限を握るリーダーシップチームが存在するはずだ。そのグループの人間と役割が明確に周知されているかが非常に重要だ。そのグループには名前があるべきであり、また定例会議やメール送信先リスト（或いはソーシャルメディアのグループリスト）を準備して、社内の誰もがグループにアクセス出来るようにしておくべきだ。

・積極的な「オープンドア・ポリシー」の実践
すべてのスタートアップ企業に存在する不確定要素の上に、閉ざされた経営によって、さらにその要素を増やすようなことがあってはならない。質問があれば、それに答える。エグゼクティブチームが全員そうするように求めるべきだ。

・ITシステムとオペレーションの一元化
サテライトオフィスとリモートチームの課題について論じたときに言及したが、もう一度ここで繰り返させてほしい。一貫性のない、不十分なインフラのためにチームの生産性を下げてはならない。メールの送信にあたってエネルギーを使うべきは、明確且つ説得力に満ちた構成にすることであり、面倒な作業になれることではない。

これらのオペレーティングシステムを整備すれば、チームは抜け漏れなく自身の仕事に打ち込む準備が出来ることだろう。

マラソンか短距離走か？

私の祖母のヘイゼルは時に、私の人格を表すのに「Oder gor oder gornisht（オール・オア・ナッシング）」というイディッシュ語のことわざを使い、その一方で私の父はギリシャ語のことわざである「μηδὲν ἄγαν（万事ほどほどに）」という言葉を用いた。この2つの人生の格言は対比しているようだが、一体どちらが正しいのだろうか？　答えは両方だ。ベン・ホロウィッツの名著『HARD THINGS 答えがない難問と困難にきみはどう立ち向かうか』を読んだことがあれば知っているだろうが、この本の中で「戦時のCEO対平時のCEO」と呼ばれている。

起業家として成功を収めるには、状況によって両方のアプローチが求められる。ここでより重要なのは、この対比する2つのアプローチを使い分ける能力と、そして今自分

が本来の自分自身を演じているか、或いはそうではないのかを明確に区別する必要があるということだ。

「オール・オア・ナッシング」モードが求められる時には、極限までプッシュする。チームに、より多くを求め、あなたのToDoリストのアイテムを一旦脇に置き、一つの大きなことに全力を注ぐのだ。軽いジョギング感覚ではなく、フルマラソンに挑むためのトレーニングのように取り組むべきだ。一方で、「万事ほどほどに」モードの適応が望ましい場合もある。やり方は既に定まっており、順調に進んでいるときは、ワーク・ライフ・バランスの中にライフをもう一度取り戻す時期だ。マラソンに求められる重度のトレーニングは忘れて、健康維持のために一日3マイル走っておいた方がよい。

この両極端のアプローチのはざまで自分自身を管理することさえ困難だが、あなたは組織全体がこの2つのモードを使い分け、適宜ギアの切り替えが出来るよう責任をもって見守らなければならない。両極端の間を行き来する時期が皆無の企業は停滞の一途をたどる危険性が高い。刺激に満ちた会社のToDoリストには「平常通り」という言葉が堂々と綴られる日は365日に1日もないだろう。極端に揺さぶられる時期にこそ、企業は大きな飛躍を遂げる。そんな時は、会社全体が重大局面に備えて戦闘態勢に入るべきだ。

重大局面モードしか知らない企業は、それはそれで悲惨だ。実際にその環境下で働いたことのある私は、その哀れさを熟知している。毎週真新しい目標が掲げられ、その度に社員は自身が抱えている仕事をストップする。だが、手をつけたものは何も完成に至ることはなく、彼らはいら立ち、疲れ果てる。叫び声を上げる者もいれば、涙を流す者もいる。

会社全体、また従業員一人一人にしても一定のルーティーン業務の成功や日々の達成を祝う時間は必要だ。この2つのモードを正しく管理するには、ギアの入れ替えを自分自身の中で、必要であれば他者に対しても明確にすることだ。自身に対しては、「オール・オア・ナッシング」モードに突入する際に、カレンダーの予定をすべて見直し、一身に集中し仕事を片付ける。他者に対しては、あなたの意図を明確に示さなければならない。もしも極端な手段を取るのであれば、その内容を会議やメールで周知すべきだ。そして、チームに対してフェアな対応を心掛ける。組織の人間を一つの大規模プロジェクトに集中するよう強制するのであれば、彼らのゴール、成果物、そして対外的なコミットメントの変化を認識しなければならない。成功を収めるために必要なフレキシビリティーを与えるべきだ。その達成後、「万事ほどほどに」というモードに戻すことは容易だが、それでもチームに対してそのプロジェクトの成功を公表、祝福し、休みを与えることは必要になる。

第19章
事業計画の作成と目標設定

　私の長年の観察によると、ほとんどの企業がStrategic plan（戦略計画）をOperating Plan（事業計画）へ落とし込む際に混乱状態と化す傾向にある。それらの企業には、優れたアイディア、能力のある人材は備わっている。ただ、事業を組織化し、ビジネスを状況に合わせて適応させる一貫した方策に欠けるのだ。そのために策定するのが事業計画になる。

　私が社内用「事業計画」のフレームワークとして、アッシュ・マウリャの「Lean Canvas」を推進するように、私のお気に入りの「組織目標」のフレームワークは、パトリック・レンシオーニの著書『ジ・アドバンテージ』とパスカル・デニスの『Getting the Right Things Done』を融合したようなものだ。第1部で組織のミッション、ビジョン、バリューを定義する方法の説明に際し、そのフレームワークも紹介した。このフレームワークの中では、実行と目標設定により焦点が当てられている。そして、このセクションを、「テーマ別目標」、「目的の定義」、「標準的な事業目的」の3つのレベルに分類している。これらは私が本章にて述べるプロセスとは少々異なるが、スピリットは同じだ。

戦略計画の事業計画への転換

　事業計画の作成にあたっては様々なフォーマットがあり、その各々に略語が存在する。特段、「正しい」フォーマットなるものがある訳ではないが、ここでは私がチームと実践するキープロセスを共有し、複数のプロダクトやチームを跨ぐ活動を整合させながら戦略計画を行動計画へと転換する一連の流れに触れていく。

　・テーマ
　　戦略計画の大部分を網羅する年度テーマを決定する。その出発点としては、エレベーターピッチから始めるとよい。

　・イニシアチブ
　　チームメンバーの大半に日々のルーティーンワークがあることを認識した上で、実行すべきいくつかの主要なクロスファンクショナルな活動を具体的なイニシアチブにまとめる。そうすることで、ほぼすべての社員が少なくとも戦略計画の一部について直接的にオーナーシップを有することが出来る。

　・計画

アイディアを集めるためにも、そして成果物としての計画にオーナーシップを持ってもらうためにも、このプロセスにはチームを巻き込むべきだ。長期的なロードマップを作成するにあたって、各チームや部署が非常に重要な役割を担う。イニシアチブ毎に、社内のチームまたは部署が他と協力し、可能であれば共通テンプレートに1〜3ページ程度の計画書を作成する。その計画書にはミッションステートメント、直接的・間接的な参加者、重要マイルストーン（各ステージの達成要件）、KPIとメトリックを含める。また、会計、法務、人事、ITなど、直接的にはテーマに関係のない部署の活動の補足も忘れてはならない。

・シンクロナイズ
各々の計画が単独で見れば現実的であっても、全体を見直すとリソースの重複資源や相互依存性、または順序の制約などもあり得る。それらの計画を全体として実行可能なものに出来るか否かはすべてあなたとマネジメントチームの腕にかかっている。すべての計画に目を通し、内容とタイミングの双方の修正を加えるべきだ。我々は計画をGoogle Docs上にアップロードし、すべてのマネジャーが計画を読み、コメントし、フィードバックに応え、プランを磨き上げる「オープンコメント期間」を設け、プランの精度を高めている。

・コミュニケーション
オールハンズミーティングで年度テーマと各イニシアチブを発表する。その内容はかなりハイレベルでなければならない。次年度に向けて従業員の闘志を奮い立たせるようなスローガンだ。テーマが時間とともに浸透するにつれて、より詳細な情報のコミュニケーションが必要だ。

・スコアカード
各イニシアチブの結果を示し、最重要なメトリックを視覚的に表現するために、その年に使用するシンプルなスコアカードを作成する（我々は緑、黄色、赤の「信号機システム」を用いているが、独自の方法で構わない）。

・継続的レポーティング
四半期毎にイニシアチブ計画を更新し、取締役会とチームに向けてプレゼンテーションを行う（会社が比較的新しく小規模なら、より頻度を上げるべきだ）。その際には、各イニシアチブのその時点のスコアカードも用いて発表を行うべきだ。

前述のように、唯一の成功に至るレシピがあると言っているのではない。あくまで

も、ここで紹介した内容はReturn Pathで長年継続的に実践してきた中で、我々にとって効果のあった方法だ。

財務計画

　繰り返しになるが、スタートアップに不確定要素はつきものとはいえ、根拠ある推測を行わない言い訳にはならない。特にこれが当てはまるのが翌四半期の財務計画だ。収益と費用双方の厳密な財務予測が含まれていない事業計画は、単なる物語にすぎない。財務諸表は、計画実行の旅の第一歩だ。

　今後数カ月間の財務計画には非常に詳細な分析が求められるが、1～3年先のものに関しては同レベルの正確性は必要ない。計画初年度については月単位で財務諸表一式（損益計算書、貸借対照表、キャッシュフロー）を作成し、計画2年目以降は年単位または四半期毎に作成すればよい。本質的には、以下3つの質問への答えを準備すべきだ。コストはいくらかかるのか？　投資はいつ、どのようにしてペイバック（回収）出来るのか。そのためには、いくら資本が必要で、現在のバランスシートから見てどのような資金調達が必要か。

　コストは予測しやすく、特にリソース要件を明示することが出来れば、その予測はより容易になる。スタートアップの世界の人間であれば誰もが知っているように、ROI（投資収益率）は面倒だ。何故ならあなたの会社には、予測を立てる際に参考になる過去の業績指標など存在しないからだ。SchickやGilletteが新しいカミソリを市場に投入する場合、どれだけのコストがかかり、どれだけのリターンが得られるのかということを正確に予測することが出来る。だが、あなたが新市場で新プロダクトを発表する場合、そうはいかない。

　毎月の費用や収入の予測は必然的に変動するが、CAPEXは比較的予測しやすい。ただ、CAPEXのキャッシュフローのメカニズムを理解する必要がある。時に、ベンダーがファイナンスサービスを提供する場合もあれば、そうでないこともある。通常は現金を前払いするため、それは貸借対照表上に記載される。CAPEXは複数年度にわたり減価償却されるため、損益計算書へのインパクトは大きく異なる。

計画へのチームの理解

　もしも、あなたがまったく新しいスタートアップの事業計画を、「Lean Canvas」を用いて検証した仮説を基に作成しているとするならば、それにより確固としたチームの理解を得ることが出来るだろう。計画が既に2年以上進行している事業に関するもので、その計画が3年持つという前提でなければ、計画それ自体がなにがしか破壊的なものでなければならない。あなたの会社は、新規、またはそれなりの修正を加えた一連の目標を追求しようとしている。あなたは中核事業に集中するため、既存のビジネスラインの強化、

新規ビジネスラインの追加、またはプロダクトやサービスの撤退などを検討するだろう。資金調達、合併や買収、事業売却、上場というステージが迫っているかもしれない。

では、この新たな計画は社内の資源配分にどのような影響を与えるのだろうか？

この質問に答えるには、綿密な策略が必要となる。スタートアップには、大企業が有する膨大な資源がないため、一つの方向性を定めてそれに向かう決断を下した場合、別の選択を断念する、或いは大幅に縮小するといった何らかの決断が迫られる。マーケティング資金を増やすのか、それとも再配分するのか？ とある部署が新たなイニシアチブの達成のために予算を大幅増額するのか？ 他のイニシアチブを後回しにするのか、それとも完全に打ち切るのか？ サリーやジョン（などスタッフの一人一人）が明日から担当する業務内容は、現在のものと少々異なる程度なのかそれともまったく異なる内容になるのか。求める人材像の変化のため、レイオフという施策に出るのか？

計画の内容がどうであれ、その計画は社員の日常生活に大きな影響を及ぼし得る。最初に考慮すべき質問は、「すべてのステークホルダーにどのような影響があるのか？」であり、この問いに明確に答えるべきだ。とりわけ、以下に示す事項を含む各部署別の明確なガイドラインの設定が必要となる。

・戦略目標

　全社目標の達成に向けた各部署の具体的な役割とは？ エグゼクティブチームと共に、全社的な戦略計画を各部門に特化した目標へとかみ砕き、各マネジャーがそれらの目標を各チームに適切にコミュニケートする手助けをする。

・事業目標

　全社目標を達成するためには、各部署でどのような業務変更を行う必要があるのか？ 新たに人材を採用する必要があるか？ 昇進は？ 異動は？ 経営資源を部署間で融通する？ ここで、CEOは新たな目標がチームの日常業務に与える影響、そして今後の動きを明確に説明するべきだ。

・重要マイルストーンとメトリック

　最終的に成功の尺度となるのは、戦略計画に示された収益や顧客獲得数など事業目標の達成度だ。各部署の進捗度をどのように測るのか？ 全社目標達成のために、各部署にどのようなマイルストーンの達成が求められるのか？ 各部署の成功を計測する指標としてどのようなメトリックを使用するのか？ メトリックは各部署に即した内容であるべきだが、各々の貢献は最終的には会社全体の成功に繋がるべきものであることを明確に理解させなければならない（このトピックの詳細については、第27章「組織の団結を図る」を参照）。

全社員が、新たな戦略的方向性への関与を感じるものであるべきだ。それには、機敏な異動が効果を発揮する。あるプロジェクトが打ち切りになったからといって、そのプロジェクトを担当していた社員の貢献もそこで終了となる訳ではない。ただ単に、他で貢献出来ることを求められているだけだ。それがどのプロジェクトか、どの部署かを示せばよいのだ。さらに重要なのは、戦略計画は、新しい方向性が企業全体に利益を与えるという事実を明確且つ綿密に伝えるものでなければならないということだ。特定の社員や部署のインセンティブが会社全体の運営状況と一致しないのなら、それはより大きな問題をはらむことになる。

計画を聞き最初に受ける印象は、会社にどのような新たなことが起きるのだろうという心の高ぶりであるべきだ。だが、このような精神状態に至るには、各社員の今後に関する不安を適切に処理出来た場合に限る。そのためには、短期的変化に関する高い透明性が必要となる。まずは個々人への影響に関する情報を提供し、その後広範な計画のコミュニケーションを行うとよい。

平和を勝ち取る準備

最悪の事態に備えることは重要だが、政治家が平和を勝ち取った後のプランニングに従事するように、起業家は最良の結果が出た時のために計画を立てなければならない。状況が許すなら、他国に侵攻を図ることもあり得るし、その独裁者を倒すことが出来たなら次に何をすべきかを事前に計画出来ていればなおよい。目標が達成出来ないことを前提に予算を組むのではなく、手元に潤沢なキャッシュがあるならそれをいかに再投資するのかを考えるべきだ。

CEOは、よい結果が出た場合に不意を打たれないように、シナリオプランニングを行うべきだ。よい結果の計画が不十分であった場合には、どのような不具合が発生するか？　以下がその例になる：

- 大型契約を獲得出来ても、その履行にあたりスタッフが適切に配置されておらず、補充すべき候補者や請負業者のパイプラインも存在しない。
- 資金調達が終了次第すぐに実施したいマーケティングキャンペーンのためのメディア媒体が十分にない。
- 買収契約の締結前に経営統合計画の構築に取り掛かっていないため、インテグレーションが遅れてしまう。

戦争やら企業構築やらに関する例は他にも多々あるが、結局のところベストケース、そしてワーストケースのシナリオの双方が必要なのだ。すべてはその後の無駄なリードタイムの回避のためだ。

あなたが設定し、達成を目指す目標は数値化可能であることが理想であり、大抵の場合は可能だ。以下、*DoubleClick及びOracle*の前CFOジェフ・エプステイン（*Return Path* 現取締役）が目標の設定、進捗確認のための「OKR（*Objectives and Key Results*/目標と成果指標）」アプローチを紹介する。

数えられるものの多くはそれほど重要ではないが、
数えられないものの多くは非常に重要だ。 　　　　**―アルバート・アインシュタイン**

経営のベストプラクティスに関して世界でもっとも影響力のある著述家の一人であるピーター・ドラッカーが残した有名な言葉に「効率的であるとは正しい方法で事を進めるということであり、効果的であるとは正しい行いをするということである」という言葉がある。勿論、誰もが効率的且つ効果的であることを望むだろう。そのためには、生産性の低い、時間だけを消耗する活動を避け、高い結果を生み出す一握りの活動にフォーカスするべきだ。再度ドラッカーの言葉を引用すれば「まずは最優先事項に取り掛かれ。2番目のことは気にする必要さえない」。

理想的には、成果を生み出すか否かという「生産性」は数値化されるべきだが、アインシュタインの引用にあるように、必ずしもそれが可能とは限らない。

実践的な解決策としては、測定可能なものを測定する一方で、結果の測定が困難である重要事項に関しても公式に追跡するということだ。IntelやGoogleは、これを可能にする非常に効果的なプロセスを開発した。これがOKRだ。

OKRでは、企業、部門、個人別に四半期毎に3〜5つの目標（Objectives）を設定し、その達成度を事前に評価する方法（Key Results）を定める。

多くの企業では、CEOが四半期毎の取締役会のプレゼンテーションの冒頭にて、前四半期のOKRの結果と次期の目標を発表する。全社レベルのOKRの例を以下に示す。

・GAAP（企業会計原則）上で34%増の2000万ドルの収益を達成する。
・EBITDA（金利・税金・償却前利益）マージンを10%から14%へ向上する。
・グローバルエンジニアリングチームの人員を82〜94人に増員する。
・新プロダクトXの発売により200万ドルの収益を上げる。

OKRは部門に特化した内容でもよい。その例を以下に述べる。
・セールス：3月31日までに合計100万ドルの新規契約を締結する。

第19章　事業計画の作成と目標設定

167

- プロダクト開発：第1四半期末までに、次の5つの機能を搭載した新プロダクトをローンチする。
- プロダクト品質：第1四半期中に「重大度1」のカスタマーサポートのチケット（タスク）を5から3に減らし、カスタマーサポートチケット数の合計を20%減少させる。
- 海外展開：第1四半期末までにドイツ、スウェーデン、韓国にオフィスを開設する。
- 会計処理：四半期毎決算のサイクルタイムを昨年第1四半期の14日から今年第1四半期には10日に短縮する。

　大きな成果を出す事項に専念するため、各部署・個人のOKRの数を3〜5に限定する。それ以上に数が増えてしまいそうな場合は、もっとも重要な5つの項目を選択し、残りは排除する。

　一般的に、OKRは社員に広く共有することで最良の結果が得られる傾向にあるが、社内で円滑なコミュニケーションを図ることと、競合他社（時には顧客や供給業者）から重要情報を守ることはトレードオフ関係にある。OKRとその結果は社員に共有すべきではあるが、同時に機密情報保護の重要性と責任に関しては強く含めておくべきだ。

　OKRシステムを導入している大半の企業では、80〜90%の社員が目標を達成する。Intelの前CEOであるアンディ・グローブは、自著の『ハイアウトプット マネジメント』の中で、「社員の50%だけが達成出来る目標を設定すべきだ」という別のアプローチを提案している。実際、どの業界よりも結果主義の組織はプロのスポーツチームであり、必ず勝敗がつくこの世界では、全チームの50%が毎日敗北する。アンディ・グローブの推奨する過酷な環境下では、多くのアメリカ企業以上の妥協のない厳しさがCEOや企業文化に求められる。そして、卓越した教師やリーダーの多くは、要求と評価が厳しい傾向にあるだろう。

Oracle 前CFO ジェフ・エプステイン

目標設定のガイドライン

　目標内容に関する一般的なガイドラインは存在しない。企業や業界によって、その内容はあまりにも異なるからだ。だが、目標の設定とその達成の方法論に関してはガイドラインを設けることが可能だ。

- 約束は控えめに、期待以上の成果を出す。

　野心こそがスタートアップそのものではあるが、繰り返し目標達成に失敗すれば、

それは直ちに生産性や士気を低下させる要因となる。壮大で大胆で野心的な目標を設定すべきだが、達成不可能な目標は設定すべきではない。

・目標にコミットするか、再度交渉し内容を見直して、新たな計画を伝える。
　これは、特に個人の目標に関して当てはまる。もしも事前に目標達成が困難なことが明らかな場合、その事実を直ちにチームに伝えなければならない。対処不可能な遅過ぎる段階で、さらに混乱を招くような事態にしてはならないのだ。期待値を再度見直し、新たな計画を立て、伝達する時間が必要になる。

・事前に複数のステークホルダーから支持を得る。
　皆が違った言葉で何かを訴えている中でスローガンをぶち上げても意味がない。エグゼクティブ、取締役会メンバー、一部の主要なスタッフなどを含め、広範囲にわたるステークホルダーから支持を得た上で、大きな発表を行うべきだ。

　これらの課題は会社が存続する限り、付いて回る可能性が非常に高い。だが、会社が成熟するにつれて、何を成し遂げられるか、そしてチームが何に共鳴し動き始めるのかなどは見えてくることだろう。トライし、学び、アジャストし、そしてまたトライするとよい。予算編成などで見られるサイクルと同じだ。

上司によい印象を与える方法

　どの業界に属していても、上司と話し合う前に以下の3つの質問を自身に問い掛けてほしい。
　・この業務で自分が上げようとしている成果は何か？
　・この目標の達成のためには、この方法がベストであり、唯一の方法なのか？
　・これが自分自身の最大限の力を出した結果なのか？

　この問い掛けを習慣化すれば、2つのよいことがある。1つめは、上司に最終案を提出する前に、一旦持ち帰ってより完成度を高めるようになる。2つめは、周りの人間よりも早く昇給を受け、昇進する。冗談のように聞こえるかもしれないが、本当だ。

厳しい決断には期限を設ける

　厳しい選択が迫られる場面では、その決断を下せるのはあなたしかいない。必要な情報をすべて精査した上でも決断に迷う場合は、その決断までの期限を設けるべきだ。数人の信頼する人間に自身の決断とそれに付随する結果を明確に説明し、意見を交換する。その後は期日にこだわり、決断を下す。延期はなしだ。

会社の経営は、個人の資産管理とはまったく異なる。会社の収益は個人の給与よりも予測が難しい。複数の人間が支出に関与し、その収益と費用の間に時間のズレが発生するため、現金持高に影響を及ぼす。

キャッシュに注意を払うのが特に重要なのは、次の2つの理由からだ。資金需要と資金のアベイラビリティーは必ずしも一致しないのと、大抵のスタートアップは急成長と会計上の利益の相反に向き合わなければならないという事実だ。

大きな金額の「勘」を磨く

Return Pathは、2000年後半に初めて法人投資家からの出資を受け（1999年後半に「エンジェル」ラウンドを実施）、同年11月に1回目の「リアルな」取締役会を開催した。それは忘れ難い経験だったが、その中でも一つ、決して記憶から消し去ることのできない助言がある。それは、月100万ドルのバーンレート（1カ月当たりキャッシュ減少額）を超過することは絶対に許さないという、一取締役からのまったく皮肉やアイロニーを含むことのない厳しい言葉だった。

私はその1年前にReturn Pathを立ち上げていたが、当時はなにせ*年間*のキャッシュバーンでさえ100万ドルなどには到底及ばない状況だった。それなのに1カ月に100万ドル?! そんな大金を乱用するなんてあり得なかった。ここまで読んでもらえたならば、私が10歳の時に作った人生初の小切手帳を大切に管理し、貯金箱を自転車に乗せて銀行に足を運んでいたような類いの人間だということはおわかりだろう。100ドル単位の支出を気にする人間が10万ドルの冗費を見過ごすことが出来るだろうか。驚くべきことに、その答えはしばしば「Yes」だ。

たとえあなたが生粋の倹約家で、使い古されたドアを使って机をつくることも出来るような人間であったとしても、実生活の中で500ドルと750ドルの違いを本能的に理解出来るのと同様に50万ドルと75万ドルの違いを正確に理解する勘は備わってはいないだろう。感覚がマヒしてしまう者もいる（100万ドル持っているなら1万ドルはどうでもよくなるように）。重要なのは、大金を扱う鋭い勘が予め発達した人間などいないということだ。

人生において誰もが、銀行口座に数百ドル、またはそれ以上の貯蓄があった時期はあるだろうし、ディナーに30ドルでなく200ドルを費やすことの違いや影響は理解出来るだろう。では、あなたが最後に数百万ドルの予算を管理したのはいつだろう？ 多額

の予算を管理した経験があったとしても（私はMovieFoneにて経験）、その予算の最終意思決定者であったことはあるだろうか？　あなたが2度にわたってスタートアップのCEOを務めた経験でもない限り、その答えはおそらく「No」だろう。

　優れた勘が備わっていなければ、財務上の問題が忍び寄ってくる。実際、ビジネスパーソンであれば誰もが聞いたことのある、まさにこの問題にまつわる有名な例え話があるほどだ。

ゆでガエル

　これは古い物語で、信憑性に欠ける点もあるが、経営コンサルタントであれば誰もが数百回は耳にしたことがある話だ。

　カエルを熱湯の入った鍋に投げ込んだら、すぐに飛び跳ねて逃げようとするだろう。だが、カエルを冷水で満ちた鍋に入れ、火に掛けて沸騰させた場合、緩やかに上昇する温度に気付かず、彼らが認識する前に「カエルをゆでる」ことが出来る。

　Return Pathでは、何度も「カエル」がゆでられた。その例の一つに、非常に重要な部署で起こったスタッフ問題がある。当時、弊社では財務部とオペレーション部にて人員が1人不足していたが、予算を抑えるため、1〜2カ月は人員を増やさないという決断を下した。その時、その部署の1人が退職し、また続けてもう一人が重い病気にかかり、数週間休養することとなった。オープンポジションに適切な候補者が見つからない中、これらの重要な部署で3人が欠員という状況となってしまった。その期間は、残りのメンバーの悲壮な貢献振りにもかかわらず、その部署から期待していた結果を得ることが出来なかった。我々がこの深刻な問題に気付いたのは、上記の社員が休養に入った数日後だった。

　2度目は数年前のことだ。我々は急成長を支えるための資金調達に取り組んでおり、追加資金を必要とするまでに6カ月間の猶予とみていた。その後、予期していなかった新たな支出が発生した。最大の支出要因であった採用は既に中止していたが、我々のオペレーション部では多額のハードウエアを購入した（キャッシュに影響は及ぶが損益計算書には反映されない事項だったため、念頭に置いていなかった）。そして、年次の社員報酬レビューを行った（これは年央の予算に追加することを忘れていた）。さらに、その月にカンファレンスが数回あり、交通・交際費（会議数回を含む）が異常に膨らむ結果となった（交通・交際費は時期により大きく変動するが、毎月均等に予算配分されていた）。反対に収益は計画をやや下回っていた。すると突然、当初6カ月であった猶予期間は3カ月に短縮された！　資金調達のプロセスを急かされ、焦りに焦った。我々は何とかそれをやり遂げ、やり残したことはそれほどなかったが、それは不必要な苦労だった。そして他の例と同様、実際に問題に直面する前に問題に気付かなかった。

「ゆでガエル」になることを避けるために何が出来るだろうか？

・冷水の中にいる時に自覚する。

あなたの会社のどの領域がミッションクリティカルであり、常にリスクにさらされているのか？ 問題を根絶するために、出来る限りのことは行ったか？ 資金が減っていく中で、すべての支出を十分に把握しているか？

・誰かがポットに点火した瞬間に気付く。

ミッションクリティカルな領域において、早期に警戒すべき兆候を把握しているか？ その部署に1〜2人ほどの従業員を増員せずに滞りなく業務は遂行出来るのか？ 昇給の予算を含め忘れていたことに問題はないか？

・どのカエルに注視すべきかを見極める。

常にすべての問題を解決することは不可能だ。CEOとして、緊急に解決する必要があるのか？ 最終的に解決すればよいことなのか？ または解決の必要のないことなのか？ 会社の意思決定者として把握し見極めることはもっとも重要な役割の一つだ。まずは銀行口座のキャッシュに注視すべきだ。

注意と直感も大事だが、キャッシュというメトリックこそが最重要だ。これは、会社の規模拡大に伴い大きく変わるものの一つだ。ある時点で、CFOと、収益、費用、キャッシュフローの精度の高い予測システムが必要になる。しかし、直感や数字に対するグリップ、そして必要な主要データへのアクセスを失わないように注意しなければならない。CFOが取締役会に提出した予測は700万ドルの誤差があったため、CFOを解雇しなければならなかった（700万ドル、だ）。私は彼らの財務報告をすべて信頼出来なくなりCFOを解雇しなければならなかったが、同時に二度と繰り返してはならないほど数字の感覚を失っていたことも自覚した。

成長か？ 利益か？

成長と利益の選択肢の優劣に関して議論する必要のない（かつての）スタートアップのエリートクラブがある。Googleは、現存するすべての書籍（2010年のカウントで1億2986万4880冊）のスキャンをするという大胆な行動に出たが、そのコストによる検索広告事業の収益性の低下を心配する必要がない。スティーブ・ジョブズは、新プロダクト（数十種類のiMacやiPadなど）を開発するにあたって、一つの最終プロダクトに至るまで膨大な数の洗練された完璧なプロトタイプを作るようプロダクトチームに命じたと言われている。その大半はジョブズによってぶち壊され、チームは再度仕事に戻る羽目になった。この本の読者は、そんな贅沢な真似は出来ないことを理解しよう。

生まれたてのスタートアップのフェーズを抜けた後は、予算会議の度に成長と利益の

バランスを考慮しなければならない。毎回だ。たとえ利益を上げているとしても。社員採用やプロダクトの新機能に投資すれば、成長を加速させることが出来る。一方でコストを削減し、新しいイニシアチブを打ち切り、キャッシュを積み上げる手もある。いかにしていずれかのアプローチを選ぶのだろうか？

第一にモデルを完成させる

成長と利益のトレードオフを考える前に、まずは正しいビジネスモデルを構築するべきだ。初めて作成する「Lean Canvas」だけでなく、2作目と3作目も同様だ。スタートアップフェーズを抜け、収益フェーズへと突入するのだ。事業拡大開始準備が整う前のスタートアップフェーズで重視すべきは、成長でも利益でもなく、会社を存続させる倹約的思考だ。

成長を選択する

ビジネスモデルが機能し始めたら、次は収益の成長、ユーザーベースの成長など、成長に焦点を当てる時だ。プロフェッショナルサービスなどの場合には例外も多いが、高い粗利と拡大する市場のあるプロダクトやテクノロジーを扱っている場合は、成長を選択すべきだ。

この種のビジネスの投資家は、年率10％成長で安定した利益を上げることを期待している訳ではない。配当も求めてはいない。3、10、または50倍の投資収益率を求めているのだ。このレベルのリターンは、年率30〜50％（アーリーステージならそれ以上）で収益やユーザーベースを伸ばしている場合にのみ実現する。急速な成長を遂げた会社は、高い売上マルチプルで買収されるか、超絶的に成功と言えるIPOを達成する。IPO後であっても、公開市場の投資家は、利益よりも高い成長率を評価する傾向にある。

とはいえ、（利益を犠牲にして）成長のために資金を投資するのは、その投資が利益を生むということが合理的に確信出来ている場合に限る。この自信は、事業が拡大するにつれて増大すべきだ。勿論、初期段階では物事が上手くいくかなんてわからない。しかし、収益ステージに突入する頃までは、元を取れるセールスやマーケティングの活動に資金をつぎ込むべきだ。或いは、まずは小額でテストしてみるのもよいだろう。

利益を選択する

ビジネスが成熟するにつれて（特に粗利が高く、成長性の高いソフトウエア事業やインターネット事業を営んでいる場合）、利益への期待が高まり始める。何故、70〜90％の粗利があるのに常に資金調達する必要があるのか？　何故、あなたと投資家は継続的に希薄化の影響を受けなければならないのだろうか？　バリュエーションが急上昇

しており、それ故に資金調達が容易で且つ希薄化の影響が低い状況では考慮する必要のないことかもしれないが、大抵はそれには当てはまらないだろう。

また、ストラテジック・バイヤーは、成長よりも利益を評価する傾向にある。少なくとも、双方のバランスを重視することが多い。これはIPO市場とはほぼ反対だ。売上が5000万ドルから1億ドルに達した時に規律をもって黒字化していなければ、他社には奇異に映るだろう。ストラテジック・バイヤーにとっても、社内のすばらしい技術に数百万ドルを費やすことと、EPS（一株当たり利益）の足かせになるような会社に数億ドルを投資することはまったく別の話だ。しかし、成長が十分に速く（例：年率40%以上）、損失の大半が顧客獲得の増加に直接起因するもので長期的にROIにプラスに働く場合は、例外的にこの規律はまったく意味をなさない。

時に、スタートアップのCEOが直面する選択肢が、成長と利益ではない場合がある。それは成長と生存のための成長の停止という選択肢だ。

確かなプロダクトがあり、優秀なセールスチームが毎月それなりに予測可能な収益の成長を実現していれば、利益を上げることはそれほど難しいことではない。人材採用をやめればよい。我々 Return Path を含む多くの企業が、2008〜2009年にかけてその施策を取った。当時は世界経済が崩壊し先行きが完全に不透明な状況下で、トップラインと成長を維持しつつ、ボトムラインにおける経費を極力削減或いは凍結することで、最悪の事態に備えた。その結果、我々は6カ月以内にかなりの赤字から黒字に転じることが出来た。一旦マクロ経済が回復すると、長期的成長のために再び投資することが出来るようになった。

第三の道

最近は、成長を目指すことなく、且つ利益の最大化も試みない「第三の道」を見いだそうとする会社が存在する。彼らは、長い目で事業を営むことを希望しており、投資家の流動性への要求を懸念しつつも、事業売却や株式公開に付随するチャレンジや面倒を避けたいと考えている。

そこで彼らは、新たな長期的・非上場フィナンシャルモデルを模索している。彼らは徐々に利益を上げながら、成長とのバランスも取りながら投資家の持分株式をバイアウトする。中にはグレートカンパニーも見られる。これらの企業が、今後どのように新しいモデルを開拓していくのか、非常に楽しみだ。

このトピックは、本一冊分の主題にもなり得る非常に複雑な内容だと言わざるを得ない。敢えてひと言にまとめるなら、成長と利益のトレードオフは、スタートアップの生涯を通じて、リアルでそしてずっと付いて回る課題だ。

第21章
資金調達の良しあし、面倒さ

　銀行口座に十分な資金を確保すること、それが事業資金の確保のファーストステップだ。そして、第二のステップは、必要となったその時に資金を調達することだ。これまた本一冊が書ける内容だが（ブラッド・フェルドとジェイソン・メンデルソン著作の『Venture Deals』が一例になる）、ここで示すハイレベルな概要があれば正しい方向性は理解出来るだろう。

　まず、企業の資金調達には、資本、借入、そしてブートストラップの3つの形態があるという前提を基に話を進める。これらの違いを端的に説明すると、株式を売るということは会社の所有権をキャッシュで売買することであり、負債は返済が発生すること、ブートストラップは、そのどちらでもないが事業によっては不適合の形態もあるだろう。ここで重要な教訓は、負債は株式よりも常にシニアであるということだ（常に先に対価が支払われる）。

　あなたのスタートアップのステージにおいて、どのような資金調達を考慮すべきだろうか？ Return Path共同創設者兼CFOのジャック・シンクレアが考案したマトリクスをもとに考えてみよう（表21.1）。

表21.1 資金調達の種類

ステージ	エンジェル	優先出資証券シード／スーパーエンジェル	優先出資証券VC	ベンチャーデット	コマーシャルデット
アイディア	✓	✓			
ビジネスモデル	✓	✓	✓		
確固としたビジネスモデルと売上		✓	✓	✓	
予測可能な売上と収益性			✓	✓	✓

株式投資家

　CEOが「株式投資家」という言葉を聞き、大抵最初に思い浮かべるのは、ベンチャーキャピタリストだ。スタートアップの世界では、ベンチャーキャピタリストだけが唯一の投資家ではない。経験のないCEOは、それを知るのが遅く、ごく初期段階の事業に投資する用意がないベンチャーキャピタリストに対して、アイディアを披露して

しまう。残念ながらその後、アイディアが実ることはほぼない。

　本章では、ベンチャーキャピタリストのエコノミクスについて詳述し、次のセクションで彼らとの交渉を進める上でのヒントを提供する。同時に、エンジェル投資家と戦略投資家という異種の投資家の紹介もする。エクイティ調達に関するタームや証券の種類など、より詳細について知りたい場合は、ブラッド・フェルドとジェイソン・メンデルソン著作の『Venture Deals』を参考にしてほしい。

ベンチャーキャピタリスト

　ベンチャーキャピタリストは、機関投資家に代わり投資を行うプロの投資家だ。

よい点：ベンチャーキャピタリストは、スタートアップの投資家としては選りすぐりの存在だ。資金が豊富で、成長支援のエキスパートでもあり、スタートアップが抱えるリスクや障害を心得ている。

悪い点：スタートアップのCEOが資金を調達する回数は限られている。一方で、ベンチャーキャピタリストはそれが本職だ。経験の浅いCEOと知識豊富だがシニカルなベンチャーキャピタリストの組み合わせは、CEOにとっては致命的となる可能性がある。ベンチャーキャピタリストがCEOにとって極めて不利なディールを締結したという恐ろしい話は数が絶えない。そのほとんどは、CEOが多額の投資に対する高揚感を抑えきれず、経験を積んだベンチャーキャピタリストであれば誰もが織り込むであろう「Liquidation Preference（優先分配権）」、「Conditions Precedent to Financing（停止条件）」といった諸条件がもたらす影響の考慮が不十分なことで発生する（この問題を避けるには、やはり『Venture Deals』を読むことをお勧めする）。

面倒な点：ベンチャーキャピタリストは、必然的にあなたの会社の存否を決定する最初のFirst Refusal（拒否権）を持つ。もしも、彼らが次ラウンドで投資しなければ、他の投資家を見つけることは極めて困難だ（対象会社のことを誰よりも理解している投資家が投資しないなら、他の誰がリスクを取るだろうか？）。シリーズA及びその後のラウンドでは、そのリスクを負わざるを得ない可能性がある。このリスクは、エンジェルラウンドでベンチャーキャピタリストを避ける大きな理由だ。ベンチャーキャピタリストにとって、アイディアに20万ドルを投じることは極めてリスクは低いが、彼らがフォローアップ投資を実施するディールは一握りに限られる。あなたの会社がその対象に選ばれなかったなら、会社は終わりだ。

エンジェル投資家

　機関投資家の「エンジェル」グループもあるが、一般的には、エンジェル投資家とは

個人の資金を投下する富裕な個人だ。

> よい点：エンジェルは友人や家族であるケースが多く、交渉条件において厳しい要求を投げられることがない。

> 悪い点：友人や家族であるが故に、単なるディナーパーティーがアドホックのIR（インベスターリレーションズ）カンファレンスになり得る。そのソーシャルな時間は「仕事の話はなし」と言い切ることは出来るが、どのみち潜在的には付いて回る。

> 面倒な点：友人や家族であれば、損をさせてしまったり、後のラウンドで激しい希薄化があった場合、良心が痛むだろう。友人や家族から資金を得るときは、しっかりと相手の目を見つめて、「預かった資金のすべてを失うかもしれないが、その最悪の事態を避けるために最善を尽くす」と伝えるべきだ。結局のところ、誰もがスタートアップへの投資に向いている訳ではない。ベンチャーキャピタリストやフィナンシャルインベスター以外の投資家に対して私が考慮する点は以下である。

- アーリーステージにおいては出資を受ける投資家は極めて慎重に選別する。
- 投資した資金をすべて失う可能性をも容認することをエンジェル投資家に直接口頭にて確認する（正式な投資契約とは別に）。
- エンジェル投資家や戦略投資家が投資価値を維持するためには、後の資金調達ラウンドにおいても引き続き投資を継続する必要があることを理解してもらう。
- 不平等性を避けつつ、事業に直接的な関わりがなく、今後主要な意思決定に関わることはないであろうフィナンシャルインベスターの持つ権限に制限を加える（或いは、CEO、取締役会、またはリードインベスターにそれを委任する）。特に起業初期段階においては、エンジェル、フィナンシャルインベスター共に普通株式の割当にこだわるべきだ。

　何よりも、資金だけを見て判断してはならない。投資家は打ち出の小づちではなく、パートナーとして見るべきだ。エンジェル投資家や多くの投資案件をこなしたことのない戦略投資家などはよりよい条件を提示するかもしれないが、優秀なベンチャーキャピタリストをチームに迎え入れれば、より価値の高いパートナーシップを築くことが出来るだろう。

戦略投資家
　戦略投資家とは、他の事業会社への投資を専門とする事業会社（投資会社ではない）だ。

> よい点：通常、戦略投資家は何らかの形のビジネスパートナーだ。あなたの会社の株

式を保有してくれれば、もっと手を貸してくれるだろう。

悪い点：通常、投資判断する人物はビジネスで関わる人物とは異なるため、協業の動機を上手く擦り合わせることが難しい。

面倒な点：機関投資家とは異なり、戦略投資家は何らかの理由、または特に理由もなく、企業投資の方針を変えることがある。次の投資ラウンドには参加するかもしれないが、その後はフォローアップをせず、無意味な投資家だけを残して退散する可能性はベンチャーキャピタリストよりも高い。その理由から、その後の資金調達やエグジットが困難になる。これを緩和する最良の方法として、「Pay to Play 条項」（既存株主で増資に応じない株主は一部の権利を失うというペナルティを定めた条項）などを挿入することも考えられるが、事前に戦いに備える準備は必要だ。

バカなマネー

馬鹿げたアイディアやマネジメントチームを支援するバカなマネーほど、愚かなものはない。その馬鹿げたアイディアやチームは、新興セクターを直ちに潰し、そのディールの背後に潜む愚かなVCは、不用意に資金を提供し続け、事態を混乱させる危険がある。クラシックなドットコム系のバカなマネーの典型例は、コアサービスを無料で提供して具体的なアイディアもテストもされていない何か別のプロダクトで収益化しようというような企業だ。その会社が破産し、コアサービスを有料にすべきだったと理解するまでには下手をすれば2年もの期間とベンチャーキャピタリストの多額の資金が無駄に捨てられることになる。そしてそのプロセスの中で、より賢明で保守的なスタートアップを同時に殺してしまう危険性もはらむ。

競合がバカであることを望むのではなく、深く掘り下げて、自社の資金の出し手がどれほど「スマート」な資金なのかを見極めるべきだ。もしもバカなマネーだったなら、要注意だ！

スマートなマネー

「バカなマネー」の対極にあるのが、すばらしいアイディアと堅実なチームに裏付けされたスマートなマネーだ。

以下、私が思う偉大な投資家の10の特徴を紹介する（順不同）。

1. 優れた投資家は、企業の些細な日常に深入りすることなく、戦略的なアドバイスを提供する方法を心得ている。

2．優れた投資家は、CEOだけでなく、マネジメントチーム全体と対話する。しばしばポートフォリオ企業のマネジメントチームの中に身を置く。

3．優れた投資家は、過去に仕事をしたCEOをリスト化し、その中であなたが興味を示す人物と話すよう勧め、投資家自身のデューデリジェンスを行うよう勧める。

4．優れた投資家は優れた質問をする。

5．優れた投資家は、仮に自身の投資が成功の原動力であったとしても、公の場でそれを自分の手柄として見せつけるようなことはしない。

6．優れた投資家は、時間通りに会議に出席し、会議中にスマートフォンを眺めるようなことはしない。

7．優れた投資家は、弁護士費用や旅費などを使う際には、ポートフォリオ企業の資金を自分自身の資金であるかのように賢く取り扱う。

8．優れた投資家は、ポートフォリオ企業や関係者とのコネクションを作るが、鋭いフィルターを持ち、ジャンクなものを送りつけるようなことはしない。

9．優れた投資家は、企業に付加価値をもたらす方法について、出来合いのToDoリストのようなものは持たない。特に、投資時に経営幹部の採用やセールス・事業開発の紹介に関する支援の提供に関して言及することはない。

10．優れた投資家は、ポートフォリオ企業とのコンフリクトがあればそれを認識し、適切な文脈で自身の視点を表明し、必要であれば会議や議決権を拒否する。

　優れた投資家のサポートが受けられるか否かは、あなた次第だ。このリストのすべての基準を満たす人物を見つけよう。

借入

　金持ちとのコネがなく、自分にも多額の預金がない場合、会社を立ち上げるのはそれなりに難しい。起業のための資金を借入で調達するにあたっては、いくつかの種類がある。一般的に、借入は成熟企業に適した資金調達方法だが、スタートアップでも実施可能なケースもある。

転換社債

　エンジェル投資家、或いはアーリーステージのベンチャーキャピタリストでさえ、株式ではなく転換社債を希望することがある。すなわち、契約上のトリガーに基づいて株式に転換しない限り、条件に応じて返済義務が発生する借入をするというものだ。その

トリガーは、売上高や商品出荷量などのマイルストーンに関係する場合もあれば、他の投資家を迎えられた場合に同等条件或いは少しでも有利な条件で転換する、といった資金調達上のマイルストーンである場合もある。

よい点：転換社債は、若い会社にとっては決して悪いディールではない。既にベンチャーキャピタリスト或いは戦略投資家と資金調達について討議を進めているが早々に少額でも資金を必要としているというような場合、大口投資家を不安にさせる方法を避けるのに特に有効だ。

悪い点：性急な転換社債契約によって、過大な株式を投資家に渡してしまう危険性を含む。アーリーステージにおいて会社の大きな部分を手放すのは時期尚早だ。

面倒な点：このタイプの負債は、他の投資に比べてバランスシート上の大きな足かせとなる。景気も会社の運営状況も好調な時は大きな懸念事項にはならないが、状況が悪化した時には、選択肢を制限することとなるだろう。

ベンチャーデット

ベンチャーデットは、基本的に債権と株式の組み合わせだ。希薄化については優先株式よりも有利ではあるが、1〜3年の間に利子をつけて返済しなければならない。この返済義務のため、ベンチャーデットで調達するなら収益と確固としたビジネスモデルが必要だ。

よい点：初期の返済は利子のみである場合が多く、元本の大半は満期時、またはその期近で支払われる。良心的なベンチャーパートナーであれば、満期時に元本返済を猶予し契約の更新を提案してくれることも多い。

悪い点：ベンチャーデット投資家は、取締役への指名は要求しないが、定期報告や、知的財産も含むすべての資産に対する優先担保権（他のエクイティより優先、他のデットより劣後）、そして時には財務コベナンツも設定する。エクイティ部分は通常「ワラント」で構成されており、投資家は一定量の株式を一定価格（通常は直近の資金調達ラウンドの価格）で購入する権利を持つ。

面倒な点：「利子のみの支払い」といっても、それは契約期間の利息のみを表す。もしも原資産であるあなたの会社がローンの規模よりも価値が高いなら、何の問題もない。そうでなければ、将来的に多額の元本の支払いに追われることとなる。もしもこれがあり得ないシナリオだと思うなら、2008年のサブプライム住宅ローン危機でバルーン返済の住宅ローンを組んでいた住宅所有者に尋ねてみるとよいだろう。

銀行借入

大半の従来型企業は銀行で資金調達を行う。だが、伝統的に言えば、銀行はスタート

アップに適した調達元ではない。スタートアップの投資家はスタートアップ事業の不確実性は当然だと容認している。しかし、このような不確実性は、銀行ではまさにローンを提供すべきでない理由と受け止められる。

よい点：銀行借入は比較的透明性が高く、複雑な条件に驚かされることはない。調達資金に利息を加えた金額を定期的に返済するというだけだ。

悪い点：銀行は、収益化までに数年を要するアイディアに資金は提供しない。新店舗や既存企業の新規事業の立ち上げには非常に適しているが、スタートアップが右肩上がりで急成長するまで忍耐強く待ってくれるような貸し手ではない。何故か？　それは、どんなに会社が成長したとしても、銀行にとってアップサイドはないからだ。

面倒な点：支払いの規模にかかわらず、延滞は厳禁だ。会社の物はすべて担保となり得、銀行は直ちに担保権を実行するだろうし、大半の銀行は個人保証をも求めるだろう。映画「グッドフェローズ」（1990年に公開されたアメリカのマフィア映画）の「支払わなければ終わり」ばりのマフィアに追い回されるような状況にはなり得ないが、会社が成長ステージ、少なくとも収益ステージに突入していなければ、取り立てに追われる状況にもなり得るのだ。

個人の借入

クレジットカード限度額いっぱいに使い切る。自宅、または両親宅を抵当に入れる。そうしたことを時折耳にすることがあるだろう。これらはスタートアップのロマンの一部でもある。その決断が功をなすことも時にはある。これらには家族の状況を含む（自分自身と両親の双方）パーソナルな要素が深く絡んでくる。

私は、ほんの数カ月分のWebホスティング費用と、いくつかの基本的なマーケティング資料（そして支払いを見送ってきた給与）に必要となる以上の個人借入は避けてきた。優れたアイディアがあるのなら、資金調達先は見つかるはずだ。もしもこれ以外に選択がない場合は、次のセクションにて述べるブートストラップを参考にしてほしい。スタートアップの95%は消え去る。自身の夢に資金をつぎ込み、自分のクレジットスコアを危険にさらすことは、神経のずぶとい起業家であっても避けるべき、掛け金の高いポーカーゲームのようなものだ。

ブートストラップ

スタートアップのすべてが資本注入後に創業される訳ではなく、またその必要もない。その他の選択肢が、「ブートストラップ」だ。自身の借入と最初のセールス収益から資金を調達する方法になる。一般的にブートストラップには2つの種類があり、それは顧客ファイナンスと会社キャッシュフローだ。

顧客ファイナンス

　顧客は資金を貸すのではない。サービスの代金を支払う。中には代金の前払いを承諾することもある。これが顧客ファイナンスだ。実現出来れば、非常に有効な手段だ。

　　よい点：もしも顧客がプロダクトやサービスの代金を前払いするとなれば
　　　　　　（KickstarterやIndiegogoのB2Cのクラウドファンディング・プラット
　　　　　　フォームを活用したり、或いは大企業顧客に前払いで商品を販売するイメー
　　　　　　ジ）、それがあなたのアイディアの市場価値を立証することとなる。

　　悪い点：スタートアップがマイルストーンの達成に失敗した場合、顧客は非常にネガ
　　　　　　ティブな反応を示す可能性がある。ベンチャーキャピタリストには予測済み
　　　　　　の事態でも、顧客は二度と戻ってこないかもしれない。

　　面倒な点：「顧客」にも多様なグループがあるが、大きく言って消費者であれば、主
　　　　　　要なクラウドソーシングプロジェクトの不履行によって以降は実施が不可能
　　　　　　になる可能性がある。性急な起業家が警戒すべき大きな危険性はここにあ
　　　　　　る。一方で、B2Bの顧客ファイナンスは、戦略投資家を見つけるプロセスに
　　　　　　似ている。

創業者自身のキャッシュフロー

　あなたの通常のキャッシュフローのやりくり（クレジットカードを限度額いっぱい使うという意味ではなく）は、一定期間の新事業の資金を投げ回すもう一つの方法だ。方法としては、他の仕事をキープしながら副業として企業を立ち上げる場合や、起業後に資金を補うために多数のコンサルティング業務を行う方法が主流だ（これに伴う知的財産におけるリスクを理解するため、事前に雇用弁護士に相談するとよい）。

　　よい点：全株式を保有しており、負債や顧客の期待を負う必要もない。

　　悪い点：同時に2つの仕事に従事し、上手くやりくりしていかなければならない。

　　面倒な点：2つの仕事をこなし、完全に体力と気力を消耗してしまえば、自身の事業
　　　　　　運営に影響が及ぶ可能性がある。

　それなりの自分の時間と資源を投資しても、他の資金源なしにスタートアップを立ち上げることは不可能だ。この危機感を資金調達先の獲得のドライブにするのはよいが、間違った資金調達方法や投資家を選んでしまわないようにしてほしい。資金調達の機会が来たら、この章で述べた「よい点」、「悪い点」、「面倒な点」を見直し、それが長期的には頭を悩ますこととなる短期的なキャッシュの確保ではなく、真の成功と成長に繋がる機会であることを確かめよう。

当然ながら、ベストな資金調達の時期と方法は、事業のステージによって異なる。一般的に、資金調達を開始するベストな時期は、資金を必要としていない時だ。しかし、時期尚早に行動に移し、潜在投資家が実際にディールに至るまであまりにも長い期間事業の動向を監視出来る状況をつくるべきではない。スタートアップは、どこかで何がしかの壁にぶつかることは避けられず、多くの投資家たちはその事実に敏感に反応するからだ。

資金調達開始時期

シードキャピタルの調達を試みているのであればタイミングを選ぶ選択肢はあまりないが、コンサルティングや一度限りのプロジェクトによってブートストラップで資金調達を可能な限り続けるのがベストだ。何故なら、PoC（概念実証）ステージでは、新たな顧客の獲得や新プロダクトのローンチの度に会社の価値が急激に増大するからだ。会社が調達なしに存続出来るのであれば、時期尚早な資金調達はすべきではない。

起業家にとっての朗報は、本書初版と第2版の間に、テック企業の立ち上げコストが床を突き抜けて下がったことだ。ハードウエアやデータセンター、高価なデータベースライセンス（クラウドのおかげで）のようなものを必要とせずに、スタートアップ企業はこれまでよりもずっと少ない資本で事業を進めることが出来るようになった。

リアルな売上があり、キャッシュがあり、予想可能なバーンレートが整った事業を運営することが出来ており、機関投資家から一度も投資を受けずにここまで来たのであれば、現金が底を突く6カ月前にVCに話を持ち掛けるべきだろう。VCには、尚早にバリュエーションの期待値を定めてほしくない一方で、実際に機関投資家と初めてディールを成立させる上ではそれなりの時間が必要となる。また同時に、複数のファームと話を進めるべきであり、そのためにも十分なリードタイムを設けていた方が安心だ。特に、8月や休暇シーズンに掛かる場合は注意が必要だ。超絶に魅力的なディールでない限り、その時期にVCと新規取引を成立させることは難しい。

事業がブレイクイーブンもしくはそれに近く、増資をするというケースは、ディールのクローズまでの期間は短く、バリュエーションの変動も小さいだろう。このような場合、リードタイムは短いが、もしも変動が激しい業界である場合、予測よりも早く資金が必要になる可能性があることに注意！

ここでも、資金調達する最善のタイミングは、資金を必要としない時だ。投資家（善

意に満ちた投資家でさえ）は、投資先の緊急度を察した場合、そしてそれ以上に代替案がない場合にはなおさら、迷わず「市場価格」として減額交渉に入るだろう。結論として、最大のアドバイスは、BATNA（Best Alternative to a Negotiated Agreement：交渉が成立しない場合に備えて考えておく最良の代替案）を講じるということだ。

資金調達交渉における11の教訓

　ベンチャー資金調達のプロセスにおいてもっとも重要な段階となるのがタームシートの交渉だ。2 〜 3ページほどではあるが、そこには資金調達のすべての重大要素がまとめられており、一旦署名が終われば残りのプロセスは自動的に完了へと向かう。

　タームシートの詳細に関しては、ブラッド・フェルドとジェイソン・メンデルソン著『Venture Deals』内に記述されている「起業家の視点」という私の寄稿箇所を参考にしてほしい。過去のVCとしての経験、また起業家、そして取締役として務める中で、私が目にし実践してきた、起業家が心得ておくべき資金調達における11の教訓を以下に示す。

　1．優秀な弁護士を見つける。

　　ただよいのではなく、最良の弁護士だ。ただ単に働きやすく、生産性が高く、過大な費用の請求をしない人間（ブラッドとジェイソンが『Venture Deals』にて「妻の兄弟の友人の隣人」と述べているような）というだけではなく、ベンチャーファイナンスを熟知している人材。彼らの多くは、こうしたディールにおいてVCサイドと起業家サイド両方の経験があり、あなたを危機一髪の状況からも救い出してくれるだろう。あなたがどれだけの数のディールを経験しても、弁護士のそれには及ばない。

　2．重要なタームにフォーカスし、戦うべき場所を選ぶ。

　　一般的なVCのタームシートには、少なくとも20の条件が記載されている。最終的に本当に重要となる条件は2 〜 3程度だが、他の条件に関しても、弁護士の視点から見て、合理的であり標準的な内容であるのかは少なくとも確認する必要がある。バリュエーション、証券種類、オプションプール、取締役会の構成、CEOの報酬や権限などに関しては特に注意を払うべきだ。

　3．クリーンなストラクチャーのためなら、バリュエーションは犠牲にする。

　　常に誰もが、ディールにおいて価格/バリュエーションこそがもっとも重要と考えている。しかし、長期的には、ストラクチャーの方がはるかに重要だ。VCが株式の33%を取るのかまたは30%なのかということは、外部者（例：投資銀行やレイターステージのVC）にとって理解が容易であり魅力的な資本構成とすることに比べれば、それほど重要ではない。

　4．常にBATNA（プランBの、もう少しよい響きの言い回し）を確保する。

このアドバイスは、おそらくもっとも重要だ。これは、タームシートに限ること（本章終わりの補足資料を参照）ではなく、いかなる交渉においても当てはまることだ。

5．質の高い投資家に対して少々不利な条件を負うことを容認する。

質の高いVCとそうでないVC（個人パートナーでもファームでも）には測りきれないほどの差がある。その差は、最終的に会社の成長に大きく影響する。VCの質はプロダクトやチームの質よりも重要であるとは言わないが、それに限りなく近い。ここで肝に銘じておくべきことは、その質を手に入れるためには、少々不利な条件（バリュエーション、または証券のタイプにおいて）という対価を払う可能性があるということだ。このような場面でこそ、BATNAを最大限に活用することが出来る。

6．リファレンスの提供を求める。

シャイになる必要はない。潜在投資家はあなたの事業を常に見張っており、同等の行為に出ることに何の問題もない。彼らが過去に投資したCEOや解雇せざるを得なかったCEOのリファレンスの提供を依頼する。協力的なVCであれば、全投資先の名簿リストを共有し、連絡を取るよう勧めるだろう。非協力的なVCは2人の連絡先を提供した上で、事前に彼らに知らせる必要があるとあなたを待たせるだろう。

7．VCとの交渉の際、彼らの「我々はいつもこのやり方だ」というひと言で話を進めてしまってはならない。

それは真実とは異なる。VCには慣れ親しんでいる契約方法や特定の用語があるのかもしれないが、彼らの過去のディールはすべて異なり、そんなことは彼ら自身がわかっている。特定の条件を主張するに足る説得力に満ちた理由があり、あなた自身がそれを重要と思うならば、その時に耳を傾ければよい（しかし、常に戦を選ぶことは肝に銘じて！）。

8．シンジケートに複数の投資家がいる場合、顧問弁護士とリード投資家はシンジケートで一人にさせるよう強く主張する。

これは、あなたが（a）一貫性を保ち、（b）巨額のリーガルフィーを負うリスクを回避するために不可欠だ。VCにそのやり方を遵守させる必要もある。彼らが交渉成立後に、契約内容の変更を持ち掛けることはさせてはならない。また、シンジケートが互いに協力し、メンバーの利益の一致を図ることは有益であり、特に複数回の調達ラウンドに既に参加した投資家がいる場合は、さらに効果的だ。このプロセスの進行にあたっては常にモデレーターを演じることを心に留め、その際にはスムーズに事が運ぶよう念入りに従事すべきだ。

9．フォローラウンドの前に準備をしておく。

既存の投資家がフォローラウンドに参加しない場合、状況はひどく悪化する。他の投資家は、気を変えた同志を罰したい気持ちに駆られるだろうし、その過程で一般株主やマネジメントにも多大な二次的損害を与えかねない。VCが「先買権」（今後

の資金調達ラウンドにて投資する権利）の取得を主張するのと同様に、あなたと弁護士も、追加資金の調達時に投資家が投資を放棄する事態に備えて一定のプロテクションを掛ける方法を模索すべきだ。

10. タームシートの交渉は慎重に進める。

最初のラウンドであろうとフォローのラウンドであろうと、交渉でのあなたの振る舞いが今後のステージにおけるVCとの関係性を決定付ける。資金調達は、あなたとVCが相手の機嫌をうかがい合うステージから、VCが取締役会に加わり実質的にボスとして振る舞うステージへの境界線となる。

11. プロセス完了時に感謝の気持ちを伝える。

フォーマルな形式のメール、手書きの手紙、粗品など方法は何であれ、資金調達後にはVCに必ず感謝の気持ちを伝えよう。彼らはあなたの会社のために全力を尽くし、資金を投入し、あなたが夢を追い続けることを可能にする。その行為は「感謝」に値するだろう。

BATNA（プランB）

最良の選択は最良の選択肢の中から生まれるとよく言われる。時には、多くの時間、エネルギー、気力を費やしたディールから手を引かなければならないこともあるだろう。だが、起業家として、特定のディールの代用となる優れた選択肢を設けることで、手元のディールが解消される回数を軽減することが出来る。ある案件が結果的には上手くいかなかった場合でも他の代案に頼ることが出来るからだ。

優秀なVCとのディールをどうしても締結させたいか？ その1人と交渉をした場合、自分の期待通りのディールが締結出来る可能性は50対50であり、VCが11時間後に突然考えを変える可能性だってある。2〜3人と交渉すれば、頼れるバックストップを得られ、感情に流されずディールを進めることが出来るだろう。事業売却を試みる場合は？ 価格を最大化するために複数の買収候補を押さえておくべきだ。

BATNAという、ビジネススクールっぽい用語がある。プランBのより洗練された言い回しだ。よいBATNA、またはプランBを考案するには、プランAの考案と同等の時間を要することもある。最終過程に至るまで優れた選択肢を複数確保しておくことは非常に有益であり、最後に最適な選択を得ることを可能にする。

投資に関心を寄せるVCが2〜3社あり、交渉を上手く進めることが出来れば、その候補先の中から質の高い投資家とよいタームでディールが出来るだろう。ただ、タームシートが1つしかない場合には、交渉のレバレッジはゼロだ。BATNAを用意する場合、交渉プロセスに費やす時間は2〜3倍にもなるだろうが、その価値は十分にある。

第23章
財務フォーキャスト（予測）と予算編成

　スタートアップの事業計画における他のことと同様に、1つだけ普遍的なことがあるとすれば、予算や財務フォーキャストとその結果は確実に異なるということだ。ただ、それがどれほど懸け離れるのか、またはどう間違えるのかということは、やってみるまでわからない。

　これはチャレンジングな事実ではあるが、問題ではない。スタートアップでは、水晶玉を眺めて未来を予想するよりも、事後の問題に対処する能力が試される。予測を立てるべきではないということではなく、常に新しいデータを基に予測の再調整をする必要があるということだ。確実に言えることは、売上の達成は予想よりも時間を要し、費用は予測よりも増大するという2点だ。それを念頭に予算を立てよう。

厳密な財務モデル

　会社の規模にかかわらず、CEOの職に就く者は全員、自身のビジネスを大まかにモデル化し、その主要な財務ドライバーを把握するべきだ。ただ、それらの内容は時間の経過とともに変化する。より厳密に言うと、それは時とともに劇的に変化する。だからといって、キャッシュフローや経費の予測が必要ないという訳ではなく、適宜新たな事実に照らし合わせながら、随時予測を更新していかなければならない。

　財務モデリングは、CFOだけで完結出来るタスクではない。モデルの管理はCFOが担うだろうが、そのモデルにはCEOの意見をしっかりと反映させるべきであり、変数の変更によってコンセプトからキャッシュに至るまでどのような影響を及ぼすのかを理解する必要がある。

　スプレッドシートの仕事が出来ないCEO、この類いの業務一切に興味がないCEOの多さに衝撃を受け続けている。無視したり完全に誰かに任せ切ったりするにはあまりにも重要過ぎる業務だ。

　「今度の顧客はでかい」というだけでは、キャッシュフローの十分な予測にはならないし、「今四半期は少々費用がかさんだ」というだけでは、予算の予測にはならない。CEOなのであれば、貸借対照表、キャッシュフロー、損益計算書の基本的な仕組みを理解しなければならない。それは、世界を変え、市場に変革をもたらすという本質的な目的から逸脱するものではなく、目標達成に向けて自身の位置付けを率直に、そして厳密に判断する唯一の方法なのだ。自分でモデルを作成出来なければ、目的達成のレバー（手段）が提示されてもその理解に悩むだろうし、その結果、重要な経営判断を下す上

でも苦労することになるだろう。これらの責務を担いたくなければ、CPO（Chief Product Officer：最高プロダクト責任者）或いは会長になるべきだ。それでもファウンダー（創業者）という名誉は維持出来る。

景気後退期における財務フォーキャストと予算編成

2008年のリーマン・ショック発生時、我々は非常に動揺した。我々だけでなく、世界中をパニックに陥れた。我々は継続課金型の収益モデルであり、メディアや製造業などに比べればはるかに収益予測が容易であったことは不幸中の幸いだったが、我々は直ちに顧客解約率の上昇、価格の引き下げ、顧客獲得数の低下を予測した。唯一予測出来なかったのは、代金回収サイクルの長期化だ。2008年度後半になって、取引先のすべてがキャッシュを手元に置こうとし始めたからだ。我々もFortune 500企業の資金繰りに貢献し、それら企業のキャッシュバランスのお化粧に貢献した。おかげで我々の貸借対照表は悪夢のような状況だったが、他の計画によって何とか救われた。

景気後退期には物事が急速に変化する。四半期毎ではなく月次で予測を改定するべきだ。特にキャッシュとキャッシュフローについては綿密に行う。コアの収益源を明確化し、それが真の収益であることを確認しよう。その収益がエコシステムの中で残滓（ざんし）として発生するような三次的収益ではダメだ（オンライン広告インベントリーやアフィリエイトの残りカスなど）。景気後退期においては、持続性の低い収益モデルは一目瞭然となる。

結果は予測とずれるもので、どう違う？

社内の財務モデルがCEOのピッチのようにラフに作成されているなら、何が違ったのかという質問に対して適切に答えることは出来ない。潜在的収益や支出を厳密にモデル化する過程を踏んでこそ、予測と結果を照らし合わせることが出来る。これによって、以下に述べる点を実行することが可能となる。

・ビジネスのドライバーをより深く理解する。

　物事を曖昧にしておけば（例えば「顧客数の増加ペースを上げなければならない」）、事業理解も曖昧になる。貸借対照表と損益計算書に自分で向き合えば、事業を動かす真のドライバーを正確に理解することが出来るだろう。

・ベースラインを成功・失敗の測定基準にする。

　ベースラインの予測が間違っていたとしても、その四半期の結果に満足出来るか否

かを事後判断するよりは恣意性の低いパフォーマンス評価が出来る。

・結果を基にモデルを継続修正する。

すべてのモデルは、前のものよりも改善されるべきだ。今回は何故間違ったのか？同じ盲点を避け、同じ間違いを犯さないようにするにはどうすればよいのか？

スタートアップの事業計画、キャッシュフロー予測、そして予算編成は、本質的に正式ではあるが根拠のない臆測だ。臆測でよいのだ。そのプロセスを十分に繰り返せば、次第により正確な「予測」が出来るだろう。反対にそのプロセスを省略すれば、意思決定の質を改善することは出来ない。

Quickoffice 前CEO アラン・マサレックが語る戦略と資源の整合

アラン・マサレックは、もっとも規律のある経営者の一人だ（Googleも私の意見に同意してか、彼の会社であるQuickofficeを買収したばかりだ）。このセクションのために、経営資源と戦略の結び付きについて語ってもらった。本書の初版と第2版の間に、アランはGoogleを離れ、上場通信会社VonageのCEOとなった。

一般的に、スタートアップのCEOの仕事は、実績ある企業の経営よりも難しい。スタートアップのCEOは、資源に制約がある中で発展途上の市場で事業を運営するという、まさにルービックキューブのようなチャレンジに直面するものだ。この根本的な課題こそが、本節で説きたい神髄だ。簡単に言う。スタートアップのCEOは、限られたキャッシュと人材を、ターゲット市場の進化に伴い必然的に変化する事業戦略とどうしたら整合させることが出来るのだろうか？

大半のCEOは、ターゲット市場セグメントは頻繁に変化するという事実を頭では理解している。しかし、CEOの多くは、頭で理解しているこの事実を実際に経営資源と整合させることをしない。成功を収めるためには、CEOはこの絶え間ない変化を念頭に置いておく必要がある。

何よりも先に覚えておくべきことは、ほとんどのスタートアップは資金不足が理由で破産するということだ。スタートアップにとってのキャッシュは我々にとっての酸素のようなものだ。なければ、死んでしまう！　これは皆知っている事実だが、多くのスタートアップは、十分な資金がないにもかかわらずあまりにも広範な事業目的を追求し、結果として目的の達成前に資金を切らしてしまう。

本質的に、それらの事業戦略は資金調達の現実と整合しておらず、会社運営を継続するために必要となる追加資金の確保に求められる成長を見せることが出来ず破産へと追い込まれる。彼らが追加資金の調達に求められる要件の50％しか達成し

ていないのであれば、戦略の目的をより特定して半減し、その着実な遂行が出来ていれば、目標の100%を達成し事業継続に必要な資金を確保出来たかもしれない。

スタートアップによくあるもう一つの過ちは、支出のタイミングと規模に関連している。例えば、スタートアップでは一般的に、プロダクトやビジネスモデルが完成する前に、マーケティングに多額の貴重なキャッシュを投資する傾向にある。最悪のケースは、積極的なマーケティング活動によって顧客を引き付けた後に不完全で洗練されていないプロダクトをローンチして顧客を失望させ、会社の評判に傷をつけることだ。ネガティブな顧客体験を経てしまってから顧客を集めることは、優れたプロダクトやビジネスモデルでまったく新しい顧客を獲得することよりも難しく、コストがかかる。

私がQuickoffice 共同創業者兼CEOだった頃、このような「事業と資源」の整合性に関する課題に何度も直面した。我々の事業のアーリーステージにおいては、モバイル端末は原始的な携帯電話やPDAに支配されており、事業は苦戦していた。その後、スマートフォンやiPadのような高性能のタブレットが爆発的に成長し、我々の事業は健全なものになった。その過程の各ステップにおいて、我々は資源を市場機会と財務体力に照らし合わせ、整合性を図る努力をした。それは非常に難しく、誤りも多かったが、野球に例えるなら「高い打率でヒットが打てる」状態にはなった。マットが述べている多くのテーマを参考にしてその誤りを修正することが出来、その努力は2012年のGoogleのQuickofficeの売却という形で報われた。

事業戦略と資源の整合性を図ることは非常に難しく、その決断が的確だったのか否かは結果を見るまではほとんどわからない。私は達成目標として、事業を安定的に継続すべく「高打率」を掲げるべきであると考えている。この教訓を生かしてくれれば幸いだ。

Quickoffice 前CEO アラン・マサレック

不確実な環境下での予算管理

収益予測や予算管理において確実性が欠けている場合には、最悪のシナリオ、またはそれに近い状況を想定し、それを基準として費用を管理すべきだ。四半期毎に予測を立て、結果と照合してみることを数回繰り返すと、本章の冒頭で述べた2つの一貫したテーマに気付くだろう。

・売上の達成には予想よりも時間を要す。
・費用は予測よりも増大する。

繰り返しになるが、ブラッドとジェイソンは著書『Venture Deals』においてこの

点を指摘した。「売上予測は間違うものであり、したがってキャッシュフロー予測にもズレは出るものだ。しかし、有能なマネジャーであれば、収益の成長予測を考慮しつつ現金支出を遅らせることに注視して、予算編成する方法を探すだろう」。

　売上は予測を下回るという前提を持ち、スケジュールよりも早く手元資金を使い切らないよう努めるべきだ。楽観的なシナリオを基に予算を管理すれば、破産へと追い込まれる。

予測は早期且つ頻繁に

　前節を読んで、私がこのプロセスの大変さを理解していないと思ってほしくない。スタートアップほどは不確実性が高くない業界であっても、財務予測を立てることは面倒だ。この苦労を和らげるため、Return Pathでは初期の収益ステージの段階で、四半期ローリングの12カ月財務フォーキャストモデルを構築した。時には、事業の変動要素があまりに多く、12カ月予算を正確に作成するのが難しいケースもある。特に以下4点は、その予測を非常に困難にする。

　1．投資とリターン

　　投資に関する決定を毎日下せば、数年後には投資収益率を予測するスキルはかなり向上する。だが、そのリターンのタイミングを予測することは非常に困難だ。プロダクト出荷の遅延、繁忙期と閑散期の影響、そしてマーケティングキャンペーンの投資回収の遅れなど、様々な要因が影響する。

　2．競合

　　当然のことながら、競合他社の次のアクション、または、いつ新たな競合相手が出現するのかなどを予め知ることは出来ない。競合の動向は、プライシングに影響を及ぼし、販売サイクルを長期化させるなどによって予測を困難にする。

　3．M&A

　　買収は売上、費用の両面において予算編成プロセスにカオスをもたらす。

　4．収益ギャップ

　　完璧な予測が出来る収益モデルはない。メディア事業はめちゃくちゃに変動が大きく、需要期と非需要期があり、景気の影響を受けやすい。継続課金モデルの事業で、その月または四半期の目標を達成出来なければ、その年度の残りに取り返すことは不可能だ。それは、その翌四半期の数字は今四半期の結果に大きく依存するためだ。この事象をフレッド・ウィルソンは「ニューヨーク・ジェッツ症候群」と呼んでいる。試合に7回敗戦すれば、プレーオフでは戦えないということだ。

　予測を早期に且つ頻繁に行うことは、この問題の解決策にもなり、チームのモチベーションを維持する有効なツールにもなる。決して恥ずべきことではない。大手上場企業

でさえ、四半期毎に翌四半期と年度の残り期間に関する最新の見込みをウォール街に打ち出している。少々面倒であるため、CEOとCFOには以下、我々が学んできたいくつかのプラクティスを参考までに提案する。

- プロセスをサポートするためのフレキシブルなスプレッドシートのテンプレートを作成する。
  年に4度もモデルをいちから作成し直すことなど出来ない。簡単な操作によって複数のシナリオに対応可能で、予測だけでなく実績値も反映出来るようにすべきだ。

- ボードとチームとの期待値管理を行う。
  全員がプロセスを適切に理解している限り、多くの混乱を避けることが出来る。ここで重要なのは、両者に対してシステムが駆け引きのために使われているのでなく、数字がブラフだと感じさせないことだ。

- オリジナルと比較する。
  我々は「ウオーターフォール」チャートによって、今四半期の予測がこれまでどのように変化したか、そして最新の予測と実績の比較はどうかを知ることが出来るようにしている。これにより、いかにして今後の予測を改良するかを学ぶことが出来る。

- 時間の経過とともに、プロセスからの脱却計画を立てる。
  四半期毎の予算編成を1〜2年間実施した後に、半期予算を数年間、その後通期予算への移行を検討するとよい。

　このプロセスは、スタートアップのライフスパンがエグジットまで2、3年から10年以上へと延びるにつれて、はるかにその重要性を増した。フレッド・ウィルソンの指摘にもあるように、インターネット企業の大半は、創業後短期的に買収されるか（5000万ドル未満）、重力に抗うほどの速度で成長しその時点でIPOを果たす傾向にある。彼は、その二者間の「谷間」には、VCの支援を受けた堅実な企業が多く存在し、そこでは高いリターンが発生していると言う。私は、この谷間こそ、予測を早期に且つ頻繁に実施すべき時期であると付け加えたい。さらに、この谷間は、今後12カ月間の予算の予測可能性に限度がある中で、PoCから急成長企業へと変化を遂げるために企業がもっとも苦労する時期でもある。

マネジメント・モーメント

事実に忠実に

　優秀なチームは自身の殻を破る方法を知っている。彼らは、会社の利益を第一に考え、個人的な要望は主張しない。意見が一致しない場合には、相違する側の視点から課題に向き合う努力を惜しまない。また、彼らは事実と意見の違いを理解している。このトピックに関する印象的な引用は多々あり、一つに絞りきれなかったため、ここでは、私が勧めるすべてを紹介する。一つでも、あなたが共感してくれる言葉があれば幸いだ。

- ・ウィンストン・チャーチル：「事実は頑固なものである」
- ・複数：「複数の逸話」は「データ」ではない
- ・不明：「事実に基づいて判断を下そうとするのなら、突き詰めて議論しよう。
　　　　　だが、意見に基づいた判断を下すのなら、私が決める」

　チーム全員が、事実とそうではないことを理解するだけでなく、実際の課題の解決に向けて素直に事実を突き詰めて考える時こそが、マジックが起きる瞬間となる。

第24章
データの収集

個人事業主でない限り、会社創立時から時間とともに自社のことがわからなくなってくるものだ。すべてを知ることは出来ないだろうが、組織の内部、外部の双方のデータを収集するスキルは、企業の成長とともにより求められる重要なものだ。

社外データ

長年にわたりReturn Pathのシニアマネジャーを務めたマイク・ミルズは、NIHITO (Nothing Interesting Happens in the Office：オフィスでは面白いことは何も起こらない) とよく口にしていた。まったくその通りとは言い難いが、会社の経営においては、社内の人間関係の管理にあたり、人と相当な時間を費やす必要がある。会社のビジョンと戦略を定義付けるということは、より大きな市場の文脈にそれらを編み込んでいくということだ。どのような課題を解決しようとしているのか？　どのような顧客のニーズを満たそうとしているのか？　同じ顧客層を狙う競合は？　市場に身を置いている人間しか、これらの質問に的確に答えることは出来ない。顧客やパートナーと時間を過ごすべきだ。業界団体で積極的に活動しよう。顧客について深く学ぼう。展示会などにも足を運ぼう。直接競合だけでなく、代替競合に関しても理解しよう。

私は1年ほどで、距離にして16万マイルほど世界中を回り、見込み客、クライアント、パートナー、そして業界の有名人に会った。出張ばかりしなければ出来ないことでもない。地域のイベントに参加し、定期的に顔を合わせることで、地域の人とのネットワークを構築することも出来る。B2Cビジネスである場合はもっと簡単だ。ただオフィスの外に足を運ぶだけだ。

顧客から学ぶ

自分自身とチームに与えられる最高の宝の一つは、トップ顧客や見込み客と時間を過ごすことで得られるインサイトだ。私は、戦略的且つ実践的にビジネスを構築する上で、これはもっとも貴重な方法の一つであると常に感じてきた。

この理由となる記憶に新しい出来事の一つは、Return Pathの創成期の見込み客であったCrate & Barrelとのミーティングだ。我々は、再販業社のDoubleClick (DoubleClickが電子メール事業に従事していた時代) のプロダクトセールス担当数人とC＆Bのオンラインマーケティングチームとの丸一日のセッションに挑んだ。DARTを介した広告、DoubleClick Networkを通したオンラインメディアの購入、Abacus

を利用したカタログ流通の拡大、DARTMailを通した電子メールの送信、DoubleClick
の電子メール事業を通した電子メールリストのレンタル、またReturn ECOAサービス
を使用した電子メールのデータベースのクリーンアップなど、思い付く限りすべての提
案をした。

　だが、そのミーティングは散々たるものだった。結局、我々にとってもDoubleClick
にとっても、意義のあるビジネスには繋がらなかった。だがこの痛い経験を通して、私
はビジネスを続ける上で非常に貴重な教訓となる以下の2点を学ぶことが出来た。

　まず、セールスシニアコンサルタント1人が総合的なデジタルマーケティングソ
リューションの提案をするのではなく、個々のプロダクトの提案を専門としたセールス
担当を多数動員したことが大きな混乱を招いてしまった。あなたが大手小売業者のEコ
マース事業のヘッドだと想像してほしい。今日は大手ベンダーとの商談で、あなたは先
方から有用な情報を聞きたいと望んでいる。そこで商談に足を踏み入れると、7人の
セールス担当が一斉に頭を下げ、自己紹介を始めるのだ。しかも自分にだけでなく、彼
らが互いに。その失態を経験してからは、自社の各プロダクトに個別のセールス担当を
紐付けするのではなく、各顧客に1人の専属セールス部員を配置する体制を取っている。

　2点目は、当社の主力プロダクトであるECOA（当時はベータ版）の原型に、小売業
界では論外となるいくつかの欠陥を発見したことだ。一方ですばらしいことに、クライ
アントはこのプロダクトのコンセプトに強い興味を示しているということもわかった。
ただその細かな部分には、キーセグメントの鍵となる顧客を獲得するためには改善点が
数点残されていた。我々はその問題を解決し、同年の後半にプロダクトの発売にまでこ
ぎ着けた。この経験を経て得た非常に意義のある教訓は、新しいプロダクトや機能の開
発プロセスの中で、顧客との距離をずっと縮めた上で開発前にデザインコンセプトを市
場でしっかりとテストし、その後に開発に入るという流れを確立することが出来たことだ。

　この事例は「セールス」や「プロダクト開発」といった他の章で紹介出来たのかもし
れないが、ここで強調したいことは少し違う。そのポイントとは、たった一度の顧客と
のミーティングでこれらの教訓を得ることが出来たという事実だ。社内のセールスチー
ムとしか時間を過ごしていなければ、数カ月経っても、Return Pathのプロダクトでは
なく、顧客を軸としてセールスユニットを再編成するという考えは思い付かなかったか
もしれない。同様に、プロダクトを完成に限りなく近い段階にまで開発する前に市場で
検証すべきとの見識は、ベータテスト事業に多額の投資を行うよりも、はるかに有益な
決断だったのかもしれない。繰り返しになるが、これらの急進的な（長期的に考えても
価値が高い）シフトは、オフィスでの仕事中に生み出されたアイディアではなく、顧客
と過ごした1、2時間でもたらされた。この事例だけでも、NIHITOの原則を証明するに
は十分だろう。

「従業員とその周辺」から学ぶ

　私が本書を執筆している現時点で、Return Pathは、世界12拠点のオフィスに400人の従業員を抱えている。本書が出版される頃には、その数も変わっていることだろう。直近の人数は、人事部のシニアバイスプレジデントであるアンジェラ・ボードネロに尋ねればすぐにわかるが、「un-employees」の人数の把握は非常に困難だ。

　ここで私が言う「un-employees」は、業界の中にいる。Return Pathにとっては仲間だ。その人物の中には、採用を検討（時に複数回）したものの、結局採用しなかった人材も含まれる。クライアントやパートナーである場合もあり、そうでない場合もある。また、顧問として少々のストックオプションを付与する場合もあれば、そうでない場合もある。

　un-employeesに共通するのは、当社の発展において、非常に重要な役割を果たした人物たちであるという点だ。彼らは、我々のさらなる目となり耳となる存在だ。しばしば我々の社員よりもずっと早く情報を入手し、貴重な情報を提供してくれ、同時に業界他社との強力なコネクションも構築してくれる。彼らは、我々に建設的な意見を提供出来るほど、当社のプロダクトや戦略をよく理解している。意見をこちらから求めることはないが、彼らのフィードバックにはいつも感謝している。実際、彼らは社員ではなく、un-employeesという立場に身を置くからこそ、貴重な存在なのだろう。

　我々のun-employeesは、業界の著名人やCEOでもなければ、一般的な顧問やボードメンバーでもない。グループで集まることはなく、正式な関係でもない。実際、その関係性をフォーマルにするべきではない。そうすれば、彼らは市場の人ではなく、自社に属する人になってしまうからだ。それは、我々の社員が所属する場所であり、スタートアップのCEOが大部分の時間を費やすことを余儀なくされる場所でもある。un-employeesは別の世界への橋渡しとなるコネクションであるべきで、その本質を変えるべきではない。

具の少ないナチョス

　ここで一つ実話を紹介したい。

　フロリダ州ポートセントルシーにあるSam Snead's Tavernという店のバーに一人で腰掛けた私は、友人のカールの到着を待っていた。その店のバーテンダーの訛りに気付いた私は、彼の出身地を尋ねた。彼は、アイルランドのベルファスト出身であること、そこでの生活がいかに荒れているのか、アメリカンドリームを夢見ることが出来る現実にいかに感謝しているのかという話を流暢に話してくれた。私は、注文しようか悩んでいるメニューをいくつか口に出しながら、彼のお勧めのメニューを尋ねた。すると彼は、「客は誰も私の言うことを聞かないが、うちのナ

チョスは具の牛肉の量が少ないと客からの評判がよくないんだ。だから、ナチョスは勧めないよ」と言った。彼の意見を聞いて、私は他のメニューを注文した。その5分後、他の客が店に足を踏み入れ、バーカウンターに手を掛けながら「ビールとナチョス1つ」と大声で注文した。バーテンダーは何も言わず、注文を書き留めた。

　学ぶべき教訓は何か?

　フロントラインの社員の言葉に耳を傾けよう。いっそのこと、彼らをあなたにとってのカスタマーリサーチチームにすべきだ。企業ではよくあることだが、従業員は、時に呆(あき)れながらも不満を抱えた顧客の対応をする中で、顧客がどのような問題を抱えているのかを隅々まで把握している。一方で彼らは、経営陣はその問題を既に把握している、または気にしないものだろうと思い込む傾向にある。それは間違っている! 顧客に向き合う社員の声を聞き、フィードバックを内在化し、行動に移すことだ。彼らはすべてを耳にし、目にしている。もう一歩踏み込むのであれば、彼らに質問をするべきであり、さらに踏み込むならば、顧客からのフィードバックを積極的に聞くように彼らに求めるべきだ。

社内データ

　社内で多くのデータを収集する手段は多々ある。オープンドア・ポリシーを貫くのも一つだ。社員との定期的な昼食や朝食、または社内でラウンドテーブル会議を開催するのもありだ。社内を歩き回り、声を掛けることも一つだろう。他にも方法はある。

スキップレベルミーティング

　スキップレベルミーティングの実施における最善のアプローチに関しては後で説明することとして、ここでは、それがデータ収集という目的を果たす上でどれだけ有益なのかについて述べたい。そのミーティングによって、あなたは直属の部下ではない社員から、マネジャーたちのレーダーに映らない情報の詳細を入手することが出来る。さらに、各々のマネジャーとチームとの方向性の一致を確認する絶好の機会になる。あなたの直属の部下であるマネジャーとその部下である社員の意見が根本的に異なる場合、直ちにその問題に対処するべきだ。

代理

　社内でデータを収集するもう一つの方法は、チームのスタッフの留守中に積極的にその代理を務めることだ。通常、マネジメントチームが休暇を取得する場合でも、1〜2週間であれば特別な対処はせずそのまま走るのがもっとも容易だろう。大抵部下はあなたの助けが必要な時にいつでも頼ることは出来ても、あなた自身がその部下の業務の穴

を積極的に埋めるといったことはしないと思っているだろう。

　だが、当社で勤続7年時のサバティカル休暇制度が導入され、社員が実際にその制度を利用し始めた際に、代理を行うことの重要性を知ることとなった。6週間という期間は特別な対策を打たずに業務を遂行するには長過ぎる。そこで、私は、サバティカル休暇中のチームのスタッフの代理をアクティブに務めることとした。実際に彼らの席に身を置いてだ。彼らの部下とは、週に1度のグループミーティングや1対1ミーティングを行った。目標の達成に向けて共に働き、通常は参加を求められないようなミーティングにも参加した。

　そうした業務分野において得ることが出来た見識はすばらしいものだった。各々のスタッフの業務内容に加えて、チームの結束力や、社内の他部署との関係性についても深く知ることが出来たし、さらに、私の部下とのやり取りや今後の関係を改善する方法について学ぶことも出来た。私は、自分のやり方や部下のやり方に随時そういった形で修正を加えている。

　この方法を試すのに、部下の誰かが長期休暇やサバティカル休暇を取る時を待つ必要はない。どのような休みであっても、現場の社員との距離感を縮める機会として活用すべきだ。そのプロセスを通して得られる学びにきっと驚くことだろう。

生産的な盗み聞き

　しばらく前のことになるが、我々は大規模なオフィスの改装を行った。よくも悪くも、我々は移転なくしてこの作業を行った。端的に言えば、請負業者がオフィス半分の作業を進める中、残りの半分のスペースに全社員を押し込んだのだ。半分の作業が完了した後に残りの作業となるため、今度は完成したスペースに全社員を移動させた。

　この作業で得た副産物の一つは、セールス・ヘッドのアニタ・アブセイとスペースを共有したことだ。ワークスペースを共有したのは、会社創設1年目に当時の社員全員と1つの大部屋を共有していた時以来久しぶりのことだった。アニタと私は、今まで以上に多くの時間を費やすこととなった。部屋の反対側から聞こえてくる声を何とか遮断しようとしたものの、互いに耳に入る情報は、それは豊富だった。

　私自身はそれを楽しんだ。セールスの組織に関する理解を深めることが出来たし、アニタが携わっている業務をより把握出来るようになったからだ。我々のフィードバックの効率は大きく改善された。週に1度の進捗確認のミーティングは通常の半分の時間で終えることが出来た。それは、その前にカジュアルな会話の中で多くを話し合うことが出来ていたからだ。

　中には、個別の部屋を持たない「ノーオフィス・ポリシー」を貫く会社もある。そのようなオフィスのレイアウトには工夫を要するが（電話やSkypeで機密情報を共有したり、私的な会話をする必要がある私にとっては特に）、実のところ、私自身もそうした

変更を検討しているさなかだ。つい最近、私はSeamlessのCEOであり、友人でもある
ジョン・ザバスキーのオフィスを訪ねた。彼は、ノーオフィス・ポリシーを実践してい
る一人だ。個別の会議室が十分に準備されている一方で、経営陣が一日中肩を並べ
て仕事が出来るリーダーシップテーブルも使用している。生産的な「盗み聞き」を習慣
化することは、チームから情報を集める優れた方法だ。

　会社の規模が拡大するにつれて、ソースを問わずデータ収集に長けることは益々重要
となる。たとえ、あなたが直感に基づいて意思決定をするタイプの人間であっても、そ
の直感は知識と経験が備わってこそ正確性が高まるのだ。

第25章
苦境下の経営

　一定期間以上会社の経営に携われば、困難な状況下で経営を余儀なくされることもある。それは、景気後退の影響である場合や、競合の業績、業界全体の動き、または自社の実行力そのものといった事業に関する影響である場合もあるだろう。厳しい環境下で会社を経営することは、好況期に経営するよりもはるかに難しい。そして、ただ単にその苦境期を乗り切るだけではなく、将来のために会社を再設計することはさらに重要となる。

景気後退期の経営

　会社を10年以上継続的に経営することによって得られる利点の1つは、類似するマクロトレンドに繰り返し遭遇出来ることだ。私は2000年の景気後退、そして2008年のメルトダウンを経験し、その双方を生き抜いてきた。この2つの景気低迷はインターネットエコノミーにまったく異なる影響を及ぼすことになった。1つめは、インターネット業界が広告や商取引の手段としては成熟しておらず、同時にその業界の成長を支えていた資金の多くがバブル期の株式市場の資金であったため、インターネット会社にとっては破壊的な打撃となったことだ。2つめは、インターネット会社にとっては、幾分生産的な結果をもたらした。効率性という名の下、従来の伝統的なセクターから資金を奪い取ることが出来たからだ。

　そうはいっても、景気後退下で会社全体を指揮し、管理することは非常に難しく、気苦労が多かった。社員たちは自分の預金残高や雇用に不安を抱いている。あなたはCEOとして、従来以上に存在感を示し、透明性を高め、積極的にコミュニケーションを深めなければならない。また、経費の使い方を正しくナビゲートしなければならない。会社のために心血を注ぐあなたのチームは、あなたが彼らのことを気に掛けていること、あなたが確固たる自信を持ち経営していることを知る必要がある。私がこの景気後退期の中で得た経営に関する学びのいくつかは、いつの時代にも当てはまるものだ。

希望は戦略ではない－だが戦術としては悪くない

　ビジネスは不況の影響を免れることは出来ない。景気の後退によって、誰もが目標数値の達成に苦しみ、代金回収にもがき、顧客を失う。あなたの事業が、100万社に1社の例外、また反景気循環的でない限り、その影響を避けることは不可能だ。状況の改善を望む一方で、本腰を入れて最悪の事態に備えるべきだ。復旧の道のりは長いことを理

ることはまずあり得ない。正常な状態に戻るまでには、長期間（4～8四半期）を要すると想定すべきだ。

あなたの事業が本物のビジネスなら、長期戦に備えるべきだ。新しい機会を追求し、将来に向けた投資は継続するべきだ。ビジョンや野心の看板を下ろしてはならない。ただ、投資は保守的に、より短い投資回収期間を求めて、達成時期に対する期待値だけを調整すればよい。

経営状況に合わせて、チームを縮小・解散することも非常に難しいが、チームをもう一度作り直すことはさらに困難だ。状況が回復してきた際に、クリティカルな部署を一から再構築しなければならない事態は避けたい。人事がいなければ、採用したい時期に採用に関わる人員がいなくなるし、ITがいなければ、再スタートする頃にはチームが5つの問題を50通りの方法で解決するような非標準化されたプロセスに悩まされる。トレーニング・人材開発が欠如していれば、マネジメントレベルの人材を外部採用する際、それ以前より勤務してきた一般社員は自身の昇進に繋がるフィードバックや教育を受けなかったことに関して、それまでの貢献が水の泡だったと思わずにはいられないだろう。

景気後退を乗り切るのは必須だが、同時に将来も見据える必要がある。希望を持つことは戦略にはならないかもしれないが、有益な戦術にはなり得る。

ソファの下の小銭を探す

2008年の秋、我々は不要な経費の削減に懸命だった。特に、多額で明白な冗費に関しては、その撲滅に挑んだ。セールスコンサルタントを削減した。オフサイトミーティングをオンサイトへと変更した。新規採用人数も減らした。そして、さらに経費削減を強行するためには、損益計算書の「一般管理費」という勘定科目（「一般事務費」または「その他」と呼ばれる場合もある）の費用も削減する必要があることに気付いた。損益計算書上では比較的目立たない費目ではあるが、その性質上問題のありがちな費目だ。それは額の大きさ故にではなく、オーナーがおらず、予算も決まっていないからだ。

我々の「一般管理費」の細部に目を向けてみると、ペンを買い過ぎているということが問題なのではなく、その予算を管理する責任者または合理的に管理する者がいないことが問題であることに気付いた。

小さなことの積み重ねが、最終的には大きな問題になる。費用の重複、過剰な郵便配達費、経常項目の計上漏れ、数年間忘れ去られていた保管用ロッカーの費用など、経費削減に繋がる小さな機会はあちこちに転がっている。これらの項目を「一般管理費」にこっそり入れたとしても、誰も管理責任を負うことはないだろう。

財務的な苦渋の決断を下すということ

　CEOとしての在任期間中、経費削減のために厳しい決断を下すことから逃れることは難しい。その最たるものが従業員の一部をレイオフするという決断だ（この類いの決定にあたっては、数字のレンズで物事を見渡すのは簡単だ）。大きなコスト削減領域に集中し、小さな事柄については心配しないというやり方だ。だがそれは間違っている。スタッフの目を引き、その後に皮肉を蔓延させる原因となることはまさにそれらの小さな事柄なのだ。

　無駄の多い会社でなくても、常に節約の余地はあるものだ。辛い時期でのあなたの優先事項が全社員の仕事そのものや給与、医療給付を維持することだとなれば、その他の必須ではない項目が明白となってくる。大規模な見本市に5人の社員を送り込んでも、その数を10人に増員しても、その影響にさほど変わりはない。あなたの会社が会席の勘定を払うベンダーとなる必要はない。または、優秀な人材を確保するために社員の半数の携帯電話料金を支払う必要もない。

　2008年後半に起きた景気後退期には、私たちはレイオフを極限まで避けるため、人員削減以外の他のあらゆる方法で経費削減を急いだ。まず、年間2000ドルに届かない程度の出費であったコロラド支社のピラティスのクラスを廃止した。実質的には、この削減は予算に何らかの影響を与えるものではなかったが、従業員とその福利厚生を大切にする私たちのような会社であっても、その時期においては妥当な決断であるとしか思えなかった（従業員が会社支給の寿司バイキングランチを見つめながら、「この寿司をやめればピラティスのトレーナーのサリーは仕事を続けることが出来たのに」と呆れて口にしていたのが想像出来るだろうか）。このような状況下で、あなたが社員に対して示すべき行動は、腰を据えて真っすぐ前に進む時だと伝えることだ。そうすれば、彼らはその指示に従う。

危機を機会に変える

　バラク・オバマ政権の最初の首席補佐官であったラーム・エマニュエルは、金融危機直後の2009年、オバマの就任時に「危機を絶好の機会と見なし、追い風にすべきだ」と述べた。苦境時に、より少ない資源で多くを達成するよう組織を導くことが出来れば、それは、優先順位を決定し、実行に移し、逆境を勝ち抜くという組織の能力を向上させたことになる。あなたのリーダーとしての仕事は、状況が回復してもなお、その能力を継続させる方法を考え抜くことだ。

　危機的状況下の組織の張り詰めた緊張感を保つことは、様々な点で組織を強くすることに繋がる。状況が回復したからといって、その緊張を解く必要はない。私たちが

2008 〜 2009年の間に実行した1つの例を挙げよう。出張費用の50%削減を発表した際、チームの全員がその決断に呆れ果て、予算が足りるはずがないと声を上げた。実際には、なんと何の不満もなしに費用を3分の1まで削減することが出来た。その後また経費を3倍に戻すなんて必要は勿論ない。

困難な状況下での管理

　私は、ビジネスの逆境から目をそらさずにそれを直視する能力は、熟練のプロフェッショナルとして重要な要素であると常に考えてきた。

　苦境時に組織感情をどのようにマネジメントするかが鍵になる。誰もが雇用を気にする景気後退期にリーダーシップがさらに重要視されるように、事業が課題に直面している際にも重要だ。人々が恐れや不安を感じているかはわからないが、自分のパフォーマンスがより厳密に評価されていることに突然気付くのは確かだ。事業が上手くいっている時は、誰もが恩恵を受け、ビジネスの問題を見落としがちだ。それが、事業が落ち込んできた時には、全員の士気が下がり、他人やすべての物事をネガティブに責めがちになる。

　しばらく前のことだが、我々は真因の特定が非常に困難な課題を抱えていた。それは、玉ねぎの皮を一枚一枚剥がすようなものだった。答えが見つかったと思えても、それは根本的な原因ではなく、一つの兆候でしかなかったことに気付くのだ。私たちは分析的なチームであったため、原因を追求するためにさらに多くのデータを探し続けた。だが、生産的なアイディアは生まれずただ大量のメモ書きだけが残った。

　私は一人でこもり（自分一人の静かな時間を半日確保するといった形で）、自分自身のために物事を書き記し始めたときに、やっと問題と潜在的な解決策が見えてきた。私はラップトップを開けて、書きに書き綴った。最初はまったくまとまりのなかった考えが、段々と整理されていった。最終的に、私は問題をパターン化、理由付けすることで、解決策へと変えていくことが出来た。

　（問題をより深く理解するといったことではなく）解決策を追求するにあたって正しい方向へと導いてくれたのは、問題とあり得る解決策に関して話し合うことだった。信頼する同僚や助言者と数回も会話しないうちに、どれだけ自分の問題と解決策の双方に対する考えが馬鹿げたものであったかということに気付かされた。それは、取り得る選択肢を大幅に絞り込み、固めていく上で大変役に立った。

　問題を解決すること、または解決を可能にするドライバーとなることよりも有益なのは、困難な状況をコントロール出来ていると感じることだ。これはおそらく私が長年にわたって、問題と解決策を明確化することの価値に関して学んだ最高の教訓だ。リーダーにとって、制御不能に陥ることほど不快に感じることはなく、制御可能だと感じられることほど安心をもたらすものはない。苦境を乗り越えるには、ある程度のコント

ロールと自信が必要となる。

　このコンセプトは、各種の依存症治療の「12ステップ・プログラム」とそう変わりはないのではないかと思う。第一に、問題を抱えていることを自覚する。そして、その解決に挑む。私がここで伝えたいのは、問題があるという事実を認めるだけでは十分ではないということだ。大切なのは、問題の潜在的な原因を深く追求し、それを書き綴り、それを何度も口にすることだ。そうすることで、問題の解決へと向かう道に足を踏み入れることが出来る。

　これが難局を乗り越えて組織を導く最良の方法だ。事業が十分に拡大すれば、事業の浮き沈みの荷を負うのはあなただけではないことに気付くだろう。仲間がいることを自覚するのは喜ばしいことである一方で、人数が多ければ多いほど、打撃の影響は破壊的となる可能性がある。だからこそ、他者にその影響が降り掛かる場合は、慎重に管理するべきだ。問題を明確に特定し、その問題のドライバーを分離する。人、組織、戦略を変えることになっても、今後の成功のために自社を変えていくのだ。

マネジメント・モーメント

領域の専門家に決定を委譲する

　意思決定者が問題の重要性を理解し、その決定を下し、実行計画を立て、実際に実行して、フォローアップを行った時に初めて会社は成功する。もしもあなたが特定の問題に深く関わっておらず、最終的なプロジェクトの実行に関わる予定がなく、組織内で決定を下すにはふさわしい人物でないと思うのなら、決断を下すべきではない。その決定権は他者に委ねるべきだ。エンロンからウォール街の崩壊に至るまで、特定分野の専門知識の欠如のために多大な失態に繋がった例は数知れない。少しの謙虚さを持ち合わせていれば回避可能な誤りだ。専門家を見つけて、関連する決定は彼らに委譲するべきだ。

第26章
ミーティングルーティーン

　私にとって、取締役会とチームのオフサイトミーティングは、仕事においてもっとも生産的であり楽しいイベントの一つだ。それらのミーティングでは、重大な問題になり得る原因のごく一部にしか触れることはない。CEOは週に何十ものミーティングに出席する。ミーティングの有益さと生産性を保つことは非常に重要であり、「ミーティングに忙殺される」ことは避けねばならない。

レンシオーニのミーティング・フレームワーク

　先述の通り、パトリック・レンシオーニは私の好きなビジネス書の著者の一人であり、Return Pathでも、彼の著書である『The Advantage（ジ・アドバンテージ）』で紹介されているミッション、ビジョン、バリューのフレームワークを活用している。また、彼は寓話形式のビジネス書のシリーズも出版している。その書籍はすべてわかりやすく、そして伝えやすい教訓が含まれている。彼の著書には、『The Three Signs of a Miserable Job（なぜCEOの転進先が小さなレストランだったのか）』（病の治療やホームレスへの食事の提供などと異なり本質的にやり甲斐を感じにくい業務に対して意義を見いだす方法について書いたもの）、『The Five Temptations of a CEO』（CEOが避けるべき、リーダーシップに関する5つのトラップ）、『The Four Obsessions of an Extraordinary Executive』（ポジティブな面に焦点を当てた『The Five Temptations of a CEO』の関連著書）、そして『Death by Meeting（決める会議）』だ。

　『Death by Meeting』では、私自身が「ミーティングに忙殺される」と呼ぶ、数多くのミーティングに出席し過ぎることを問題として説いているのではない。本書中の定義は死ぬほどつまらないスタッフミーティングのことだ。ケーシーとウィルという人物（偶然にも私の上の子ども2人の名前と一緒であり、本書内でその名前が目に入る度に笑みが浮かんだ）が登場するすばらしいストーリーの中で、レンシオーニはスタッフミーティングを4つの種類に分別したフレームワークを紹介している。その4つのタイプは、日々のスタンドアップミーティング、週に1度の戦術ミーティング、月に1度の戦略ミーティング、四半期に1度のオフサイトミーティングになる（表26.1を参照）。

表26.1 パトリック・レンシオーニ著作『Death by Meeting』の
　　　　ミーティング・フレームワーク

ミーティングの種類	実施時間	目的/形式	注意点
日次のスタンドアップ ミーティング	5〜10分	日々のスケジュールと活動内容の共有。	座り込まない。 定例で開催する。 不参加者がいる場合でも開催する。
週次の戦術ミーティング	45〜90分	1週間の活動内容を見直し、戦術的な障害や問題を解決する。	1回目の報告後にアジェンダを設定する。 戦略に関する議論は延期する。
月次の戦略ミーティング （またはアドホック）	2〜4時間	長期的な成功を収める上で致命的となる問題に関して議論、分析、ブレーンストーミングを行う。	1〜2つのトピックに限定する。 準備をして調査をする。 意見の対立を快く受け入れる。
四半期毎のオフサイト ミーティング	1〜2日	戦略、競合の視点、業界のトレンド、鍵となる人材、チームの発達に関する事項を見直す。	社外に出る。 仕事外の活動には制限を設け、仕事に集中する。 日程を詳細まで設定し、重荷を与え過ぎないよう努める。

出典：©The Table Group、

　このフレームワークからの学びは大きい。長年にわたり、我々はこの全4種類の会議を実施してきたが、日々のローテーションの中で4種類の会議すべてを実施したことはない（それはやり過ぎと思えた）。ただ、1つの形式のミーティングを連続的に行うよりも、2種類のミーティングを行った方が仕事の効率ははるかに向上した。ステータスの更新と、戦略的な議論がはっきりと区別出来れば、方向性を大きく外すことはないだろう。時間や場所、形式を変え、気が散るほどではなく人々の興味を引くことが出来れば、社内の人間（自分も含めて！）が死ぬほどつまらない思いをすることはないだろう。

よいミーティングの実施

　ミーティングは社内でもっともコストのかかる行事だ（シニアレベルの人間がミーティングに1〜2時間参加するための人件費を計算すればわかる）。あなた自身が悪い習慣を持ち込むことなくよいミーティングを実施出来れば、他のシニアレベルの社員の模範となるだろう。

　形式を問わず、すべてのミーティングに共通する規則を以下に示す。

・アジェンダの設定

　何を議論するのか？　各ステークホルダーからどのような貢献を望むのか？　ど

のような意思決定の必要があるのか？

・開始・終了時間の厳守

遅刻は厳禁だ（必要機器の設定時間を含む。ミーティング参加者に15分間プロジェクターの設定のために待ってもらうようなことがあってはならない。早めにミーティングルームに足を運び、開始時間前に準備が完了しているよう努めるべきだ）。終了時間も同様に重要だ。ミーティングが常に延長するようであれば、時間通りに開始することを怠るようになり開始時間が遅れるからだ。

・明確なネクストステップの設定

ミーティングは次の行動へと繋がるべきだ。ミーティングの終了前に全員が万事承認していることを確認し、書面にてフォローアップする。

　加えて、可能な限りミーティング時間を短縮し、具体性を高め、好奇心をそそる内容にすべきだ。メールや5分間のビデオメッセージで十分な内容のためにわざわざミーティングを開く必要はない。隔週でよいスタンドアップミーティングを週次で行う必要はない。議論する内容がなければ、ミーティング自体をキャンセルすればよい。生産的に時間を活用出来ないようであれば、早めに切り上げればよい。目的に合わせてミーティングの頻度を調整することも必要だ。同じメンバーであっても、アジェンダの内容によっては週次、月次、または四半期毎と調整を図るべきだ。

スキップレベルミーティング

　先日、「直属の部下でない社員と1対1ミーティングをするのは間違いだ」と言い切る、ある会社のCEOと話す機会があった。他の複数のCEOから直属の部下でない社員とミーティングをするのはカジュアルで非形式的であり、散発的なものにとどめると聞いたことはあったが、実際にスキップレベルミーティングはしないと断言する人物に出会ったのはそれが初めてだった。スキップレベルミーティングに懐疑的なそのCEOは、マネジャーの地位を過小評価することに繋がるという懸念を持っていた。

　私は、彼の意見には真っ向から反対だ。私は長年スキップレベルミーティングを実施しており、会社の経営とリーダーシップにおいて必要不可欠なルーティーンの一部であると自負している。もしも、あなたの会社のカルチャーが、5〜8人の直属の部下以外にCEOが直接且つ定期的に組織の人間と話をすることが不可能な仕組みになっているのなら、それは大きな学びと周囲に影響を与える機会を逃している。

　スキップレベルミーティングを適切に実施するための5つの方法を以下に紹介する。

　1．予測可能にする。

内容が何であれ、定期的に実施する。頻度は単一である必要はない。私は、月次、四半期に1度、年に1度、または「会社にいるときならいつでも」と様々な頻度でスキップレベルミーティングを開催している。

2．一貫性のあるフォーマットにする。

スキップレベルミーティングで常に尋ねる質問がある。それは、主要なイニシアチブ、同僚のこと、障害になっていること、私がサポート可能なこと、会社の方向性と業績に関する彼らの意見、彼ら自身の役割と成長のことなどだ。同時に、彼らが質問とトピックを予め準備した上でミーティングに望むことを期待している。私から内容の濃い、特定の議題がある場合は、事前に伝えるよう心掛けている。

3．ロケーションを多様にする。

特定の社員と定期的なスキップレベルミーティングを開催する場合は、和やかに食事や飲み物を交えて実施するよう努めている。遠隔で行う場合は、Skypeやビデオ電話を使用する。

4．グループミーティングを開く。

時にあるチームの全メンバー、またはクロスチームでの集団形式のミーティングを開くのも楽しくそして有意義だ。社員たちが互いに理解を深める姿を目にすれば、新たな視点でチームの人間関係を把握することが出来る。

5．最終確認を怠らない。

私はスキップレベルミーティングの実施前とその後に常に対象者の直属の上司と話す時間を設けている。実施前は、対象者が抱える問題、私が強調すべきことや尋ねるべき内容を確認する。実施後は、特に彼らの仕事や目標以外の話をした場合には、後に驚く事態とならないよう彼らの上司に伝達するようにしている。

スキップレベルミーティングを頻繁によい形で実施することは、社員に権限を与えることに繋がる。これを権力の侵害だと感じるマネジャーがいたとしたら、あなたが求めている人材ではない（厳格な指揮命令統制型の組織にしたいと望むなら話は別だが）。

CEOに求められるコミュニケーションスキル

CEOにとって、ミーティング、メール、電話などでただ話せば十分という訳ではない。聞いてもらわなければならない。あなたが話したことが正確に受け止められていることを確認するためのタミ・フォーマンによるアドバイスをここに記す。本書の初版と第2版の間に、タミはPath Forwardという、Return Pathからスピンアウトした非営利団体のCEOに就任した。今では、彼女は自分のアドバイスを適用することが出来る。

CEOの重大な職務の一つはコミュニケーションだ。社内では、経営陣、社員そして取締役会メンバーとコミュニケーションを図らなければならない。社外では、顧客、潜在顧客、メディア、アナリスト（業界アナリスト、または金融アナリストの場合もある）、そしてビジネスに影響を与えるインフルエンサーとのコミュニケーションが求められる。

すぐに改善する必要があるのなら、以下のCEOに求められるコミュニケーションスキルを参考にしてほしい。

・自分を知る。
　CEOには2種類いる。ストーリーを上手く伝えられる人とそうでない人だ。まずは自分がどちらなのかを知るべきだ。もし後者なら、誰かに助けてもらうべきだ。

・信頼出来るコミュニケーションの責任者を採用する。
　CEOとコミュニケーション責任者の関係はビジネスの成功において非常に重要だ。もしも、その責任者が有益な助言を与えてくれていると信じられないのなら、社内、社外にかかわらず、力強い説得力のあるメッセージを届けることは困難だ。

・「金魚鉢」の中で働くイメージを持つ。
　あなたの行動は常に見られている。本書の著者であるマットのようにガラス張りのオフィスで働くCEOには、文字通りその言葉が当てはまるし、そうでなくても、この言葉はどんなCEOにも比喩的に当てはまる。あなたが言うことなすことのすべてが意味を持つのだ。

・非言語メッセージに注意を払う。
　口に出したり、言葉に記したりすることだけが意味を持つ訳ではない。社員はあなたの行動を見張り、その行動を基に推測する。例えば、あなたが休暇中にメールを返信すれば、社員は休暇中にも連絡が取れる状態でいなければならないのだと思うだろう。急速な変化を求められる高成長事業で「いつも戦闘態勢に」という原則こそが社員に伝えたいメッセージであるなら、それでいい。そうでないのなら、考え直そう。

・何度も繰り返し伝える。
　会社の大きな目標をチームに伝達し、各チームに伝える方法を指導するべきだ。メールを送り、ミーティングを開き、また再度メールを送信するべきだ。

その目標を紙に印刷し、ボードに貼り付けるべきだ。事業にとって重要不可欠なメッセージであるのなら、伝え過ぎということは決してない。

・あくまでもシンプルに。
　我々は、情報過多の時代に生きている。メディア、社員、または配偶者に至るまで、あなたがコミュニケーションを図る誰もが、あらゆる方向から情報を浴びせられている。可能な限り簡潔にメッセージを要約するよう取り組むべきだ。要するに何が言いたいのか？ どれだけ少ない言葉でそれを伝えられる？

・嘘をつかない。
　透明性の高い現代では、人々はあなたが嘘をついていること、またはただその場を乗り切ろうとしているだけなのかを簡単に見抜くことが出来る。この時代では、嘘をつくことによって得られる利益はゼロだ。誰も信じやしない。自身の課題や障害を正直に語ることには2つの利点がある。1つめは、人々からあなた自身、そして会社に対する信頼を勝ち取ることが出来ること。2つめは、会社のために社員のサポートを得ることが出来ることだ。何が壊れているかを知らずに直すことは出来ない（ちなみに、これはメディアリレーションにも関連することだ。記者に対して不誠実な態度を取れば、最後には自分にその罰が返ってくる）。

・メールに頼り過ぎない。
　現代企業では、メールや書かれたメディアを通じて情報が拡散される。別にそれがダメだとは言わないが、人によって解釈は異なるということを心得る必要がある。オンサイトのミーティングや録音、またはビデオなど様々なコミュニケーション方法を活用すれば、メッセージを深く浸透させることが出来る。また、活用するメディアによって、メッセージ性が変化することも事実だ。2008年の金融危機下では、私はマットに対して、社員に会社の状況をアップデートする方法として、メールではなく録音を使うよう提案した。それに対するフィードバックは非常にポジティブだった。マットの自信に満ちた声を聞き安心したという従業員もいた。メールではそうはいかない。

　もしあなたが生まれつき優れたコミュニケーターであるなら、それは心から感謝すべきことだ。そのスキルを磨くために努力しなければならない人々に比べれば、非常に有利な立場にある。もし生まれ持った才能がなくても、失望する必要はない。コミュニケーション能力は学習し高められる。皆がヘミングウェイやスティー

ブ・ジョブズになれる訳ではないが、誰もが書き方や話し方を学び、スキルを向上させることは出来る。

Return Path グローバルコーポレートコミュニケーション部
シニアディレクター タミ・モナハン・フォーマン

生産的なオフサイトミーティングの実施

我々のシニアチームは年に4回のオフサイトミーティングを開催する。それは取締役会と同様に、私の好きなイベントだ。以下、オフサイトミーティングに関する私のやり方を紹介する。

・理由

　オフサイトにはいくつかの目的がある。一つは我が社の経営陣が4拠点、より広いマネジメントレベルの社員で見ると6から7拠点に、物理的に分散されているという事情がある。そのため、オフサイトの回数だけしか実際に顔を合わせることが出来ないのだ。ただ、仮に同じ拠点にいたとしても、オフサイトを行うだろう。その主な目的は、日々の業務から離れ、集中的に時間を必要とする戦略課題を議論することだ。2つめの目的は、人間関係とチームの相互関係の構築と向上だ。経営陣が深い関係性を築き、それを継続していくことは非常に重要となる。統制の整った、団結力のある信頼の厚いリーダーシップチームは会社にとって必要不可欠な存在だ。会社が拡大するにつれ（地理的に拡大するときは特に）シニアチームの開発は益々重要となる。

・人

　オフサイトには必ず、エグゼクティブコミッティーのメンバーが参加する。そのコミッティーは、私の直属の部下と直属ではないが重要な役割を果たすシニアレベルの人間2人を含む合計7、8人で構成されている。4回のオフサイトのうちの2回には、エグゼクティブコミッティーの直下の、より広範なリーダーシップチーム、合計20人ほどを招くようにしている。これは最近のことで、初期段階では特定の議題のために直属の部下以外に2、3人追加する程度だった。

・場所

　我々のオフサイトは、「オフサイト」ではない場合もある。我々は参加者の都合に合わせてロケーションを変更するが、そのコストを抑制すべく努めている。毎年2回は、自社内または手頃な近郊ホテルで開催し、あとの2回は会議施設が充実したホテルや楽しさのあるリゾート色の強いホテルを使用している。社内でオフサイト

を開催する場合でも、他のミーティングは入れず、参加者と毎晩ディナーに出掛けるなどで可能な限りオフサイトに近い環境を作るよう努める。

・時期

概ね四半期に1回の周期で、年に4回開催する。以前は取締役会の直前にその準備も兼ねて行っていたが、忙し過ぎるため、現在は各取締役会の中間に開催するようにしている。唯一タイミングが非常に重大になるのは、翌年度の予算や計画について議論する年末のオフサイトだけだ。我々は通常、少数の参加者の場合は2日間で少なくとも1回のチームディナー、多人数の場合は3日間で少なくとも2回のディナーというやり方に沿っている。ミーティングが長期間に及ぶ場合は、息抜きのアクティビティなどを挟み、仕事だけにならないようにしている。

・内容

我々のオフサイトの内容は非常に綿密だ。お互いに知恵を出し合い、会社の経営そのものに関することから社内の文化、或いはプロダクト、サービス、オペレーションに関する戦略上の問題に至るまで、種々の難解な事業問題を解決するために議論する。各オフサイトのアジェンダは様々であるが、フォーマットは一貫している。オフサイトの開始時には私が挨拶と全体テーマに関する簡単なオープニングとして話す。その後はある種のチェックインとして、参加者がこのオフサイトから持ち帰りたい内容を確認することもあれば、ホワイトボードやポストイットを使用して楽しみながら創造的エクササイズを実施する場合もある。また、常に半日はチームと個人の能力開発に時間を充てるようにしている。

　各個人が直近の360度評価の主要な能力開発プランを読み上げ、自己評価をする。その後、他のチームの人間が、他のデータと意見を掛け合わせながら、正直に、お互いにフィードバックを交換する。さらに、同様にしてチームの関係性をテーマにしたチームの能力開発プランを作成する。そして、通常、1つまたは2つの主な議題を取り上げる。各議題にはオーナーがいて、その資料やディスカッションペーパーは2、3日前には共有される。その他にも、取るに足らないことから戦術的なこと、または高度な課題に至るまで様々なアイテムのリストを準備して、主要な議論の合間や、または食事中などに議論する（すべての食事にはアジェンダが用意される）。休憩時間にも小グループミーティングやアドホックな会話がある。勿論休憩もするのだが、全員が結集出来る貴重な時間を最大限に活用するよう心掛けている（朝6時にホテルジムのペダルトレーニングマシンを並んでこぎながらやった「ミーティング」はこの数年間で最高のミーティングの一つだった）。また、ミーティングの最後には、常に振り返りの時間も確保している。

・どのように

業務で多くの時間を共にするのはほとんどチームに限られてしまうが、通常は、長年のエグゼクティブコーチであるTriad Consultingのマーク・マルツが、会議の人材開発計画セクションのファシリテーションを行っている。また、全社に或いは少なくとも社内のマネジャーたちに対し、自分たちが学んだ内容や決定事項について適切に伝達を行っている。

マネジメント・モーメント

積極的な聞き役になる

私の幼少時代のことだが、親族と友人の集まりの場で、いとこのデイビッドが私の祖父のビルに「おじいちゃんはどうしてお友達や遠い親戚がしゃべり立てるのをただずっと聞いているの？」と質問をしたことがあった。祖父は、「私が言いたいことはもうわかっている。わからないのは、彼が何を言いたいかなんだよ」と返した。

その祖父の言葉は、今でも共感せずにはいられない。我々がReturn Pathの企業のコアバリューとして「人間には耳が2つあり、口が1つしかないことには意味がある」と入れたのはこの理由からだ。リーダーとして、ただミーティングに参加し、他のことに気を取られず集中するだけでは十分とは言えない。端から議論の流れを止めて自分としての答えを示すよりも、質問をしつつ会話を聞き、答えを見いだせるような流れを促す方がずっとよい。

第27章
組織の団結を図る

2012年の大統領選挙期間中、ミット・ロムニーは「企業だって人なんだ」と述べ、非難の集中砲火を浴びた。おそらく（というか間違いなく）大統領選挙においては不具合な発言ではあるが、それは団結について語る上では特に有益なアナロジーだ。会社で重大な問題が発生した際、誰もが共通の「人」の利益のために行動するだろうか？ 或いは、ある人はエンジニアチームのため、別の人はセールスチーム、他はVCファンドやアーリーステージのエンジェル投資家、またはCEOなど、皆が異なる人の利益のために動いているのだろうか。もしもチームが会社の共通の利益を追求していないなら、チームの団結が図れているとは言えない。会社の利益と同じほど重要な個人の利益は存在しないのだ。

スタートアップにおける団結の5つの鍵

会社の利益の追求のために、全社員を一致団結させるには、その共通の利益を明確に定義し、伝達することが不可欠だ。そのためには、以下の5つのステップを実践する必要がある。

1．ミッションの定義
   全社員に対して、「どこに向かうのか」と、「いかにしてそこに達するのか」を明確に提示する（バリューに照らし合わせながら）。
2．年度の優先事項、目標、ターゲットの設定
   前章で紹介したように、優先目標と明確なメトリックを設定することでミッションの具体化を図る。
3．ボトムアッププランニングの促進
   会社の主たる戦略的ゴールの設定を行うのはあなたとエグゼクティブチームだが、その達成に必要となる貢献について考えるのはチームの各個人の責任だ。CEOであるあなた自身や、或いは彼らの直属の上司は、各社員のプランが全社的目標とずれていないことを確認する必要がある。
4．透明な情報共有と活発な議論の促進
   社員が自身の成功や不十分な点を適切に自己評価するためには、組織の動きについて透明性を保つことが重要だ。厳しい話し合いとともに十分な情報をもって意思決定を行うことで、よりよい決断が下せるようになる。
5．報酬体系における団結促進（或いは少なくとも団結の邪魔をしない）

社員には利他的であってほしいと望むだろうが、彼らは会社の利益よりも自分自身の利益を何よりも優先するだろう。だが、報酬に関して会社と個人の利益の整合性が保たれていれば、この人間の本質が問題になることはないだろう。

各ステップの詳細に関しては、本書内で既に述べている。それらが団結促進の方程式になる。

再び：イチジクコバチ879

団結が保たれている企業では、指導者の役割が大きく異なる。リチャード・ドーキンスが本書にて述べた900種類以上のイチジクコバチの例を思い返してほしい。イチジクコバチにはCEOがいるのか？　イチジクコバチとイチジクの木を各四半期末に見回して受粉の確認をするCEO直下の部門長はいるのだろうか？　そんな訳がない。CEOのあなたは、組織の中で最重要人物であることもあろう。だが私にとっては、CEOが組織でもっとも重要ではない人間だとする議論をすることも容易だ。CEOとして、ミッション、アジェンダ、ゴール、バリュー、大胆で野心的な目標、などなどを毎日喧伝する必要がないほどに浸透した組織を築くことが出来たなら、あなたは仕事の大部分をやり遂げたようなものだ。チームの構築や人材育成、重要顧客やパートナーの開拓などに時間を投資し、数四半期後、または数年後の会社の次の動きを見据えることが出来るだろう。

個人のインセンティブと共通ゴールとの整合

給与が支払われなくても仕事をしたいという社員がいればそれはすばらしいことだが、実際には、宝くじ当選後の離職率を見ればわかるように、現実は異なる。あなた自身を含むチームのすべての人間はお金のために仕事をする（ただ次のセクションでも説明するが、裏付けとなる目的がないのなら給与は十分な要素にはならない）。給与は当たり前に必須のインセンティブだ。

第13章でスタートアップの報酬について触れた際に、その報酬は基本給、インセンティブ、株式に分類されるという点と、その詳細について説明した。そこでのアドバイスは、すべての状況に即して適用可能だ。

では、全社共通の利益の追求に際してチームの団結を図るために報酬を活用することについてはどうだろうか？

Return Pathでは、上位30〜40人の幹部には同じインセンティブプランが適応される。マーケターはマーケティングのマイルストーンを達成しても報酬は与えられない―

方で、エンジニアはプロダクト開発のマイルストーンを達成した際に報酬が与えられる。バックオフィスのスタッフは、インフラストラクチャーを効果的に維持することが出来れば報酬を得ることが出来、会社がマイルストーンを達成した時には、全社員がその対象となる。この制度によって導き出される結果は驚くべきすばらしいものだ。

・部門目標と全社目標のアラインメント
　会社全体の健全性に寄与することのない「プロダクト開発目標の達成」は重要ではない。CTOを含む経営メンバー全員が、総体的な会社の状況改善を目指すことで評価されるべきであり、会社全体の目標を立てる方がはるかに容易だ。ただ一つの優先事項は、年間目標の達成だけだ。

・個人と全社の成果指標のアラインメント
　どの会社であれ、全社目標と部門目標が一致するのは、セールスだろう。セールスチームが掲げる成果指標は全社のメトリックと懸け離れるようなことはない。統合的インセンティブプランがあれば、どの部門に関しても同等のアラインメントを図ることが可能になる。例えばゼネラルカウンシルだってコストカットのために外部弁護士費用の削減を考えたりする。

・部門別でなく全社の目標に沿った資源配分
　独自の報酬プランを設定した部門が早期にその目標を達成すれば、その部門の人間は他部門に手を差し伸べたりはしないだろう。自分たちのボーナスは確実に支払われる。一方でインセンティブが全社の業績に基づいていれば、例えばプロダクトマネジャー同士が積極的に開発スタッフの融通のし合いを始めてくれるようになるだろう。

　このアプローチには限りがあり、セールスチームでは、個人の業績結果に基づくインセンティブ制度があって当然だ。そして、経営が順調な時には不満は出ないだろうが、雲行きが重くなった時こそが踏ん張りどころだ。一部の部門で業績を伸ばしているのにもかかわらず全社目標を達成することが出来なければ、皆が憤りを感じるだろう。これは苦い薬のように飲み込みにくい事実であるかもしれないが、長期的な企業の存続のためには必要な薬となる。会社が全社目標を達成出来ないのであれば、誰の小さな成功も祝うべきではない。
　年月が過ぎ会社が拡大するにつれ、上記のアドバイスは、会社全体ではなく、シニアエグゼクティブや、おそらくその1つ下の層の社員までにより効果的であることがわかってきた（初期の頃はそうしていた）。会社の財務指標に目立った変化を及ぼしようがなくなってくるにつれて、全社業績とボーナスを結び付けることは非常に難しくな

り、むしろ非生産的になることさえあった。私は初期の頃の「All for one and one for all（一人は全員のために、全員は1つのことのために）」というアプローチが実に好きだったのだが、それは上手くいかなかったのだ。

時にとっ散らかるということ

　経営者には、几帳面（きちょうめん）でまめなタイプの人間が多い。だからこそ、彼らはそのポジションをつかんでいる。社員を管理し処遇する上で、公平性と平等性を重んじて仕事に従事し続けたならば、その気質は組織全体に自然に浸透することだろう。

　ただ、スタートアップCEOをより長く続け、会社の規模がより拡大するにつれて、すべてを決まりきった型にはめることが適した選択でないということに気付くようになった。時には、一貫性を持たないことは健全であり、しかも事業の繁栄にとっても不可欠なのだ。

　私がとっ散らかった状態を受け入れるには、しばらく時間がかかった。私は潔癖と言えるほどに几帳面な性格であり、とっ散らかりを許すということは私の気質とは反対だからだ。だが結果的には、その混乱は非常に生産的な効果をもたらした。我が社はプロセス重視の企業カルチャーではなく、結果志向のカルチャーであるということと、各マネジャーがチームを管理する上で多くの裁量を持っているという2つの要素の融合によるものだと考えている。

　この数年間のいくつかの事例を紹介しよう。

- ・セールスチームとエンジニアチームは、それぞれも、そして社内の他部門とも、個人目標設定、進捗確認、そして結果に伴う報酬に関して大きく異なる手法を適用している。

- ・我々のヨーロッパにおけるセールス、サービス、そして拠点組織の構造は、新興のラテンアメリカ、アジア、オーストラリアなどと大きく異なる。ヨーロッパ内でも、その構造は国によって様々だ。

- ・我々は当初から職務上のタイトルを重視する会社ではないが、チームとリーダーシップレベルの権限の柔軟性は数年前からさらに顕著となった。マネジャーやディレクターの方がヘッドよりも広い権限や事業に対する影響力を持つケースや、ある社員個人がマネジャーよりも多数の社員に影響を与えるケースなどもある。

　私は、組織において一定レベルの一貫性を維持しようと努力することが、的外れ

な目標であるとはまったく思わない。それが最終目標だとは思わないというだけだ。混乱を受け入れることが理にかなっている場合もある。具体的に説明するとするならば、ハイレベルなガイドラインやバリューに基づいて、各マネジャーが自身の判断や創造性を駆使し、チームを構成し、プロセスを組むことが出来るのであれば、全体の成功を最大限に高める上で非常に生産的であり効果的な方法であるということだ。

マネジメント・モーメント

「やめること」リストの作成

　全社員に「やめること」リストの作成を課すことは、社員が日々のプロセスや業務、ミーティングなどを客観的に見直し、どの部分が旧態依然としており、無駄を生んでいるかを見直すよい機会となる。このリストの作成は短期的には上乗せ業務となってしまうかもしれないが、長期的には業務量を格段に低下させる画期的な方法だ。

第28章
レッスンを学んだか？

進化生物学のイチジクコバチの著名な例（第10章参照）から、5歳児のダンスとお絵描きにまつわる逸話（第12章参照）に至るまで、ビジネスに生かせる学びは至る所に溢れている。その学びは非常に重要だが、その有益な教訓を生かすためには外部（ベンチマーク）と内部（ポストモーテムやAAR［After-Action Reviews］）において手順を定める必要がある。その方法は人それぞれだが、ここでは私のシンプルなベストプラクティスを紹介しよう。

ベンチマーキングの利点と限界

ここ数年、私とチームは、競合他社やパートナー企業のプロセスやパフォーマンスと当社を比較し、外部ベンチマーキングプロジェクトを数多く実施してきた。Return Pathでは、各プロジェクトにリーダーを配属し、自社の特定の経営指標やプラクティス、そして事業構造などをいかに他社と比較すべきかを知るために、同業他社や目標としている会社などと定期或いはアドホックの電話会議やミーティングを行っている。私の中の経営コンサルタント（前職）の血と、ビジネスの拡大を図る上で常に一歩先に抜きんでていたいと率直に願う私の血が混ざり合い騒ぐ時だ。

では、何故このようなことを実践するのか。一つの理由としては、既にあるものを一から作り直す手間を省くためだ。競合ではないが比較対象となる会社が、創造的な考えを駆使して問題を解決し成功を収めているなら、「プライドを持って盗み出せ」と言っている。あなたの会社が他社に対して同様にベストプラクティスを共有しているならなおさらだ。50人から100人、150人から300人、300人から1000人へと社員が増えれば、必然的に状況が変化するのが、事業拡大の現実だ。あなたとマネジメントチームの全員が、あらゆる成長ステージを「経験済み」であったり、マネジメントチームのメンバーの入れ替えを常時行っていたりでもない限り、経営方法を示す完全な指導マニュアルといったものは存在しない。

2つめの理由は、ベンチマーキングをすることによって、考えもしていなかった課題とチャンスの両方が明確になる（或いは、少なくとも課題と機会に関するあなたの仮説の再検証にはなるだろう）。自社に比べて（例えとして）比較対象企業のマーケティングファネルの顧客化率が50％高かったり、或いは新機能導入の有無にかかわらず年間5〜7％価格を上昇させているという状況だとしたならば、あなたもこれまで予期しなかった方向に事業の舵を切ることだってあり得る。

では、ベンチマーキングの限界は何だろうか。我々のCTOであるアンディ・サウティンズは、誰も答えを見いだせない時がその限界だと語っていた。我々も定期的にそのような状況に出くわす。災害からの復旧、チャネルコンフリクトに関する課題の対処法、コミッションプランの合理化など、他の誰も上手くやれていないテクニカルな課題に関する場合だ。時に、極めて特殊な問題に出くわすこともある。ほとんどは一般的な問題だろうが（例えば、どの会社にも災害復旧計画はある）、クリエイティブな起業家は独創的なビジネスモデルを生み、誰も出くわしたことのない稀な状況に対処しなければならない場合もあるだろう。

　状況によっては、他の誰よりもあなたが対応上手である場合もあるだろう。その場合には時間の無駄になることもあろうが、それでも私はまだ他社から学ぶことには意味があると考える。もし他社もベスト・イン・クラスのアイディアを持っていると思われるなら、トッププレーヤーとのブレーンストーミングを行い既成概念にとらわれないよりよい答えを見つけるべく努力するとよい。定期的なグループミーティングやフォーラムに仕立てるのもよい。

　総じて、ベンチマークは優れた経営手法であり、時間を費やす価値があると考えている。すべてに共通することだが、ベンチマークの有効性も状況に左右されるため、その開始時に目的を明確にしておく必要がある。また、結局は何も答えが見つからず、最初のステップに戻る可能性があるということも心得ておくべきだ。優れた起業家は発明することと盗み取ることの双方に長けていなければならない。

極端から学ぶ

　第18章において、「μηδεν αγαν」（「万事ほどほどに」という意味を持つギリシャ語）と「Oder gor oder gornisht」（「オール・オア・ナッシング」という意味を持つイデッシュ語）のどちらかの二元論で考えるのは誤りだと述べた。控えめなアプローチを取ることで得ることが出来る価値は明らかである一方で、極端なやり方から学べることも多々ある。ここでは、極端さは最良の学びに繋がり、あるべき「普通」或いは「控えめ」の適切な感覚を研ぎ澄ますのによい材料であるということを紹介したい。以下にその4つの事例を示す。

　以前、エンジニアリングチームに、当社のシステムの拡張性がどの程度あるのか考えるよう求めたことがあった。彼らの答えは「全然問題ない。簡単に現在の2倍の負荷を扱うことが出来る」というものであった。しかし、現在の10倍の負荷を処理出来るかどうかを尋ねたとき、テーブルの反対側に沈黙がよぎった。すぐに拡張する必要はなかったものの、エンジニアたちはシステムを10倍に拡張することについて考え始めたことにより、既存のシステムの様々な側面や、その時点で実行

中の作業に関し、彼らの考え方に変化が見られた。

　数年前、我々が企業買収を検討する中で、買収か自社構築かという議論で社内はもめていた。感情的に買収に肯定的な先入観を持つ者もいれば、自社構築に関して肯定的な者もいた。そこで我々は、議論を次のように変えてみた。「1ドルで買収が出来るなら、テクノロジーの自社開発はやめるか？」（勿論Yes！）。ならば、「では1000万ドルでも買収するか？」（勿論No！）。

　極端な選択肢を提示することによって、最終的に「買収と自社構築がちょうど均衡するコストは？」という合理的な質問を生み出すことに成功したのだ。

　仲間との団結を図るため、同僚のアンドレア・ポンチオーニと私は数週間前に5日間のジュースダイエットを敢行した。この極端な体験を通じて、私は2つの興味深い事実を知ることとなった。それは、私はフルーツと野菜は好きだが、十分な量を消費していないということ、そして空腹時の方が比較的よく眠れるということだ。

　第11章でも述べたが、数年前に会社の規模を大きく拡大した時、私は社内のオペレーティングシステムを見直し、私自身が全採用候補者の面談を行うのをやめた。これを決める要因となったのは、ある社員に「社員数が500人まで増えた後も同じことは継続可能なのか？」（No）、「いずれやめるなら、今すぐにやめるのと6カ月後にやめるのとでは何か違いがあるのか？」と質問されたことだった。

　どのケースにおいても、極端なことを考えることで私とチームはより広い視野を得ることになったのだ。

ポストモーテムの重要性

　アフターアクションレビュー、クリティカルインシデントレビュー、ポストモーテムなど、呼び方は様々だが、どう呼ぶにせよ、重大事象の発生後にベストプラクティスやそこからの学びを制度化することは極めて重要だ。その利益は計り知れず、事態が悪化した際にはその解決に大きく役立つことになる。

　ポストモーテムの起源は、軍隊が戦場より帰還した兵士から情報を収集するプロセスにおいて日常的に使用されていたことに由来している。これをマネジメントに適用することはパフォーマンスの高い学習組織においては不可欠だ。

　ポストモーテムのベストプラクティスを以下に示す。

・タイミング

　ポストモーテムは事象発生後、関与したチームのメンバーがその発生に関して十分な情報を収集出来るよう数週間後に実施すべきだ。内容と発生理由を忘れないよう、発生後からあまり時間を空けるべきではない。事象の対処中にポストモーテムの準備を整え（後日分析する旨を周知）、最大限の効果を発揮出来るようチームに

考えを書き留めておくよう促すべきだ。

・セッション時間
　事後報告セッションには最低でも90分間、場合によっては3時間ほど掛けて、すべてを総括すべきだ。

・アジェンダの形式
　以下、我々のポストモーテムのアジェンダである。
　-事象の内容と理由に関する共通理解
　-自分の役割
　-良かったこと
　-改善点
　-最大の学び

・参加者
　参加者は多過ぎてはいけない。危機管理チームに属さない人間であっても、そのセッションから学びが期待出来るメンバーであれば参加を促す。

・外部のファシリテーターを招く
　参加者の多くが上層部のメンバーである場合、これは必須だ。我々は、エグゼクティブコーチであるTriad Consultingのマーク・マルツ（彼の貢献に関しては第43章を参照）を頻繁に招いている。発生した事象と関係する「サービス提供先の内部チーム」を持たない人物であれば、組織の中の上級人事担当者を使うのもいいだろう。

・リーダーとしての役割
　会議の開会と閉会時に方向付けを行うと同時に、関係するチームのリーダーたちに感謝を示す。適宜質問はすべきだが、会話を独占しないよう注意すべきだ。

・議事録の共有
　我々は、危機管理チーム内に限らず組織全体に向けてサマリと次のアクションを含めた議事録を共有している。

　上手くいけば、これらのミーティングは貴重な学びを与えてくれるだけでなく、プロジェクトの勢いを維持させ、必要な対応を完了させる前に危機モードが消えてしまうリスクを回避することも出来る。

　ポストモーテムという言葉には悪い事象の発生が示唆されているものの、その他のケースにおいても実践されるべきだ。時に新プロダクトのローンチやキークライアントとの関係修復の成功の裏にも重大な学びが隠れているはずだ。我々は大規模なプロジェクトの半ばで定期的に「中期事後分析会」を開き、その過程での学びを確実に理解し、軌道修正をする機会を得ている。

　年月が経つにつれ、このプロセスにはさらに改良が加えられていき、プロジェクトが開始される前までには定期的に「プレモーテム」を行うようになった。「プレモーテム」では、プロジェクトで何が上手くいかないかをゲーム感覚で考え、それらの項目を中心とした作業計画の中に予防的な作業を組み込む方法を考慮した。

時に学びがないこともある

　Return Pathではかつて、非常に特殊な従業員問題に直面した。新しく採用した上級経営幹部を社内初の人事兼組織開発部長に就任させた際、そのたった2週間後に、彼女はキャリアの方向性を完全に変更したいと申し出て、地域経済とコミュニティーの開発に従事する政府関係の仕事に転職するとの理由で突然辞めたのだ。あいにく、彼女は携帯電話で退職を申し出た上に何の事前通知も移行サポートもせずに去っていった。その対応には非常に失望した。特にこれが人事のプロの行動なのだからまた驚きだ。

　その後、不信感、いら立ち、怒り（生易しくも小さくもない）を克服し、この面倒な状況についてメッセージを全社に発信し、慎重に且つ忠実に思いを綴った手紙をこの当事者に送った後、この状況を避ける方法はなかったのか、またはその兆候に事前に気付くことは出来なかったのかを落ち着いて考えてみることにした。

　我々はその人物を徹底的に面接したはずだ。社員10人が面談を実施し、私自身も4時間を費やして面接した。そのポジションが非常に重要であったことから、私の経験の中でももっとも厳密な面接だったと思う。また、その当事者の適性確認のために5つのリファレンスチェックも行い、ポジションに対する熱意も見定めた。

　この経験からの学びは何だったのだろうか？　それは、「時に学ぶべきレッスンなどないこともある」ということだ。事象が明らかになった後の対応で小さな学びはあったかもしれないが、面接、オリエンテーション、入社後の数週間以内に出来たことなど、根本的な問題の回避に繋がるような学びは皆無だった。

Connect the dots（点と点を繋ぐ）

　ここで言う「点と点を繋ぐ」とは、他者が社内でネットワークを構築する手助けをしたり、個別の仕事を繋げる役割を果たしたり、個人の仕事を会社のミッションや外の世界にまでも紐付けることを促すことだ。

　ビジネスリーダーであるあなたは、組織の中で点と点を繋ぐには最適の位置にある。様々な部署やチーム、或いは多くの会社と時間を過ごすあなたには、組織全体を見渡す独特な視野が備わっているからだ。だからこそ、この特殊であり極めて重要な任務を遂行するには特に適した人物なのだ。

第29章
海外展開

第16章では、サテライトオフィスとその従業員の管理の難しさ、また可能な限りチームを一つの場所にとどめておくことの利点について触れた。ここでは、その定義をより深めたい。顧客との物理的距離を縮めることも同僚のそばに身を置くことと同様に重要だ。海外への事業展開時や特定の地域で大きな顧客基盤が獲得出来た後は、拠点設置も検討すべきだ。その際には適切な戦略が必要となる。

あなたの事業は海外展開すべきか？

すべての事業が海外展開に適している訳ではない。もしもあなたの事業がB2Cの形態である場合、あまり効果的ではない場合もある。顧客はFacebookやTwitter、Evernoteの社員から連絡を受けることなんて考えていないからだ。現地の言葉で対応可能なカスタマーサポートは必要になるかもしれないが、拠点の場所がどこであろうと構わない。

だが、事業形態がB2Bである場合は話が別だ。セールスにおいては特にそれが当てはまる。ドイツ人はドイツ人から物を購入することを好むし、フランス人はフランス人から、カナダ人はカナダ人から、フランス系カナダ人はフランス系カナダ人から、アメリカ人はアメリカ人からがよいのも同様だ。だからこそセールス部員を顧客がいる現地に配属すべきだ（この規則に例外があるとすれば、フリーミアムのソフトウエアプロダクトの顧客は販売会社による対応を求めてはいないようだ）。

いかに海外展開を図るか

海外展開を実現するもっともシンプルな方法はM&Aだが、これについては次章にて詳しく述べることにする。最大手の販売業者（つまり既に何らかの形で自社と提携中）、またはローカルの競合他社（つまり自社が行う業務の大半を行っている）を買収するとよい。このパターンは非常に一般的で、外国人起業家の多くは、最終的にアメリカ企業に買収されることを前提に、現地コピービジネスを創設してきた。それが成功すれば、願ったり叶ったりだ。M&Aによる海外展開は高くつくのは事実だが、同時に売上高、顧客、現地のオペレーション、そしてローカルのリーダー人材の獲得が可能になる。

時に、そのどちらの選択肢も存在しない場合もある。新しい市場に顧客（或いは潜在顧客）はいるが、販売業者や競合相手が存在しない場合だ。完全にゼロの状態からローカルオフィスを立ち上げることがどれほど困難かを考えれば、近接分野の会社を買収

し、事業を再構成して利用しようと考えるCEOがいて当然だ。開発人員、アルゴリズムのエキスパート、製造業者などのインフラストラクチャーが既にすべて揃っているならば、この再利用という方法はゼロから人員を採用するよりもシンプルだ、という前提に立っている。ただ現実は、人材採用は確かに困難ではあるが（第11章参照）、従業員の再教育はほとんど不可能に近いほど、或いはまるで猫に犬のように吠えさせるぐらい大変だ。また、人材の持つ資質の関連性を見極める際に誤る場合もあるので注意が必要だ。JavaデベロパーはJavaデベロパーでも、Microsoftのドットネット・フレームワークの専門家よりも、あなたの業界に精通しているデベロパーを採用することが重要だ。その買収が正しい選択であったかどうかは後になってからしかわからないが、誤った選択はかなり高くつく。

　M&Aのチャンスがない場合の最良のアプローチは、ゼロから採用を実施し海外拠点を設立するというもっとも手ごわい（表面的に）やり方だろう。

海外展開の課題の克服

　我々が最初に海外展開したフランスとイギリスでのローンチは非常に困難だった。当時、我々の海外でのブランド認知はかなり限られており、採用やリファレンスのチェックに必要なネットワークなど皆無だった。その結果、1年または2年未満で両国のカントリーマネジャーを交代させることとなり、それによってかなり遅れを生むことになった。両国の初期の従業員は、オフィススペースから電話システムやコンピュータの設定、福利厚生などに至るまでとても「セルフサービス」的な環境下で仕事をすることを余儀なくされた。その後国外でも認知度が上がり、社内のルーティーンが定着し、堅実なインフラや管理ノウハウが確立された現在では、ブラジルやオーストラリアのような新しい市場にもスムーズに参入することが可能となった。

　以下、グローバル化に伴う2つの主要なチャレンジとその克服方法を示す。

　1．買収が出来ないなら、それは新会社を設立するようなものだ。

　　これは、市場の牽引力の獲得、適切な人材の発掘というような一般的な経営課題の話ではない。国を跨げば、地域の規制、給与、労働慣行、税制など、アメリカでは当然で、弁護士や会計士に委任出来る事項が厄介な問題になり得る。国によっては、可能な限り回避したいと思うほどに複雑なケースもある。例えば、日本、中国、ロシア、ベルギーなどが挙げられるが、ブラジルも同様に面倒に感じられ、フランスやドイツに関しても各々の国特有の問題が存在する。

　2．海外のリモート採用は通常の採用よりもはるかに困難だ。

　　国内での人材採用に必要なツールのほとんどが、海外では使えない。その上でサポートを受けるローカルネットワークがそもそも存在しないのだから。あなた自身が現地で時間を過ごし、人を巻き込むのに十分な話し合いを持てない。また、自社

のポジティブな評判は、おそらくエクアドルやオーストラリアまでは行き届いていない。言語の壁がある場合、リファレンスチェックを行うことはほとんど不可能だ。ここで選ばざるを得ない選択は、新オフィスで十分な時間を過ごし、一時的にでもチームの幹部メンバーの現地への異動を全力で試みることだ。州を跨ぐサテライトオフィスの運営でさえ課題満載だが、国が異なるとなればこの課題は何倍にも膨れ上がる。

海外拠点とその従業員の管理に関するベストプラクティス

海外拠点の開設が決定（またはその可能性を検討）した後に、その実現に向けて、あなたが出来ることを以下に紹介する。

・まず幹部社員を現地に送ってプレゼンスを確立し、初期メンバーを採用する。
　まず白状しておくと、この試みはReturn Pathでは達成出来ていない。ヨーロッパやアジアなどのすべての海外拠点において、我々は拠点の立ち上げやオフィスの運営に従事するため、一時的にでも新オフィスに異動してくれる現地出身の幹部を探し続けた。その目標はいまだ達成出来てはいないが、これからもその努力は続けるつもりだ。この方法を実践する会社は、その重要性を説いている。

・新規に採用する社員に対して期待値を明確に示す。
　期待値を明示するにしてもしないにしても、参入国の最初の従業員数人に対しては、長期にわたり様々な業務を兼任し、混乱の中で仕事をこなす能力が求められる旨は明確に伝えるべきだ。

・現地の法律やビジネスの慣習を学ぶ。
　各国には、税法、雇用関連法、一般的な始業時刻から昼休みまで、それぞれ独自の定めや慣習が存在する。あなたの会社がアメリカの会社であるからといって、他人が自分のルールの下に行動してくれると思い込んではいけない（社内の共通言語として英語を採用することについては前提とすることが出来るだろう）。現地の給与形態から顧客との契約に至るまで、サポートしてくれるエキスパートを探し出そう。現地のビジネス慣習には特に注意が必要だ。相手が手土産を持ちネクタイを着用している中でそれらなしで会議に出席したとしても、それは軽微な間違いと見なされ簡単に許される。だが、深刻な違反行為は連邦政府までも巻き込む事態になり得る可能性があるため、FCPA（海外腐敗行為防止法）やイギリスの贈収賄防止法のような他の市場でそれらに相当する法律を必ず研究すべきだ。

・サテライトオフィスは段階的に拡大する。

物理的にオフィスを新設する場合、事を急ぎ過ぎてはならない。もしかすると、その数カ月後にはチームや市場機会が予測していた利益に結び付かないことがわかり、多くのインフラや10年間のリース契約だけを残され立ち往生する可能性もあるのだ。まずは在宅勤務からのスタートとすべきだ。毎日2、3人の従業員がオフィスに足を運ぶようになる段階で、シェアオフィスなどの短期賃貸物件を借りる。本格的なオフィスを構えるのは、現地の従業員が10〜15人ほどになった段階で十分だ。そこまでくれば、長期的に腰を据えることが出来るだろう。

・現地の文化に精通する人物を見つける。
　オフィスを新設する主な理由の一つは、現地の文化に根差した事業の運営だ。そのためには進出を試みる現地の事情を深く理解し、その内容を他のメンバーに明確に伝達出来る人物の存在は必要不可欠になる。その人物があなたの直属の部下のレベルの人材であっても、あなた自身が拠点全体に対して継続的にコミュニケーションを図るべきだ。

・チェックインミーティングの頻度を増やす。
　例えば本社従業員と週に1度の頻度でチェックインミーティングを開催するなら、遠隔地の従業員とは最低でも2度はミーティングの機会を持つべきだ。電話でクイックに状況の共有が出来れば、移動時間の効率的な使い方でもある。本社においてはその確認はアドホックミーティングの形で行うことが可能かもしれないが、遠隔地の従業員の場合はそうはいかず、意を用いて計画することが必要となる。

・ビデオツールを使用する。
　Skypeも利用可能だし、本格的なテレビカンファレンスツールもよいだろう。デスクトップ端末上でビデオ電話を繋ぐ方法もある。そのすべてを試してみるべきだ。メールや電話では多くの重要な情報が失われてしまう。

・全社共通のコラボレーションツールを使用する。
　各チーム間の面倒を軽減するためには、単一のコラボレーションツールを決め、そのツールを一貫して使用することが非常に重要だ。それを怠れば、従業員が一丸となって仕事に打ち込む前に、根本的なコラボレーションの方法を見いだすために多くの時間を無駄にすることになる。

・企業文化の一貫性を図る。
　確固とした企業文化を確立することは非常に重要だが、その企業文化を1つにする

ことこそが重要だ。各々のオフィスがお互いに独自の文化を持ち対立するような状況は避けなければならない。定期的に各々の拠点に出向き、従業員の入れ替えを実施するとよい。これによって、人と人との繋がりが生まれ、企業風土が統一される。幹部を異動させ、頻繁に確認を行うということを含むこれらのベストプラクティスの多くは、海外の会社を買収する場合にも適応可能だ。買収先企業の規模がよほど大きい場合でない限り、組織に統合するためには国内の場合に比べてその頻度をさらに増やすことが必要になる。

　スタートアップのCEOは、世界に革新をもたらすことを目論んでいる。そして、この野望には、新たな地に足を踏み入れつつ事業の拡大を図るといった課題が伴う。それは非常に難しく、ストレスが多い上に莫大な費用も掛かる。海外に事業展開したいのであれば、その目標に適した国際的なチームが必要になる。

マネジメント・モーメント

信頼出来るデータの精査

　私は会社の現状を理解する方法として、ジュニアスタッフとのコミュニケーションと自身の観察に常に頼ってきた。だが、会社の規模が拡大するにつれ、組織の中核部からは率直なフィードバックが得られないのではないかと思うようになった。「CEOのあなたは何度も耳にしたことがあるだろう。あなたの前では、従業員はあなたが喜ぶことしか口にしない」と言われるようにもなっている。残念なことだ。

　どのように従業員からのフィードバックを信じればよいというのだろうか？　もしかすると、あなたは人を見る目があり、行間を読む能力に長けているのかもしれない。ただ、組織が成長するにつれ、CEOのあなたと従業員一人一人のパーソナルな繋がりが離れ、減少していくという事実は避けられない。そして、中にはあなたに対してオープンに意見を言うことに抵抗がある者や、特定の策略のために近づいてくる者もいるだろう。

　あなたがすべきことは、社員の意見が建設的であり、そして利己的な内容でない限り、彼らの意見に快く耳を貸したいと思っていることを伝え続けることだ。

第30章
M&Aの役割

「合併・買収」は、本書の章よりもMBAコースのタイトルに適しているかもしれない。「スタートアップM&A」という言葉は少々矛盾するように聞こえるかもしれないが、実はそうではない。これは、スタートアップのCEOの戦略兵器の中でももっとも重要なツールの一つであり、その逆の側面の「事業売却」をも含んでいる。

戦略兵器としての買収

多くの起業家は買収に踏み切ることを恐れている。その理由は、その実現に要する気が参るほどの仕事量と、外部のものを受け入れる恐れという2つの組み合わせである場合が多い。Return Pathでは、現時点で10件の買収を行っており、今後も増え続ける予定だ。そのすべてが成功に終わった訳ではないが、そのうちの2件は革命的な影響をもたらし、その他のほとんども比較的規模が小さかったがそれなりに意味があった。

各々の買収はユニークだが、大抵の場合は4つのいずれかに分類することが出来る。

1．テクノロジーの買収

　戦略的計画の多くは、新プロダクト導入による会社の可能性の拡大を含んでいる。ここで問うべき基本的な質問は、「買収と自社構築でどちらが安いのか？」だ。もし答えが前者なら、既に完成したテクノロジーの獲得のために小規模の企業を買収する、または単純にそのテクノロジー資産の購入という選択は理にかなっていると言える（買ってしまえば、次にプロダクトを市場で売るのはあなたの仕事だ）。

2．チームの買収

　もしも「買う」という選択をせず、自社で「構築」する方法を選んだ場合であっても、新プロジェクトチーム編成のため、一からメンバーを雇う必要性がある場合もある。チーム丸毎の買収（最近では、HR取引とかAcqui-hiring［アクイ・ハイヤー］などとも呼ばれる）によって何カ月もの時間を要する人材採用を短縮出来る可能性がある。

3．事業ラインの多角化

　M&Aにおいて、チームやテクノロジーを買収するというケースは特殊だ。通常は会社全体を買収するケースが一般的であり、そうした買収には2つの理由がある。一つは、未参入の事業に参入を試みることで事業の多角化を図ることだ。注意すべきは、中核事業の補強となる新規事業を見つけ、自社が有する強みを生かすことだ。そうでない多角化は無駄を生み集中を妨げる要因となる。

4. 市場シェアの拡大

最後に、直接競合の買収による市場シェアの拡大が挙げられる。その競合と長年にわたり競争状態にあったのであれば、合併によって単独では作り上げることが出来なかったすばらしい会社にすることが可能となり、これは両社にとって有益な選択となるだろう。

資金調達と買収クロージングの仕組み

M&Aの仕組みは非常に複雑で、その説明には本一冊分を要する（M&Aに関する本は多く出版されており、必要に迫られた時にはぜひ読んでほしい）。それでもなお、概要を理解することは重要だ。

上場企業にとっては、買収は比較的容易だ。株式、そして時には多少のキャッシュを使えばよい。ただ、小規模で未上場の企業の場合はかなり複雑だ。通常、スタートアップの買収は株式とキャッシュの組み合わせに加え、事業統合期間中にキーメンバーに継続的に業務に集中させ、買収事業の業績を極大化するためには、アーンアウト条項（条件付取得対価を定める条項）の活用が必要となる。

株式

買い手にとってもっとも都合のよい買収方法は、未上場普通株式での買収だ。ただこの方法は勿論受け入れられにくい。何故なら、これは買い手がインサイダーとしてコントロール出来る流動性のない株式と、もう一つの流動性のない株式との交換だからだ。売り手に対しては、自社の実績や評判、業績などを示して、ターゲット企業を説得することが出来るかもしれない。或いは潜在的なアップサイドについて強調するのも手かもしれない。反対に、売り手はキャッシュを要求してくる可能性があるが、買収対価に比して多額のキャッシュを手元に有していたり、または売り手企業の株主を承継したくなかったりといったケースを除けば、可能な限りキャッシュでの支払いは避けるべく方策を練るべきだ。

買収対象が普通株式による買収に前向きでない場合、そのディールの成立にあたり有効な選択肢は2つある。もしも優先株式があるのなら、普通株式と優先株式を組み合わせ、優先株式を徐々に増やしながらキャッシュを絞ることだ。これにより、少なくとも新たな株主に対して優遇措置を講じることが出来る。対象先企業の優先株式を保有しているVC企業が相手であればなおさらだ。比較的大規模なディールの場合には、オブザーバーの権利やボードシートなども提供し得る。

キャッシュ

「キャッシュ・イズ・キング」であり、チェスの世界タイトル保持者がその地位を守る

のと同様に注意深く手元のキャッシュを守り抜くべきだ。買収対象企業のファウンダー
もあなたと同様にそれを知っている。だからそれなりの条件を用意しなければならな
い。キャッシュが少な過ぎれば、ディールを失う。逆にあまりに多ければ、未来の業績
へのインセンティブがなくなる。

アーンアウト

　確定した株数と確定したキャッシュであれば、議論の余地がない。一旦、ディールが
成立すれば、それでおしまいだ。それに対して、将来の業績に連動するアーンアウト
は、より複雑で、買い手と売り手のギャップを交渉によって埋めていく必要がある。上
手くいけば、買い手となるあなたは、業績が伸びた時に限り売り手に対して追加で支払
うことになる。上手くいかなければ、気持ちを害するだけでなく、先になって法廷闘争
に至る可能性さえある。

　このリスクの軽減には、いくつかの方法が挙げられる。何よりも第一に、アーンアウ
トの評価指標は可能な限り明確且つ定量的でなければならない。第二に、これらの基準
は、アーンアウト期間中に対象企業がコントロール可能な内容でなければならない。買
い手のセールス部隊が全セールス活動を担うことになった後の売上をベースにアーンア
ウト契約を結ぶのは理にかなわない。それと関連し、アーンアウトが有効な期間は短け
れば短いほどよい。12カ月、18カ月、24カ月の時間枠は、4年や5年の長期間よりも
ずっと将来を予測しやすい。

　最後に、アーンアウトの割合は大きく設定し過ぎるべきではない。ディールにおいて
は、あくまでキャッシュと株式が優先されるべきだ。もしそうでない場合には、パ
フォーマンス評価プロセスが両当事者に共有されるべきだ。Return Pathの最大の
ディールの一つでは、両社がそれぞれ指名した者が四半期毎に業績指標とその調整など
に関する会合を開き、また意見が相違する状況を想定して、その裁定を下す第三者をも
任命していた。結果的には、その人物に頼ることはなかったが。

　どのような方法を適用するとしても、ここで重要な役割を果たすのは信頼だ。それが
欠けているなら、その買収はよい選択とは言い難い。

M&Aが持つ裏の一面

事業売却

　2005年にReturn Pathが創業6周年を迎えた時、我々はメールアドレストラッキン
グ事業を行うスタートアップから、5つの事業を担う世界一小さなコングロマリットへ
と変貌を遂げた。その5つの事業はメールアドレストラッキング事業の他、メール配信
保証事業（新市場を開発）、電子メールによるマーケットリサーチ事業（事業スタート
時の市場は極めて小規模）、そしてメールリスト管理事業とリストレンタル事業（会社

創設時には双方とも巨大市場）だ。この多角化の一部はM&Aによるものだが、その多くは内部成長と開発によってもたらされた。

　その5年後、我々は再度1つの事業に戻す決断を下した。それは創業当初とは異なる事業だった。

　事業売却は、M&Aと同様に事業を一変させる可能性を秘めている。そして、それはM&Aと同様に複雑でもある。特に人事、IT、財務などの社内リソースが絡み合っている場合、その繋がりを切り離すことは非常に難しく、厄介なことになり得る（後ほど触れることとなるが、これこそが業績の振るわない事業を売却すべき理由の一つだ）。スタートアップのCEOであれば事業の複雑性には慣れているはずだが、失敗を受け入れることはより難しい。

　事業売却は嬉しい知らせでもある。あなたのチームがまたしても市場で高い潜在能力を持つプロダクトやサービスを開発したということだ（科学研究兼ソフトウエア事業スタートアップのOccipitalがeBayに対して、独自のバーコード認証事業Red Laserを売却したことがよい例だ）。事業の1つを売却することで、選択と集中を進め、社内のリソースを集中的に活用し、十分なキャッシュ（或いは潜在価値の高い株式）を手に入れることが出来る。難しいことなどない。

　ただほとんどの場合、事業売却は喜ばしくない出来事だ。M&Aが失敗に終わった場合だってそうだ。またはかなりの時間とリソースを投入した事業の業績が振るわない場合も同じだ。要するに失敗だ。失敗は一度きりのことであり、致命的なものでもない。失敗しただけだ。結果を受け入れる。次へと進む。さもなければ、事業は前に進まない。

　スタートアップの資源は限られており、業績の振るわない部門はその限られた資源の足を引っ張る。事業が収益を上げていないということは、他の収益性の高い事業がその事業の存続のために負担を強いられているということだ。そのような事業は直ちに売却すべきだ。業績の高い事業部門から資源を流出し、不振事業の下支えをすることはやめて、その資源を成長の糧にすべきだ。

　事業売却には、外部に与える利益もある。あまりに多くの事業を展開している企業の統制を図ることは難しい。採用候補者、潜在投資家、業界アナリストなどは、事業のフォーカスによってもたらされる明確性を好むはずで、採用にもコミュニケーションにも資金調達にも好影響がある。社内のCMOも、そして顧客だってフォーカスの明確化を好むはずだ。

　事業売却は、企業買収の裏側と言えるが、その複雑性に変わりはない。まず、妥当な買い手を探し出し、ディールの交渉を行う。売却する部門の規模が十分に大きく、潜在的な買い手も多く存在する場合、バンカーのサポートを得ることを検討すべきだ。ここでは、受け取る側として「株式、キャッシュ、またはアーンアウト」という選択肢を選ぶことになる。2007年から売却を試みた、マーケットリサーチ事業「Authentic

Response」の売却を通じて、我々は非常に重要な教訓を学んだ。それは、事前に売却対象事業を他の事業から可能な限り分離させることの重要性だ。分離がされていなければ、買い手はあなたのプロフォルマを信じはしないだろうし、両社間の長期にわたる業務委託契約の締結を検討したくもないだろう。

その他まとめ

　買収であれ売却であれ、双方が優秀な弁護士をつけ、その活用方法に関して双方で事前に合意しておくべきだ。複雑なディールでは、弁護士の性質として妥当である以上に過度に「やり過ぎて」しまうことでスピードを落としてしまう傾向にある。最善策は、詳細なタームシートを作成しておくことだろう。

　デューデリジェンスも、どこまでやるかの期待値を適切に設定し予め一定の合意をする必要がある。どの程度深くやるか？　どの程度きっちりした運営を期待しているか？小企業を買収する場合、自社が投入する資源は対象先よりずっと多くなることは避けられない。先方のCEOが一人でデューデリジェンスの質問に答える努力をしていることに敬意を抱きつつも、押さえるべきことは確実に押さえるよう努めなければならない。

M&A後の事業統合計画

　M&Aの実行は大きな仕事だ。ディール成立後は、その買収企業を自社に統合する次のステップへと進む時だ。ただ、すべての買収が成功に繋がる訳ではなく、そして失敗に終われば非常に高くつく。以下の詳細を念頭に置いておけば、M&Aを成功に導くことが出来るとは言わないが、その成功確率をそれなりに大幅に向上させることが出来る。

・人（People）
　何はともあれ、M&Aでは2つのチームを統合することになる。そしてそれ故にしばしば困難な決断を迫られる。最悪なら余剰人員の解雇、よくて人員の再配置だ。どのように対処するにせよ、新たにチームの一員となったメンバーの一人一人を、ただの商品として見るのではなく、一人の人間として心ある対応をすべきだ。

・プロダクト開発
　M&A実施のよくある理由は、新プロダクトラインや開発チームの獲得だ。その獲得後には、その買収の本来の目的を果たすため、実行に移すステージとなる。ここでは、自社プロダクトの開発停止や、余剰人材の排除のための開発者の再配置を図ることなどが求められるかもしれない。この転換期に丁重な配慮が欠ければ、開発者たちは新しい統合チームの確立に向けて皆が協力すること

なく、対立を始めることになる。

・プロダクトマネジメント
各々のプロダクトが一晩で統合されるようなことはあり得ず、しばらくは双方のプロダクトを同時に管理しなければならない。さらに、技術チームの統合のさなかにである。これはトリッキーな課題だ。双方のエキスパートたちが各々のプロダクトを維持しつつ、来るべき変化に備えて顧客と対話をするという非常に困難なチャレンジとなる。

・ITシステム
理想的に言えば、ITシステムの統合プロセスは買収完了前に開始されるべきだ。Windows派の買い手が「Notes」と「Domino」で運営される企業を買収するなら、出来る限り早い段階でシステムの移行を図るべきだ。似通ったシステムの統合自体が煩わしい作業だが、移行管理を伴う統合はそれよりもっと面倒だ。

・財務
未払金、簿記、給与支払いなどの財務関連項目の統合はITシステムの統合の一部でもある。CFOは、銀行口座や税金周りの数々の管理が当然に出来なければならない。

・セールス
統合された新パイプラインのすべての有力潜在顧客が、あなたと同様にこの買収が絶好の機会となると感じられるようにすべきだ。セールスアカウントマネジャーたちがそうしたコミュニケーションをしなければ、その逆の結果になりかねない。

・マーケティング
統合後の新会社をどのように売り出すべきだろうか。各々の2つのブランドアイデンティティを維持するのか、それとも1つのブランドに絞るのか。ここではエゴを捨てるべきだ。仮に買収企業の方がより際立ったブランドを保持しているなら、そのイメージを押し出した方がより大きな利益を期待出来る。

　上記の項目には、特段決まった順序がある訳ではないが、1つだけ例外がある。それは、どんな時も「人」が第一であるということだ。両チームが新たな目標の下で寄り添い団結することが出来れば、他の項目は些細な問題にすぎない。

統合（及び分社）

　会社を買収し、部門を売却するという行為の裏にある人間ドラマに触れずには、M&Aは語れない。それは、ディールを成立させる上でもっとも困難であり破滅的にもなり得る要素でもある。

　他社を買収する場合、人間的要素を重視する上で第一に実践出来ることは、対象企業の企業文化に関するデューデリジェンスの実施だ。これを無視することはあり得ない。対象企業の企業文化が悪い場合や或いは自社のものと完全に異なる場合、その統合は極めて困難だ。対象企業のプロダクトやテクノロジーがどんなに優れていても、その従業員を自社のオペレーティングシステムに順応させることが可能か否かは把握しておくべきだ。それが出来ない場合、事業の運営をかなり分けたままにしておくか、さもなければ大半の人材を失うこととなるかのどちらかだ。

　移行期そしてディール成立後の主たる課題については、ディール成立前に十分な時間を投資し、対象企業のマネジメントチームと協議すべきだ。新しいチームとの働き方、新たなプライオリティや事業目標などがこれに当たる。この実施は、企業文化的に今後物事をいかに進めることが出来るか（或いはそれは不可能か）を知ることが出来ると同時に、新たな「筋力」を予め身に付け始めることが出来るからだ。また、あなたは2つの事業の統合プロセスという大きな仕事に着手するということになる。我々は合併による企業統合に際しては常に、当社のリーダーと対象企業のリーダーの両方を迎え、詳細を網羅する大規模な公式プロジェクトプランを持って、共同プロジェクトの形で実施してきた。

　買収企業の統合においては、どれだけ急進的且つ強引に実行するかという程度によって異なるモデルが存在する。答えは「状況次第」なのだが、ここでの「状況」とは、2つの事業が、顧客視点でいかに密接に統合するべきなのかを意味する。少なくとも、我々は買収された企業の社員が自社の社員と同等の報酬制度、規程、情報アクセスなどに基づいた真のメンバーとなるよう常に主張してきた。

　過去のいくつかの買収実績においては、買収先の企業ブランド、メールアドレス、オフィスのすべてを排除したこともあれば、すべてそのまま残したこともある。このバランスを適切に維持するコツは、隔たりなくオープンに話し合うことだ。譲れない主張があるなら、事前に明示し他者からの理解を求めるべきだ。もし具体的な内容に関して話し合う余地があるなら、率先して話し合い、お互いに譲り合いが必要となることを受け入れる。買収先企業の方が自社よりも優れた何かを備えているなら、ある程度逆統合を図ることだって可能だ。

　未上場企業である我々は、社員に対して常に、買収の検討時期について非常に透明性の高い情報を提供してきたし、ディールの進捗状況についても随時アップデートしてき

た。この方法はややリスクが高く、買収先企業の意向と異なる場合もあるだろう（それが買収先の企業文化を示すデータでもある）。しかし、この方法は我々にとっては社内の動機付けや買収への納得感を最大化する上で効果的だった。

　自社の一部門を売却する場合、その課題は同様ではあるが、事の重大性は軽減する。流動性のない株式との交換となる場合には、買い手に対して一定の財務デューデリジェンスを求めることになる。自社の社員が買い手企業に異動する場合には、その異動が彼らにとってプラスであるように努め、少なくともリテンションボーナスなどを支給するなどで心を満たす方法を模索すべきだ。また、可能な限り事業部門を分離させるべきであり、その中でも会計システム、セールスフォース・ドットコムやその他CRM（顧客管理）ソリューションなどの分離は特に厄介だ。

　これらが事業分離に伴う代償のすべてだ。買い手もそう思うであろうように、売り手であるあなたもそう思うようにすべきだ。従業員向けの事業分離に関する透明度の在り方のレベルは、会社の買収時よりも売却時の方に近い。それははるかに厄介であり、慎重にプロセスを進める必要がある。従業員が自身の将来が不透明と感じ、さらには自分のコントロール外になってしまうと感じてしまったら、どんなに透明性の高い組織であっても機能しなくなってしまうのは明らかだ。我々はAuthentic Responseの売却にあたって、売却プロセスの開始時に社員に対して明確にその事実を伝達し、リテンションボーナスを制度化して人材のモチベーション維持を図った。そのやり方は正解であったとは思うが、その実行は非常に困難なものになった。そう申し上げた上で、我々にとっては、ただ事業を売却しその既成事実をもって社員たちを驚かせるというやり方は考えられなかった。

　このテーマについては、本書の新しい最終セクション第6部「会社の売却」で詳しく説明する。

マネジメント・モーメント

一極集中型のコミュニケーションを避ける

　指揮統制型のマネジャーは、情報を厳しく管理し、或いはすべて自分だけで統制した上で、会議で情報を開示するという方法を好む傾向にある。だがそのようなプロセスはまったく不要だ。シニアマネジャーであれば、チームの各人員がお互いに個々の関係を築き、当人抜きで定期的に個別ミーティングを開催しているのだから。これは、取締役会やCレベルに関しても同様だ。社員は、あなたを介さずに個人的に関係を築くべきだ。あなたがすべてのコミュニケーションの仲介に入らなければならないのなら、あなたは承認プロセスのまさにボトルネックとなる。

第31章
競争

　競争の激しい市場にいる企業のCEOは、競争は必要不可欠だと主張し、その状況をありのまま受け入れる傾向にある。だが、私はその考えには反対だ。競争率の低いニッチな市場を開拓し、自発的に革命を起こしつつ事業の運営を図る方がずっと理想的だと思うからだ。幸運なことに、Return Pathは競合がひしめく市場には属していないが、直接競合がいない中でも、スタートアップを運営していくことは非常に気苦労が多い。もしも競合がいるなら、その相手に打ち勝つか、或いは自社の敗退を避けるために出来ることはいくつか考えられる。

厳しい措置を取る「ハードボール」

　私が第1部で紹介した「王道」の2項目は、ジョージ・ストークとロブ・ラシュナウワー著『ハードボール』とその追記で「Harvard Business Review」に掲載の「Curveball」という記事の抜粋になる。

　ほとんどのビジネス書では、「ハードボール」の概念は小規模な起業家精神に満ちた企業のみに向けられたメッセージではなく、どう勝ち抜くかという普遍的な競争原理を語る際に触れられる。各章にて紹介する各々の基本原則には圧倒的戦力の投入、非常識の追求（データオタクには最適）、競合の利潤荒らし、堂々たる模倣、妥協の排除、M&Aがある。

　妥協の排除に関する章は、私のお気に入りでもある。その理由は、ビジネスにとって致命的である「今までこうだったんだからいいんだ」という変化の妨げとなる「お荷物」的発想に固執する人間の一面について述べているからだ。一見非論理的に見えるような問題の原因は、現状肯定型の発想だ。

　Return Pathでは、その「お荷物」的発想への対処法がある。それは拍子抜けするようで滑稽ではあるが、シリアスでもある。社内で何らかの質問や反論に対して「そういうものなんだよ」と答える者に出くわした際、その言葉を耳にした者は、「お荷物アラート！」、「何か重いお荷物持ってるね！」、「オイオイカッコいいナップサックだね。新しく買ったの？　それとも前から持ってるの？」などといった皮肉を含んだ言葉を掛けることで、前例主義から抜け出させるのだ。言われた当事者は少々恥ずかしく感じるかもしれないが、事業のあらゆるレベルにおいて、決まりきった一般論に挑戦し、創造性をもたらす要素となる。

　妥協の排除は、SouthwestやJetBlue、Saturn（GM子会社）、自動車リースなどを

オフェンスとディフェンス

　私はビジネスでディフェンス側に回るのは嫌いだ。いつもそんな状況になってばかりという訳ではないが。機能開発の面で競合企業に先を越されたり、大型クライアント専用のカスタマイズ業務に追われたり、成長する市場から締め出しを食らい買収という手段に出たりなど内容は様々で、そのどれであっても直面すればひどい気分になる。自社の戦略、戦術、資源配分を支配するのは他人だ。自分でなく他社の決め事だ。受け身のスクランブル発進だ。どれだけ上手く片付いたとしても、心から喜ぶ気にはなりにくい。

　後手に回っている際に出来る最善策は、ディフェンスのみの状況からオフェンスの要素を入れゲームを少しだけ変えることだ。勿論オフェンスをせよということだ。自身の言葉、自身のスケジュール、自身のイノベーションや機会創出、自信に満ちた笑顔、業界を率いるのは自分であるという確信を持って、他社に方向性を修正させ、後手に回らせるのだ。

　以下、その実行例を紹介する。

・多くのカスタム開発を早急に実行しなければ大口顧客が離れるという状況
　カスタム機能を全プロダクトの新機能のプロトタイプとして使用すべきだ（コラボレーションソフトウエアのGroupwareが、LotusがNotesの大規模導入にあたってのカスタムプロジェクトから生まれたという噂は有名だ）。「機能」はテクノロジー関連企業特有の言葉かもしれないが、基本的な概念はどんなビジネスにも当てはまる。自社の事業を大幅に伸ばす機会でないなら、やみくもに競合のオファリングに追い付こうとすべきではない。

・競合他社が新たなプロダクト機能の拡大（あれも、これも、それも！）を仕掛けている状況
　他社と同等レベルを目指すのではなく、機能全般のバリュープロポジションに革新をもたらす新機能の導入をすべきだ。例えば、Google DocsはMicrosoft Officeの機能に合わせる必要はない。Google Docsのバリュープロポジションはクラウドであることだからだ。拡張争いは避け、顧客エンゲージメントのルールを変えるのだ。

・会計ソフトが機能停止し、社内システムを再構築せねばならない状況
　完全に時間の無駄だ。この機会を生かして、今までの専用のハードウエアやデータベース、サポートコストを要する古いパッケージのアップデートではなく、最新の使いやすく軽いオンデマンドのパッケージに切り替え、長期的な時間とコストの削減に繋げるべきだ。最高のディフェンスは最高のオフェンスから来る。

よい競合、悪い競合

　競合が皆無であれば理想的だが、競合がいるとすればその相手にも良しあしがあり、その特性に合わせた対応が重要だ。

　よい競合とは、自社よりも優秀で、小規模だが突き上げによって目を覚まさせてくれる存在だ。その競合の顧客や資源は少なく、ブランド認知も高くはないかもしれないが、こちらから見てすばらしくよいアイディアを持っている。相手が自社を上回るのではと不安に駆られ、夜も眠れなくなるような相手こそが、最高の競合だ。そうした競合に対しては、彼らに勝るイノベーションで対処するか、自社がレイターステージにあり十分な資源を有しているなら、買収を検討するのもよいだろう。

　悪い競合はそのまったく反対で、莫大な資金を持つが賢くない会社だ。その種の競合が早い段階で出てくると、よくない意味で非常に破滅的な存在になる。バリュープロポジションに欠ける資金余剰のスタートアップは常に失敗に終わるが、同時に多くの競合もその道連れにする傾向にあるのだ。そのパターンは2つだ。1つめは、その競合のやり方に張り合い、自社のバーンレートを加速してしまうことだ。彼らと同様に無為に資金を費やし、気付いた頃には銀行口座が空になってしまうのだ。2つめはもう少し微妙ではあるが、そのダメージは同様に大きい。慎重な投資家は、あるアイディアが大きく失敗した場合、同種のアイディアに再度投資することを避ける傾向にある（「ペットフードのオンライン販売」は悪いアイディアではないが、Pets.comが約3億ドルを燃やし切る状況に陥ってからは、その種の事業に対する投資家の概念を一変するにはかなり長い時間を要した）。対処法？ 忍耐強く時期を待つだけだ。

　もう一つの類いの悪質な競争は、嘘や不正なビジネステクニックに頼るものだ。我々は数年に一度はこれに遭遇している。このような競合他社は、「Return Pathの代替品」としてマーケティングキャンペーンを展開していた。そのような会社に対し、たとえ彼らが成功していなくても、はらわたが煮えくり返るような気分になることがある。長年の間、その手の競合に対して自分たちの冷静さを失うことなく、妙な対応をすることにより逆に彼らに威厳を与えないよう、そして何よりも彼らのレベルに品位を落としてしまわないように必死だった。市場のリーダーが人をけなすような姿は、誰も見たくはないのはわかっている。

　競争に勝つテクニックのいくつかは競争のタイプによって異なるが、ほとんどの場合は共通している。競合が時にはあなたよりも考え抜いているという事実を受け入れるのだ。それから、行動と準備を重ね、やり抜く（相手にアイディア面で「先を越された」と感じた時こそ、「堂々たる模倣」を実行すべき時だ）。ただ何があっても、短期的利益のために自身のコアバリューを曲げてはならない。売上を競合に奪われても取り返しはつく。だが、競争とともに自分の核になる価値観までも失えば、それを取り返すのは難しい。

第32章
失敗

　ここまで、目標を設定し、その達成のために出来ることをすべてやり切ることに焦点を当てて論を進めてきた。ただ、スタートアップで普遍的に起きる事実を受け入れることも必要になる。それは、確実に失敗するということだ。それも数え切れないほどの失敗だ。スタートアップでは、失敗は避けられるはずの例外的事象ではない。プロセスの一部だ。私が常に従業員に伝えていることだが、当社の設立以降、私ほど多く失敗を犯した者はいない。そしてそれは大抵大失敗だ。

失敗とスタートアップモデル

　長期間の検証を経た、反復可能なビジネスモデルを有する大企業では、ほとんどの失敗は避けられるという仮定に基づいて事業を進める余裕があるだろう。ルールブックに従う。収益を生み出す。それを繰り返す。もしも不具合が起これば、それはただ単に敷かれたレールから足を踏み外したというだけだ。

　それは、スタートアップの現実とは懸け離れている。スティーブン・ゲリー・ブランクは、スタートアップ向けの顧客開発マニフェストの第3項に、「失敗はビジネスモデルの確立に必要不可欠な要素である」と述べた。まさにその通りだ。スタートアップは、新市場で（既成のルールブックに従うことなく）今までにない新プロダクトを開発する。そして、その創造プロセスでは数え切れないほどの失敗をする。Return Pathもその例外ではない。

　Return Pathの歴史でもっともエキサイティングな出来事の一つに、2004年夏に実行したNetCreationsの買収がある。その買収を機に、我々は、「顧客データベースの構築」というマーケティング業者や出版社が最大の課題と指摘する問題の解決策を手に入れることが出来たのだ。NetCreationsの買収は、すばらしい顧客基盤や売上に加え、新しいチームと新たな事業ラインの獲得にまで繋がることとなった。

　この買収は、直ちに規模拡大と市場での知名度向上をもたらした。だが、最終的には成功しなかった。それは「世界最小のコングロマリット」への第一歩であり、最終的には複数の事業と同様に売却する結果となった。

　我々は、顧客が一連の電子メールサービスを一度に購入するだろうという仮説の下にNetCreationsを買収した。その後、その仮説はまったくの誤りだということが発覚し、その買収は失敗に終わった。重要なのは、この失敗から学び、単一事業に集中すべきだという決定に至ったことだ（5年間で収益7倍という結果に寄与した洞察だ）。その

学びを無視し、未熟な事業の多角化に走っていれば、それこそが真の失敗となったことだろう。

　ブランクの指摘するような、失敗とスタートアップのビジネスモデルの関係はつまり、失敗を許容することはスタートアップや成長期の会社には必要不可欠であるということだ。自分のチームが失敗することを許さないということは、イノベーションを起こすことを許さないと言っているのと同じだ。彼らがイノベーションをもたらさなければ、確実に会社は潰れる。私は過去13年間、幹部向けトレーニングの冒頭で、社員全員の犯した失敗の合計よりも私が犯した失敗の数の方が圧倒的に多いという事実を必ず伝えるようにしている。社内の誰もが私の記録を破る権利がある。

　ただ、自分自身を含め誰にも許してはならないことが1つだけある。それは、同じ過ちを犯すことだ。犯してはならない失敗はないが、それは一度だけだ。その過ちから学び、再発を避けなければならない。

失敗にも生みの親は存在する

　成功の手柄を盗もうとする者を探すのは難しくはない。大規模な資金調達の締結、四半期の好成績、大型クライアントの獲得など、何か喜ばしいことが起これば、多くの称賛に値しないはずの者がその手柄を自分のものにしようと試みることだろう。フレッド・ウィルソンは、成功には何千人もの親が存在すると何度も私に言うが、だからといって失敗に親は存在しないという訳ではない。

　責任をなすりつける否定的なカルチャーを持つ会社は、最終的には火の中で燃え尽き消滅する。それは恐ろしい職場だ。そこでは、部署間のイザコザや友人間での裏切りを擁護する。何よりも、そのような会社は、間違いや失敗から学び、その再発を避けることが出来ない。

　他人の批判や問題の回避は状況の悪化にしか繋がらず、経営状態が良好な組織ではまずあり得ない。社内で失敗を称賛すべきとまでは言わないが、失敗は学びの機会であり、過ちに対して責任を取ることこそが成熟性とリーダーシップの象徴だというカルチャーを構築することは出来る。それをまずはトップが始めるべきだ。上司が過ちを認めた上、適切な事後処理をし、処罰を恐れることなくチームと学び合えるプロセスを示せば、組織全体に対しての模範となる。

　一流の会社と二流もしくは三流の会社を分ける決定的要素となるのは、成功と同様に失敗を認め、適切に処理する能力があるか否かだ。成功と同様に、失敗にも多くの生みの親が存在するのだ。

Silver Tail Systems 創設者 ローラ・マザーが語る失敗からの学び

　人並み以上の頑張り屋である多くのCEOは、失敗は全力で避けるべきだと考える傾向にある。だが一方で、*Silver Tail Systems*の創業者ローラ・マザーは、失敗を学びの機会として捉えることを学んだ。スタートアップでは失敗は必要不可欠であるという事実に鑑みて、それは誰もが試みるべき方針転換だ。

　自分の会社を立ち上げる中で、様々な学びを得てきた中で、非常に痛烈だった学びは失敗の重要性だ。

　会社創立前、私は専門分野のエキスパートであることに誇りを感じ、一貫して輝かしい業績を残してきた。だが、2008年に起業のための資金を集め始めた際、私は資金調達においてはエキスパートにはなれないという事実をはっきりと突きつけられることとなった。

　資金調達、そして事業計画の作成に関する私独自の学習方法は、私の一般的な学習方法と同様で、イチかバチか思い切って飛び込んでから実践を重ねるという方法だった。お察しの通り、私と私のパートナーたちは、その資金調達プロセスの中で数多くの失敗を経験することになった。例えば、VCが期待する市場サイズとして、法人向けソフトウエアであればどんなに少なくとも25万ドル以上であるべきだという事実をその当時把握していなかったこともその一つだった。最初のうちは、一つひとつの失敗が致命的であるように思えた。実際、キャリアの初期段階では、すべての失敗がそのように思えた。その後、段々とプロセスを経ていく中で、失敗はチャンスであるということが理解出来るようになった。

　私は直ちに、「失敗したら即座にその修正に取り掛かる」というやり口に変えることにした。過去にVCに対して提案を行った際、その最後に先方から、もっと違う方法で当方の技術を説明してほしかったというフィードバックを得たことがある。そのVCは、我々の技術がWebサイトを保護する仕組みを実世界のものに例えて説明してほしかったのだ。その商談の帰り道、私と共同創業者はブレーンストーミングを始めた。そしてそこで、当社のソフトウエアは、実店舗の警備員の役割に類似しているということに気が付いた。店のオーナーは、客が商品を購入してくれることを願い入店を望むが、それは同時に盗みを狙う人間も呼び寄せることになる。だからこそ、そういった人間を摘発するために警備員を置くのだ。我々のソフトウエアもその仕組みに似ている。Webサイト上で人に行動させるという前提の下、危険な動きを監視する必要があるのだ。

　家に着いてから、我々は新スライドを2枚作成し、そのVCに送った。そのスライドの効果は5時間以内に発揮された。送信したのは夜の8時だったが、即座に前向きな返答が返ってきた。提案当初にその例を含めなかったことは致命的な失敗で

はない。提案時に得た助言を基に、その例を足したことで劇的にプレゼンテーションのやり方を改善出来ただけだ。

　スタートアップの世界では、即座に行動に移ることが出来るという利点があるが故に、失敗もしやすい。それでよい。意思決定プロセスに無駄な時間を費やすよりも、即座に決定を下し前に進む方がよほど望ましい。ただ単に、その決定が予期していた結果をもたらしていないと気付いた時に、適切な対処を講じる準備を整えておく必要があるというだけだ。

　資金調達プロセスの中で、私は起業家としてのキャリアにおいてもっとも価値のある学びを得ることとなった。それは、成功はつまずいた数の少なさで測られるものではなく、そこから這い上がる行動の質によって決まるということだ。

Silver Tail Systems 創設者 ローラ・マザー

マネジメント・モーメント

気軽に！

　Return Pathの職場は、融通の利く在宅勤務制度、休暇制度が備わった、自主性を評価する非常に信頼に満ちた環境だ。そんな環境下で、私は数年前、社内のインターネット利用状況を監視し、ソーシャルメディアの閲覧は禁止すると発表した。その突然の知らせは皆を驚かせた。Facebook、Myspace、Twitterは勿論例外なくすべて禁止なのだ。

その日はエイプリルフールだった！

　スタートアップ企業のCEOという仕事は非常に気を張る職務だ。だからこそ、可能な時に気軽に冗談をかますことも大切なのだ。このFacebookのイタズラは私なりの方法だ。他にも、ハロウィーンにゴリラのコスチュームを身に着けて出社したこともあれば、9月19日の「海賊のように話す日」を称えて実践したこともある。これは、「全力で働き、全力で遊ぶ」というモットーを実現するためというような代物ではなく、緊張感の張り詰めた、結果が求められる厳しい環境下に明るさを取り入れることが目的だ。チームの誰もがこのような時間を必要としており、感謝することは間違いない。常に真面目でいるだけの人生はつまらない。

Return Path 役員兼Costanoa Venture Capital 創設者兼マネジング ディレクターのグレッグ・サンズが語る、業務遂行に関するCEOの役割の変化

グレッグ・サンズは取締役会においてかけがえのない一員だ。CEOが直面する業務遂行にあたっての役割の変化にまつわる彼の興味深くまた少々驚きでもある意見を以下に説明する。

スタートアップにおけるCEOの役割は、企業が成長し、その焦点が変わるにつれて劇的に変化する。企業の成長ステージはいろんな側面から定義出来るため、ここで示すフレームワークはやや形式的ではあることに注意が必要だ。スタートアップ期から成長期にかけて会社を運営していく際には、それぞれまったく異なるスキルが必要になる。それは私の好きなスポーツであるトライアスロンに似ている。そこでは泳ぎ、バイク、ランニングと様々な競技を次々に求められるのだ。

プロダクトマネジャーとしてのCEOの役割：PMFの達成

通常、スタートアップではその創業者、または共同創業者がCEOである場合が多い。その場合、CEOはプロダクトの発明者か、少なくとも事業の問題点を指摘し、その解決のためにリソースを結集した当人だ。すべてはプロダクトから始まる。問題を明確に定義してPMFを見いだし、見込み顧客や顧客と共に問題解決を図るのだ。

セールス・ヘッドとしてのCEOの役割：セールスの極意

スタートアップのCEOは、効果的なセールスをすることが出来るべきだが、この役割を満たす上でもっとも重要な成功要因は、拡張性のあるセールス手法を確立することだ。「我々には独自のプロダクトがあり、ベータ顧客も確保出来ている。あとはセールス部員を雇うのみだ」と語る人間を見るとつい笑ってしまう。実際はそれよりもずっと難しく複雑だ。

セールス・ヘッドとしてのCEOには、他のセールス部員には有し得ない特異な性質を備えている。市場を極めて詳しく理解しており、プロダクトの開発に深く携わり、多くの場合は創立者が持つカリスマ性や指導力までも兼ね備えている。商談中の突然の要望にもその場で対処し、新しい機能を作り上げることさえ出来るだろう。CEOのタイトルを背負うことで、その存在感をより際立て、会社のリソースを即座に配分することが出来る。セールス部員や、セールス・ヘッドでさえも、CEOと同じようにはプロダクトを売ることは出来ない。だからこそ、セールスの極意を理解し習得することは非常に重要なのだ。

リーダーそしてマネジャーとしてのCEO：学習する組織の構築

PMFの確認が完了し、セールスアプローチが反復性のある状態にまで確立したら、CEOの役割は他の役割へと変化する。それまでは会社の存続のための最重要事項としてプロダクトとセールスに重点を置く必要があったが、少し余裕が出来た時点で戦略、カルチャー、採用といった分野に重点を移すことが出来る。勿論、優れたCEOであれば、ずっと前から継続して行ってきたことかもしれないが、拡大期に入ってからはこれらがこれまで以上に重要となる。

ここでは、スタートアップ期から事業拡大期において優れたCEOになるための役割を表面的に述べただけだ。PMFとセールスの極意を理解し、学習する組織の構築が出来れば、引き続き様々なチャレンジに向き合い、成長を目指す準備が出来ることだろう。

Costanoa Venture Capital
ファウンダー兼マネジングディレクター グレッグ・サンズ

第4部
取締役会の組成とリード

会社の仕事の中で、戦略的計画策定、タレントマネジメント、資金調達とその実行に至るまで多くを学ぶことが出来る。日々これらの業務の大半を担う場合もあれば、それら業務の一部はリードする立場に身を置くこともあるだろう。ただ、取締役会の運営と管理は、CEO固有の業務の一つだ。CEOや取締役会メンバーと膨大の時間を費やす数少ないエグゼクティブでもない限り、実際にCEOを経験するまでは、取締役会を組成しリードする機会を得ることは非常に難しい。

　このセクションでは、取締役の任命から取締役会資料の配布に加え、その運営方法と意思決定、CEO報酬の決定や取締役のパフォーマンス評価といった非常に繊細な話題に至るまで、取締役会を管理する上で必要となる主な論点について説明する。

取締役会をひどく嫌うCEOは多い。取締役会の準備や運営の話になると、彼らは困った顔になる。彼らはコントロールを失うことを恐れている。彼らの持つ取締役会のイメージは、タバコの煙に満ちた木の壁に囲まれた部屋で、いにしえの法廷のように小づちを叩き議決を呼び掛ける、愛想のない年配男性の集団なのだ。だが、スタートアップの取締役会はそうである必要はない。適切に取締役を選任し運営することが出来れば、会社にとって非常に貴重な財産になる。

何故取締役会が必要なのか

何故取締役会が必要なのか。まず、ほとんどの州でその設置が義務付けられている。自分一人であるにしてもだ。外部の投資家を受け入れることになれば、創業者のあなた自身や他の創業者、または従業員のみでなく、株主を代表する取締役会の設置が必要となる（他にもテクニカル且つ法律的な理由があるが、それらはブラッド・フェルドとマヘンドラ・ラムシングハニが出版済みの『Startup Boards』で取り上げている）。仮に取締役会を設置する必要がない場合でも、そうすることで得られる利点は多い。

上司の必要性

我々は皆、業務上何らかの形で、他者に対する責任を負っている。株式の100％を保有し、従業員にストックオプションも付与していない稀なスタートアップのCEOでない限り、皆が株主を抱えている。取締役会を設置するということは、自分にも上司がいるということを認識し、規程に従い、全株主のために価値を最大化しなければならないという責務を意識するよい機会となる。責任を感じることは極めて重要だ。例えば、大学時代に受講していた大好きな授業において、仮に教授が論文の提出を命じもせず、期限を定めていなかった場合、あなたは一つでも論文を提出しただろうか？

強制力としての取締役会

取締役会は定期的且つ反復的に期限を設定するリズムを生み出し、組織の運営を円滑にする。厳しい期限が取引先や顧客などの外部から課される業界を除いては、プロジェクトの期限を決定し、それに間に合うようにチームを駆り立て、期限を延ばすことなく、プロジェクトを達成させるのは非常に難しい。また、チームはその期限の多くが恣意的な決断であることを知っている。ある期日までに結果を出すということを取締役会で約束す

ることで、皆の基準を上げ、その決定の恣意的と見られる部分を排除することが出来る。

　また取締役会には、質を向上させる強制力もある。勿論、小さな企業のCEOであれば、擲り書きの箇条書きや未完成のスプレッドシートに目を通すことに対して抵抗はないだろう。だが、取締役会でそうした情報を発表するとなれば、資料に磨きを掛け、プレゼンテーションの内容をより熟慮することは避けられない。

パターンマッチング

　優れた取締役会メンバーはパターンマッチングに長けている。会社の一連の出来事やメトリックを観察し、過去に見た比較対象となる1つまたは複数の状況に紐付けて、助言をしたり、過去の事例の詳細を話したり、歴史になぞらえたり、または他のCEOに紹介したり、といった提案をするのだ。これは、戦略上の課題においても、またオペレーションの課題においても当てはまる。マーク・トウェインが残した言葉にもあるように、「歴史は繰り返さないが、パターン化は出来る」のだ。

森と木

　傑出した取締役会は森を見るのではなく一本一本の木を見る手助けをしてくれる。あなたは日常にどっぷりと浸かり、日々のルーティーンの延長として事業を見てしまうこともある。取締役会はそうではない。そのため、取締役会はあなたが完全に見過ごしてしまう業績や社員の問題や或いは自分自身のパフォーマンスに対して的確な指摘が出来るケースがある。後になってみれば当たり前のこともあるかもしれないが、バックミラーも必要なのだ。

率直な議論と討論

　最後に、生産的な取締役会で発信し、議論と討論に耳を開きつつ参加することは、もっとも付加価値の高い仕事の一つだ。卓越した恐れ知らずの経営陣ですら、力を持つCEOに歯向かうことには慎重になる。だが、よい取締役会は違う。健全な取締役会は、あなたやあなたのチームを追い立て、異論を挟む。それ以上に、各取締役メンバーがお互いに意見を交わし、挑戦し合う。

　取締役会が多大な影響力を持つ可能性がある一方で、社内のチームには、取締役会が会社の日々のオペレーションに対しても支配権を持つと思わせてはいけない。社員が、「あー、取締役会の命令でこうしないといけないんだ」と愚痴をこぼしているのを耳にしたなら、会社を運営しているのは取締役会ではなく、社内の経営陣だということを正しく伝えるべきだ。

　私の知り合いのCEO2人は、会社の組織形態または株主構成上、取締役会を公式に設置する義務はなかったが、彼らは取締役会を設置することを選んだ。その2人ともが、

取締役会にCEOを解雇する権限を持たせなかったものの、事業運営上の貴重な資産であると見なし、彼らを深く信頼していた。

　最後にひと言付け加えたいのは、起業初期段階において、取締役会の代わりにアドバイザリーボードを設置する会社もあるが、それなら両方を同時に設置出来ない理由はない。アドバイザリーボードは公式なものではなく、一般的に頼りにもならない。

Return Path 取締役 兼 Foundry Group マネジングディレクターの ブラッド・フェルドが語るスタートアップの取締役会

ブラッドは10年以上私のパートナーであるもっとも貴重な存在の一人だ。彼はReturn Pathの初期の投資家であり、出会ったその日から私の良き助言者なのだ（また、彼のStartup Revolutionシリーズの一部として本書を執筆することを私に勧めてくれたすばらしい人物でもある）。以下、スタートアップの取締役会に関する彼の意見を紹介する。

　私はこの12年間、Return Pathの取締役を務める機会に恵まれた。従業員数が20人から400人にまで成長した中でマットや取締役メンバーと共にした経験はすばらしいものであり、取締役会を効果的に機能させる方法を私なりに固めるよい機会となった。私の著書『Startup Boards: Reinventing the Board of Directors to Better Support the Entrepreneur』を読めば、ここで述べられているマットの考えの多くが反映されていることがわかる。

　CEOの多くは、取締役会のことを単なる上司、時代遅れの集団、或いは月に1度対応しなければならない面倒な存在と捉えている。一般的に、VCから出資を受けている会社の取締役会は創業者と投資家のみで構成されている。そういった取締役会は定期的に会社の業績をただ報告するだけの場となる傾向にある。普段は取締役会が会社のことを忘れてしまう環境を生み出し、取締役会の当日が迫ってきたときに数カ月の間に起きたことの取りまとめに追われることになる。

　CEOは、取締役会を会社構築の有益なツールとして活用するべきだ。上手く活用出来なければ、貴重な資源を無駄にする。あなたは、取締役の選任に関してすべての権限を持つ訳ではないかもしれないが、ある程度投資家との同意に基づく選任となるべきであり、したがって取締役会の雰囲気やテンポを定める努力をすべきだ。グラウンドルールを定め、効果的に取締役会をまとめ、取締役会メンバーの責任感を醸成し、可能な限り戦略的に活用すべきだ。

　取締役会の在り方は各社多様で、各々の取締役もまたそれぞれ特有な何かを有している。その利点を生かし、多様なスキルと広範な視点を有するメンバーで構成し、各取締役個人、また取締役会全体の価値を最大限に生かす環境を作るべきだ。

マットはReturn Pathにおいてこれを過去12年間巧みに実践してきた。その彼独自の方法を示しているのが本章になる。

Foundry Group マネジングディレクター ブラッド・フェルド

優れた取締役会を構成する第一歩は、時間を掛け、慎重且つ注意深く進めることだ。すばらしいメンバーの選定なくして、すばらしい取締役会を構成することは出来ない。あなたにとって取締役会はエグゼクティブチームと同等の重要度を持ち、その構成にあたっては、経営陣の採用と同様に時間と労力を惜しまず行うべきだ。私はこれまで10人少々の取締役会メンバーを迎えたが、その個人の能力は様々であった。

優秀な取締役の資質とは？

私が思う優秀な取締役の5つの特徴は、優れた執行サイドのエグゼクティブの特徴と類似している（最後の一つを除く）。

１．準備周到で責任感がある。

必ず会議に参加する。遅刻せず、早退もしない。事前準備を怠らず、会議に集中し、会議中にメールをすることもない。

２．率直に意見を言う。

会議の出席者に影響を及ぼすかもしれないような不快な話題を議論することを恐れない。会議の後になって本音を囁くようなこともしない。当社の取締役の中には、私にもっと経営陣の解雇を早く進められるようになるべきだと全経営陣の前で指摘する者さえいた。

３．各個人との関係を構築する。

お互いのことを知るため、会議外でも顔を合わせる努力をする。彼らは、経営陣の一人一人を理解しようと努め、頻繁に声を掛ける。彼らの関係にあなたを介在させることはない。

４．豊富な知識を有している。

当社の過去の取締役の中には、一つ二つのお決まりのアドバイスだけで、3度目或いは4度目以降の会議では何も付加価値を提供することがなかった者もいる。取締役は長年の経験で培った知識を柔軟且つ大胆に、直面する状況に適応することが出来る者であるべきだ。

５．戦略には深く関与するが、運営には一定の距離を置く。

会社の成長ステージやチームが必要とするものによって状況は異なるかもしれないが、事業運営に長けたメンバーであっても、置かれた状況にいきなり飛び込み付加価値を発揮するのは非常に難しい。運用面での支援を得るためには、その問題や領

域に継続的に関与する必要があるが、ボードメンバーが日々の業務を的確に認識することは、彼らや、あなた自身にとって大きな助けとなるだろう。彼らは戦略的に関与し、エコノミクス、競争、エコシステム、顧客、コアバリューなどのビジネスの基本的ダイナミクスやドライバーを理解している必要がある。

前述したように、優秀な経営陣と優秀な取締役には重なる部分が多いが、重要な相違があるのも事実だ。経営陣が責任感をもち事業に打ち込んでもらうことは必要だが、CFOの業界コネクションの有無に関して特段気にしなくてもよいし、間違ってもCTOが事業運営から一定の距離を置くことも望まないだろう。ただ、この2者間の決定的な類似点は、あなたのそばにいるということだ。何人かの投資家からの任命を除いては、取締役の選任には経営陣の選任と同様、一層の注意を払うべきだ。

取締役の選任

私の取締役の採用プロセスは経営陣の採用プロセスと同様に厳密だ。

1．プロセスに力を注ぐ。

取締役会の構成にあたっては、マネジメントチームの構成に充てるのと同等の注力をすべきだ。掛ける時間の面においても、メンバー各個人ではなく取締役会の全体的な構成の考慮においてもだ。

2．広く多くの情報を収集する。

様々な種類の情報源から、多くの紹介を得るべきだ。とにかく超一流に当たろう。取締役への指名はオファーを受ける側にとっては誇り高い名誉であり、その依頼は連絡を取るよい口実となる。私は取締役候補者に連絡を取り始めてから、数人のすばらしいCEOに会う機会を得た。すべてが上手くいった訳ではないが、連絡した相手のほとんどがミーティングに応じてくれた。

3．多くの候補者と会う。

候補者に実際に面会し、面談を複数回行う。また、最終面談の際は他の取締役との面談も設定する。

4．リファレンスを確認する。

社員の採用と同様に、複数の情報源からの様々な角度でのリファレンスを確認する。

5．最終候補者を取締役会に出席させる。

取締役候補者に、事前に資料を確認する時間を十分に与え、役会前に個別の質疑応答の時間を設けるか、準備のための1対1ミーティングを設定するのもよいだろう。こうすることで、前述したよい取締役の要件5つをチェックすることが出来る。候補者が会議の内容を完全に把握していなくても、会議内で会話に参加している様子を観察出来る。控えめ過ぎたり、場違いな発言をすることを恐れる者は、実際に取

締役会メンバーとなっても同様に振る舞うだろう。

6．不採用という決断を恐れない。

その候補者が人として魅力的でも、ビジネス界の憧れの存在やメンターと慕う存在であっても、既に取締役会に出席した後であっても、VCから来た人材であっても、不採用は不採用だ。取締役会はあなたにとってのインナーサークルだ。このグループの構成を正しく行うことは、あなたが会社のために出来るもっとも重要なことの一つだ。

先に述べたように、CEOは、取締役任命権を持つベンチャー投資家の選択に関しても同様のプロセスを経るべきだ。ある意味ではVC取締役にこうしたプロセスを踏むことはより重要で、何故なら貢献度の低いVC取締役を取締役会から外すことは独立取締役よりもはるかに困難だからだ。最高のVCたちであれば、常に彼らのリファレンスをチェックするよう求め、多くの場合彼らがこれまでに一緒に仕事をしたすべてのCEOのリストを提供し、彼らに電話を掛けるようオープンに促してくれる。VC取締役候補者がそうしない場合、要求するべきだ。彼らが拒否すれば、それは危険信号だ。

取締役の報酬

取締役の報酬はどうだろうか？ 取締役は自分の上司に当たり、彼らの報酬を決めるのは少々気まずいこともあるだろう。しかし、いずれにせよ対処しなければならない問題であり、有益な指針をいくつか念頭に置いておいてほしい。

・VCの取締役

これについてはシンプルだ。VCからの取締役には報酬を支払う必要はない。これは彼らの仕事の一部だ。VCが別途オプション付与や現金報酬を要求してきても、却下する。実際、質の高いVCはそのような要求はまずしない。そんな要望を申し出る者がいれば、それは赤信号だ。

・内部取締役

これはもっと簡単だ。支払う必要はない。

・独立社外取締役

報酬の支払いが適切なのは、このケースだけだ。会社が上場済みの大企業に成長するまでは、独立社外取締役の報酬は株式で支払われるべきだ（経験則としては、「シニアポジションの社員より少し少なめ、すごく少なくはない」レベル）。取締役在任期間に合わせて行使可能となり（通常4年）、買収時のアクセラレーションを設定する。

もしも候補者が現金での報酬を主張してきた場合は、別の候補者を探すべきだ（コンサルタント契約を申し出るケースもあるだろう。その場合、その要望も検討はするが、取締役の役割とは独立のものであるべき旨を伝えるべきだ）。

ここで注意すべきは、取締役のベスティングコンディションは形式的なものではないということだ。パフォーマンスの低い取締役を解任することは可能で、任期満了前にそうする可能性はそれなりに高い。いくつものCEOや取締役会がパフォーマンスの低いVCの取締役を解任するのを目にしてきた。時にはそのVCの別のパートナーが代役として引き継ぐ中でそうなったり、資金調達時に取締役会の全体的な見直しにあたってそうした決断をすることもあった。

必ずしもあなたがいつもパフォーマンスの低い取締役を解任する権限を持つ訳ではないが、そうでなくても偽りのない正直なフィードバックを与え、取締役会が継続的に改善していくよう努める義務がある。取締役会のプロセスにこの厳しさを加えることで、責任感、透明性、厳しい議論に満ちたカルチャーを取締役会に浸透させることが出来る。もっとも無神経で傲慢なメンバーでさえ、同僚への尊敬さえあれば、なすべき仕事が出来ていないという同僚からのフィードバックを受ければその意見を聞くということに驚くだろう。

チームとしての取締役会

優秀な人材を任命することは、傑出した取締役会を構成するための第一歩にすぎない。チームを組成するにあたって常に同じことが言えるが、経験と人格の面で上手くお互いを補完し合う卓出した人材を集めるべきだ。取締役として在任中の3人のVC役員のうち、2人は事業運営を担った経験がある。1人は創業者として、もう1人はプロダクトマネジメントにおいてだ。2人のCEO経験者のうちの1人は事業開発寄りであり、もう1人は技術面で深い知識を持つ。また、経営企画の分野において豊富な経験を持つワールドクラスのCFOもいる。取締役の中には、感情的で素早く行動に移す者もいれば、思慮深い者もいる。アグレッシブな者もいれば、保守的な者もおり、形式的なパターン認識に強い者もいれば、独創的なメタファーに富んだ表現に満ちている者もいる。この多様性こそが、有益な会話を生み出す要因となる。

フレッド・ウィルソンは「投資の成功は、そこにいるVCの取締役の数に反比例する」という言葉を幾度となく書き残している。それは私の経験とは異なるが、言いたいことは理解出来る。同様なことが創業者と経営陣にも当てはまると私は考えている。取締役会は、会社のガバナンスを助け、株主の視点で会社を監視する。外部の視点や戦略的アドバイスを会社のリーダーシップに提供する。CEOを雇い、解雇する。大規模な上場企業になるにつれ、経営陣の不正を防ぎ公正な環境を保つ。経営陣の多くが取締役会に属す

る環境下で、このクリティカルな機能を果たすことが可能だろうか？ 無理だろう。我が社では、設立当初からずっと私以外の取締役はすべて外部だ。取締役会は100％外部で構成せよと言っているのではない。ただ、他の経営陣は取締役会のメンバーではないということだ。

取締役会の設置

取締役会の設置に関するよくある質問に次のようなものがある。

・取締役会の人数は？

・コミッティーの必要性とその運営方法は？

・議長は自分で務めるのか、それとも他の人間が希望する場合は？

初めてCEOを務める場合には特に、あまりに多数の取締役を迎え入れる、或いは複雑に考え抜いて多数の委員会を設置するなど、これらの要素を考え過ぎるきらいがある。実際は、ずっと簡素に出来るし、そうすべきだ。

取締役会の人数

取締役会の規模は会社の規模と複雑性、そして株主数に直結する。シリーズAラウンド前の段階であれば、3人いれば十分だ。シリーズA後、上場を検討するまでの期間は5人でよいだろう。そして、上場検討開始時に7人まで増員する。優秀なメンバーが揃い、議論が健全である限り、数はそこまで重要ではないかもしれない。まとまりのない3人の取締役会も、精力的な議論を重ねる7人の取締役会もある。ただ、取締役会の人数に関して、押さえておきたい事項を以下に示しておく。

・取締役会に経営陣代表は2人以上置かない（自分のみ）。

　　　たとえ複数の共同創業者が取締役会にいる状況であっても、投資家とそして「真の」取締役を得ることが出来たら、ボードシートから降りてもらうことを最初から明確にしておくべきだ。彼らの意見や経験から恩恵を得ることは常に可能であり、いつでも取締役会に招待することも出来る。だが、取締役会のシートは貴重なもので、複数の経営陣に与えてしまうのはもったいないものなのだ。

・一般企業のCEO、または大手の戦略パートナーや顧客といった独立社外取締役（非経営陣、非投資家）を可能な限り任命する。

　　　その価値は人数にではなく、意見や経験の多様性とバランスにある。そして、多様性のある取締役会の構築は益々重要になってきている一方で、その構築にあたっては数え切れないほどの課題もある。

　　　注記：承認している州や国は少ないものの、機能性の高い取締役会が設置されていれば、役員数を偶数にしても問題はない。実際、我が社はそれなりの長期間におい

て4人或いは6人で構成していた。その当時の私の言い分はこうだ。「重大且つ議論を呼ぶような決議事項で同数の票になることがあれば、それこそが問題だ」。

コミッティー

アーリーステージにある民間企業のコミッティーのトピックは、比較的シンプルだ。一般的な会社で設置される委員会は、報酬委員会と監査委員会の2つとなる。

- ・報酬委員会

  会社側があなたにいくら報酬を与えるべきかを決定し、経営陣の報酬額に関するあなたの決定を監視する取締役からなるグループである。

- ・監査委員会

  損益計算書と貸借対照表が正確であり、一般的なGAAPに従っているかを、社外監査人と直接確認する取締役からなるグループである。

会社の規模がぐっと拡大し、売上1億ドルを達成、或いは上場直前となるまでは、どちらの委員会も年に1度か2度ほどの開催で十分だ。それ以降は、指名やガバナンスにまつわる3つめの委員会を設置する必要性が発生するかもしれない。Return Pathはまだその段階には達していない。

注記：小規模の会社では、全委員会を1つにまとめることも可能だ。

議長を務める

取締役会の議長を務めるべきか？ エンロン事件とそれが発端となった2000年代初頭のSOX法制定までは、ほとんどのCEOが取締役会の議長を兼任していた。私が最近読んだところでは、上場企業の75%は依然として兼任となっているが、CEOと議長の役割を分ける動きはあると記されていた。大規模上場企業や、ガバナンスの問題が蔓延し複雑な過去を抱える会社にはそれなりの利点があるのかもしれず、利害関係者の構成が異なる非営利団体や協会では一般的な慣習だ。ただ、少数株主の未上場企業の場合はどちらでもあまり違いはない。

典型的なVCの出資を受ける会社なら、50%以上の株式を保有する投資家からの取締役がおり、最大株主とあなたが議長席を巡って衝突する可能性は低いだろう。

もしも取締役会や主要投資家があなた以外の者を議長に任命することを強く主張するならば、その意見に対しては社外の「筆頭独立取締役」を任命する旨を提案出来る。自身が議長を務めないか、或いは社外の筆頭取締役を就任させることで起きることは次の2点だ。

- ・あなたが事業を運営するということに変わりはなく、したがって結局は会議を進行し会議資料を作成するのはあなた自身になる。

・会議のアジェンダや資料などを事前に相談出来る相手が1人出来る。

端的に言えば、大きな問題ではない。

取締役のフィードバックプロセス

　あなたは取締役のパフォーマンス評価をしているだろうか？　もし実施していないのなら、絶対にすべきだ。取締役にフィードバックを与えるなんて無意味だと考えるCEOは多いが、そのプロセスを怠ることは部下にフィードバックをしないことと同じで、つまり大きなミスだ。フィードバックなくして、彼らはあなたや会社に対してどの点において貢献し、そうでないのかを把握することなど出来ない。

　取締役へのフィードバックプロセスは、長く面倒である必要はなく、健全な状況であればそれほど頻繁に実施しなくてもよい（年次である必要はなく、6、8、12四半期毎でもよい）。私は、SurveyMonkeyを使用し匿名のシンプルなアンケートを作成した。取締役のセクションには20ほどの質問がある。

・課題設定：取締役会は適切な課題に対処しているか？
・カルチャー：取締役会はオープン且つ厳しさをもって実施されているか？
・構成：取締役会には適切な人数の役員と委員会が設置されているか？
・プロセス：取締役会のミーティング数は適切であり、アジェンダや各々の役割が明確に定められているか？
・情報とリソース：会議資料の質は高いか？
・委員会の構成とパフォーマンス
・取締役の評価：各取締役がパフォーマンス評価項目に関して他のそれぞれの取締役をランク付けする。
・経営陣の評価：各取締役が取締役会に常時出席している経営陣について取締役会におけるパフォーマンスに関する評価項目に対してランク付けする。

　私は、マネジメントチームに取締役の評価を依頼したことはまだない。360度評価のようなものになろうか。なかなかよいアイディアだと思っており、実施してもよいかもしれない。

　報告とその後の議論は、特に形式的でもなければ複雑である必要もない。私は、次回の取締役会のエグゼクティブセッション資料の一部にアンケートの結果を私のコメント付きで加え、会議内でその結果とコメントを発表するようにしている。調査結果に深刻な問題や不審な点がある場合は、違う対処法を取るかもしれない（他の取締役や外部のファシリテーターやコーチに会議の進行を依頼するといった方法など）。今のところ、まだ我々にはその問題は生じていない。

アドバイザリーボードの設置

多くの企業では、何らかの形でアドバイザリーボードが設置されている。前にも述べたが、アドバイザリーボードは取締役会の代替とはならないが、会社に知恵をもたらす有益な手段になり得る。

アドバイザリーボードを構成する際にまず行うべきことは、どのようなアドバイザリーボードを置きたいか決めることだ。1つめのアドバイザリーボードは、グループとして機能する委員会だ。単一のアジェンダと共に定期会議を開催する。グループが一丸となり問題解決に従事するにあたり、アドバイザーたちの活発なやり取りを尊重するやり方だ。2つめのタイプは名前だけの委員会だ。実際には、ただの個人アドバイザーの集まりにすぎない。

どちらのタイプのアドバイザリーボードを設置するにせよ、その委員会を効果的に運営するにはシンプルなガイドラインがいくつか存在し、これらは取締役会の運営ガイドラインと類似している。

- ・自分自身とアドバイザーの任務、役割、費やすべき時間を書面に明確に記す。
- ・事前にアドバイザリーボードのメンバーにどのような人材を採用したいのかを考え、各ポジションに2〜3人の候補者を想定する。例えばファイナンス関連アドバイザー1人、業界アドバイザー1人、メンター或いはコーチとしての経験豊富なCEO1人、そしてテクニカルアドバイザー1人、など。
- ・基準は高く。各スロットに超一級レベルの人材を求める。多くの場合、依頼を受ける者は喜んでくれるものだ。多くは受けてくれるだろうし、最悪の場合でも、難しいという返答とともにあなたの要望に応えることが出来そうな人材を紹介してくれることだろう（あなたが求めれば）。
- ・少量のストックオプションなどにより、費やす時間に対する報酬を準備する。

あなたの期待した目的を達成出来るようにアドバイザリーボードを運営する。必要な時に直ちに支援が得られるように、社内のコミュニケーションや書類を十分に共有する。可能な限り取締役と同様の扱いをするよう心掛ける。

Return Pathでは、正式なアドバイザリーボードを設置したことはないが、10人強のアドバイザーにお世話になった。我々は、その全員に小額のストックオプションを付与した（複数回ストックオプションを付与した場合も一つ二つはあった）。アドバイザリーボードのメンバーは積極的にアドバイスを提供し、定期的に情報を提供してくれたと同時に、必要な時に常に私の電話に応じ、力になってくれた。

あなたが議長を務めるにしても、そうでないにしても、取締役会資料の準備は役会の運営において非常に重要だ。他のグループやチームミーティングと同様、準備が整っていればいるほど、ミーティングの時間を有効に活用することが出来る。ただ、他のグループやチームとは違い、取締役会は年に数回しかミーティングに出席しない。だからこそ、取締役に自社事業の詳細や置かれている状況、或いは業況に理解を深めてもらうためには、事前準備の重要性はさらに高まる。取締役会のメンバーは、あなたのように自社事業の第一人者ではない。彼らには本職があり、例えばVCの取締役は十数社の取締役会に属することもあり得る。ブラッド・フェルドが当社取締役に就任した当初、彼は他の30社以上の取締役を務めていたと記憶している。

ボードブック

「ボードブック」は、アジェンダと包括的なレポートを含めるべきだが、それによって会議を運営し方向付けるのが目的の資料だ。私が思う優れたボードブックの作り方は単純に取締役会でよい議論を生み出す資料にするということだ。長年取締役を務めてくれているスコット・ウェイズに、「取締役会は、CEOが示すものをすべて示されたやり方通りに消費する」と忠告されたことがある。ボードブックに記す内容やその見せ方には細心の注意を払わなければならない。

・ボードブックは、毎回一貫したフォーマットを使用する。

　時折（年に1度またはそれ以下の頻度で）フォーマットを変更することも可能だが、取締役メンバーはボードブックを定期的に購読する新聞や雑誌のように目を通すものだ。彼らは、どこにスポーツ欄や占いの欄があるのかを熟知している。

・ボードブックはPDF形式で共有する。

　カバーメモ、スプレッドシート、報告書、メモ、プレゼンテーション資料のすべてをわかりやすい順序で1つのPDFファイルにまとめる。その後、PDFファイルの各ページにナンバリングをする。各原本にページナンバーが振り当てられていたとしても、完成形のPDFファイルにページ数を振るのはよい習慣だ。

このため、当社はシンプルなAdobe Acrobatのマクロ機能を使用する。監査や企業価値評価などの第三者から提供される文書、署名ページ（印刷やFAXもしくはスキャ

ンが必要なので別ページがよい）、取締役宛ての機密情報（オブザーバーや経営陣には配布しない）などは別途ファイルを送ることもあるが、主要な会議資料はすべて1ファイルにまとめる。この拡張として、最近はすべての資料をGoogle Docsなどのワークスペース形式でオンライン上で共有することで、取締役が資料の受領から会議までの間に質問やコメントを残し、経営陣がそれに返答することを可能にしている。この方法は取締役会当日の「ノイズ」を最小限に抑え、時間を最大限に活用するのに役立つ。詳細は次章で詳しく述べることにする。オンラインでの資料の共有は、ミーティングの事前にノイズの発生を増加させてしまい、効率を損ね得ることにも触れたい。

・ボードブックは、取締役会が開催される前週金曜日の午後までに配布する。

取締役会が月曜日に開催される場合には、木曜日の午後までに配布するのが望ましいだろう。私は過去の経験から、取締役メンバーに数日間の長い準備期間を与えるよりも、週末と平日1日を確保する方が効果的だと感じている。また、一貫性のあるフォーマットの使用と同様に、決まったタイミングでの配布とすることで、メンバーに準備に必要な時間をプランしておいてもらうことが出来る。

Return Pathのボードブック

事前配布資料の構成の一般的な事例として当社のものを共有する（次章で取締役会の臨場で何にどのように時間を掛けるかについても言及する）。

1. カバーメモ
   a. 会議要綱、前回の会議以降の出来事と議論すべき重要トピックのハイライト
   b. 会議運営：時間、ダイヤルインの詳細、住所、アクセス
   c. アジェンダ
2. 決議事項
   a. 協議・決議事項のサマリ
   b. 関連する添付書類：
      i. 直近取締役会の議事録の承認
      ii. 他の決議事項の承認
      iii. ストックオプションの付与
      iv. 外部の企業価値評価と監査
      v. 財務報告
      vi. 他のトランザクションの報告
      vii. 法務報告
3. 振り返り
   a. 直近取締役会以降の振り返りサマリ（会議で協議したい事項をハイライト）
   b. ヒストリカルレポーティング及びスコアカード（理解・把握しやすいフォー

マットで)

4．懸念事項

　　a．自身（またはマネジメントチーム）が考える、最重要な3 〜 5の課題リストと
　　　　前会議で提示した内容と現時点に至る変化を表す図表。

　　b．各課題のチームの担当者によるごく短いメモ。それは簡潔であり、具体的な議
　　　　論を促し、会議内で達成すべき結果に繋がる内容でなければならない。

5．エグゼクティブセッション：必要に応じて別添メモを、もし機密情報の取り扱い
　　にあたり必要であれば添付。

6．クローズドセッション：資料なし。

取締役会準備の重要性

　取締役会用の優れた資料の準備は、取締役会を運営する上で重要な要素となるだけで
なく、取締役会を構成し開催することで得られる価値のかなりの部分をあなたにもたらす。

　取締役会は、CEOにとっては非常に体力と気力を消耗し、何十時間もの時間を費や
すイベントだ。その中でもいちばん骨の折れる作業は役会資料の準備だ。我々のボード
ブックのページ数は平均100ページに及ぶ。それはオフサイトや年次計画会議のもので
はなく、あくまでも定例の会議用のものだ。その準備には、数々のミーティング、スプ
レッドシート、資料、また時に自分を内観する時間をも要し、数日間膨大な仕事を迫ら
れる。そして会議の開催前には、私とチームは完全に準備が整った状態にある。その時
点で既に、我々はそのプロセスを通して多大な価値を得ることが出来る。

　資料を集めることと、全体のストーリーを創造することはまったく別の作業だ。その
作業こそが肝心要であり、優秀な経営者ならしっかりと考え抜いて進める作業になる。
事業のドライバーとKSF（重要成功要因）を念頭に置き、戦略や比較優位性の確立や付
加価値の創造といったコアな議論と単なる戦術論を切り分けて理解し、簡潔明瞭に、説
得力に満ちた言葉で明確に表現するのだ。

第36章
効果的な取締役会の運営

　取締役会の目的は、自分自身と経営陣が目の前にある課題を明晰に思考するための有益な議論をし、且つ取締役の事業の現状に関する明確且つ透明な理解を図ることだ。建設的な議論は、建設的な対立を奨励するチームダイナミクスによってもたらされる。多くの取締役会はエゴに満ちており、各々が相手の言葉に言葉を被せながら自身の意見を主張し合う傾向にある。しかし、我々のグループはそうではない。我々は積極的に関与し、会議中は参加者にしっかりと向き合いながら礼節もわきまえて発言する。意見を述べることを恐れる者はいないし、それでいてお互いの意見に真摯に耳を傾ける。このレベルのエンゲージメントを実現するための確実な公式はないが、実践可能なガイドラインを以下に紹介する。

取締役会の日程調整

　取締役会の日程調整はかなり早期に行うべきであり、出席率を可能な限り100％に保てるよう、一度決定したスケジュールにこだわるべきだ。あなたとそのエグゼクティブアシスタントは、各々の取締役のスケジュール、移動に関する諸事項、また彼らが自分自身で日程調整を行うのかアシスタントに依頼しているのか、などを確実に把握しなければならない。一般的には、人が次年度の重要な活動を予定し始める初秋に、次年度の取締役会の日程調整を行う。もしも遠方から出向いて出席する必要がある取締役がいる場合、他のCEOとも調整を図り日程を調整する。取締役が様々な地域に点在している場合には、会議の場所を替え、移動の必要性を公平に分担する。

　弊社の場合、事業のスタートアップ段階では、取締役会は電話会議をメインに毎月の頻度で1時間程度開催した。収益段階では、開催頻度を年に6〜8回程度まで減らし、会議の時間を2時間にした。そのうち年に2回は、直に顔を合わせる形式でさらに時間を延長した。成長段階である現在は、四半期に1度の頻度で実施している。出席者には、遠方にいる場合も足を運んでもらい、対面で会議に参加してもらっている。年に数回、電話会議で参加せざるを得ない者やスケジュールの都合上欠席を免れない者がいるケースもあるが、ほとんどの場合は全員が参加している。また、すべての会議で4時間を確保している。それより短い時間ですべてを網羅するのは不可能であり、時にそれ以上の時間を要することもある。

　長い間（毎年ではなく、適宜）、我々は午後からディナー、朝を跨ぐ丸一日の取締役会をオフサイトにて実施している。前年度の業績を見直し、次年度の計画を立てること

が目的だ。この種の会議は開催する側も出席する側もさらに大変ではあるが、それに値する価値がある。セッションや議論、ミーティングの合間の雑談でさえもが真剣勝負であり、全員が目線を合わせ、何が機能し、機能していないのか、翌年度にはどのような世界が待ち構えているのかを思い返すよい機会となる。

「前」を見据えたアジェンダの設定

　優れた取締役会の実施に必要な第2のステップは、したい議論を呼び起こすためのアジェンダの設定だ。前章で述べたように、会議の進行に沿った事前資料の一貫したフォーマットは非常に重要になる。前章で紹介したボードブックのフォーマットを基とした、4時間を想定した取締役会のトピックを以下に紹介する。

1．イントロダクションと概要（5分）
2．決議事項（重大事項がなければ、15分以下にとどめる）
3．振り返り（45分）
　a．ハイライトすべき課題に関するショートディスカッション
　b．質疑応答
4．懸念事項（2時間）
　a．必要に応じ、1つのトピックにすべての時間を費やしても、複数をカバーしても可
　b．議論の形式は問わず、ブレイクアウトセッションを行うなどもよい
5．エグゼクティブセッション（30分）：オブザーバーや経営陣を含まない取締役とあなた自身のみ（取締役である経営陣も除外）
6．クローズドセッション（30分）：自分も含め経営陣を除き、取締役のみで

　このアジェンダの形式は、過去ではなく未来に焦点を当てている。初期段階の当社の取締役会は、「振り返る」内容が75％、「前を見据える」内容が25％の割合で構成されていた。既に取締役が会議前にほぼ把握済みの報告内容を伝達する報告会議にすぎず、それは退屈で出席者の誰もが自分自身で過去の情報にアクセス可能である状況下では、不必要な会議だった。現在の取締役会は、「振り返る」内容が10％、「前を見据える」内容が90％で構成されており、ずっと意味あるものになっている。

会議内資料

　我々は、プレゼンテーション資料と補足の読解資料を分けることで、出席者が議論に集中出来る環境作りを目指している。当初は、大量のPowerPointの資料を前週に配布し、それを会議内でも使用していた。だが、それでは生産的な会議環境を作り上げることは出来なかった。
　事前にPowerPoint形式の大量のプレゼンテーション資料が配布され、さらに会議内

でチームメンバーが立ち上がり同じスライドの説明を行う取締役会ほど気が滅入るものはない。事前に共有された1枚1枚のスライド、一つひとつの箇条書きを追うのが辛く、耐え難いものがあった。

そこで、出席者がPowerPointに飽きてしまわないよう、事前資料と会議内資料を分けることにした。事前配布用はただ文字と箇条書きで埋められたシンプルなスライドだったが、当日の会議内資料はより彩りよく、面白く魅力的に仕上げることにした。それは方向性としてはよかったものの、結果的にその作成にあたって経営陣の時間を以前の2倍奪うこととなり、残念ながらその犠牲に見合うほどの価値はなかった。

現在では、我々はわかりやすい読解資料と報告書のセットを事前に送り、完全にPowerPointを排除した会議を実施している。スライドが映されることはない。こうして、「取締役向けの経営陣によるプレゼンテーション」という考え方から離れ、真のディスカッションにパラダイムをシフトすることが出来た。また経営陣と取締役の全員が、メールの確認、あくび、居眠りなどなく、会議に集中するようになった。

Return Pathの20年の歴史を振り返り、もっともインパクトのあることだったと感じていることの一つは、取締役のエンゲージメントや取締役会の生産性を高めるために取締役会でスライドの使用をやめたことだったと思う。

プロトコル

取締役会に参加することはまさに特権であり、社内の誰にとってもすばらしい学習の機会になる。会議の形式や所要時間を問わず、取締役には会議内で地位相当の振る舞いを守るよう要求する。あなたと経営陣が模範となるように行動すべきなのは言うまでもない。

たとえ取締役会があなたのボスであっても、たとえあなたの肩書が「Chairman」ではなくても、これはあなたの会議だ。もしもある取締役があなたの要求をないがしろにするようなことがあれば、他の役員と基本規程を策定し、規則に背く者を正す環境を整えるべきだ。

出席と座席配置

あまりにも礼儀じみて聞こえるかもしれないが、会議の出席と座席配置は慎重に管理した方がよい。私は常々、出席者を4つのカテゴリーに区分して考える。

- コアエグゼクティブは、取締役がもっとも関心を寄せる事柄に携わる経営陣だ。彼らはすべてのミーティングに出席する。当社の場合、CFO、セールス・ヘッド、共同創業者とプロダクト・ヘッドがそれに当たる。彼らは定期的に発言し、具体的な議論の進行を務め、各取締役メンバーをよく知り、個人同士の関係性を築くことを期待される。

- その他のエグゼクティブは、必ずしも何か特定の議論をリードすることはないが（タイミングが合えば、そうした役割を担わせるのも手だ）、適度な露出を図るため、年に1〜2回ほどは取締役会に参加する。全取締役会に参加を求められないのは彼らの役割が重要ではないという訳ではなく、ただ取締役会という場で注視すべき業務ではないだけだということを伝達するべきだ。

- 他の社内出席者は、オブザーバーとして会議に参加可能な者だ。報酬や成長機会の一環となり得、優秀な業績を収める者や潜在力の高い社員たちにやる気を注入する絶好の機会になる。

- オブザーバー。資金調達に伴って、何者かにオブザーバーとしての権利を与える必要性が発生し得る。人数が増える度に会議のダイナミクスを弱める可能性があるため、公式オブザーバーの追加には慎重さが求められる。

　当社の取締役の座席配置に関するルールは1つだけだ。それは、取締役はテーブルの一角に一緒に座るということだ。他の参加者はテーブルの空き席や脇の席に着席すればよい。馬鹿げたことのように聞こえるかもしれないが、取締役メンバーが小さいテーブルに身を寄せていると感じるほど、質の高い会話が生まれるのだ。

デバイスなしの会議

　会議参加者全員が、ノートパソコンやタブレット、或いはスマートフォンに目をやり、スピーカーやファシリテーターに目を合わせず、グループの活気ある議論が見られないような会議に誰もが参加したことがあるだろう。会議へのデバイスの持ち込みは禁止すべきだ。もしも取締役がメモを取るためにデバイスが必要だと主張してきた場合は、紙を使用するよう要請すればよい。もしもデバイス上でメモを取っていたとしても、本当にそうなのか、ただ単にメールを確認しているのかわからない。彼らに対して、もしも電話の対応や他の応対が必要であれば、会議中にその仕事をこっそり持ち込むくらいなら、ちゃんとそれに対応してもらうか、或いはブレイクタイムを設けたい旨を伝えるとよい。

エグゼクティブ/クローズドセッション

　エグゼクティブセッション（取締役のみ）とクローズドセッション（CEOと経営陣を除く取締役のみ）は、ある意味で取締役会のもっとも重要なパートだ。毎回、エグゼクティブセッションとクローズドセッションの時間を少なくとも閉会前の数分間は設け

ている。特定の議題がない場合も、このセッションを実施すべき理由は2つある。

　まず1つめは、議論すべき内容がある場合に、そのセッションが定期的に開催されていれば、そのセッションに参加しない者が「何か予期しないことが起こっているのでは？」と勘繰ることがない。

　2つめは、グループのダイナミクスが変われば、会話の流れは予測しない方向に進むこともあるからだ。アジェンダ、メモ、または公式の議題がなくても、「今日の会議についてどう思ったか？」または「ボードブックには記していない内容で、夜も頭を悩ます問題は何か？」などのシンプルな問い掛けが少人数のセッティングでは、とても内容の深い議論に発展することもある。

　当社の取締役はあまり発言を抑えることもないが、エグゼクティブセッションは経営の課題に関する情報を100％自由に共有し、他の関係者なしで事業の戦略や業績の詳細を話し合うための有益な時間だ。

　クローズドセッションでは、あなたが取締役の一員であるか、さらには議長であるかさえも関係ない。このセッションは、他の取締役にとってあなた自身の意見や自己防衛的な反応（無意識のものであっても）を気にすることなく、あなたの前で発言しにくい業績やCEOのパフォーマンスに関する内容を自由に議論する時間だ。この際、取締役の誰かに、セッションの終了後にその内容をあなたに共有し、追加のフィードバックや指導を提供するよう依頼するとよい。担当取締役を明確にし、不明点をなくすのがベストだろう。

Return Path セールス＆サービス・ヘッド アニタ・アブセイが語る 社員と取締役会の関係性

　CEOの中には完全に取締役会を隔離し、取締役との連絡はCEOを介し、取締役と社員の交流を阻止する者もいる。Return Pathでは、経営陣のメンバー全員が、取締役と個々の関係を築いている。当社セールス・ヘッドのアニタ・アブセイが、このアプローチの利点を説明する。

　私がセールス部門のリーダーとして学び得た見識の数々は、取締役会とマネジメントチームのオープン且つ活発な議論によってもたらされた。それは、オペレーションの詳細や日々の事業運営に関するものではなく、多様な経験や展望に基づく戦略的なガイダンスや視点だ。それに加えて、取締役会のメンバーが当社に関して交わす議論を耳にし、そこから学ぶ機会そのものが非常に貴重だ。

　この種の建設的な対話は最高の恩恵と言ってよく、報復を恐れずに正直且つオープンな意思疎通を図ることを可能にするには、確固とした組織のバリューとカルチャーが不可欠。透明性とフィードバックが称賛される環境があれば、マネジメ

ントチームは取締役会とその各個人と共にチーム全体の利益のために、よりオープンに話し合うことが出来る。

取締役会の開催に備えて、当社のエグゼクティブチームは、事業の現状、今後発生する可能性のある課題、来四半期・来年度・数年後の展望を取締役会で報告するために情報を取りまとめる。その後、取締役会メンバーは数日かけてその資料に目を通し、当日の会議ではプレゼンテーション中心ではなく完全に議論中心で進行出来る状態を整える。

取締役会は、必要であれば懐疑的な見解を示し、チームの仮説が、実施を予定する行動計画によって起き得るすべての結果を考慮した上で出されたものなのかを試してくる。その際に、彼らは、「こうすべき」と指示を下すことはない。それは、よりクリティカルシンキングに基づき、我々の考えを「外部」視点に順応させることを習慣化させる、動機付けに満ちた非常に有効な方法だ。私がかつて厄介なセールスチャネルのコンフリクトの解決案を提示した際、「ハンマーで蚊を叩き潰すみたいに強烈だ」とのコメントを得たことがある。この言葉から、問題解決に際しての私のアプローチは徹底的で厳格だということはおわかりいただけると思う。私は常に、実行計画が徹底的で、且つ刻々と変動する状況に対して迅速且つ柔軟に対応可能なものであるようにしている。

通常の取締役会に加えて、我々は少なくとも年に1度は、2日間のオフサイトを実施している。オフサイトは、取締役と公私両面で話す時間を十分に確保することが出来る。古くさいと思われるかもしれないが、ボウリングや料理教室、スキーなどのアクティビティに共に参加して信頼関係を築き、関係性をより深めてきた。

何年にもわたって、私は取締役会メンバーに他企業のセールスリーダーを紹介してもらい、ネットワークを広げる手助けをしてもらっている。人脈を広げることによって、海外進出、セールスオペレーションインフラ、報酬制度設計などの課題への他社のアプローチを学ぶことが出来ている。そこで見識を得たり経験を共有することで、発生する課題に対してアイディアの裏付けを得たり、斬新な視点を得ることに繋がっている。

会社とマネジメントチームに深く関与して旅を共にする取締役会を持つことは、会社の成功の礎となる。

Return Path セールス＆サービス・ヘッド アニタ・アブセイ

第37章
取締役会外の時間

　取締役会の数時間以外で取締役会メンバーと過ごす時間は、会議と同じくらい重要だ。その時間を、アドホックミーティング、事前ミーティング、ソーシャルの3つのカテゴリーに分けてみる。

アドホックミーティング

　直属の部下と1対1ミーティングを実施しているだろうと思う。あなた自身はその形式、電話、社内、社外といったやり方によって違ったスタイルを取っていることだろう。取締役に対しても同様にしない理由はない。アドホックミーティングこそがその代用となる。事前調整せず（定時ではなく）、機会に応じて、カジュアルな形もありだ。私は、特別な目的なく、年に数回は各取締役と過ごす時間を確保するように試みている。

　近くに在住するローカルの取締役であれば、彼らのオフィスに立ち寄るか、朝食や夜の飲食の予定を調整するのは容易だ。遠方の場合は、彼らのエグゼクティブアシスタントに、彼らがニューヨークを訪問することがあれば彼らの時間を押さえてもらうよう依頼する。また私が彼らの勤務地に出向く際にはアポを調整する。

　こうしたミーティングは、各取締役と直接的でパーソナルな関係を築き、結束を強めることが出来る格好の機会だ。彼らの人間性や生活の中で起きていることを知れば知るほど、ミーティングで彼らの良さを最大限に生かすことが出来、あなたにとっても価値のある人脈を築くきっかけとなる。取締役を上司ではなく、あなたの仲間うちだと思えば、他の誰とも共有することが出来ないことについて各人と定期的に語り合うことが出来るというすばらしい利点がある。

事前ミーティング

　時には、次回の取締役会で悩ましい問題について議論しなければならないこともあるだろう。共同創業者を解雇すべきか悩むこともある。最大顧客を失いかねない可能性に不安を感じることもある。社内トップクラスのエンジニアが前職から盗み取ったコードを自社のコードベースに使用したという報告を受けるかもしれない。

　そんな時は、不安を振り切り各取締役一人一人に電話をすべきだ。今後彼らが耳にすることになる情報を事前共有して、準備を整える。また、その問題に関する自身の直感、そして自分のそれに対する個人的感情なども率直に伝えるべきだ。

　何であれ、取締役会とボードブックにはサプライズは禁物だ。すべてを事前共有しよ

う。取締役にニュースを咀嚼させよう。ボードブックを冷静に読んでもらおう。その後に、皆（あなたを含め）が冷静さを取り戻した中で議論を始めるべきだ。

ここで強調しておきたいのは、事前ミーティングは、特殊な状況に置かれた場合の準備に限るということだ。「ミーティング後のミーティング」の常態化を避けるべきであるのと同様に、「ミーティング前のミーティング」の定例化もすべきではない。原則として、意見交換はオープンであるべきだ。特別な状況であるかどうかの適切な判断を心掛けたい。

ソーシャル

前述の通り、機能する取締役会の特質は、機能するチームが持つ特質とさほど変わらない。グループとして、明確な原則や役割責任、情報伝達ラインを備え、そして隔たりのないオープンな対話がなされている必要がある。取締役一人一人が、個人間で意思疎通可能な状態を作り上げることは会議内及び会議の外側においてもよい関係を構築し、円滑なコミュニケーションを図ることが非常に重要だ。

その行動を促すために、我々は必ず取締役会の前または後に食事を共にするようにしている。その形式は様々で、取締役のみのケースもあれば、経営陣が加わることもある。ディナーだけの場合や、ディナーとボウリング（もっとも誰でも出来るスポーツ）やグループ料理教室のようなイベントを併せるケースもある。どのような形式であれ、大金を掛ける必要はない。この活動は取締役会のチームワーク増強において非常に有益な要素となっている。

社員とのチームランチやディナー、アウティングなしに一年を終えることはないだろう。取締役も同様に取り扱うべきだ。

第38章
意思決定における取締役会の役割

　取締役会の役割は、あなたとチームが重要な意思決定を下す手助けをすることであり、あなたに代わって決定を下すことではない。ここで重要なのは、歯に衣着せぬ実行可能なアドバイスに繋がる対話を引き出すことだ。取締役メンバーの間で大きな意見の相違がある場合はなおさらだ。

責任の境界線

　私はかつて、取締役会で馬鹿げたコメントをしてしまったことがある。

　その会議では、定期報告事項に加えて、とある事業戦略に関する取締役会からのガイダンスを求めることが目的だった。それはチームが明確な解決策が見いだせず、長い間頭を悩ませていた課題だった。会議においては、取締役メンバーと非常に有益な議論を交わすことが出来、今後なすべき事項を含む明確な助言を得ることが出来た。私としても、少々修正すべき点も2、3あるとは感じたものの、そのほとんどが同意出来る内容だった。そして何よりも、社内で紆余曲折し解決に至らなかった課題の明確な道筋が見えたことに、とても満足した。

　私が馬鹿げたコメントをしてしまったのは、まさにその直後だ。「示された方向性は非常に明確です。我々はそれに従い実行するだけですね」その後すぐに、役員の1人であるグレッグ・サンズは、「取締役の仕事は決断を下し実行に移すことではなく、あくまでも助言し導く手助けをすることだ。取締役会メンバーの言葉を神のお告げのように受け入れ、その通りにすれば何事も上手くいくと思い込むべきではない」と私に丁重に伝えてくれた。

　まったくもってその通りだ。

　取締役会はあなたの上司だ（あなた自身も取締役だろうが、その他の2人だか4人だか6人の者もそうだ）。取締役が最終的な決定権を持つ項目もいくつかはあるが、ほぼすべての社内の決断と付随する行動の多くは、あなたとチームに託されている。ガイダンスが必要な場合は尋ねることも出来るが、その助言が実際の運営において確実に成功するという保証はない。同時に、結果的にその通りにいかなかった場合もその過ちを咎める相手はいない。

協力して難しい決断を下す

　取締役会は時に厳しい決断を強いられる。会話の舵取りをどのようにすべきだろうか？

まず初めに言っておきたいのだが、当社設立から20年の大部分の期間、取締役会の参加者は偶数名だった。特に理由があった訳ではないが、時にはそれが上手くいくこともあった（法的に偶数名の参加を禁じている地域もある）。私からそのことを聞くと、（他のCEOも含めて）2人に1人はすぐに「賛否が同数の場合はどうするのか」というような質問をするのは興味深い。同数の場合は、勿論問題はより大きくなる。

取締役会はすべて異なる。中には政治色を強く帯びて、各取締役の利害が異なる場合もある。こうした状況は、投資家の保有株式のコストベースが大きく異なるレイターステージの会社でエグジットやダウンラウンドの資金調達の議論をする場合などで生じ得る。取締役会の中には、セレブや既に離職した成功者で成る取締役グループもある（Theranosなどが思い浮かぶ）。しかし、たとえ刺々しい問題や、或いは単に重要な戦略的問題が浮上した場合でも、取締役会を全会一致で結束させていく方法はある。そのための私の方程式は至って簡単だ。

1. 事実を客観的に列挙する。メモ或いはポジションペーパーを用意する。メリット・デメリットをフルセットで示す。コストとメリットを示す。ペイバック分析をする。何が真因と思われるかフィッシュボーンチャート（特性要因図）を使う。これらのどのような形式であっても、「Just the facts ma'am（ここにあるのは事実だけ）」を実践し、取締役会の前に、パートナーや親、またはコミュニケーション担当者のような利害関係のない人物に読んでもらい、すべてのバイアスが取り除かれていることを確認する。

2. 確固とした意見を持つ。たとえあなたが取締役会の議長ではなくても会議を取り仕切るべきだ。取締役会は、あなたの懸念とその理由を聞きたいのだ。さもなければ、他のメンバーが突いてくることを許す隙を作ることになる。結局は、しっかりとした根拠に基づいた強い意見をひっくり返すことは誰にも出来ない。

3. 下調べをして、土台を固める。会話の中で示唆される、各メンバーのバイアスを確実に把握するべきだ。自分と他のメンバーの意見が一致している可能性が高いと感じた場合でも、個別のメンバーに問い掛ける。同意である場合には、取締役会メンバーにその支持を求めることが出来るが、それでもメンバーは個人的な意見を述べることが出来るようにする。同意していない場合、少なくとも相手のメンバーに判断基準の枠組みを意識させ、会議中それに言及することが出来るようにしておく。疑いがあれば、先に打っておいた（バイアスがあるとわからせる布石を打っておく）方がよい。

4. 自然な議論が行われるようにする。（訳者注：会社法の緩い）デラウェア州が何と言おうと、これこそあなたが取締役会を優先すべき理由だ。刺激のある質問をしよう。一歩下がって議論に耳を傾けよう。必要に応じて話に飛び込み、穏やかに舵を取ろう。そうして、次の3つのうちの1つが起こる。取締役会があなたの意見に

同意し、物事が前進する。取締役会があなたの意見に同意しない場合は、会話を中断し、そのトピックに取り組むためにもっと時間が必要だと宣言する。或いは、取締役会はあなたにとっても会社にとっても生産的な意見をあなたに形成させる。

長い年月の中で悪い決断をすることも多くあったが、取締役会が私に「あなたは間違った判断をした」と言ったことはなかった。それは決して、私が過度に政治的で、取締役会を動かすのが得意だったからではない。我の強い独立心旺盛な取締役がいなかったからでもない。迷う度に、事実に基づいてメンバーと共に考え、判断してきたからに違いない。

取締役会とのコンフリクトマネジメント

当社の取締役会は際立って安定しており、衝突を抑えなければならない状況に直面したことはさほどない。ただ、過去に2回だけ非常に緊張した場面に出くわしたことがあり、その状況を回避する方法を私なりに紹介したい。

1つめは、会社の業績不振時の取締役からのフィードバックへの対応だ。経営2年目に差し掛かった時、私は心の底から「もしかしたらクビになるかもしれない」と思う瞬間を経験した。このような状況下で出来ることは、フィードバックに耳を傾けること以外に何もない。率直なフィードバックを求めるべきだ。もしフィードバックに同意出来なくても、保身を考えてはならない。エグゼクティブコーチに指導を仰ぎ、取締役に対してもその内容を公開し、彼らとコーチとの間でも直接対話してもらう。フィードバックに応える最善の努力をし、正しい方向に向いてきたところで再度のレビューを依頼するとよい。

2つめに起こり得る状況は、資金調達関連の意見が相違することが原因の取締役間のコンフリクトの管理だ。私が過去に経験したケースでは、調達がダウンラウンドとなってしまった際に機関投資家の一人が参加を拒否し、他の投資家がその投資家を排除することを望んだものがある。それは結果的に、すべての普通株主とマネジメントを巻き添えにする事態になり得る状況だった。他の投資家たちは、1人の投資家を排除したのちにマネジメントに対して新しく株式を発行する一方で、他の普通株主に対してはその措置は講じない案を提案した（その事態となれば、マネジメントのオプションのベスティングは再度ゼロからのスタートとなってしまう）。

ここでは、当社の顧問弁護士が、取締役は会社と全株主に対して受託責務を負うのだという助言をくれたことで、私は解決への方向性を定めることが出来た。取締役は自分の持株だけの利益代表ではないのだ。そこで私は、黒・白の各5個ずつの合計10個のReturn Path特製の野球帽を取締役会に持ち込んだ。全参加者に対して、株主として発言する際は白い帽子を、取締役として発言する際は黒の帽子を被るよう要求した。この単純な方法で困難な状況に折り合いをつけ、よりよい結果を導き出すことが出来た。

ブラッド・フェルドが語るCEOの解任

時に、CEOと取締役の間のコンフリクトが制御不能な状態に陥ることもある。CEOが解任にまで追い込まれるという不幸な状況をブラッド・フェルドが説明する。

我々 Foundry Groupが投資する際には、投資先の会社が存続する限り現CEOが職務を務め上げることを期待する。この意見に同意するVCもあれば、CEOは簡単に入れ替え可能と考えるVCもある。CEOは、投資家から資金を受け入れる以前に投資家の哲学を理解することが重要だ。幸い、今日ではその情報は簡単に入手出来る。大抵の場合、ただ尋ねればよい。

私は、CEOが助けを必要とするなら、どのようなことでも手を差し伸べるべきだと考えている（もしそのCEOが適任なら）。それは二極スイッチのようなものだと思う。自分の100％の力を注ぎ完全にコミットし、CEOの望み通りに要望に応える。ただ、もしも何らかの理由でそのスイッチが切り替わるなら、その際は適切に対処するのが私の責任だ。

その際にはまず、CEOと冷静に話し合い、自分の心情を伝える。CEOをサポートすることが出来なくなった理由を、可能な限りデータを用いて説明する。改善されなければならない点を提案し、私が納得いくような状況がどんなものか、再度サポートに回る条件は何かを伝える。その会社に他の投資家がいる場合であっても、まずはCEOと2人きりで会話をする。ここでは、他の投資家や取締役会が全体として抱えている問題ではなく、自分自身の問題として、その状況の修正を図る。

CEOが前向きで建設的な対応を示せば、週次のCEOとの対話サイクルをスタートする。その際は受け身ではなく、自発的な姿勢で挑む。私の期待値、私自身の行動、そしてCEOに求める行動を明確に説明する。このサイクルを繰り返す中で、事態が改善するパターンと徐々に悪化する2つのパターンがわかってきた。

もしも状況が即座に改善すれば、私はすぐにスイッチを、「ハッピー」な「何でも手伝います」モードに切り替える。逆に言えば、スイッチが切り替わることがない限り、この状態をキープする。もしもまたも切り替わることがあれば、それがただの一時的な状況なのか、永続的な状況なのかをじっくり考え、一時的であればチャンスを与え、そうでなければCEOを解雇する。

この状態になると、他の投資家、創業者、マネジメントチームからも追加のフィードバックと意見を得るようにしている。極力バイアスを避けつつ、他者がCEOのパフォーマンスについてどう考え、感じているのかを一層の注意を払いながら聞く。時には、それがすべての決め手になることもある。少し突いてみるだけで、CEOに関するネガティブなフィードバックが大量に溢れ出すこともあれば、問題は私の頭の中でだけの問題であり、解決可能な課題だと気付かされることも

ある。

　私は絶対に一方的にCEOを解任するということはしない。それは適切ではないと思う。CEOを交代させるべきだと考えた時点で、私は他の投資家に率直に説明する。注意深くフィードバックを聞き、様々なアプローチを試してみる。この時点では、まだ考えを変える余地を十分に残しておく。

　稀に、CEOの解任が結果的に正しい選択である場合もある。その際には、映画「メン・イン・ブラック」の方法で行うのが私のやり方だ。まずCEOと食事の約束を取りつけ、レストランに呼ぶ。事前に何を話すかは伝えない。席に着いたところで、決まり文句「取締役会は君を解雇することを決定した。君が満足いくまでどれだけでも話すし、どんな質問にも答えるが、決定は既に下されている。この食事を終えるまでに、今後の移行計画の詳細を話したい」。この場で映画にある「ニューララライザー（記憶でっち上げ装置）」を使って会話の記憶を消すような真似はしないが、今後の明確な道を示すべく、ポジティブで建設的なトーンを保つようにしている。

Foundry Group マネジングディレクター ブラッド・フェルド

アメリカの実業界、特にスタートアップ業界において、もっとも重要度と責任度が高い取締役会の任務は、CEOの任命、解任、そして報酬の決定だろう。私は取締役会としてCEOの採用や解雇に関わったことがないので、ここでは報酬、文字通り業績マネジメントや報酬を中心に考えていくこととする。

CEOの業績評価

第12章で述べたように、CEOであるあなたに対する何らかの正式な業績管理プロセスを構築することは極めて重要だ。それによって、あなたが組織に与える影響や自身の強みと弱みを把握し、CEOとして成長していくために必要なロードマップを描くことが出来る。

CEOの業績評価が必要なのは、あなただけではない。取締役会も同様だ。取締役会は、毎年の業績評価レビューなくしてあなたの報酬を適切に定め、上司として指針を与えることは出来ない。

CEOの業績評価においてもっとも重要な3点を以下に示す。

1. 評価を実施する。

   90%のCEOがここでしくじる。取締役会はあなたの上司ではあるが、彼らをリードするのはあなただ。あなたが議長を務めるか否かは関係なく、他のことと同様に彼らをリードして実施すべきだ。

2. 評価結果を公表する。

   フィードバックを吸収し、その助言を生かして行動することを公に誓うステップであり、これが次のステップ3へと繋がる。

3. 改善を実行する。

   どんなやり方をするにせよ、フィードバックから学び、改善を促すことが出来なければ、全員の時間の無駄だ（このトピックについては、自己管理に関する第5部を参照）。

このプロセスを実施する方法は様々だ。前述の通り、プロのファシリテーターを雇い、社員と取締役が同席する360度評価プロセスによって行うことも出来れば、人事のヘッドまたは指名を受けた取締役に匿名のアンケート調査を依頼するのもよい。或いは、ファシリテーター（あなたのコーチであればなおよし）と、社員が同席しない取締

役会メンバーのみとのオープンディスカッションでもよい。繰り返しになるが、形式よりも実行することそのものが何よりも重要だ。

報酬

　前述にて報酬に関しては大まかに触れているので、ここでは自身と社員双方の報酬に関する取締役とのやり取りに焦点を当てる。

　CEOの給与を構成する3つの要素は、マネジメントチームのそれとまったく同じだ。つまり、基本給、インセンティブ、株式の3つによる。自分の報酬の話をすることに慣れていない、若い独身のCEOは現金報酬を軽視する傾向にあるが、自分自身とマネジメントチームが役割に見合った額の報酬を得るためには、しっかりと話し合う時間を確保することは必要不可欠だ。少なくとも年に1度は、取締役会で念入り且つ公正にこのプロセスを踏まなければならない。理想を言えば、報酬委員会がすべてこの任務を担うことが望ましいが、その選択肢がないならあなたがやるべきだ。

　私は年に1度、上記の3つの要素を1枚の資料にまとめる。基本給は、個人と会社の業績、前年比のベンチマークを基に昇給するか上限なら据え置くかであり、非常にシンプルだ。

　インセンティブと株式はこれよりもずっと複雑になる。

インセンティブ

　まず、毎年、あなたとチームはインセンティブプランとペイアウトを念入りに検討する。そして、アイディアを報酬委員会に売り込み、彼らを納得させなければならない。提案は、株主価値を上げるために会社が担うべきもっとも重要な要素を軸に作成する。「これを達成すれば、年末に心を躍らせるほどワクワク出来るか？」と自問するとよい。もしもその答えがYesなら、それはよいプランと言えるだろう。具体的な数値目標としては、勿論完全に売上そのものや売上高の成長に関するものであってもよい。または、EBITDA、セールス利益、その組み合わせ、或いはまったく関係ないものであっても構わない。内容はどうであれ、その計画は可能な限りシンプルで定量的であるべきだ（たとえYes/Noタイプの定性的な目標ばかりであっても、全体プランにおけるパーセンテージを定めれば定量的になる）。

　数値目標が売上高や利益である場合、上限を定めないというのも理にかなった方法だ。売上高を伸ばしたり、利益を出したりと計画以上に株主の価値を上げたことが明らかなら、それは成功以外の何ものでもない。

　ペイアウトははるかに簡単だ。特に計画がシンプルで定量的であればなおさらである。年度末に、報酬委員会に達成率を報告するだけだ。他の要因を持ち出し、報酬金額の増額や減額を相談することも可能ではあるが、それには適切な理由が必要となる。年

間を通じて毎月の損益計算書にボーナスの未払額見込みを積算するのを忘れないこと。

　ちなみに、我々はここ数年、リーダーシップチームの30〜40人にまったく同じインセンティブプランを適用している（セールスリーダーについては年収の50％がインセンティブとなり、他のリーダーも各分野に応じたコミッションを同様に50％に設定する）。これは、リーダーシップチームの整合性を図る上でも非常に重要な要素だ。前にも述べたように、著しい業績を残した個人がいる場合、報酬委員会に一定の裁量を求めてそれに報いるのもありだ。

株式

　私は、CEOの持株比率が5％未満で、オプションベスティング年率が0.25％に満たないスタートアップや成長ステージの企業の例を目にしたことはほとんどない。稀に見るのは成熟期にあり多数の株主が参画し財務的にもかなり強固なケースくらいだ。

　会社の早期段階（IRSが価値があると見なす前）において最適な株式報酬の形態は制限株だろう。買い取りにさほどコストがかからず、利益を得た場合にも最適な税務上のトリートメントが可能だ。株式取得の際に、IRSにて「83（b）election」と呼ばれる（オプションのベスティングではなくグラントのタイミングで税金を支払う）税務処理を選択する。他の社員に付与する場合にこの形式は一般的ではないが、理由は定かではない。

　CEOの株式報酬の決定と同時に、オプションプールの設定も勿論取締役会の議論の対象になる。経験豊富なベンチャーキャピタリストや社外取締役は、その合理的で公正なやり方について、一般的な感覚を持ち合わせている。オプションプールのサイズは、社員が急激に増え、複数の資金調達ラウンドをこなした後などは定期的に見直す必要がある。オプションプールのサイズに関して意思決定を行った後は、従業員へのオプション付与についてはCEOにそれなりの裁量権が与えられるべきだ。

経費の使用

　業績評価や報酬に比べれば重要度は低いが、あなたの使う経費もまた、取締役会の関心事だ。約9年もの間、私の経費は誰の承認も通していなかった。だが4年前、ふとCFOに承認を得ることにした。そしてその後、「Wall Street Journal」で大企業のCEOが経費を乱用しているとの記事を目にし、CEOの経費規程を策定する時だと肝に銘じることとなった。

　ここ数年は、エグゼクティブアシスタントのアンドレアと私の2人で通年の経費をすべて集計している。通常の経費報告を通じているものや、そうでなく自動車サービスなどの直接請求がされるもの、コーポレートカードによる支払いなどすべてだ。オフィスのフライデーピザなどのイベントや、猛暑日の追加の扇風機購入代など、個人的な経費

でないものは取り除く。そして、すべての経費を分類し、適宜、1回の出張費、1泊1人当たりのベースで詳しく調べ、とりわけ注視すべき経費には脚注を加え、前年度の同経費と比較する。そしてそれを、承認者であるCFOとコントローラー、社外監査役をCCに入れ、全取締役に送り、質問などがあればそれに答える。年次監査の際には、監査役に私の経費使用の内容が適当であり、一般的な他企業で見られる基準範囲内であるかどうか詳しい助言を求める。

　当然のごとく、透明性は基本だ。隠すものがないのならすべて共有する。CEOのスキャンダルが多々発覚する中で、取締役会と共に先手を打って問題回避に取り掛かることが出来る。

第40章
他社の取締役との兼任

　自社のCEOそして取締役を務める上で出来る有益なことの一つに、他社の取締役に就任することがある。効果的な取締役会を構成し運営する方法を、客観的に且つ実際に垣間見ることが出来る格好の機会だ。他のスタートアップ企業や非営利団体、高校や大学の同窓会など、何でもいいから探し、取締役或いは運営会議のメンバーになってみる。そして、他の指導者の指導方法や会議資料、会議進行や厄介な課題の議論の仕方などをよく観察し、学ぶ。1つか2つまでならあなたの処理能力であれば可能だろう。

他社の取締役を兼任する上での基本事項

　他社の取締役に就任する上でもっとも望ましい環境は、全体的に自社に似ているが、やや小規模かアーリーステージの会社だ。2番目は、非営利団体の取締役、または評議員への就任であり、3番目は、他社のアドバイザーを務める手がある。

　あなたは、ユニークで豊かな経験を生かして他社の取締役会に大きく貢献出来る。私がアドバイス出来ることがあるとすれば、以下2点を実践することだ。

　まずは、自分が自社の取締役会にこうあってほしいと願う役員の振る舞いをすることだ。正直に且つ明確に意見する。建設的だが、遠慮はしない。しっかりと事前に準備した上で会議に臨み、十分に注意を向ける。

　会議以外でも、CEOのメンター、相談役、コーチとしての役割を果たすようにする。そして、ある程度の幅のアドバイスが提供出来るようにする（我が社の独立取締役の中で、何年もの間言うことは一つだけで、会議の度に同じことを繰り返した人がいた。1度目か2度目までは有益だったがその後はあまりそうとも言えなかった）。

　就任前に会社や取締役会についての調査を怠るべきではないし、また就任後に自分が十分な影響を与えることが出来ない、またはその経験から学ぶことがないと思った場合は身を引くのも一つの手だ。

　あなたの時間には限りがあり、非常に貴重だ。その時間を有効に利用するためには、リアルな価値が得られない場所に斟酌（しんしゃく）して身を置く必要はない。

　他社取締役、または諮問委員会への就任を依頼された場合は、その会社の事業に興味があるのか、その起業家や他の役員と時間を共にしたいと思う理由があるのかを自身に問い掛けるべきだ。自分の期待が満たされなければきっぱりと断ればよい。自分の時間を過度に利他的に使う必要などない。

　事前に貢献出来る時間を明確にし、その対価として、合理的な報酬を得るよう努力す

べきだ。ストックオプション（その数は費やす時間による）や当該会社へ投資する権利
などがあり得る。

　自社取締役会にこの兼任について報告すべきだ。兼任する他社が自社と何らかの関わ
りがある場合には、取締役会から承認を得て、人事ファイルに記載するべきだ（会社が
成長するにつれ、このような記録が必要となる）。

　最後に、支援する起業家のために一心に自分の力を注ごう。それが出来ないのなら兼
任をやめるべきだ。

Postini 兼 Autentic8 共同創業者 スコット・ペトリーが語る取締役の兼任

　2度の起業経験を持つスコット・ペトリーは、彼が最初に起業したPostini（2007年に
Googleが買収）での学びを、直近のAuthentic8での共同創業者としての仕事に生かして
いる。さらに、これまでに兼任した数々の取締役会で得た学びも活用している。重要なの
は、時間を費やすにふさわしい取締役会で、適切なレベルのコミットメントのレベルを
見いだすことだ。

　会社の運営に携わる経営者を取締役に迎えることで、大抵の場合は投資家ばかり
のグループに対して意味ある多角的な視点を与えることが出来る。逆にCEOに
とっては、社外で取締役に就任することによって、他では得られない視野を得ると
いう、大きな意味がある。人々の個性や視野のるつぼの中で様々な状況で共同して
問題解決に当たる経験はかけがえがない。

　私が関与する会社は当然それぞれに異なり、多岐にわたる状況、課題、そして解
決手段に触れることが出来る。さらに、他のチームの取締役会との関係性の在り方
を目にすることで、取締役として、そしてCEOとしての働き方に有益なインプッ
トを得ることが出来ている。

　成長中の企業は、プロダクト、マーケット、事業拡大、資金調達などというス
ケーラビリティに関する普遍的な課題に直面する。勿論、各社固有の課題も存在す
る。それは市場、文化、財務、技術など様々だ。取締役として、経営陣がそれらの
課題の解決に挑む姿を最前列で観察することが出来る。それらの課題が自社で抱え
るものとは異なる場合でも、チームが課題を把握し対応する姿を目の当たりにする
ことで多くを学ぶことが出来る。

　他の社会活動と同様に、取締役会もまた人格や個性の影響を大いに受ける。取締
役会のメンバーとして、あなたも個性が交わりそしてぶつかり合う中に参加する。
コンフリクトを不快と感じるのは万国共通だろうが、それに向き合うことで深い教
訓を学び得ることが出来るのは間違いない。私はこれまでに、マネジメントと取締
役が異なる言語を話し、強い個性の持ち主が意見を押し通そうとし、控えめな人間

がそれにかたくなな態度で応えるという姿を幾度となく目にしてきた。どのような状況であれ、取締役会は一丸となって行動していくことが求められる。

　複数企業の取締役を兼任することで、より広範な見識を得ることが出来た。各取締役のエゴの大きさは様々で、会社への期待も同様ではない。勿論、取締役メンバー全員が会社の成功を望んではいるものの、その成功の定義は異なる。LP（リミテッドパートナー）に高い投資リターンをもたらすことを重視する役員もいれば、自分自身や会社の評判を高めるために目につきやすい業績指標を重視する者もいるだろう。聡明な人材とのコネクションを求める者や、革新的な手法で難題を解決することにやり甲斐を感じる者もいるだろう。人のモチベーションは多様だ。その目的の違いが取締役やマネジメントのいら立ちやコンフリクトの要因になり、他のCEOにとってはそれが学びとなる。これらを直に観察し、実際に経験出来る場所は他にない。

　私は、他社経営に参画する中で学んだ知識を自分の本業に生かすよう心掛けている。取締役の意見にしっかりと耳を傾けているか？　彼らに自分の意見を尊重してもらえるようなコミュニケーションが取れているか？　最重要事項に集中出来ているか？　各取締役のモチベーションを考えると、他のやり方で伝えた方がいいのか？　過去に同じような状況に直面した際に、他のCEOはどのように問題に対処したのか？

　他企業の取締役を兼任することで、CEOにとっては他にない貴重な見識を得ることが出来る。大学院のアントレプレナーシップの実践講義を最前列で受けるようなものだ。グループダイナミクスの良しあしのすべてを学ぶことが出来る。そこで学んだ教訓を自社の取締役会との関係に生かし、自身のスキルを格段に向上させることが出来るだろう。

Postini 兼 Autentic8 共同創業者 スコット・ペトリー

本質の問題か、スタイルの問題か？

　つい最近、私と同様に社外取締役を兼任するある友人と興味深い会話をした。その時の最後に話したのが彼が兼任する取締役会の一つが抱えるCEOの問題だった。そして最終的に「取締役会はCEOを採用し解雇する責任と株主のバリューを守る責任を負うが、もしも取締役会がCEOのスタイルを好まない場合はどうするのか？」という話題になった。

　長く社外で取締役を務めてきた中で、私を悩ませた大きな問題は、取締役としての役割とCEOのガバナンスの境界線を明確に理解することだ。私は生来、問題を特定し解決するために自ら声を上げる性質を持っている。しかし、経営陣をガイドするために

CEOのスタイルや企業文化は様々だ。指揮統制型もあり得るし、オープンでフラットで透明なやり方もある。私自身やReturn Pathは後者に当てはまると思いたいし、無論私のバイアスといえば、透明性と開放性のある社風がより成功に繋がるというものだ。私はこれまで指揮統制された環境でも仕事をしてきたし、面白くなくストレスの多い環境ではあったが、株主や社員に対して良好な結果を生み出すことが出来てはいた。

では、会社の業績はよいが、あなたが取締役としてCEOの運営方法を好まない場合はどうするか？ 概ねすべての状況を網羅するであろういくつかの質問を以下に示す。

- 異なるスタイルのリーダーが舵を取れば会社の業績が向上するかもしれないとすれば、解雇の根拠になるか？ おそらくならない。
- 取締役の好みに合わないという理由でCEOがスタイルを変えるよう期待するのはフェアか？ 前項ほどひどくはないが、これもおそらく違う。
- CEOのスタイルが理由で鍵となる社員の退職に繋がる、或いはイノベーションを遅らせるなどの業績への悪影響が始まった時に、警告や解雇の可能性に言及をするのはフェアか？ おそらくYes。
- CEOに対してフィードバックやコーチングをするのはフェアか？ 勿論フェアだ。

このトピックを考える時、私は常に葛藤がある。勿論、ネガティブでスピード感に欠ける環境では二度と働きたいとは思わないが、会社の文化を形成するのは取締役の仕事なのか？ これはスタイルの問題なのか、それとも本質に関わることなのか？

フレッド・ウィルソンが語る
時間の経過に伴うスタートアップ取締役の管理体制の変化

どんな会社にも取締役会は必要だ。設立当初は、創業者1人からなる取締役会で十分だが長くはもたない。自分一人で取締役会を持ったとしても、取締役会を持つことから得られるメリットを享受することは出来ない。そのメリットとは助言、相談、関係、経験、信頼を含むが、それだけにとどまらない。

株主が取締役会メンバーを選出する。通常は、取締役候補を指名する者がいて、それを受けて株主が選出する形になる。創業者が会社の舵を握っている場合であれば、彼らがその指名者になる。

私は創業当初には3人からなる取締役会を好んできた。創業者が自ら取締役を務め、彼らが信頼し尊敬する他の2人を任命する形式だ。このシナリオでの取締役の

選出はただ単に主要株主の承認にかかっている。

　だが、投資家が関わるようになると状況は変わる。創業者が過半数を握る場合、状況はさほど変わらないことも多い。創業者は望む取締役を指名し選出することが出来るが、状況によっては、投資家が取締役の席を得るよう交渉することも出来る。エンジェル投資家よりもベンチャーキャピタリストによく見られることだ。

　投資家が取締役の席を要求してくる場合は、通常は株主間契約書を通じてになる。これは会社の全株主の同意書だ。様々な条項が含まれるが、取締役の選出にあたり、株主が特定投資家の代表を取締役に選出するという条項も含まれることがままある。投資家代表は個人名まで特定されていることも多い。私が兼任するほとんどの取締役会で、この形により私が選ばれている。VCの投資では、これが非常によくある。

　投資家の取締役を追加すると創業者は取締役会でのコントロールを失うという訳ではない。創業者2人と投資家1人からなる3人の取締役会とすることも可能だし、人数を5人として、投資家の席を1から2としてその他は創業者がコントロールすることも可能だ。創業者が取締役会でのコントロールを維持するにはこの2つが一般的な方法だ。

　会社が創業者から投資家にコントロールが移行するにつれて、独立社外取締役の任命を検討する時期が来る。独立社外取締役とは、創業者も投資家も代表しない取締役を言う。私は独立社外取締役の大ファンであり、自身が参画する取締役会に独立社外取締役を迎えることに大賛成だ。権益の主張に溢れた取締役会は理想的ではない。取締役会が何かの権益から独立すればするほどよい。

　創業者がコントロールを失う時であっても（つまり投資家に多数の株式を売却する時）、創業者に代わって投資家が取締役会をコントロールしなければならない訳ではない。というより、投資家により支配された取締役会は最悪のケースだと言いたい。投資家は投資に対していかなるリターンがあるかという視野の狭い期待しか抱いていないのが通常だ。会社全体のより広範的な視野を持つ投資家は非常に稀なのだ。多くの会社にとって投資家からの取締役が必然的な悪と言える存在であり、彼らが取締役会を支配しコントロールしてはいけない。創業者がコントロールする会社であれば取締役会も自分自身でコントロールすべきであり、創業者が権限を持たないケースであれば、独立社外取締役がその役目を果たすべきだ。

　会社が上場したあかつきには、株主間契約書は効力を失い、上場会社のガバナンス基準によって取締役選任が行われることになる。通常は取締役会において指名委員会が設置され、その委員会は年次株主総会で全株主によって選任される取締役候補者を選出する。上場会社の多くで、取締役会の一部のみを順次毎年改選するよう調整している。その一般的な期間は3年または4年になる。

株主が代替候補者を提案することも可能だ。原理的にこのアプローチは非上場・上場企業の双方で利用可能だが、実際にはこの利用は上場企業のみに限られる。こうした動きはほとんどの企業で敵対的と見なされ、代替候補者を攻撃的に任命する動きと捉えられる。この「代替候補者」アプローチは「アクティビスト投資家」によることが多く、上場企業のマイノリティではあるがそれなりの割合の株式を買い、取締役会の構成や、経営陣や、戦略的方向性の変化を扇動するために行われる。また、時には敵対的買収にも活用される。この代替候補者が会社のコントロールを握ることは稀だが、この方法で1或いは2人の取締役が選任されることはままある。

取締役会も進化するべきだ。定期的に新しいメンバーを入れるべきだし、そのためにも任期を定めるべきだ。4年程度の任期が理想だろうか。私自身はそれよりもずっと長い期間務めている。1社では13年目、そしてもう1社では11年目を迎える。理想的な状況ではないが、これらは前職のVC勤務時に投資した会社であり、状況を観察しサポートするパートナーたちや創業者たちに対しての責任があるのだ。

ずっとよい例にTwitterがある。Obviousからのスピンアウトによって設立され、USVが最初の投資をした当初に、私は1番目の社外取締役となった。時間とともに、投資家からの取締役を数人、そしてその後独立取締役を追加していった。昨年の秋には、創業者2人、CEO、社外独立取締役3人、投資家取締役1人という構成に落ち着いた。株主の一員として、よい構成だと感じたため、2回目の資金調達を投資家としてリードした私の友人のビジャンと共に自ら退任することを決めた。

このTwitterのストーリーの肝は、取締役会は進化するということだ。1年目の取締役会の構成は、私、創業者2人、創業時メンバー1人。2年目は私、ビジャン、創業者2人、創業時メンバー1人。3年目は、投資家3人、創業者2人、経営陣2人。4年目は、投資家3人、創業者2人、CEO、社外3人。そして現在の、投資家1人、創業者2人、CEO、社外3人へと進化してきた。Twitterでの変化の多くは資金調達の際に起こった。これはVCの支援を受ける会社の典型だ。

結局は、株主が取締役を選ぶ。これはどの会社にも当てはまる真実だ。だが、取締役を選ぶ方法は会社によって異なる。上場企業の場合には、皆概ね同じだ。非上場の会社の場合、交渉次第であり、取締役会参画の条項には細心の注意を要する。非常に重要なことなのだから。

そしてそれよりも重要なのは、最高の取締役会を構成することだ。それは簡単なことではなく、それはあなたの力にかかっている。

　　　Union Square Ventures マネジングディレクター フレッド・ウィルソン

第5部
他者の管理のための自己管理

自己管理とは、自己認識と自己規制の組み合わせだ。自己認識とは、自分自身の行動とそれが周囲に与えるインパクトを理解することだ。自己認識を進めることで、自己規制が促され、そしてまた自身の行動を律する能力を身に付け、行動にコントロールされることを避けることが出来る。では、何故それがCEOにとって重要なスキルなのか？それは、単に仕事が出来るマネジャーとなるにとどまらず、共感性と影響力を持ち合わせたマネジャーとなるのに必要だからだ。勿論、論理的にはあなたが望むことを他者に強いることも出来る。だがおわかりの通り、強いられた側にとって楽しいことではないし、こと有能な人間は強いられることを望まないものだ。

　自己管理とは、自分が金魚鉢の中にいるということを自覚することだ。あなたはいつも周囲から見られている。会社の雰囲気を決めるのはあなただ。あなたの服装、電話の応対、他者との接し方、出勤時間、仕事に取り組む姿勢、すべてがロールモデルになる。何かを苦にしていることを周囲に見せてはいけない。特に会社が大きくなればなるほどだ。四六時中休みなく働いているように感じても、燃え尽きてはいけない。悪いニュースを耳にした直後に個室から飛び出して「俺たちはもう終わりだ！」と叫ぶことは出来ない。職場での振る舞いは常に意図的でなければならないのだ。

　それこそが、私がこの部で伝えたいことだ。

　第5部では、自分自身のオペレーティングシステムの構築やエグゼクティブアシスタント、エグゼクティブコーチ、そしてピアグループとの働き方などといった実践的な事項について触れる（こうしたサポートの仕組みの数々が違いを生むのは事実だ）。また、心身の健康維持、家庭での生活と仕事の両立などというパーソナルな話題にも触れる。本部の最終章は、「棚卸し」について、つまりCEOとしての仕事の定期的な振り返り、そしてその仕事を続けていきたいのかを自問する機会について述べたい。

　最後に、私は「自己管理」は、ビジネスが成功してから取り組めばよいものではないと思っている。ビジネスを成長させるには、立ち上げ当初からこれらの原則を習慣化し、日々実践することが重要だ。信じてほしい。会社のスケーリングにあたっては、下手をすれば精神と感情双方のエネルギーのすべてを消耗してしまうかもしれない。自己管理に失敗すれば、最終的にはチームの管理、会社の管理にも失敗することになる。このセクションのトピックは、私が見つけた、バランスを保ち、限られた時間を最大限に活用出来るようにする上でもっとも効果的だったものについてになる。

第41章
自身のオペレーティングシステムの構築

　あなたにとって、時間が何より貴重なリソースであることは疑いの余地もない。会社にあなたという存在は一人だけであり、同じ人間をもう一人雇うことなど出来ない。一日を最大限に活用する方法を見いだすことは必須だ。また、自己管理を行う上で、チームの力を効率的に利用する方法を探し出すことも非常に重要だ。

　この章では、自身のアジェンダやカレンダー、そして時間の管理について説明する。まず、この3点を順に考えてほしい。アジェンダの管理は自分自身がすべきことを大括りに理解することであり、カレンダーの管理とは、そのために時間を確保することだ。また、時間の管理とは、アジェンダの実行とともに日々突発する重要な（またはそれほど重要ではない）雑務の処理のために、可能な限り生産性を高めることを言う。

　時間を管理するためのツールのいくつかをこの章で紹介するが、ここではその総称を私の「オペレーティングシステム」と呼ぶ。会社に独自のオペレーティングシステムが備わっているように、あなた自身もそうした仕組みを持っておくべきだ。

オペレーティングシステムをどこに置くか

　私はオペレーティングシステムの作成はExcelで行うが、どんなツールを使っても構わない。私が知るCEO仲間は、Outlook、Google Drive、Evernoteなど様々なツールを使用している。デバイスの種類を問わず、24時間どこからでも、そのオペレーティングシステムにアクセス出来るツールであれば問題ない。そのオペレーティングシステムのツールに関係なく、あなたはそのシステムを活用し、一日に数回はアクセスすべきだ。私は常にそのファイルを開き、デュアルモニターのサブスクリーンに映し出している。

アジェンダの管理

　非常に緻密なオペレーティングシステムを構築するには、緻密なアジェンダの設定が不可欠だ。アジェンダとは、直近の優先順位を反映したあなたのジョブディスクリプションだ（もし自分のジョブディスクリプションがよくわかっていないのなら、この本はそれを考えるよいきっかけとなっただろう！）。

　私のオペレーティングシステムのアジェンダのタブに設ける質問を以下に紹介する。

・戦略：会社の競合優位性を保つために十分な努力をしているか？

・計画：売上と利益の拡大を促す正しい計画があるか？

・市場：クライアント、代理店、パートナーなどと十分な時間を過ごしているか？

・人材：適切な人材が揃っているか？　人材開発に十分な投資が出来ているか？

・カルチャー：働き甲斐のある環境が整っているか？　機転を利かせているか？

・実行：計画通りに実行しているか？　出来ていないのなら、それは何故か？

・資金調達：銀行口座に十分なキャッシュがあるか？　生存可能な期間は？

・取締役会：適切な取締役の選任が出来ているか？　十分に活用出来ているか？

・自分：私はリーダーとして学び、成長することが出来ているか？

・現状：今まさに最重要の事項は何か？

　私はToDoタブの中に上記の質問の答えをすべて入力する。特に、「今まさに最重要の事項は何か？」という質問に関しては、その答えをタスクとプロジェクトに変換する。ToDoリストの各項目には次のステップまでの期限を設ける。そして、その項目は期限毎に色付け（赤＝今日/過去日付、黄色＝翌週、白＝それ以降）されていて、その各項目は、種類と期限によって並べ替えることが可能だ。繰り返しになるが、このスプレッドシートは、一日中私のサブスクリーンに映し出されている。空き時間があれば常に見直し、期限の迫った必須事項に取り掛かる。

　月に1度、私はアジェンダを見直し、それが最新の状態に保たれているかを確認した後に、ToDoリストの項目が最新のアジェンダを反映しているかを確かめる。

　ある意味、私のアジェンダは会社のアジェンダにもなり得る。また、すべてのことを一つの場所にリストせよと言う、デビッド・アレン著作『Getting Things Done /GTD』の教訓を生かすべきだ。そこで、私のExcelファイルには以下の別タブも含めている。

・分担　このタブでは、チームのメンバーに既にアサインしたタスクを次のステップと期限（ToDoタブと同様に色付け）を記録する。タスクのフォローアップとそれが期限通りに完了しているかを確認するシンプルな方法だ。

・会社のスコアカード　このタブでは、会社の年次及び四半期の目標を記録する。自分自身や他の社員に対してタスクを割り当てる際に確認するために使用する。

・人材開発プラン　このタブでは私自身と直属の部下の開発プランを記録し、1対1ミーティングやスタッフミーティングで活用する。人材開発プランは、積極的に見直し、それに沿って行動がなされなければ何の役にも立たない。

・ネットワーキング　このタブでは、社内（職位を超えて）、外部の両方で私が会う

べき人を記録する。その中にロケーション欄を加え、私がその周辺に出張などがある際にはアシスタントと共同でミーティングを設定する。また、想定頻度も入力して、会うべき時期が迫ってきたら赤色フラグが立つように設定してある。

・アイディア　このタブでは、頭に浮かんだことを自由に書き留めて、その他のことを何でも記録する。アジェンダを修正する際に月毎、または四半期毎に見直しをする。

どのようなオペレーティングシステムであろうと、これらによってアジェンダを緻密に管理することこそが、自分の時間を管理するスタートとなる。

時間管理必須のリソース

　私のオペレーティングシステムは格段に改良され、その構造や目的に多様なインプットがあったのは事実だが、もっとも影響を受けたのはデビッド・アレン著作である個人の生産性について説いた『Getting Things Done /GTD』だ。あなたがCEOでまだ本書を読んでいないなら、すぐにでも読んでほしい。

カレンダーの管理

　全体のアジェンダが定まれば、週、月、四半期、または年単位で予定を計画することが可能になる。以下、カレンダーの主な要素と、各々の私なりのプライオリティ、そしてその他のオペレーティングシステムへの影響を説明する（ここで紹介するシステムの構成要素は、第18章にて説明した会社のオペレーティングシステムの要素に類似する）。

・取締役会　この日程は早期に設定し、社内の他スケジュールはこの日程を基軸にして調整されるべきだ。

・スタッフミーティング　どのようなミーティングのルーティーンがあるにせよ、四半期毎のオフサイトや終日会議などは早めに調整するべきだ。オフサイトは通常の場合、取締役会開催日の1カ月前にして、適切な実行がなされているか、取締役会で議論すべき課題は何かを確認する。

・オールハンズミーティング　全社員がその日程を知った上で自分のスケジュールが組めるよう、早めに日程を調整するとよい。Return Pathでは、取締役会資料を基に会議の準備を進めるため、取締役会の翌週に開催するようにしている。

・社内イベント　サマーパーティー、ホリデーパーティー、地域支援活動など、イベントの種類を問わず、この日程を考慮した上で他の調整を行えればよい。

・スタッフ1:1　私はこの種のミーティングはカレンダー上で反復設定する。各ミーティングの長さや頻度はそれぞれ異なる。

・業務時間のブロック　人によっては、カレンダーが予定で埋まるのを避けて、自分の業務に集中出来るよう、毎日或いは週に1度の頻度で自分の業務時間を数時間ブロックすることがある。それもありかもしれないが、私はCEOとしてはあまり好ましい習慣とは思ってない。日中の時間は他の社員が私にアクセス出来るゴールデンタイムだからだ。私の実際の「業務」時間は9時以前か5時以降だ。

・業界イベント　これらの日程は事前に周知されており、大抵の場合は移動を伴う。

・外部の予定　外部の取締役会やCEO Forumなどに属している場合、その日程を事前に押さえておくべきだ。

・休暇　子どもの学校のスケジュールとの調整などの強制的な要素がなくても、計画は早めに立てるべきだ。そうせずに日程を確実に押さえなければ、いつまで経っても休むことは出来ない。

時間の管理

　年次または四半期の大まかな日程の調整を試みるということは、重要度の高いミーティングとのコンフリクトを避けるよう努めることに繋がる。より効率的に自分の時間を管理出来るようになるにはよいスタートだ。

　私は自分のカレンダーの管理に関してはずっとオープンだ。社内と社外のどちらにおいても、私に会いたいという者がいれば、大抵その要望に応えてきた（ベンダーからのランダムな依頼だけは別だが）。親切心から引き受けた案件もあったが、ネットワーキングマニアである私は、ただ顔を合わせるという目的で積極的にミーティングを設定した。別の業界や金融関係者から新しい知識を学び、他の起業家たちの野心に耳を傾けたり手を差し伸べたりしつつ、そこからさらにコネクションを広げてきた。継続的に複数社の取締役を兼任してきた経験もまた、私の管理能力を伸ばす上では非常に有効であった。

　会社が拡大し、様々な地域に進出を重ね、子どもの誕生に伴い家を購入し通勤時間が伸びるなどの経験を経て、私は自分の時間をより賢明に管理出来るようになった。もっ

と改善出来るとは思うが、一日の時間を分刻みでコントロール出来るようになった。私に用があるチームメンバーが突然顔を出したり、メッセージや電話をよこしてきたりする時の私の決まり文句は「ちょっとだけ待って」だ。その者と時間を確保する前に自分が取り掛かっている業務を片付けるよう努めるのだ。ミーティングの時間も60分から30分へ、30分から15分へと積極的に短縮している。私の時間がほしいというリクエストに対して「取りあえず取っ掛かりとしてメールを送ってくれないか？」と伝え、私が時間差でそれに返信出来るように努める。時には「それはちょっと今時間を使えることじゃない」と断ることもままある。

　私のエグゼクティブアシスタント（次章を参照）は、相当の時間を要すると思われることのために私がそれなりのまとまった時間を確保出来るよう、スケジュールを管理する上で、大きな役割を果たしてくれている。

フィードバックループ

　私が考案したツールで、フィードバックループまたはオペレーティングシステムの確認となるものの一つに、簡易時間配分モデルがある。

　まず、ミーティング前後の移動時間、または飛行時間までをきっちりカレンダー上に予定し、正確に管理する。ミーティング後に、もう一度カレンダーを見直し、実際の時間配分を反映させる。各四半期末に私のアシスタントは前3カ月分のミーティングをダ

図41.1 四半期毎の時間分析

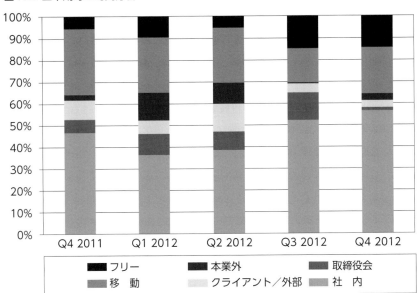

ウンロードし、何に時間を費やしたのかを把握するためにカテゴリー分けする。そして、アジェンダを基に目標達成に向けて翌四半期のカレンダーを修正する。そのカテゴリーは時間とともに変わってきているが、いずれにせよ大括りなレベルのものだ。現在のカテゴリーは、「フリー」、「移動」、「社内」、「取締役会」、「クライアント/外部」、「本業外（他社の取締役業務など）」だ。詳細は図41.1を参照。

　四半期のデータを単一で見てもそれほど役には立たないが、複数のデータをトレンドで見ながら、何に自分の時間を費やしたいのかと実際の結果とを比較するのは、自発的に時間を調整し管理する上で非常に有効だ。「移動の時間を減らさなければ！」、「前四半期は市場への関心が足りなかった」などといった発見が常に生まれる。こうした変化は受動的なやり方ではなく、自発的に行うべきものだ。ミーティングの削減や時間短縮、または適切であれば複数の社内ミーティングの統合を図る。現地まで移動する代わりにテレビ会議システムを使用する。少しだけ自分勝手に自分の時間を守るのも手だ。

マネジメント・モーメント

ボトルネックにならない

　いつもメールの受信箱が空になっているような変人であらなければならない訳ではないが（そうしたければぜひどうぞ！）、次のアクションを起こすためにあなたの承認を待ちわびている人間がいるようではいけない。そうなってしまえば、チームを採用してもその力を最大限に活用することなど出来ないのだ。承認や申請を山積みに溜めてしまってはならない。以前私は、コメントや承認を求めて、常に部下が部屋のドアの前に列をなしている上司の下で働いたことがある。その当時は紙での承認が一般的であり、絶え間なく誰かがその上司の部屋を訪れ、自分の申請書に出来るだけ早く目を通してもらうようにその申請書を資料の山の中から取り出し、その1番上に動かしていく姿をよく目にした。

　チームの規模が拡大すればするほど、自分自身が価値のある仕事を片付けることよりも、他のメンバーがよい仕事をこなすことが出来る状況を整えることが重要になる。もしもあなたがそのボトルネックになっているのであれば、あなたは自分の仕事をしていない。

第42章
エグゼクティブアシスタントとの働き方

　数年前に長年のアシスタントであるアンドレアが産休に入ったとき、すぐに彼女のおかげで私の一日の生産性が25〜30％アップしていることに気付かされた。彼女が産休に入ったことはよいことだと一緒に心底喜んだが、彼女が産休から戻ってきてくれた時はやはり本当に嬉しかった。

　個人のオペレーティングシステムの構築が、自己管理と効果的な時間管理のために必要な第1ステップであるならば、第2のステップは、エグゼクティブアシスタントの採用方法と業務内容を考えることだ。

　私はよく他のCEOから、自分自身で簡単に物事が片付けられるこの時代に、エグゼクティブアシスタントがもたらす価値は何なのかと聞かれる。スタートアップのCEOや或いはスタートアップステージを抜けたばかりのCEOは、すべてを自分でやり遂げたいと思う傾向がある。これは雑務に助けは必要ないと考えているか、誰の力も借りていないというメッセージを送るべきだと思っているためだ。

　繰り返しになるが、あなたの時間は非常に貴重な資源であり、組織のリーダーとして、その時間を増やす方法があるのであれば、何にせよそれは価値のあることだ。有能なエグゼクティブアシスタントであれば、まさにそれを実現することが出来る。あなたの数々の雑務を引き受け、時間をつくる。勿論、自分でも出来ることかもしれないが、自分でする必要はないのだ。優秀なエグゼクティブアシスタントであれば、一日に3〜4時間はあなたのために時間を生み出してくれる。その時間は仕事にもプライベートにも使うことが出来る。

エグゼクティブアシスタントの採用

　一般的に、優秀なエグゼクティブアシスタントの採用の仕方は2つある。1つめは、非常に優秀なエントリーレベルの人材を、12〜18カ月の経験後にパフォーマンス次第で昇進出来るという約束の下に採用する方法だ。2つめは、大企業でエグゼクティブアシスタントとして勤務した経験がある、キャリアの高い人材を採用する方法だ。その双方が機能するのを目にしてきたが、私自身は前者に頼ってきた。だが、約8年前に、業務を退屈に感じ、昇進出来ないことにしびれを切らした有能なアシスタントが次々と離れていくことになり、その度に新しくアシスタントを探さなければならない状況にいら立ちを感じることになった。そしてそれをきっかけにして、新たな方法を見つけることになった。それは、前述した2つを融合させたモデルだ。優秀でエントリーレベル以上

の人材だが、経験は必ずしも問わない（小売業やホスピタリティ関連の経験はよいかもしれない）。そしてアシスタント業務とその役割に興味のある人材だ。このモデルを機能させるためには、継続的にその役割と責任を増やし、毎年昇給させることに前向きでなければならない。毎年新しいアシスタントを雇い、トレーニングする必要がないのは、実に価値がある。

　勿論、どのやり方にしても、綿密な心配りが出来（うっかり者はよくない！）、マルチタスクに長け、親しみやすく友好的で、コミュニケーション力が高く、何よりも口の堅い人材を選抜するべきだ。私の長年のアシスタントであるアンドレア・ポンチオーニはそのどの点においても卓越している。

エグゼクティブアシスタントの業務

　私は、有能なアシスタントをある種の自分の分身と見なしている。つまり「第二の自己」、またはCEOのあなたの延長線上の人間であると考えている。あなたのために何かをするということにとどまらず、あなたのように振る舞うことが出来る人間であるべきだ。理論上、CEOとしてのあなたのすべての行為は、会社全体を前へと推し進めるためのものだ。したがって、あなたの分身の行いもまた同様であるべきだ。有能なアシスタントはただの事務員ではなく、総体的に会社の成功と生産性を向上させる人間でなければならない。あなたはその人材が直ちに役割に順応し、成果を生み出せるように、多くの時間を投資すべきであり、その成果に対して十分な報酬で報いるべきだが、その見返りとして卓越したアシスタントはCEOとしての生産性を倍にする。

　アンドレアがまとめてくれた自身の業務内容のリストに、私が受けている恩恵を横に補足している。

エグゼクティブアシスタントのプロフェッショナル
アンドレア・ポンチオーニが語るエグゼクティブアシスタントとの働き方

　私が本書を執筆する現在、約8年間職を共にするアンドレアは、産前産後休暇中だ。だからこそ、優秀で長期的なエグゼクティブアシスタント（以下、EA）の存在の重要性をひしひしと感じている。以下、私の唯一無二のEAが、CEOがアシスタントを最大限に活用する方法を紹介する。

　EAについて考える時、解決すべき課題が2つあります。1つめは優秀な人材を採用すること（優秀ではないアシスタントは、逆に生産性を下げかねません）。そして2つめは、アシスタント自身にCEOの延長であるいう意識を持たせることです。これは簡単なことではありませんが、そうすることが出来れば、状況は一変します。

　アシスタントを採用するにあたり、考慮すべき点がいくつか挙げられます。まず

カレンダーの更新と管理、会議の日程調整、訪問者の接待	私のカレンダーはまるで数独のパズルのようだ。自分自身で管理することも可能だし、そうすることもあるが、調整のほとんどはアンドレアが行う。社内の優先事項を踏まえながら最適な調整が出来るよう、彼女は全スタッフのカレンダーへのアクセス権限を持つ。最終的に彼女と2人でじっくりとスケジュールを見直し、費やすべきことに適切に時間が割り当てられているかを確認する。
直通電話のスクリーニングと応対	会社が大きくなればなるほど、ベンダーからの電話は増える。資産運用会社や不動産会社からの電話に対応している時間はない。スクリーニングは必須だ。
オールハンズミーティングやイベントの計画と調整	これは私のカレンダー管理の延長であり、他の幹部のカレンダーにアクセスする。極めて重要な一元化された業務だ。
シニアチームのオフサイトの計画と調整	私がCEOとして切望することの一つに「大きなパーティーのホストのように振る舞う」ことがある。そして、その計画は完璧でなければならない。自分でも多くの時間を掛けて準備をするが、協力出来るパートナーが必要だ。
機密情報の収集と保管	私が今まで雇用したアシスタントは全員、機密情報の保持契約を結んで業務を開始している。
取締役会と経営会議用資料の準備	取締役会資料の作成は大変手間がかかる作業であり、任せるに越したことはない。経営陣と私が目次を作成し、各個人が自身の業務をアンドレアに送る。すると、魔法のように取締役会資料が完成する。経営会議では、アンドレアが定例アジェンダの管理と修正、進行順、会議資料を管理し、会議の生産性が向上するよう、必要な時に必要なものが手元に揃うように準備する。アンドレアはシニアチームの一員であり、社内の第一線の状況を把握出来るようにすべてのミーティングに参加する。その理解があってこそ、意義のある仕事をすることが出来る。彼女は、ただの受け身の参加者ではなく、長年にわたりよいアイディアを提案してくれている。
国内・海外出張の調整と予約	この作業が面倒で時間を消耗するのは、エクスペディアの使用方法が難しいからではなく、出張内容によっては、その管理と変更が面倒だからだ。アシスタントが自分の出張スタイルや好みを理解するのにはしばらく時間がかかるかもしれないが、最終的には大幅な時間の節約になる。
経費精算	自分でも出来るが、しなくても済むのならその方がよい。
全従業員へのギフトと記念品の管理	これは私にとってとても意義のあることだ。私は従業員の記念日に、各々に声を掛け、ギフトを送る。月に1度、私のサインが必要な書類が魔法のようにデスクに現れ、その後それらが手渡される。
投資家のデータベースの管理	いつかはシステムを構築する予定だが、現時点においては、IRは、アンドレアがCFOと私のために調整してくれて成り立っている。
必要に応じて、CEOとプロジェクトでのシニアチームの補助	主要な各種プロジェクトの調整、リサーチ、実行の手助けなど、とても価値ある役割だ。効果的に時間を使用出来る。
四半期のスケジュール分析	これまた重要なタスクだ。四半期毎にアンドレアは、私のカレンダーをダウンロードし、私の日程をカテゴリー別に分け、時間の割り当てを分析するための書類を作成する。そのカテゴリーの内訳は、「フリー」、「移動」、「社内」、「取締役会」、「クライアント/外部」、「本業外」だ。次期の計画を練る上でこの作業は非常に効果的だ。私が意図的に時間を配分し、日程を調整する上でも、彼女が私のスケジュールを管理し、他者からの要望に適切に応対する上でも重要（詳細は前章の「フィードバックループ」を参照）。
コミュニケーション全般の手助け	これはアンドレアのリストにはなかったが、私が追加した。彼女は私のために叩き台を作成してくれることがあり、それは非常に役に立つ（メールのような些細なものから、プレゼンテーションといった重要なものまで様々だ）。また、全社向けのメールを送信する際には、アンドレアに事前に目を通してもらい、自分以外の他者の視点から、その内容を確認してもらうようにしている。

初めに、優秀なアシスタントであるためには、その仕事が好きでなければなりません。この点は、ポジションを問わず採用全般に当てはまることですが、CEOと密接に関わるという厳しさにさらされるEAにおいては、特にこの点が重要です。適性がない場合、そのEAは苦しみますし、ひいてはあなた自身にそれが降り掛かることになります。一般的に、仕事と真剣に向き合い、その仕事を楽しむことが出来るほど、質の高い結果を生み出すことが出来ます。EAの場合、特にこれが当てはまります。

　EAには柔軟性が求められます。突然の変更に適切に対処する能力がなければなりません。CEOのスケジュールは毎日目まぐるしく変化します。一日一日が数々のミーティングや締め切りで埋め尽くされているのが普通です。アポやカンファレンス、出張が突然必要になり、無理なスケジュール変更が余儀なくされる事態となります。EAはこのような難題を即座に解決し、すべてが滞りなく進行するよう調整しなければなりません。既にお気付きかとは思いますが、スケジュールの変更を受け入れられない人は、EAには不向きです。

　優秀なEAを雇ったら、その人材を最大限に活用してください。その戦術の一つとして、アシスタントのためにCEOご自身の時間を割くことが挙げられます。忙しいスケジュールの合間を縫い、定期的に時間を確保して、お互いの理解に相違がないかを確認することが大切です。EAはそうしてあなたの働き方のスタイルばかりでなく、あなたからの期待値をも学びます。またそうすることで二者間の溝を埋め、結束を固めることが出来るのです。密接に働いていくからこそ、良好な関係を築くことが非常に重要です。

　そうはいっても、アシスタントが、何も言わずともあなたの心を読めると思い込んではいけません（優秀なアシスタントの中には、出来る者もいるかもしれませんが！）。コミュニケーションは非常に重要です。業務内容と期限を明確にし、それをしっかり伝えてください。あなたは様々な面で、アシスタントのメンターなのです。EAはあなたから直接学び、直ちにその学びを生かします。

　　　　Return Path エグゼクティブアシスタント アンドレア・ポンチオーニ

第43章
コーチの活用

　取締役の一人から、コーチングを使うことを初めて提案された時、よいアイディアかもしれないと思った理由はたった1つ、一度雇ってしまえば、二度と他の者から同じ提案を繰り返されずに済むと思ったからだ。だが、それから約10年が経った今、私のコーチのマーク・マルツは私のもっとも貴重な財産であり、アドバイザーの一人となっている。

　CEOコーチの種類は様々だ。セラピストに近い者もいれば、退職したCEO経験者である場合もある。自分からはあまり多くを語らず、あなたが自身で結論を導き出せるように間接的な指導をする者もいれば、より直接的に関与する者もいる。自分の仕事のスタイル、仕事のペース、そして投資出来るコーチング料金に見合ったコーチを雇うべきだ。自分の事業を拡大し、キャリアを築く上では絶対に妥協出来ない投資の一つだ。たとえ、既に3回以上CEO経験があってもだ。

エグゼクティブコーチの価値

　私たちは、1999年の12月にReturn Pathを設立した。それから10カ月も経たないうちにインターネットバブルがはじけ、まともな事業運営がほぼ不可能な状態となった。2000年、2001年と苦労が続き、その年末に唯一の直接的な競合企業と50対50の痛みを伴う合併を行い、資本増強を図らざるを得なくなった。会社はまだ存続しており、上昇の兆しを見せていたものの、まだまだ順調とは言い難い状況であった。

　取締役会の一員であるフレッド・ウィルソンが、CEOコーチを雇えば仕事の質が向上し何らかの利益が得られるのではないかと提案してきた時、即座に私の頭に思い浮かんだことがあった。「私の取締役会の管理には至らない点があるようだ。そうでなければ、フレッドは私をコーチングなど必要ない、有能な人間だと思うはずだ。もしかすると、その点においてコーチングは役に立つかもしれない」。

　フレッドは、過去に彼のポートフォリオの会社のいくつかでCEOコーチング経験のあるTriad Consultingのマーク・マルツを私に紹介した。私は半信半疑で初回ミーティングを承諾し、彼に取締役会の管理方法を学ぶ手助けをしてほしいと依頼した。彼は控えめな笑みを浮かべながら、勿論その要望には応えるが、手始めに私の360度評価を行うのはどうかと提案した。そのプロセスを経ることで、取締役会の管理以外にもう1つや2つ焦点を当てるべきことがわかるかもしれないと言った。

　私は渋々同意した。学ぶことがたくさんあるとは思わなかった。私に対するチームの

評価は非常にポジティブで、彼らが私のことをよく思っていることは明白だった。私は3度の資金調達に成功し、業界の主要な大手企業と戦略的で強固なパートナーシップを結び、競合他社に対して提携するよう説得した。何はともあれ、私はCEOだ！ 私はボスだ！

これこそ、若気の至りだ。

最終的に、私はコーチと共に仕事をするという当初の抵抗感を克服することが出来た。それには2つの理由がある。(1) 他に1つや2つ見直すべき点があるという彼の見識は正しかった。(2) 私が自分でそういった結論に至るよう導いてくれた。彼は、適切なデータを提供して、私がそう思うよう誘導したのだった。

エグゼクティブコーチを雇うことに関して、私は取締役会から説得されるまで重い腰を上げなかったが、あなたには自発的にコーチを雇うことを勧めたい。絶対にその決断を後悔することはない。

エグゼクティブコーチの貢献分野

私はコーチと共に時間を掛けて様々な能力を改善する努力をしてきた。コーチが私とチームにもたらした影響を以下に示す。

・私のコーチング

有能なコーチは、あなたの自己認識と自己規律の開発を支援して、共感力や最終的には影響力を高めさせ、ひいては日常業務における重大な案件への対処を助ける。

・チームメンバーとチーム全体のコーチング

私のコーチはエグゼクティブチームの各メンバーに対してもコーチングを行い、彼らの水準の引き上げに貢献してくれた。それと同様の効果をもたらしたのは、彼がシニアチーム全体を対象に行ったコーチングだ。マークは四半期毎に開催されるオフサイトミーティングに少なくとも1日は参加し、私たちの現状把握と今後の改善点を客観的に見直すための会議の「開発」セクションの促進の一端を担っている。

・指標やフレームワークからの学び

優れたコーチは、産業カウンセラーとして訓練されていなくても、あなたの性格やマネジメントスタイルの多様な側面の理解を促してくれるいくつかの指標を活用出来る。これまでに利用したものには、マイヤーズ·ブリッグスタイプ指標、トーマス‐キルマン コンフリクト・モード検査、ヘイ・グループ・マネジメント スタイル サーベイ、様々な会話に適応可能なアクションデザインフレームワーク、書籍『Now, Discover Your Strengths』で紹介されているシグネチャーテーマなどが含まれる。ただし、これらを使用するだけでは意味がない（いいぞ、私はESTJ型

<リーダータイプの性格>だ！でもそれで？）。指標の神髄は、その特徴をコント
ロールし、周りの人間の性格やスタイルと適合させる方法を理解することにある。
卓越したコーチは、それを可能にしてくれる。

・重要会議のファシリテーション
　優れたコーチは、失敗の事後検討などの重要な会議や、自分自身も深く議論に参加
　するために、議長を務めることが難しいタフな経営会議の議事進行を務めることが
　出来る。

・360度評価プロセス
　議事の円滑な進行の一環として、ライブ360度評価を実行する。

・組織デザイン
　組織デザインのトレーニング経験の有無を問わず、ほぼすべてのCEOコーチが深
　く貢献してくれる。コーチと一定期間以上の付き合いになると、彼らは様々なモデ
　ルを理解し、COO（最高執行責任者）の採用やセールス部の下にマーケティング
　を配属するなどといったことの良しあしのアドバイスを提供することが出来るだろう。

　マークがビジネスにもたらした影響は定量的には表現しにくい。敢えて言うならば、
10年以上経った現在に至っても彼が誰よりも信頼出来る外部アドバイザーであるとい
うことに尽きる。私たちのビジネスが存続している理由の一つに彼の貢献があると言っ
ても過言ではない。

Hoola Hoop エグゼクティブコーチ マーク・マルツが語る CEOコーチの活用

　私の長年のコーチであるマーク・マルツは、自分が常にすべてに答えられる訳ではな
いことを教えてくれた。以下では、エグゼクティブコーチの活用に関する彼の視点を紹
介する。

「磨かなければ光らない宝石のように、人も試練なくして完成はない」
－中国のことわざ

　CEOが直面するもっとも大きなリスクは、自分自身と自分に課された役割の境
界線を見失うことです。自分自身と役割のはざまの迷いやすい地形を誘導すること

がCEOコーチの役割です。

　CEOの職に就けば、周囲の誰もがあなたを必要としているように思えるかもしれません。全員に注意を向けることが出来ない時は、特に誰に時間を投資するかを決めなければなりません。これには、ただ単に優先順位をつけるということだけではなく、自分自身に対する理解を深め、会社に関連する顧客、主要なステークホルダー、取締役メンバーを知り、効率的に誘導していくことが求められます。どんなに準備万端だと思えても、CEOは常に試されることになります。

　あなたがCEOであるのは、会社の業務において専門性を発揮し、事業を成功に導くことがあなたの一貫した仕事であるということを周囲が納得しているからです。おそらく組織力学、個人・グループ心理学、またはあなたの組織を構成する多くの分野でこれらを機能させる方法の専門家になる必要があるとは予想もしていなかったことでしょう。

　CEOになるということは、様々な側面から可能な限り試され続けることにコミットすることです。そして、コーチはそんなあなたの心のよりどころであり、あなたの役割、あなた自身、仕事の詳細について、一緒に深く考えてくれる存在です。

- ・自分を知る。
- ・他者との関わり方の中での自分の役割を知る。
- ・個人、グループと接する上での自分の在り方を学ぶ。
- ・組織内で自分が把握していないことは何かを知る。
- ・取締役会、チーム、組織を開発する方法を検討する。
- ・自分の役割を理解する。

　単にコーチを雇えばいいというものではありません。あなたにふさわしいコーチを選ぶ必要があります。その際に考慮すべき点を以下に示します。

- ・そのコーチはあなたの考えを理解していますか？　あなたが思考プロセスを広げたり、挑戦したりするのを支援することが出来ますか？
- ・コーチはあなたの選択の根底にある価値観を理解していますか？　あなたがもっとも大切にしている価値観の意味を理解する手助けをしてくれますか？
- ・コーチの人柄や仕事の仕方に共感出来ますか？
- ・大半のコーチは、スタート時にあなたに関する事実確認をしたいと考えます。あなたは、コーチが取締役会、直属の部下、組織内外のあなたの周囲の人々と話をすることを許容出来ますか？

　おそらく、コーチのもっとも重要な目的は、あなたの組織的共感力を高め、

CEOとして学び続けることを教えることでしょう。年齢や経験に関係なく、あなた自身や組織に関する新たな発見に対して、あなた自身がオープンな姿勢を取ることこそが、CEOとしての成長の旅には欠かせません。組織にはびこる数々のストレス要因の中でビジネスの未来を見据えるのは孤独なタスクです。コーチとは、あなたが周囲と生産的に関わり、組織、社員、自分自身を前進させるための手助けをしてくれる人間なのです。

Hoola Hoop エグゼクティブコーチ マーク・マルツ

第44章
ピアグループ（仲間集団）の重要性

　CEOの仕事は世界一孤独な仕事だとよく言われる。フレッド・ウィルソンは自身の2005年のブログの投稿の中でこのことをエレガントに描写している。

　創業者やCEOの疲れ切った目、不安から来る頬の引きつりや活力のない足音に気付かされることがよくある。そんな時、私は自分のことに思いを馳せたり、他の人に声に出して言うことがある。「彼はその肩に会社を背負う重圧を感じているんだ」。

　創業者、或いはCEOの仕事は、骨の折れる大変なものだ。別の決まり文句で言えば、トップは孤独だ。どんなにその役割を担う覚悟が出来ていても、ほとんどの人が、リーダーの仕事はその努力が認められ感謝されることのないタスクだと感じるだろう。

　社内の誰もがあなたに答えやリーダーシップ、方向性を求め、それに加えて笑顔で背中を叩いてくれることをも期待している。前月の数字がひどい結果に終わり、CTOが他のスタートアップに転職し、リード投資家から無理難題で苦しめられながら、そうした役割を果たすことは簡単ではない。

　率直に言えば、CEOの仕事はほとんど感謝されることがない。CEOには報告すべき上司がいない。取締役会はあるが、上司のように日々管理しサポートしてくれる存在ではない。人がしてくれることをグループがしてくれる訳ではない。そう、残念だが、取締役会はグループであって人ではない。

　優秀なコーチはこの状況に手を貸すことが出来る。同様に、優れた取締役会も、グループとして、個人としてサポートしてくれる。優秀な経営チーム、組織内の非公式なブレーンの役割を果たすチームなども同じだ。だが、それだけでは十分ではない。もっとも共感力に富んだ取締役やコーチ、或いはCEO経験者であっても、今CEOの職に就いている訳ではない。つまり現役のCEOに相談することに代わる優れた方法はない。

6人のギャング

　CEO仲間のピアグループはかけがえのない財産だ。CEOグループへの参加、立ち上げの方法は多様だ。もっとも一般的な団体は、YPO（青年社長会）や新しい関連団体のYEO（青年起業家機構）だ。CEO ForumやCatlin&Cookmanなどその他の団体も存在する。様々な理由から、私自身はそれらの団体に入会せず、自分自身でグループを作ることにした（私の起業家の血がうずいたのだろう）。

　私のグループはニューヨークに拠点を置く6社のCEOで構成されている。企業規模（100人以上）、成長ステージ（収益ステージか成長ステージにあり、純粋なスタート

アップステージではない）、非上場、独立系で、VCから投資を受けており、インターネットに関連するが競合はしない、などの共通点がある。全員が過去に同じCEOコーチに師事した経験があるので、そのコーチがミーティングに参加して議事進行を務める。年に6回、仕事終わりに各々のオフィスに集まり、スナックやビール、ワインを交えて4時間ほどを過ごす。最初の数回のミーティングでは、お互いに投資家向けのプレゼンテーションを披露し、各々の事業についてゼロからじっくり学ぶことに努めた。

　我々のミーティングは比較的カジュアルだ。事前に早い段階で日程を調整するため、出席率が非常に高く、持続性の高い集まりになっている。時には事前に議題と資料をグループで共有することもある。95％は仕事に関する議論になるよう努めるが、たまには私的な内容が増えることもある。ミーティングはお互いの「チェックイン」からスタートし、会社の近況を1人ずつ報告する。会話の流れをスムーズに保つため、タイマーを用いて10分間ルールを適用する。より時間が必要な議題に関しては、チェックイン後に話し合う時間を確保するよう伝える。その後より長い時間を掛けて、お互いの課題の解決に努める。お互いが意見をぶつけ合い、時には激しい議論となることもある。そしてたくさん笑う。一人一人が今現在、どのような問題に直面しているのかを理解している。その部屋は小さな街を元気付けることが出来るほどの共感力に満ちている。

　このようなグループを作る方法は多々あるし、多くのユースケースもある。私の現在のグループは、CEOになってからは3つめとなるが、もっとも長く続き、また機能しているグループだ。その他のグループは、100％の時間の出席が求められず、オーナーやリーダーがいないカジュアルなディナーグループに近かった。その結果、そのグループの有用性が低下し、最終的に解散となってしまった。本格的なグループに入会するとなると、高額の入会金が発生し、より厳格な組織化とコミットメント、形式的なプレゼンテーションなどが要求される。何にせよ、どのようなピアグループを組成或いは参加させるかということよりも、参加することそのものが大事だと言いたい。

協力して問題を解決する

　ピアグループで力を合わせて取り組むことが出来るトピックは多岐にわたる。私のグループでは通常、取締役会、投資家、資金調達のマネジメント、経営陣の採用や解雇、戦略の構築と変更、組織と企業文化に関する問題、数は多くはないが会社の売却など、CEO特有の課題に関する事項に焦点を当てている。時には、そこまでの重要度でもない事項のベストプラクティスを共有することもある。私のCEO Forumはこの本の実写版のようなものだ。実際、メンバー全員が本書の貢献者だ。

　かつて、私のCEO Forumのメンバーの一人が、自分の会社の売却のオファーに関して、それを受けるか否かで心底悩んでいたことがあった。その条件は、彼の中では、

「今ひとつ」の内容だった。このようなトピックは、自社の経営陣や取締役には相談し難い問題だ。彼らにはそれぞれ自分の感情、希望、夢、そしてバランスシートがある。グループの残りのメンバーは、そのCEOに、ビジネスにとって何が正しいのか、彼自身にとって何が正しいのかに焦点を当てるようにサポートした。

　このようなグループから得られる価値を数値化するのは難しいが、それを実感することは出来る。フレッドのコメントに戻るが、会社の重圧を自分の肩に背負うのは容易ではない。だからこそ、信頼出来る同じ境遇にある人たちに相談することで、それはずっと楽になる。

第45章
新鮮な気持ちを保つ

　新鮮な気持ちを維持することには、常に新たな気持ちで仕事に挑むこと、健康を維持すること、そして仕事以外の自分自身の時間を十分に確保することの3つが関係している。このすべてが、スティーブン・R・コヴィーの著作『7つの習慣』の中で第7の習慣「刃を研ぐ」に言及されている。これは『第8の習慣』と合わせて読む価値が大いにある。

浮き沈みの管理

　最近、ある尊敬する起業家の言葉を思い出すことがあった。「私の頭が本当に狂いそうになる時というのは、新しい会社を経営するにあたって避けることが出来ない浮き沈みではなく、それらが同時に起こる時だ」。

　スタートアップの経営につきもののジェットコースターのような日々に慣れることは、楽しくもあり、チャレンジでもある。すべてが快調で最高の時期には、戦略が的確であることが証明され、チームが見事に仕事を片付け、最大のクライアントが契約を更新しあなたに感謝する。反対に、絶望に満ちた闇の時期もある。例えばキャッシュを使い果たし、プロダクトのリリースが遅れ、競合がトップクライアントを横取りするなんてことも起こるかもしれない。そんな状態が永遠に続く訳ではないが、少なくとも、「これもまたすぐに過ぎ去ることだ」ということを理解し、前向きに捉えなければならない。

　私がいつまで経っても一向に慣れないのは、この浮き沈みが同時に起こることだ。これはとにかく辛い。内容が何であれ、最悪の知らせに追い込まれる前に、よい知らせを祝うのに最低でも一日や二日はほしい。だがそれは、スタートアップの経営につきものの辛い現実なのだろう。

　この浮き沈みからくるストレスに対処する最善の方法は、気持ちを新鮮に保つことだ。そのことを説明するために私がよく使う一つの例がランニングシューズだ。走った距離にもよるが、3～6カ月毎にランニングシューズを新調する。その度同じことを思う。古いシューズを履いている時は走り心地の悪さには気付かないが、新しいものを身に着けた瞬間に、前のものがどれほどヘタっていたのか、そして新しいシューズがどれほど気持ちよいものなのかを実感出来るのだ。まったく同じモデルのシューズを新調するだけで、より速く、強く、そして楽しく走ることが出来る。

　既存のプロセス、チームメンバーとの関係性、思考パターン、仕事のアウトプットに小さなひねりを加えることで、仕事に対するエネルギーと質が格段に上がる。これにつ

いて最近2つの出来事があった。

1つめは、私がオペレーティングシステムの定期点検をした時のことだ。カテゴリー、フォーマット、項目の修正と不要項目の削除、新項目の追加を行った。これが大成功だった。システムの存在すら忘れかけていた状況から、優先順位を適切に見直せるまで状況が一変した。その週はここしばらくでもっとも生産性の高い週となった。

2つめは、一人のチームメンバーとの関係性を見直した時のことだ。刺激に欠ける馴れ合いの関係からの脱却が必要だった。チェックインミーティングは形式的で、興味深くもなく、生産的でもなくなっていた。そこで我々は、共同で新しい働き方を考え、組織に価値をもたらすために解決しなければならない課題のリストを作成した。それはとても新鮮だった。

それらは小さな変更であり、徹底的な見直しなどでは決してなかったが、新調したランニングシューズと同様にとても価値のある、心機一転に足るものだった。

精神面での新鮮さを保つ

私は基本的な自己規律を維持することで、精神面での健康を維持している。些細なことでも自身の行動を律することで、しっかりと自分自身をコントロール出来ている気持ちになれるのだ。これは、ジョージ・ケリングとジェームズ・ウィルソンが1980年代初頭に考案した「割れ窓理論」と少し似ている。それは、街中の落書きと窓ガラスを割る軽犯罪を取り締まることで、より凶悪な犯罪を抑止することが出来るというものだ。つまり多くの場合同じ者が軽重犯罪に関与していること、そして時には比較的小規模で象徴的な方法によって、秩序が可視的な社会を形成することになるのだ。

私生活と私のCEOとしての職務における、この「割れ窓理論」の適応例を以下に紹介する。

・1日の終わりにメールの受信トレイを片付ける

　これはデビッド・アレンの職場生産性理論から来ており、効果的だ。まっさらな気持ちというのは、自由に考え、夢を描き、問題の解決に挑むことが出来る。その手っ取り早い方法は、目の前の対処すべき小さな課題を山積みのままにせず、心に一定のスペースを作ることだ。

・時間を厳守する

　馬鹿げているように聞こえるかもしれないが、慢性的にミーティングに遅れる者は何に対しても後れを取る。一日をあわただしく過ごし、会話を短縮することに必死になり、言い換えれば、不幸で非生産的な状態に陥る。時間通りにミーティングを終え、移動に十分な余裕を持つという規律は、会議に参加する他の人の時間を無駄にしないようにするためにもとても重要だ。

・成功者のような服装を志す

　我々の業界は、特に服装に関してカジュアルだ。勿論、ジーンズやハワイアンシャツ、暑い日でなら半ズボンを履いて出勤することもある。だが何を着る時も、だらしなく見えることなく、清潔感とプロフェッショナルな印象を与えるよう努めている。ドレスアップする、という規律は生産性の向上に貢献する。ちょっと試してみたいと思うなら、スーツにネクタイを身にまとい、それに合う革靴を履いて出勤する日があってもよい。自分の気持ちや話し方にさえ変化があるはずだ。

・綴り、文法、句読点などの規則に従う

　社内向けであれ外部向けであれ、文章は文章だ。皆が詩人のエドワード・エスリン・カミングスのように綴りや文法、句読点といった基本的なルールを無視することが許されるとは思わない。メールやインスタントメッセージであっても規則に忠実であるべきだ。そうすることで賢く見える。ツイッターやSMSでは崩した表現もよいだろうが、私はそれらが職場の公式のコミュニケーションツールになるとは考えていない。

　まだまだ話は尽きないが、私が何を伝えようとしているかはわかっていただけたと思う。少し自己規律を加えるだけで、仕事においても私生活においても大きな違いをもたらすことが出来るのだ。

外に出る

　私は自制心を磨くことに加えて、仕事脳を仕事以外のところで使うことで、気持ちのリフレッシュをするように心掛けている。その例を2つ紹介する。

　まず1つめが、他の起業家へのメンタリングだ。私は定期的にTechStarsやSeedCampなどのプログラムを通して公式にメンタリングを行っているが、過去数年間で非公式の形でも10人以上の起業家にメンタリングを行っている。共通の知り合いを通して紹介を受けた新任のCEOを対象にした、ネットワーキング目的の定期的な朝食会もそれに含まれる。そのような時間が他者にとって有意義な時間であることを祈るが、少なくとも私にとっては意義のある時間だ。何故なら、それによって私自身もビジネスに関する有益で具体的なアイディアを生み出すことが出来るからだ。どのミーティングでも少なくとも1つは私自身とReturn Pathのチームに関する新たなアクションを見いだすことが出来る。他社や他の起業家の運営方法を知ることほどよい思考のすばらしいきっかけとなるものはない。また、これらのミーティングによって私自身の考えやアイディアを研ぎ澄ますことが出来る。ブログや本を書くことと同様に、他の起業家との課題解決の

セッションを通じて、頭にある数々のアイディアをシンプルな文章や一節にまとめることが出来る。

2つめの例は、仕事外の時間を使って、自分の専門分野或いはその周辺の問題を抱える組織を支援することだ。若い頃には、テクノロジー或いはオンラインマーケティングコミュニケーションの理解と効果的な活用方法を様々な団体等に伝授した。その中には、私が通っているゴルフコースやいとこが開業したワイン屋などが含まれており、それらの経験の中で、ビジネス要件定義、ベンダーの選択から契約、或いはデプロイとプロセス変更に関してベンダーとそれらの団体と共に働いた。両社から得た学びは自社のプロセスやクライアントとのコミュニケーションに直接的に生かすことが出来非常に役に立った。通常はベンダー側である自分がクライアント側の立場に回ったからだ。真逆の立場に身を置くことは非常に価値があり、常に新鮮な気持ちを保つのに有効だ。

PetCareRx CEO（アマチュアのポジティブ心理学者）ジョナサン・シャピーロが語る自分自身の幸せを守る方法

ジョナサン・シャピーロは、*Lillian Vernon*、*MediaWhiz*、現在の*PetCareRx*に至るまで3度のCEO就任経験を持ち、現在では仕事の傍らポジティブ心理学の修士号の取得を目指し勉強中だ。その彼が仕事に新鮮さと幸福感を得られ続けるための有益なアドバイスを紹介する。

起業は高貴な試みといっていい。起業家は社会の創造者であり、新しいものを生み出すために自身の金銭的・精神的にその人生を賭けているのだ。だが、それは立派でもあるが、同時に非常に厳しいものでもある。順調な場合であっても、新しい事業というものはおしなべて数多くの難題を克服しなければならない。その高貴な道を選んだからには、新鮮な気持ちとモチベーションを維持しながら、その旅を楽しみたいものだ。

その旅を意義深いものにするには、リサーチを参考にするのもよい。過去10年間で、マーティン・セリグマン、クリス・ピーターソン、バーバラ・フレドリクソン、そしてソニヤ・リューボミルスキーなど世界的に有名な研究者たちが、人間の幸福に寄与するものを科学的に理解することで大きな成果を上げた。これらの科学者たちは、人間の幸福と感情的エネルギーは、物事の成果だけでなく、良好な人間関係、エンゲージメント、ポジティブな感情（すなわち、少しの楽しみ）、そして意義深さにも依存していることを明確にした。この科学的成果に基づいて、起業家の旅路を導くヒントを得ることが出来るはずだ。

1. 友人や家族と過ごす時間を確保し、気が合い信頼し尊敬出来る人間と仕事をする。

トップの立場に身を置くことは、孤独なものだ。困難な時期に進捗を称え、気持ちを高揚させてくれるネットワークはかけがえのないものだ。もっとも大切な友人や家族との時間をつくるべきだ。

2．アイディアを生活の中で実践することに取り組む。

最終的な目標の達成だけを進捗の測定基準にするのではなく、達成に至るまでの困難にも意味を見いだすべきだ。成功することもあれば失敗することもあるということを自覚しつつ自身のすべての力を注ぎ込むことだ。障害に直面した時には、それも学びの機会だと受け入れる。エジソンは、実用に足るフィラメントを発見するまでに2000回の失敗を経たのだが、そのことに関して以下の有名な言葉を残している。「私は1度たりとも失敗はしていない。ただ単に2000回のプロセスを踏んだだけだ」

3．道すがらを楽しむ。

事業の構築過程では成功を経験することもあるだろう。大小なんであれ（例えば次回のセール、ソフトウエアデプロイメント、資金調達、顧客満足の事例など）、成功を積極的に追い求め、そして、その成功を称えよう。その一つひとつを祝うことで、チームそしてあなた自身の士気を高めることが出来る。

4．お金以上の価値を見いだす。

自分たちの事業が、クライアント、顧客、或いは世界の在り方をよいものにすることが出来ることを表現すべきだ。各種の研究により、仕事に対して金銭的報酬を超えた意義を見いだせる人間は、仕事の満足度と業績が共に高く、ストレスレベルが低く、在職期間が長くなるということが証明されている。これはCEOにとっても同じだ！

このことに関しては、心理学者や社会科学者ではなく、テディー・ルーズベルトの説明がもっともわかりやすい。

批評家の言うことが重要なのではない。ましてや勇気ある者の失敗を笑う者、勇気ある行動の欠点を指摘する者の言うことならなおさら重要ではない。すべての功績は実際に舞台に立っている者のものだ。その者の顔は埃と汗と血で塗れているだろう。勇敢に戦い、失敗し、あと一歩というところまで来て届かないことの繰り返しだ。何故なら、努力には失敗と間違いがつきものだからだ。しかし、その者は善行のために努力し続け、燃えるような情熱を持ち、献身的で、大義のために身を捧げる者である。結局最後に勝利の高みを極めるのは彼らなのだ。たとえ失敗したとしても、彼らの失敗には勇気が伴う。彼らの魂の眠る場所は、勝利も敗北も知らない冷たく臆病な魂と決して同じにはならない。

（著者注記：ジョナサンの寄稿文に目を通す前に、私自身もこの引用を本書のエピ

グラム用に既に抜粋していた。この引用は本書の中で繰り返し紹介するに値する意味深い内容だ)

　起業という道を選択したならば、「新しいものを創造する」という大義に向かって、大胆に行動していくことが求められる。その旅路を楽しみ、友と共に歩み、道すがら学び、勝利を祝い、それによってすばらしい事業を生み出してほしい。

PetCareRx CEO ジョナサン・シャピーロ

健康維持

　先日、経験が浅いCEOと朝食を共にした際、彼は、疲れを感じやすく、仕事をし過ぎていることに悩んでいると言った。そこで私は彼に、何があろうと私は少なくとも週に3回、通常は4〜5回は体を動かす機会をつくるよう心掛けていると話した。彼は、かつては本格的なアスリートであったが、事業を始めた時点で運動をやめてしまったと話し、そして私がどうやって週に3時間もその時間を確保出来るのかを聞いてきた。そこで私は質問を返した。その時間もなくしてどうやって生きていけるのか！

　健康であることで、体にとってプラスのサイクルを作り出すことが出来る。エネルギー、思考力が高まり、健康的な食事が増え酒量が減る。そして安眠出来るようになる。勿論、その反対も当てはまる。マイナスのサイクルに入ると、睡眠の質が悪くなり、カフェインに頼りがちになり、仕事の集中力がなくなり、夜間の飲食、飲酒量が増える。そしてそのすべてが次の日の睡眠にも悪影響を及ぼし、そのサイクルが繰り返される。

　私は、週に3時間の運動は自らの生産性のための投資だと考えている。その3時間の「投資」に関する簡単な算数は以下の通りだ。

・運動時間（分単位）：180
・1週間の業務時間（推定: 60時間/週、分単位）：3600
・損失要因: 移動時間とその他の非生産時間15%
・1週間のネット業務時間（分単位）：3060
・180分の運動時間数を補うために必要な生産性向上率：6%

　健康であることで生産性が6%向上することを疑う人はいるだろうか？　なお、運動のために早起きすることが一日のスタートを早めることになることや、運動をする人は睡眠時間が少なくて済むなどという利点は計算に含まれない。

　何にせよ、定期的な運動はただ単に生産性に好影響を与えエネルギーを高めるというだけでなく、当然健康維持にも効果的だ。健康維持には運動以外にも様々なやり方があるのは勿論だが、取っ掛かりとしてはよいだろう！

Union Square Hospitality 創設者兼CEO ダニー・メイヤーが語る 体、精神、心、魂のバランス

　ダニー・メイヤーは、世界でもっとも成功を収めたレストランオーナーの一人であり、私が長く知り合う人たちの中でも特にすばらしい人だ。短気で自己中心的な人間に支配されたこの業界で、彼は曖昧な「仕事とプライベート」のバランスを見直した。いや、それ以上にすばらしい実行可能なバランス維持の方法を見いだした。

　すべてのCEOに当てはまるように、私はCEOになるずっと前から「仕事と家庭のバランス」に失敗してきた人間だ。その過ちがいつ始まったか振り返ってみると、私のレストラン第1号であるUnion Square Caféの開店を決定した時だろう。それは、1985年、27歳の時にマンハッタンのレストラン Pescaでアシスタントマネジャーとして数カ月勤務してからイタリアのボルドーでの数カ月にわたる料理修行を行った後に、その決定を行った。当時、私の周囲の反応はすべて「頭がおかしい！」のひと言だった。

　周囲の言葉は正しかったのかもしれない。レストラン運営は非常に複雑だが、第1号店開業当時、私にはこのビジネスについて何の知識もなかった。あったのは、お客様を大切にすることが鍵になる、という直感だけだった。その直感は、1992年、Union Square CaféのJames Beard Awardの最優秀サービス賞の受賞によって裏付けされた。1店舗目のレストランに対する私の意見が間違っているという批判者の言葉が間違いであると証明されたので、ついでにもっと批判のネタを与えてあげた。2店舗目のレストランだ。ややこしいことに、同時期にさらに妻のオードリーと私の間に第一子が誕生した。「頭がおかしい！」という言葉のコーラスを耳にするにはそう時間は掛からなかった。

　確かに頭がおかしいのかもしれないが、それでも私は突き進んだ。数年の間に、レストランは4店舗になり、子どもは3人に増えた。レストラン4店舗、子ども4人になった頃、オードリーに子どもはもうこれ以上はいらないと言われた。もっと多くのレストランを開店することが出来ただろうし、他のことも出来ただろう。2005年にレストランThe Modernを開店した際に、執筆するという新しいチャレンジに挑むことにした。ビジネス本である。周囲の人間が何と言うかは予測出来たので、このことは秘密にした。家族にも、従業員にも誰にも言わなかった。フライト中や地下鉄の中でひっそりと執筆した。自著の『Setting the Table』もまた大きな成功となった。だが同時に、自分の頭がおかしくなったということを認めざるを得なくなった。

　20年もの間ずっと、私は「仕事と家庭のバランス」を確立しようと試みてきたが、それが実現することはなかった。自分自身に余裕がなかった。家では仕事の心

配をし、十分に家族に注意を向けることが出来ず、家で過ごす時間が少ないことに不安を感じていた時に、従業員は何故私の気持ちを察してくれないのだろうといら立ちを感じた。そこで、私は新しい方法を発見した。バランスは重要だが、「仕事」と「家庭」というカテゴリーで捉えるのが誤りだということに気付いたのだ。

バランスを整えるべきなのは、「体」、「精神」、「心」、「魂」だ。そのバランスが欠ければ、どんなスタートアップのCEOであっても、そして誰であっても自身の最大限の力を発揮することは出来ない。そしてもっと重要なのは、この4つのすべての要素を仕事と家庭の両方に捧げなければならないのだ。

今日では、オフィスにいる時は従業員に、レストランではお客様に、家では家族に十分に配慮をすることが出来る。妻と共にリバーサイドドライブをジョギングして、ストレスの多い一日の終わりには頭を休ませて、体、精神、心、魂を妻に捧げることが出来る。それを怠れば、あとは金で解決するしかないが、そのコストは計り知れない。

Union Square Hospitality 創設者兼CEO ダニー・メイヤー

自分の時間

運動は、自分の時間への移行のきっかけとして最善の方法だ。仕事について考えることから解放される自分の時間になる。一方で、仕事を完全に頭の中から消し去るというのは不可能だ。会社の規模が拡大し、家族が増えるにつれて時間の管理が難しくなってきたものの、私の「自分の時間」のコンセプトは限りなくシンプルだ。万人に適した方法ではないかもしれないが、私は以下の方法を実行するよう努めている。

・週末は自分と家族のために費やす（そのうち少なくとも数分は自分自身のために）。これは、どんなことがあろうと絶対に週末に仕事をしないという訳ではなく、大抵の場合、週末は仕事をせず、やむを得ない場合も自宅でのメールの確認は1～2時間以内に抑えるということだ。それを実践するためには、平日人一倍働く必要があるが、週末に時間を確保するためならその方がずっと理想的だ。

・完全に仕事から解放される最低1～2週間の休暇を毎年1、2回取得する。
子どもが生まれる前はもっと容易にこれを実践していたが（今では休暇は完全に気の休まる時間とは言い難い）、子どもが成長するにつれ状況は改善されると考えている。事業創成期の仕事をしなければと時間に追われていた時期であっても、マルキータと私は、毎年2週間は仕事を離れ、海外で休暇を過ごしてきた。メール、電話も一切なし。時には携帯を持ち歩かないこともあった。その際はオフィスのビルが焼け落ちた時などに私に連絡が取れるよう、チームには私の旅程を渡した。

・年に1、2回は友人と週末を過ごす。

　年に2回は、マルキータと私のどちらか一方が家に残り、もう一方が友人と週末を
過ごすという決まりを作った。段々と日程の調整が難しくなってきたものの（すべ
てのカップルがこのような取り決めを楽しめる訳ではない！）、男友達との定期的
なゴルフやスキー旅行は最高に楽しく、リフレッシュ出来る時間でもある。

・電車や飛行機での移動時間は私的な読書の時間に充てる。

　移動時間のすべてを自分のために使うことは難しいが、少なくとも半分は読みたい
本を読む時間に充てている。この時間があれば、年に2ダース程度のビジネス書以
外の書籍と毎週発行のエコノミストに目を通すには十分だ。

・仕事以外の興味を育てる。

　ニューヨークのテクノロジー業界で幾度となくCEOを経験しているケビン・ライ
アンはかつて「やりたいことはすべてやってもよいが、やりたいことすべてが出来
る訳ではない」と言った。まったくその通りだ。子どものスポーツチームのコーチ
を務めたり、楽器の演奏を教えてボーイスカウトの活動を支援したり、料理教室を
受講するために時間を確保することは可能だし、出来るのならそうするべきだ。一
方で、そのためには、多くのCEOに適切なゴール設定が必要になるだろう。大抵
の場合、有力なリーダーは仕事とプライベート両方の場面で大きな目標を掲げる傾
向にあるからだ。リーダーの多くが、マラソンやトライアスロンの完走を目指すし
（私自身もそう）、またしばしばアイアンマンレース（私は絶対にやらない）を完走
することなども目標になる。なお、その目標は必ずしも身体的なものである必要は
ない。

・たまには断ることを学ぶ。

　リフレッシュすること、そして仕事を忘れることについて考える時、私はいつも友
人セス・ゴーディン考案のCEOにとっての「フライドポテト理論」を思い出す。
この理論は至ってシンプルだ。「いつだって、ポテトをもう一本口に入れる余裕は
ある」。よく考えてみると、まさにその通りだ。フライトポテトはやみつきになる
ほど美味しく、ほとんどの場合はまあ小さく、ずっとずっと食べ続けられる。あと
一本なら、どんなに満腹でも口に入れられる。もう一皿頼もうとは思わないかもし
れないが、もう一本なら問題ないだろうと永遠に続く。このフライドポテト理論が
他の食べ物に当てはまるかどうかもよく考えるのだが、少なくともCEOの仕事振
りには完全に合致する。

CEOとして、もう一つ何か片付けようと考えることは出来る。もう一通のメールを送ったり、もう一セットの資料に目を通したり。しかし時にはきっぱりと境界線を引き、帰宅し、仕事から離れるべきだ。この世界はとてつもなくダイナミックであり、完全にすべてをコントロールするなどほぼ不可能なのだ。どんな時もやるべきことは残されており、仕事を上手くこなす何らかの手段も存在するが、「やらない」と決め、自分のための時間を確保することも大切だ。

マネジメント・モーメント

弱みを見せる

ブラッド・フェルドのブログで、同タイトルを使用した投稿に以下のすばらしい序文がある。

我々リーダーは、強くなければならないと周囲から教え込まれる。自信に満ちていなければならない。怯まずに思い切って行動しなければならない。恐れを表に出してはいけない。絶対に動揺してはいけない。何時も弱さを見せてはいけない。

そんなのはデタラメだ。

リーダーが動揺してはならない場面があることは事実だ。アメリカの大統領が敵に対して恐れている素振りを見せることなどがあれば、それは国家の安全保障に深刻な影響を及ぼす。だがCEOにとって、ほとんどの場合、何かを諦めてしまうくらいなら弱みを見せる方がよっぽど益がある場合もある。

誤りを認めるという弱みを見せることの価値については、本書の中でも数回触れている。もう一つは、難しい質問を投げられた時に単純に「わからない」と答えることだ。そして最後に、難しい決断を下すこと、会社に悪影響を与えた事柄に対する自身の思いを同僚に打ち明けることだ。極端なケースでは、マネジメントチームと人材開発セッションでの話し合いで、私生活に関することを意図せず話すことになり、涙ぐんでしまったこともあった。

そのすべてに一貫しているのは、CEOの人間性を表に出すということだ。自身の弱みを見せることで周囲も人間らしく振る舞うことに対して寛容になる。まさにそれによって、信頼に満ちた環境を作り出すことが出来るのだ。

第46章
家族

　かつてある人が私に言った。起業家の年齢は大抵の場合20代または50代だと。20代なら「独身でまだ何も失うものがない」し、50代なら「既に財を成し、子どもを大学に送り、何も失うものがない」人生のステージにあるからなのだと。これがどれほど正しいかは不明だ。特にアメリカのテクノロジー業界においては、30代、40代の起業家が多い。それでも、彼の言葉には何かしらの真実が含まれているかもしれない。

　スタートアップの立ち上げに必要なエネルギー、時間、金銭的利益を生むまでに要する期間などの要素と、家庭を持つこととの間には大きな相反性がある。自社のストックオプションを使ってスーパーでおむつを購入することは出来ないし、住宅ローンの返済に使うことも出来ない。だが、スタートアップのCEOを務める傍ら、親としてやるべきことをこなす者も少なくない。だからこそ、その2つの両立に関してここで触れておく。同業の中でも特に印象的な女性CEOの一人が、ステファン・ヒーリーだ。彼女は夫をCOOのポジションに置いてVenteを設立し、CEOの責務を全うしながら6年間で4人の子どもを出産した後、業界大手の企業に自社を売却した。まったくすばらしい！

　各々の家族やその状況は様々であり、すべての人に意味のあるアドバイスを提供することは難しいが、ここでは以下の3つに焦点を絞って書いてみよう。

・家庭のための時間的余裕を確保する
・家族を仕事に巻き込む
・仕事の原則を上手く家庭に適用する

家庭のための時間的余裕を確保する

　前章で触れた「自分の時間」とは、CEOとして健全に任務を果たしていく上で必要不可欠な時間だ。家庭を持つCEOの場合、「自分の時間」とは別に「自分たちの時間」或いは「家族との時間」を同時に維持する必要がある。あなたと周囲の人間は、あなたの生活に2つの優先事項があることを理解する必要がある。会社と家庭だ。そのどちらかが、突如あなたの時間を100％支配するかもしれず、どちらか一方がもう片方よりも優先すべき状況になるかもしれない。その両立にあたっては、必ずしも日、週、月、四半期、年と時間を区切ってバランスを取る必要はなく、長い目で調整を図ることが大切だ。

　十分に家族との時間を確保する方法の一つに、会社やあなた個人のオペレーティングシステムを家庭にも適用することが挙げられる。これは1章または1冊の本が書ける内容だが、要約すると家族と過ごす定期的な予定（金曜夜の家族との食事、子どものス

ポーツチームのコーチなど）がある場合、取締役会やスタッフ会議を基にして自身のカレンダーを管理するように、週、月、四半期単位でその予定を軸にスケジュールを調整するのだ。

家族を仕事に巻き込む

私には幸運なことに、仕事仲間と言える妻を持つ。マルキータと私は結婚前に2社で一緒に働いた経験があり、個人としても仕事においても人的ネットワークを多く共有している。その上、マルキータは大変に賢く、冷静でもある。厳しい仕事環境の中で、彼女はもっとも頼り甲斐のあるアドバイザーでいてくれている。

ビジネスには関わらない配偶者を持つCEOも多い。勿論子どもも（まだ）関わらない。典型的なやり方は、完全に仕事と家庭を切り離し、家庭内では仕事の話をしないというものだ。人によってはこのような分離が望ましいのだろうが、私には合わない。時が経つにつれ、プライベートの生活と時間は職場での活動と時間に影響を与え、またその逆も避けられなくなっていく。

私の解決法は決まっている。可能な限り実践的な形で家族をワークライフに巻き込むのだ。自宅で仕事をしている最中に、子どもが私に何をしているのかを聞いてきた場合、私は「仕事」や「メール」などのひと言では片付けないように心掛けている。少しだけ時間を掛けて、子どもが理解出来るように何をしているのかを説明するのだ。仕事で疲れ切った後の食卓で「今日の出来事」が話題になれば、何故大変だったのかという理由だってちゃんと話す。パパがまた出張に行かなければならない理由と出張先で何をする予定なのかも説明する。

例えば配偶者が教師や医師であったとしても、少々修正を入れた同じような方法で対応出来るだろう。繰り返しになるが、私たちは起きている時間の（上手くやれば）半分を職場で過ごし、残りの半分を家庭で過ごす。だからこそ、家族が私たちの仕事内容を理解し、そして誇りに感じるよう努めたい。

マルキータ・ブランバーグが語る大切な人のためのフィールドガイド

私とマルキータは、*Return Path*の設立6週間後に婚約した。したがって彼女は、会社のすべてのステージを私と共に経験してきた。共同創業者、取締役メンバー、マネジメントチームや*Return Path*の全チームメンバーにこのようなことを言うのは申し訳ないが、マルキータは私のもっとも信頼出来るビジネスパートナーであり続けている。以下、マルキータがスタートアップファミリーの一員としての考えを紹介する。

マットが会社を設立した当初、今後何が起こるのか私にはまったく予測が出来ず、実のところあまり深く考えもしませんでした。愛する夫のためなら、何であろ

うと彼が望むようにサポートすべきだと思っていました。けれども、スタートアップのCEOを支えるということは、例えば会計分野でキャリアを築こうとしている人を支えることとはまったく違うということを知ることになりました。それはエネルギー、いら立ち、刺激、そして疲労のすべてが混在する大変な仕事なのです。自分自身に関することでもあればそうでないこともあります。役割のない役割を務めるようなものであり、CEOのNo.1のファンであるということでもあります。

　会社を立ち上げるということは、子どもを育てることに似ています。スタートアップの経営には、24時間絶え間なく注ぐ愛情が必要であり、睡眠を削り、忍耐力を試され、ローラーコースターのように揺れ動く感情に対処することでもあります。配偶者のあなたは、裕福な時も、貧しい時も、よい時も、悪い時も、どんな時もそのローラーコースターに同乗し続けます。

　予測も計画もコントロールも不能なこのスタートアップという「子ども」と、刺激に溢れてはいても非常に困難な冒険の只中にいるCEOであるパートナーを支える上で必要なアドバイスを、ここではいくつか紹介しましょう。

・「子ども」を家族に迎え入れる
　CEOにあなたと「子ども」のどちらを取るかという質問をしてはいけません。楽しい会話でもないし、その話の延長上によい結果が生まれることはありません。そうはいっても、配偶者には、あなたとの関係、本当の子ども、親戚、家、その他生活にまつわる問題に意識を払う必要があるということを理解してもらいたいですね。時に「子ども」からの要求が大き過ぎて、広い視野が失われることもあります。その時その視野を広げさせるのはあなたの仕事です。

・「子ども」の両親になる
　CEOに対して、家に仕事を持ち込まないようにと要求してはいけません。それは無理な相談です。CEOには、自身が直面している問題や「子ども」の振る舞いに対する思いをオープンに打ち明けられる相手はあなた以外にはいないのです。いっそパートナーの事業について学び、好調な時にはそれを分かち合って一緒に喜びましょう（必然的に悪い時のことも知ることになりますが…）。そして何より、貢献しましょう。時に最高のアイディアは少し距離を置いた見方から生まれるものなのです。

・誇りを持つ
　会社の突発的なアップダウンについては寡黙でありましょう。この「子ども」が完璧ではないということなど誰にも知らせる必要はないのです。むしろ、あなたは会社とCEOのチアリーダー、支持者になるべきなのです。会社が提供

するすばらしいサービスを人に伝えましょう。それがまだその時点においては実現されていない新しいサービスでもです。CEOを誇りに思い、育てる「子ども」にも誇りを抱く。そしてCEOが必要とする理解とサポートを無条件に与え続ける自分自身に対しても誇りを持ちましょう。

　子どもの成長と同様に、難しい時期の真っただ中には永遠にこの状況が続くのではないかという不安に駆られることがありますが、後で思い返してみると飛ぶように月日が経ったことに気付きます。Return Pathが生まれてから既に14年が経つなんてとても信じられません。この会社という「子ども」の「ティーンエイジ」がどのように展開するのかとても楽しみです。

独立系人事戦略コンサルタント、母親、妻、
スタートアップCEOアドバイザー マルキータ・ブランバーグ

仕事の原則を上手く家庭に適用する

　マルキータと私がブラッド・フェルド著の『Startup Life』に寄稿した際にも記したように、結婚はスタートアップの究極の形だ。共通の価値観と資源を基に共通の家庭環境を整え、同じ目標に向かって前進する。あなたと配偶者は、「家庭」というもっとも重要な組織の共同創業者なのだ。子どもの出産や成長など、新しく異なるニーズが発生し、絶えず変化し続ける組織だ。家庭は明確な役割と責任の分担の下に意識的に且つ思慮深く運営する必要がある。

　マルキータと私は互いに協力しながら、自分たち、各々の子ども、そして家族全体の目標を設定している。あらゆる組織の目標設定の在り方と同じだ。定期的にチェックを繰り返して達成度の進捗を確認し、それぞれ状況に責任をもつ。すべてを仕事化したい訳ではない。家庭の「遊び」の部分も非常に重要だ。ただ、家族の目標達成に意識的にアプローチするには時間が必要で、コミットメントが重要となる。仕事での目標、予算、オペレーティングシステムの設定とその進捗確認方法を家庭で活用することで、家族の生活をよりポジティブに変えることが出来てきた。

　子どもたちは成長し、毎年、四半期毎の家族の目標設定に直接参加するようになった。飽きてきてふてくされたり、ふざけたりしない訳ではないが、私たちは子どもたちに責任、目標設定、自己管理について教えることを楽しんでいる。

　また、最近はCEOであることと親であることの共通点に驚かされることがある。ただし、私は子どもたちのことを会社の従業員と重ねたりはしない（形式的なパフォーマンスプランを適用することを考えた子どもが1人や2人いたことは事実だけれど）。同様に、従業員を子どものように思うこともないが、役割をこなす上で必要なスキルはどち

らの立場でも非常に似ている。

　CEOとして、また親として「成功を収める」には、核になる対人能力が求められる。その例は以下の通りだ。

・決断力
職場で優柔不断さを示せばチームは停滞し、家で決断を曖昧にすれば、子どもがあなたたちの意思ではなく自分の意思で行動する。

・傾聴力
私の友人のアニタの言葉を借りると、耳が2つあり口が1つであることには意味がある。職場ではチームの言葉に耳を傾ける。その際に、はっきりと口に出されていない情報にも注意を向ければ、組織の状況を把握することが出来る。子どもに対しても同じだ。有効な言語コミュニケーションスキルを教える最適な方法は、質問をして、積極的且つ注意深くその答えを聞くことだ。

・集中力
マルチタスクが効率的な働き方のように思えても、実のところ、それによって得られる恩恵はない。職場でも家でも、時間を共有する相手に対して、あなたの注意をしっかりと向けるべきだ。いずれにせよ、人間の脳はとっ散らかりがちで、会話、ミーティング、遊びなどすべてにおいて、十分に注意が向けられているようでも完全に集中など出来ていない。同時に複数のことをこなすことは、人との繋がりを壊すことにもなりかねない。

・忍耐力
大抵の場合、職場において人々が自分の力で結論を見いだすことが出来るよう導くことは非常に重要だ。あなたが単にすべきことを指示する場合よりも時間はかかるかもしれないが、そうすることでよりよい結果を生み出すことが出来る。子どもの場合、まったく異なるタイプの忍耐力が必要となるが、辛い時こそ問題を解決する方法やシナリオを自分で考えさせることで、自立心を養うことが出来る。

・足並みを揃える
あなたとシニアレベルのスタッフの意見が合わない場合、チームのコミュニケーションは非常に混乱する。あなたと配偶者の意見が合わない場合、子どもはあなた方の対立関係から利を得ようとするだろう。上層部の意見の一致は非常に重要なのだ！

おそらく、あなたが家庭を持つ起業家であれば、本章の内容の多くを経験したことがあるだろう。そこで、最後に独身の起業家のために、わかりやすく明確なアドバイスを述べることにする。（1）いつの日かパートナーや家族となる人に出会えるような社交的な時間を作る。（2）永続的な関係にコミットする、または子どもをつくる決断をする前に、自分自身とビジネスに大きな影響を与えることになる必然的な変化を受け入れる準備が出来ているかどうかを、じっくり入念に考え抜く。前に進む準備が出来ていれば、現在のワークライフに修正を加え、家庭の時間を確保出来るように努めよう。

マネジメント・モーメント

ただ単に話すのではなく、相手の耳を傾かせる

非常に明確であった会話が、最終的にまったく異なる2つの解釈で終わることは少なくない。「言ったことが必ずしもその通りに伝わるとは限らない」という問題だ。

どうしてこのようなことが起こるのだろうか？　その理由の一つは、発言が100％明確ではないことによる。このようなケースは、悪い知らせを報告する際によく見られる。残念な知らせを伝えるのは容易ではないし、聞き手にとって気分のよいものではない。だからこそ、全力で押し切る必要がある。従業員に対して解雇前の最後の忠告をする際に、「パフォーマンスがすばらしくない」や「その結果として」などと曖昧な表現で済ませてはいけない。その者の目をしっかり見て、「タスクx、y、zを30日間でやり遂げなければ、解雇する」と明確に伝えるべきだ。

その他に、会話の聞き手側が自分の理解したいように解釈するというケースもある。この問題の方がより厄介だ。この問題を避けるためには、聞き手に対して「今聞いたことを自分の言葉で説明してください」と依頼し、正確に理解しているのか試すのもよい。また、会話後にフォローアップのメールを送り、要点を再度伝えるとともに、受信確認を依頼するなども有効だ。

時に、話したことが必ずしも正確に伝わらないことは避けられない。明確なメッセージ、大胆なアプローチ、相手の言葉での内容の再確認、書面での確認などの手段を使って、実際に話したことと理解された内容のギャップを埋めるしかない。

第47章
出張

　数年前の私の40歳の誕生日に、私のチームは12カ月間で私が搭乗したフライト情報（34の空港、90のフライト、走行距離数15万7000マイル）が世界地図の上に印刷されたFlightMemory.comのポスターを贈ってくれた。その年に地球を6.3周したことを知ってかなり興奮したが、それでもなおマイレージサービスでアップグレードが適用されないことに、釈然としないものを感じたのだった。

　出張を避けることは出来ない。私は今までのキャリアの中で、職を問わず数え切れないほどの出張を繰り返してきた。技術の発展で世界との繋がりが高まった現在においても、実際に現地に足を運び、顔を合わせることに勝る方法はない。会社に支店がなく、拠点が1つしかない場合でも、あなたは会社の顔としてオフィスの外に足を運び、顧客、パートナー、サプライヤーに会い、定期的に業界のイベントでスピーチをしなければならない。地域に特化したビジネスであっても、ある程度の出張を避けることは出来ないだろう。

握手で契約を勝ち取る

　経費を気にすべきである一方で、たった5分間のミーティングのためだけに5000マイル先まで足を運ぶ価値がある場合もある。数年前にその教訓を学び直す出来事があった。その頃我々は、西海岸に拠点を置く会社との大きな契約締結の交渉プロセスにおいて、緊迫した非常に重要な時期にあった。商談を契約締結にまで進めるには、署名用のペンを持参し、相手と顔を合わせて話すより他に方法はないとわかっていた。そこで私は飛行機に乗った。短時間のミーティングのために出向くにはその目的地は遠く、私にとって最善と思える行動ではなかったが、まさにその特定の目的を達成させるためには100%価値のある選択だった。

　皆が多忙なスケジュールの中で複数のタスクを同時にこなしつつ駆け回り、人の注意を引くことが益々困難となっているビジネス環境では、実際に現地に出向き会話をすることは重要だ。バーチャル形式でなく、実際に相手の目を見つめて握手を交わすことに勝る方法はない。勿論、常に出張が出来る訳もなく、クライアント先への訪問や交渉が目的の出張でも、時には「No」と断るべき場合がある。これには特に決まった方程式がある訳ではないが、フライトアテンダントをファーストネームで呼ぶようになったら、出張の削減を検討するタイミングかもしれない。

第47章　出張

325

移動時間を最大限に活用する

出張には目的の達成に加えて、その他の利点が存在する。以下、私が実践している移動時間の4つの活用術を紹介する。

1. 作業時間

    あなたの一日が私と同じようなものであるならば、おそらくミーティングと急なリクエストに追われる一日だろう。だが時には、投資家向けプレゼンテーション資料の準備や、来期事業計画の作成、戦略的課題の検討や大量の資料のレビュー、スタートアップCEOとしての本の執筆など、実際に本腰を入れて片付けなければならない作業もあるのではないか。長時間の移動はこの手の作業に充てるには最適だ。

2. 同僚との時間

    現時点までのキャリアにおいて、そして最近においては特に大切にしていることの一つが、同僚との出張だ。機会があれば、可能な限り実行するようにしている。その理由の一つは、その移動時間を内容の濃い仕事の時間として活用出来るからだ。時間に急かされることもなければ、電話や訪問者に邪魔されることもない、対面のチェックインミーティングの機会となる。2つめの理由は、フライト時間、特に長時間のフライトでは、同僚とクリエイティブな議論を交わすことが出来るからだ。型にはまったミーティングとは違うその時間は、ブレーンストーミングやカジュアルな会話の時間になることもある。すばらしいアイディアのいくつかは過去13年間のフライトの間に生まれたのも事実だ！ 最後の理由は、フライトでは同僚とのパーソナルな時間を確保しやすいという点だ。その交流を図る時間は従業員と個人としての関係性を維持し深めていく上で非常に重要だ。機内、空港内の荷物検査場やラウンジ、またはその後のレンタカーで共に過ごす時間は、同僚のプライベートも含め彼らのことを学ぶよい機会となる。誤解しないでもらいたいが、同僚と共に出張する際も、それぞれが読書、仕事、睡眠や思いにふける個人の時間も確保する。人間関係重視のあまり、仕事そのものや仕事に関連する事項を無視するべきではない。

3. 自分の時間

    前にも述べたが、私にとって気分転換は非常に重要であり、自分の時間を確保し、仕事に関係のない趣味に没頭することでそれを実践している。あなたのオペレーティングシステムによっては、出張での移動時間をそれに充てることも可能だ。邪魔の入りにくい数時間のフライトは、「スター・ウォーズ」3部作の鑑賞、ハーラン・コーベンの推理小説3作の読書、睡眠時間の確保には十分だろう。

4. 完全に連絡を断つ時間

    前項の「自分の時間」に関連することだが、たまには完全に連絡を断つ状況下に身

を置くことも悪くないし、むしろ必要でもある。あなたが連絡不可の状況にいれば、職場の人間が声を掛ける頻度は減る。特に海外の出張の際は、時差があるために人は電話連絡を避け、全般的に連絡を控える傾向にある。時間があれば1通、2通のメールを送ることもあるが、オフィスに万全の体制で身を置いているのとは違う。休暇中に完全に連絡を断つのとは別に、そのような状況下に身を置くことは悪いことではない。それでも会社は問題なく回る。

出張中の生活習慣の管理

私と同じ頻度で出張をしなければならない場合、出張中は日々の生活習慣に従う必要はない、などという甘い考えを持ってはいけない。出張中の生活習慣の管理において、私には何があろうと守り抜くシンプルなルールがある。

・体調管理
まずはよい睡眠を取る。冬に飛行機に乗る際は、他の乗客から風邪を移されないようにサプリメントを摂取する。エクササイズをスケジュール通りに行えば、時差ボケの緩和にも繋がり、出張中であればその時間を確保するのも容易だ。ホテル選びには自分なりのこだわりがあり、高級ではないが24時間利用可能なジムが設けられたところを選ぶようにしている。時には、外にジョギングに出掛けることもあるが、知らない地域を知るにはよい方法ではあるものの、慣れない街を夜中にジョギングするのは必ずしも好ましくなく、常に実践出来ることでもない。だからこそ、狭いホテルの部屋の中でも出来る腕立て伏せ、腹筋、ピラティスなどのエクササイズプランもいくつか考えた。エクササイズバンドがあれば、ジム用のジャージやスニーカーなども不要で、ホテルの部屋でいつでも15分から30分の運動をすることが出来る。

・時間の有効利用
日常生活は、通勤、職場でパソコンの画面に向かう時間、家族との時間など、様々な「やるべきこと」に追われている。出張に出れば、このような日常のタスクから離れることが出来る。一日15時間働き、美味しいディナーを楽しみ、十分に睡眠を取りながらエクササイズをすることも出来る。出張中は一日の時間を有効活用することが出来、その結果として生産性を高めながら、自分の時間も確保することが出来るのだ。

・出張先がどこであれ楽しむ時間を見つける
一人であれ同僚やクライアントと一緒であれ、少なくともディナーは楽しむべきだ。海外出張の際は特に、美味しい料理を楽しむことが出来る。イリノイ州のピオ

リアが目的地でない限り（ピオリアには申し訳ないが）、地方のご当地グルメに出会うことも出来るだろう。また、私は海外出張に出掛ける際は、観光に最低でも2時間は時間を確保するようにしている。いつも出来ることではないが、初めての街や国に行く場合は、いつもより力を入れて調整する。同僚とイスタンブールに行った際は、タクシーをつかまえて弾丸旅行を決行した。コペンハーゲンに行った際は、同僚も私もスウェーデンに行ったことがなかったため、タクシーで橋を超えてスウェーデンのマルモまで足を延ばし、お茶をした。休暇の代わりにはならないけれど、何もないよりはよい。

　毎年度の終わりに、私は次年度の自分のオペレーティングシステムを再検討する。ここでは、現在の事業の状況、自分の目標と開発プラン、次年度に達成したい事項などを織り込む。そのほとんどが会社の事業を成長させることに関するものだが、同時にこのタイミングで自分自身のキャリアに関しても棚卸しするようにしている。

「Yes」には感謝、「No」には対処

　前年度の評価をする際、私には常に自問自答する4つの質問がある。

・仕事を楽しんでいるか？
・プロフェッショナルとして学び、成長し続けているか？
・短期的そして長期的な観点から、金銭的報酬は十分か？
・自分の期待値に見合う影響を社会に与えることが出来ているか？

　勿論、すべての質問に対しての答えが「Yes」となることを目指してはいるが、「Yes」が2つ、3つあれば悪くない。そして、次年度に努力すべきいくつかの項目が明確になる。これが次年度のアジェンダを作成する上で重視するポイントになる。

　そして答えが「No」の場合は、「何故？」と問い掛ける。

仕事を楽しんでいるか？

　周りの人間は一緒にいて楽しい人間か？　もしそうでなければ、自分の採用方法に問題があるということだ。周囲の人間は、本来は明るい性格だが、今を生き生きと楽しめていないだけなのか？　もしそうであれば、労働時間が長い、自身の貢献度に見合う報酬や昇進がない、自分の努力が生かされない、または課せられた業務をこなすためのリソースが不足しているなどが理由に挙げられるだろう。それとも、自分以外の人間は楽しんでいるが、自分だけが幸せではないのだろうか？　その場合は、問題が自分自身にあることは明らかだ。

　もし自分の仕事を楽しいと感じられないなら、他者に任せるか、楽しめるよう努力するか、または楽しくはないけれどやらなければと諦めるかのどれかを選ぶ必要がある。最終的には、耐えるか他の仕事を探すかの2択だ。

プロフェッショナルとして学び、成長し続けているか？

CEOとして学び、成長するための機会は多い。そのいくつかは他の章で既に説明済みだ。あなたの事業が、例えば、変動の激しい業界に属している、事業が成長している、または軌道修正を図り方向性を変えているなどで、変化の途上にある場合、あなたは自然にそこから何かを学び、成長することが出来る。では、そうでない場合はどうだろう？ 人員を増やしてもおらず、プロダクトの方向性も変えていない場合は？ 業績が横ばい状態の場合は？ そんなときは、自分自身で学び、成長していく術を見つけるしかない。

本を読み、ビジネスの講義を受講するのも一つの方法だろう。または、自分の事業が抱える最大の問題について考えながら、同様な問題を抱え解決した経験のある5人の人間に会いに行くのも手だ。または問題を書き出し、根本的な原因を分析するのもよい。さらには、自分のビジネスの特定の分野において見識を深めて専門性を高めることも出来るだろう。そのどれもが、あなたの能力を底上げする糧となる。

金銭的報酬は十分か？

非営利団体で仕事をしている、或いは利他的な職業観を持っている人もいるかもしれない。しかし、この本を読んでいる読者なら、おそらく、自分のスキルを仕事に生かし、自分や家族が今も将来も不自由なく生活していくために、お金を稼ぐことは価値あることだと感じているに違いない。そんなあなたが、仕事の対価である報酬が十分でないと感じているとすれば、それはあなたの士気を著しく下げ、仕事を辞める要因となっても仕方がない。

もしそれが短期的な問題ならば（給料の設定が低い、または目標未達によりボーナスが支給されなかった、などの場合）、社外のデータを参考に取締役会の報酬委員会で再検討するか、自身の理解が現実的で理にかなっているのかを確認した上で、次年度のインセンティブプランを策定することで直接解決出来る。長期的な報酬に関する場合は多様なケースがあり、解決方法も様々だ。もし問題が事業価値を構築するスピードが遅いことに起因する場合、ビジネスの存在そのものや運営の巧拙が問われる厄介な事態が考えられる。それは次年度に取り組むべきアジェンダになるだろう。もしかすると、それは会社売却という選択に繋がるかもしれない。あなた個人の自社株式の保有数が少ない、または自身が保有する普通株式以外の優先株式数が多く、事業が上手くいっても自分への配当が少なくなることを懸念しているのであれば、オープンにそして正直に取締役会や報酬委員会で議論するか、信頼出来る取締役に相談すべきだ。

最後に、事業の状況に動きはないが自分のニーズに変化が生じた場合は、自分が今後事業の状況を変えることが出来るのか、そして取締役会で前述した項目を議論すること

が適切であるのか、さらには根本的にこの職を続けるべきなのかを自身に問い掛ける必要があるだろう。25歳の時なら、会社設立後2年間は自分の手取りを7万5000ドルに抑えて、一部屋だけのアパートに住みながらヒーローのように他者を支えることが出来ても、子ども2人と住宅ローンを抱えた35歳となると話は別だ。

社会に影響を与えることが出来ているか？

前述したように「影響」という言葉の定義は広い。CEOとして社会に影響を与えるといっても、例えば、必ずしも自社が難病の治療薬の開発をしている必要はない。周囲の家族、友人、同僚、クライアント、またはその他の誰かが属する社会に対して何らかの形で影響を及ぼすことが出来ていればよいのだ。CEOの役割を担う上で、最低限影響を与えるべき相手は同僚だ。会社が雇用を生み出し、人々が働きやすい環境作りが出来ているのであれば、それは周囲に十分影響を与えていると言っていい。

この「業績評価」項目の最後の質問の答えが「No」である場合、ただ単に影響という言葉の意味を狭く捉え過ぎているだけなのかもしれない。心から自分自身、または自分の延長線上としての事業が誰にも影響を与えていないと思うのなら、もしかすると職業の選択を誤っているのかもしれない。

スタートアップのベテラン CEO、ボブ・ブランバーグが語る 起業家人生に必要なバランス

私の父は私にとって起業家の鏡だ。彼は1981年に会社を設立し、2度の大きな転換期を乗り越えて会社を売却するまでの約30年間、会社を運営し続けた。私は、長期にわたって自己管理をする方法について彼の意見を尋ねた。その答えを知る者がいるとすれば、彼しかいないからだ！

起業家が会社を設立する年齢は20〜60代までと様々だろう。独身、既婚で子どもあり/なし、離婚し子どもあり/なしと家族形態も多様で、会社のあらゆる成長サイクルにおいてあらゆる家族形態になり得る。すべてを上手く管理していく上で鍵となるのは、自制心、柔軟性、絶えず優先順位を変える能力という一風変わった要素を上手く組み合わせることだ。

どのステージにおいても、大抵は時間が足りない。自分にだけ1日が27時間あり、他人は24時間しかないなら最高だ！（このアイディアについての発明が生まれて、新しい会社が設立されるかもしれない！）。自分や家庭の事情に手を焼いている間も会社をないがしろにしてはいけないし、ビジネスに集中するあまり家族や自分の生活を崩壊させるようなことがあってもならない。

危機的状況にまで悪化する前に、将来の出来事や課題を事前に予測し、対処する

のが望ましい。事後対応モードになってしまうと、そこから挽回するのは難しい。

　ペンディングしてしまっている課題について考える際は、問題が深刻なのか否か、そして今やることが重要なのか否か、という2×2のマトリクスで検討してみるのもよい。この質問は、まだ危機的な状況とは言えないまでも真に重要な問題に焦点を絞りつつ、物事を行う順序を決めるのに役立つ。勿論、それぞれの問題に、「全部或いは一部を誰かに任せられないか」という検討も必要だ。

　あなたのビジネスが成功しても、あなたが家庭生活に時間を割いていないが故に結婚や子どもたちで失敗すれば、成功とは言えない。逆に家族が個人的に成功していてもあなたのビジネスが失敗すればそれも成功とはいえまい。少なくとも、あなた自身の幸福のために必要な最低限のことを行うだけの自己規律を維持し、常に優先順位を見直しながら今集中して取り組むべき事柄を見極め、そして何よりも、あなたの選択の理由を知る必要がある人にそれを明確に伝えることが出来なければならない。仕事の重要性を配偶者や子どもに伝え、家族の責任をどれだけ真剣に考えているかを同僚に伝え、必要とされるすべてのことを達成するためには、心身共に最高の状態でなければならないことを意識しよう。

SMS Technologies 創設者兼名誉CEO　ボブ・ブランバーグ

第**6**部
会社の売却

私が2012年にスタートアップCEOの初版を書いた時点では、Return Pathはまだエグジットからは程遠かった。だが第2版を、ストラテジック・バイヤーであるValidityに会社を売却してから数カ月後に発行することになった。今回追加した本セクションは、会社売却プロセスについて新たに書き下ろしたものだ。なお、他のセクションではほぼ同じ構成を踏襲したが、その内容は現在でも興味深く、有用なものだと考えている。

　このセクションでは、会社の売却のみを扱う。上場、レバレッジド・リキャピタライゼーション（負債による資本の再構成）、その他の財務的な取り組みについては触れないでおく。

　何を隠そう、Return Pathの売却は、私にとっては最初の会社売却だ。とはいえ、1999年に行われたMovieFoneのAOLへの売却、取締役会メンバーやアドバイザーとしての多くのCEOとの企業買収への取り組みなども経験しており、そして長年にわたり何十社もの企業買収を実施してきた。一度きりの経験というよりはもう少し深い経験があると言っても許されるだろうか。

　1999年インターネットブームの最盛期の真っ只中でReturn Pathを創設した際、ある人物からビジネス創成期の数週間もしくは数カ月の間にライターを雇い、独占密着取材を受けてみたらどうかと勧められたことがあった。その人物は「どれだけ早くビジネスを立ち上げ、売却したかということをまとめた『Ready, Set, Exit（よーい、エグジット！ ［はなからエグジット目的の起業]）』というタイトルの本を出版出来る」とも述べていた。

　スタートアップ企業のCEOに対する非常に残念な固定観念の一つが、我々も最終的に事業を売却することが目的だというものだ：不動産投資家が年間に何十もの物件を売却するのと同様に。実際にそのような考えを持つスタートアップCEOもいるとは思うが、読者のあなたにはそうなってほしくない。

　すばらしい企業にはエグジット戦略など存在しない。そこに存在するのは、成長戦略、顧客開発戦略、海外進出戦略といったものだけだ。すばらしい企業は他社から買われることはあっても、自発的に売りに出されることは稀だ。すばらしい企業を構築することに全精力を注げば、すばらしい価格で会社は買収されるかもしれない。だが、会社を売りに出すことに精を出すなら、他の誰かにゴミとして評価してもらい、それなりの価格で拾われるのがせいぜいだ。

エグジットと流動性

　ティム・ミラーは、2003年からRally Software（同社は本書執筆中に上場を果たし成功を収めた）の会長兼CEOを務め、同社を優良企業へと成長させることだけに集中してきた。Rallyと弊社は、何年もの間コロラド州ボルダー市にて肩を並べて成長してきたが、ティムと私は頻繁に情報を共有してきた。他の優秀起業家と同様に、ティムが注力してきたのは売却ではなく成長だ。だが、前者に関してまったく考えていなかった訳ではない。

　起業家にとってエグジット（戦略的売却）とは、自身のキャリアや家族を守るセーフティネットとなる個人のバランスシートを形成し、人生を変えるチャンスを与えるものだ。起業を初めて経験する者のほとんどは、手元にあるのは会社の株式のみで、銀行には小額またはまったく資産がない。その結果、多くが金銭的なゴールを満たす売却価格を設定し、その評価額に到達することに集中する傾向にある。

この「価格」は、目標とするには効果的で、事業拡大につれて年に1度は見直しがされるべきだ。その「価格」で会社を売却する格好のチャンスが舞い降りてくれば、それを避ける理由はなく、そこで銀行に資金を蓄え、次のスタートアップ事業へ投資すべきだ。このレベルの安心と安全を確保できた時に、真に並外れたものを開発することが可能になる。

適正価格を定めるのは容易ではない。私のアドバイスは、損益計算書ではなくバランスシートをもとに価格を設定することだ。ここでシンプルな損益計算書の例を見てみよう。毎年総額1000万ドルの安定した売上があり、そこから5%のフリーキャッシュフローを生み出す会社が得る3年間の現金は150万ドルになる。だが、資産をバランスシートで分析した場合、たとえ時価総額を年間売上高で割ったPSR（株価売上高倍率）のマルチプルが1倍であっても、ランレートが1000万ドルの事業の売却価値は単純に1000万ドルと想定される。ここで問うべき質問は、財務の観点から見た場合に、ゴーイング・コンサーン（継続企業の前提）としてリスクを取りながらの年間50万ドルの利益を取るか、1000万ドルの生のキャッシュを得るのか、どちらを好むのかだ。

そうはいっても、会社の成長に集中すべきだ。前述の例では、成長に伴い、事業価値も向上する。ランレート1000万ドルの事業が年間100%の成長を遂げた場合、1年目は50万ドル、2年目は100万ドル、3年目には200万ドルを生み出す。また、この複合成長の例では、3年で株主が得られるキャッシュは350万ドルになる。その3年後の年に会社がPSR1倍で売却された場合の売値は4000万ドルになる。

売却を検討する際には、いくつかの考慮すべきことがある。まず、買い手側から買収を提案してきた場合には、高確率でPSRマルチプルを上げられるということだ。また、その買い手の意図が、単なる事業売却オファーに対するリアクションではなく、事業戦略上の明確な目的がある場合は、会社に対してより高い評価を下す傾向にある。よいディールは売りからではなく、買いから生まれるのだ。

では、どのように会社の売却においてマルチプルを上げるのか。何よりもまず、長期的にビジネスに投資し事業を成長させることだ。真に価値あるビジネスを築き上げる上で近道はない。また、買収者となり得る戦略的パートナーとの関係構築を図ることが重要だ。その相手が売却の可能性を尋ねてきた際には、彼らがあなたの会社のことを十分に理解する上で対話の機会を持つべきではあるが、バランスシートの価値に対してそれなり以上のプレミアムを提示してくる場合のみに売却を検討すべきだ。そのプレミアムは成長10%の会社よりも成長100%の会社の方が格段に高いのは決まっている。だからこそ、成長に成長に成長を重ねるべきだ。

勿論、売却だけがスタートアップの成功の形ではない。長期的に独立性を維持し、一企業として最終的に上場を果たすことも一手だ。

大きく成功した会社を継続させることのメリットは、一般投資家の監視下に入ることのデメリットを上回る。一方で、上場を果たすためには、最低でも年率25〜30％の成長率を達成し、事業を拡大しなければならない。その成長に手が届かなければ、株式上場の機会も遠のくことになるだろう。

　成長企業のM＆A市場が非常に活発な中で、特にテクノロジー業界において長期的に独立を維持出来る企業を構築するのは極めて難しい。株主の利益を最大限にしつつ望まない買収を避ける最適な方法は、可能な限り速い速度で成長することだ。そうであれば、評価額に極めて高いプレミアムが乗った場合に限り、株主は戦略的事業売却を選択する。

　しかし、買収と上場とは必ずしも排他的ではない。上場前、またはその後においても、買収の可能性は常に頭に置いておくべきだ。最終的に売却するにせよ、上場するにせよ、またはその両方だとしても、スタートアップのCEOが従事すべきことは同じだ。それはただ一つ、成長！

Rally Software CEO ティム・ミラー

第45章で述べたように、起業には極端な高揚とこれまた極端な落胆が伴うもので、その両方が同時に起こることに慣れなければならない。スタートアップCEOとしての旅の中で、会社を売却するときほど、これが真実であることを実感出来るものはない。

売り時はどうやって知るのか？

これは難しい質問だ。「偉大な会社は買われるものであり、売るものではない」という古い格言があるが、これにはまったく同意出来ない。確かに、「瓶で稲妻を捕まえる」ような奇跡と言えるロケットのごときグレートカンパニーは、ストラテジック・バイヤーからの積極的なオファーを早期から、そして頻繁に受けるだろう。一方、貧弱で、財務的に不健全で、或いはありふれた会社は、積極的なオファーとは無縁であることも事実だ。しかし、優れた企業に自然な買い手がいなかったり、企業を売却したい、または売却する必要があるタイミングが市場のニーズと一致しなかったりすることもある。

いずれにせよ、この質問は常に付いて回る。あなたの会社の売り時はどうやって知るのか。「今かもしれない」という答えを示唆する時がいくつかある。

- あなた、あなたのチーム、及びあなたの株主にとって非常に魅力的な、インバウンドの、頼んだものでもないオファーを受け取る。その数字が、あなたが現在評価されるべきだと考えている金額に比べて不相応に大きい。或いは、買い手が魅力で、2社の組み合わせによるオポチュニティがすばらしい。インバウンドのオファーは、ある意味でこの難問（売り時はいつか？）に答えさせてくれるもっともよい機会だ。私の長年の友人であり取締役会のメンバーのフレッド・ウィルソンは、「どのような価格にせよ、あなたは買い手になるか売り手になるかのどちらかを選ぶのだ」と私にいつも言う。つまり、特に頼んでもいなかったオファーを受け、その買い手を気に入った場合、その価格で会社を売るか、またはその同じ価格で、自分の会社を喜んで買うかのどちらかだ。

- 会社が2年単位のこの先の見通しの中で最高の評価額に達していると考えているとしよう。必ずしも売らなければならない時とは言えないが、「安く買って高く売る」の世界では、売るべきときなのかもしれない。例としては、マーケットが今後の数年間で厳しさが増すと予測しているとき、マーケットでのポジションや収益を維持・拡大するための大規模な新規投資や改革/変革を考えているとき、またはテク

ノロジーやスタッフなどの主要な内部ハウスクリーニングを完了したときなどがあろうか。これらは必ずしも会社が問題を抱えているという信号ではないし、将来的にはもっと高いピークがないとはいえない。しかし、このような大きな変曲点に、売却が適切かどうかを検討することは、自分自身と株主に対するあなたの責務だ。

・キャップテーブルに関連した内部の問題を抱えている場合はどうか。例えば、創業者が大株主であるか？ 株式を売りたがっているか？ 或いはその創業者を会社から追い出す必要があるか？ かもしれない。何らかの理由で流動性を必要とする大手機関投資家がいるかもしれない。いずれも必然的に会社を売却しなければならない状況ではない。個々の株主の持分を買い取ったり、同様な効果を生むエクイティファイナンシングやデットファイナンシングを行う方法は他にもある。しかし、繰り返すが、特にキャップテーブルの問題が大きいものである場合、会社の売却の検討をすることは合理的であり、大きな変曲点となり得る。取締役会の中、或いは経営陣の中での金融的・財務的な思惑のズレは、会社（またはあなた自身）のリーダーシップの士気をゆっくりと蝕んでいく可能性がある。

このような状況に一つでも気が付いたら、自分自身と会社のエグジットの準備を始めてみてはどうだろうか。

心の準備

事業売却の好期、または近い将来に売却の可能性があるからといって、自動的に人生の大きな変化のための心の準備が出来ている訳ではない。数年以上会社を率いてきた創業起業家ならば、会社に対する感情的な投資、「思い入れ」があるだろう。多くの起業家にとって、会社は良くも悪くも彼らの人間としてのアイデンティティの一部として深く埋め込まれている。会社を売るという個人的且つ精神的な旅の初めにすべきことは、これらの思いを自分自身で認識することに加え、大切な人や親しい友人、経営陣に声にして伝えることだ（これについてはすぐ後で詳しく述べる）。

私の場合、年次棚卸しのもっとも重要な部分ともいえる第48章の「自身の業績評価」で紹介した自己管理ツールの一つが、Return Pathの売却準備の際に非常に役立った。私が毎年年末に自問自答する4つの質問は以下の通りだ。

・仕事を楽しんでいるか
・プロとして学び、成長しているか
・仕事の報酬は、短期的にも長期的にも金銭的に十分に報われているか
・社会に影響を与えられているか

これら４つの質問はどれも、準備において重要な役割を果たしてくれた。私は、これらの質問に対する答えがかつてほど強くはないこと、そして他のことをした方が、いくつかの質問の答えがより強調されるであろうことに気付いた。勿論、それ自体が会社を売却する理由にはならないのだが、会社を売却するという決断を下したのは、ビジネスにとっても、そして私個人にとっても良いことだと確信した瞬間だった。

心の準備で特に重要な要素の一つとして、「手放す準備はできているか」という質問に答えることがある。会社売却には様々な形態があるのは言わずと知れたことだが、まず必ずと言っていいほど、あなたがビジネスのコントロールを失う可能性が高い。たとえフィナンシャル・バイヤーに会社を売却し、引き続きCEOとして会社を運営するとしても、株主や取締役会が多様化していた過去よりも、そして当然ながら機関投資家がおらず、創業者やエンジェル投資家のみであった頃よりも、CEOとしての権限や裁量がずっと少ないことに気付くだろう。ストラテジック・バイヤーに売却するなら、あなたの会社はもう存在しない。より大きな組織の中で独立した事業部門やプロダクトラインであっても、独立した会社ではないのだ。

そういう理由で、様々な面における個人的な影響について熟考し、それらの影響が自分にとって何を意味するのか、それらに興味が持ち続けられるかどうか、さらに何故、どのような状況であればそう感じるのかなどについて、自分の頭の中を整理する必要がある。ストラテジック・バイヤーに会社を売却し、大企業で実際にプロダクトマネジャーになり、大いに楽しんでいる起業家を知っている。彼らは軽くなった精神的、個人的負担を楽しみ、自分の「赤ちゃん」のようなプロダクトが成長し、繁栄し、新しい環境で成功するのを見ることが出来ることにもワクワクし、さらに仕事を超えて生活の中でより多くの時間を持てるようになったことにもワクワクしている。別の起業家は、プライベートエクイティに会社を売却した後もCEOとしての役割を維持し、取締役会で5人と話し合うのではなく自分1人の声で会社を回せることに喜びを感じ、さらに「リンゴの二口目をかじる」ということわざのように、2回目のチャンスを楽しみながら報酬を受け取れることに満足している。

しかし私が見るに、この幸せな2種類のいずれかの起業家が1人いるならば、その倍数の不幸な、或いは少なくとも売却の後に会社を辞める準備をして、自分の会社を支配出来なくなり他者のビジョンや財務ガイドラインの中で実行をリードすることは幸せであるふりなどしないと決めている起業家たちがいる。「よくわからないが、やってみよう」と考えることは何も悪いことではない。しかし、売却後適切に譲渡を行った後、本当は会社に居たくないのに、無理やりとどまるのであれば、問題だ。主に自分自身の問題とも言えるが、それは周囲にも波及していく。それは誰にとっても決してよい結果にはならない。

「手放す準備が出来ているか」という問いには正解も不正解もない。しかし、おそらくあなた自身にとっては正解と不正解がある。それが、会社売却時の初期に取り組むべきことであり、熟考すべき最重要項目なのだ。

インパクトに備える

売却後の生活に関わる心の準備に加え、売却プロセスそのものにも準備をする必要がある。もっとも簡単なものでさえ（簡単なものなどないのだが）、予想以上に時間がかかり、想像を絶した疲労、ドラマにでもなるような買い手や弁護士とのやり取り、悪い知らせを続けて聞く瞬間なども経験するだろう。

悪い知らせとは、潜在的買い手が「No」と言っているということかもしれない。或いは決定済みと考えていたディールの条件を買い手が変えようとしていることかもしれない。または買い手の中間管理職レベルの人間たちがくだらない質問や懸念事項でつまらぬあら探しをしているということかもしれない。そんな時は、まるで客に断られたように、或いは断られそうになっているように感じるかもしれない。或いは、あなたの「赤ちゃん」はひどいと言われているように感じるかもしれない。

ともあれ、こういったことは、内容や程度はともかく、確実に起こるし、確実に苦痛だ。くれぐれも「シートベルト」（備え）を忘れずに！

家族と外出する

何人かの友人のアドバイスで、2019年の会社売却の頃までに、当時10歳、11歳、12歳だった私の子どもたちと一緒に、既に売却後の生活の下地を固めていた。実際、子どもたちはReturn Pathよりも若かったので、彼らにとっての私のアイデンティティと会社のアイデンティティは完全に融合していた。それだけでなく、子どもたちはスタートアップのエコノミクスや株式のことなどまったく知らず、「パパが無職になる」という事実は恐ろしいものだったようだ。このプロセスを実際に経験した友人は私に、このような人生の転換を考えることはあなたにも難しいかもしれないが、子どもたちにとっては10倍難しいものだ、と気が付かせてくれた。

それで会社売却の2年前、私は子どもたちに、このようなことがいつか起こるだろうと話し始めた。子どもたちは動揺を乗り越え（しばらくの間は非常に動揺していた）、このコンセプトに段々慣れていった。私たちが最終的なディールプロセスに入ったときには、彼らも興奮し始め、デューデリジェンスがどのように進んでいるか、私が考え得る最高のディールをしていると確信しているかどうかについて毎晩私に質問をしてきた。ディール完了と共に不安や恐怖はすっかり消え去り、子どもたちも私と一緒に喜び、興奮した。

第51章
自社をエグジットに備えよ

　会社売却への心の準備に時間を掛ける必要があるのは明らかだが、会社の準備にはさらに多くの時間を費やすことになる。このトピックに関する情報やコミュニケーションを社内でどのように扱うか、そして実際に売却準備をどのように行うか、という2つの領域に分けて考える必要がある。

プライベートな議論と公の議論

　検討されている会社売却のニュースを社内で共有するに際し、最初に決断すべきなのは、そのニュースの共有範囲だ。決断に影響を与える主な要因は2つある。

・売却を成功裏に完結させるためには何人の人に知らせる必要があるか。
・社風はどのようなものか。大ごとになるか、または恐怖感を煽る可能性のあることについて、どの程度の透明性を持たせるか。

　初めの質問には、決まった答えはない。会社の規模と買い手の種類による。週末に創業者だけでディールを行うこともあれば、最大で6カ月掛かることもあり、複数のレベルにある何十人ものチームメンバーが参加しなければならないこともある。

　社風や規模はともかく、次のことを考える必要がある。この検討中の売却に関するニュースは、従業員にとってどの程度破壊的なものになるか。顧客にとってはどうか。限りなく透明性の高い文化があったところで、会社売却は、通常秘密事項とされることは誰でも知っている。しかし、透明性と信頼の社風があれば、売却完了に必要である以上により幅広いグループとこの情報を共有することもあり得るかもしれない。

　この決定にあたっては、信頼性と透明性のバランスと同時に、賢い内部コミュニケーションが求められる。ディールには失敗する可能性が常に付いて回る。早過ぎる時点でのコミュニケーションは避けたい。さもなければ、あくまでも選択肢を模索しているにすぎない中で、エグジットを目指しているという誤ったメッセージを送る危険性がある。言うまでもなく、契約書の署名のインクが乾き、お金が銀行に入って、弁護士があなたにディール完了を宣言するまで、CEOの仕事を毎日完全にこなし、ビジネスを実行し続ける必要がある。

　このニュースで「信頼の輪」をどのくらい広げるかを判断した後、次のステップへ移行する。それは意思決定とプロセスにおいてチームを巻き込み、彼らの役割を明確にするために、チームにニュースを伝える方法を模索することだ。実際の売却意思決定がま

だ100％ではないとすれば、彼らはその決定に関わることが出来るだろうか。複数の興味を持つ買い手候補がいる場合、彼らは誰に売却するのがよいかについての意見を言えるだろうか。デューデリジェンスや文書作成に参加してもらうだけでいいのか。これには正解も間違いもないと繰り返すが、具体的な内容についてあなたとあなたのチームの間で明確にしておくことが成功の鍵であることを忘れてはならない。

チームのメンバーを巻き込む最善の方法は何か？ 私たちは何年にもわたっていくつかの売却プロセスを経験してきた（勿論そのほとんどは結果に至らなかった）が、いつの時も取締役会のメンバーに持ち込む前に、私の内輪のシニアエグゼクティブを思考プロセスに巻き込み、彼らが最初の段階から意思決定に参加出来るようにした。取締役会と私がプロセスを進めることを決定した後は、基本的に決定に至った経緯の一連のスライドを作成し、「私にとってこのディールが何を意味するのか」という質問に直接答えることも含め、彼らにすべてを説明した。新しいチームメンバーをプロセスに参加させる度に、このスライドを修正しながら利用した。

売却の可能性を知っている社員の人数をどの程度絞ったとしても、何度守秘義務を誓わせても、社内外の両方のリークは起こるし、それに向けた準備をする必要がある。あなたは必ず、リークに失望し、怒りを感じるだろう。そしてまた繰り返しになるが、あなたがバリューとして透明性をどこまで重視しているかに関係なく、内情に精通すべきグループにそれなりの透明性をコミットした後は、リークした場合の適切な対応を決めておく必要がある。社内外いずれの人に対しても、「会社の売却に興味があるかどうかいつも尋ねられているが、我々には常にそのような問い合わせを真剣に受け止める義務がある」というような紋切り型の内容の対応が必要だろう。そしてそれ以上は「ノーコメント」にする。嘘をつく覚悟がない限り、当然これ以上のことは話せない。もしスタートアップCEOの旅の中でそういう隠し事をすべき場面にぶつかることがあれば、今がその時かもしれない。リークは、ディールや会社を危険にさらす可能性がある。

また、社内で売却の可能性を知っている者が何人いるかにかかわらず、すべての会話の中で留意すべきことは、あなたが話をしている相手は、表面では礼儀正しく、これから何が起こるのか、何故そうなるのかというあなたのモノローグを聞いているが、本当のところ「私にどんな得になるのか」と無言で尋ねている。これがわかっていれば、あなたが社内でどのような話をすべきかが見えてくるし、また売却の影響は各個人によって大きく異なるであろうことから、グループコミュニケーションと個人のコミュニケーションの最適なバランスもわかってくる。各個人は、仕事を失うというリスクを含め、売却から得られる異なる報いとリスクを持つ。売却価格がどうなるのか見当もつかない上、買い手がどの従業員を維持したいと思っている可能性が高いかもわからない中で、結果がどうなるのか見えない状況にあっても、これらの問題を早期に議論することで、少なくともプロセスをクリーンにし、社内での信頼関係を構築・維持することが出来るだろう。

デューデリジェンス及び開示別紙（Disclosure Schedule）

　いくつもの資金調達を経て、会社売却の準備をする頃には、デューデリジェンスと開示別紙という2つの言葉に馴染みが出てくるだろう。しかし、少数株主持分の売却ではなく、会社全体を売却する上で、これら2つの言葉はまったく新しい意味を帯びてくる。資金調達の経験がない人のために説明すると、デューデリジェンスとは「買い手が、買収対象会社のあらゆる側面について知るべきことはすべて知っておく」ことを意味し、開示別紙は、ビジネスに関する数百から数千もの詳細がリスト化されている売却契約文書の最後にあるページの集合のことだ。

　どちらについても、準備には膨大な時間を要し、忍耐強い細心の注意が必要だ。最悪の場合は、数週間から数カ月にわたり、あなたとあなたのチームを致命傷レベルで苦しめることになる。買い手が求めるものや必要とするものをすべて事前に予測することはほとんど不可能とはいえ、その苦労をいくらか楽にするために、売却プロセスの事前、または開始直後に出来るいくつかのことがある。以下、具体的に説明しよう。

- ・第一に、売却プロセスの開始前に、自社の弁護士に依頼し、完全且つ網羅的なデューデリジェンスチェックリストを作成すべきだ。将来の買い手は異なる内容のリストを提示する可能性もあるが、大きく違うこともない。このチェックリストをデリジェンスと開示のロードマップとすべく、なるべく早い時点でこれを作成し、プロセスの前の段階で物事を整理しておくよう社内で作業を開始する。特に、コーポレート、法務、財務の項目に関しては、膨大で煩雑な作業になる可能性があるため、先手を打つべきだ。これらの項目はすべて、いずれはオンライン共有フォルダやデータルームに保管することになるので、早めにそうしたツールを活用するとよい。

- ・第二に、CFOと共に、会社の財務諸表、主要な経営指標、及び顧客/収益分析の詳細を早期の段階で整理することだ。いずれこれらについて山ほどの質問を受けることになる。モデルとスプレッドシートをより包括的（過去の実績も未来の予測も）にすることで、あとがずっと楽になる。

- ・第三は、早い段階でマネジメントプレゼンテーション作成に取り組むことだ。通常、ビジネスのストーリーを伝えるために2つのバージョンのスライドが必要になる。1つは、比較的短い（15〜25枚）もので、投資家向けプレゼン資料に似た、ハイレベルなストーリーを伝えるものだ。もう一つは、ビジネスの規模と複雑性によっては数百ページとなる場合がある。潜在的買い手とのライブデューデリジェンス会議で尋ねられる可能性があるほぼすべての質問に答えられるよう作成する。一

般的に、短いものは長いもののサブセットになるが、ただページをカットするだけではなく、長いもののいくつかのスライドや概念を組み合わせる必要がある。この作業を行うためには、各ファンクションリーダーに担当領域に関してスライドを作らせる必要がある。定性的なストーリー（ミッションに貢献するために何をするか）、財務または経営指標、組織、特徴、オポチュニティ、課題などに触れるものだ。分野によって必要なスライドやコンセプトは異なる。

・最後に、各ファンクションリーダーに、自分の役割のストーリーをどのように伝えるかのコーチングを提供する必要がある。勿論あなた自身が潜在的買い手とのデューデリジェンスセッションに参加し、それらの会議で多くの、或いはほとんどの質問に答えることになるかもしれない。しかしまだごくアーリーステージの会社でない限り、あなたがあらゆる分野の詳細な質問に答えられる訳ではない。また、自分自身のチームをアピールしたいと思っているのであれば、ファンクションリーダーらをプロセスに参加させ、学ばせ、潜在的買い手を理解させ、輝かせよう。

終わりを考えながら始める

　このセクションの冒頭では、一部のスタートアップ創業者にありがちな「よーい、エグジット！（はなからエグジット目的の起業）」というメンタリティについて冗談を言ったが、私がReturn Pathを始めた当初からやっておけばよかったと思うことが一つある。それは、戦略やプロダクトなど、ビジネスをどう構築するかについてではない（人によってはそうかもしれないが）。

　この章のアドバイス、「売却プロセスを開始する前に、弁護士と共に完全且つ網羅的なデューデリジェンスチェックリストを準備する」ことこそ、私が会社を立ち上げたその時にやっておけばよかったと感じているものだ。買い手が知りたいことは何か、どのような形で、どのように整理されているべきかを知っていれば、私とCFOは、会社の記録（株主投票や取締役会の議事録など）だけでなく、クライアントの契約書についても、より整然としたものになっていたことだろう。我々が無秩序だった訳ではないが、20年以上もの間、色々な場所に物を置いてしまい、古い記録を常に新しいシステムに移行していた訳ではなかった。その結果、デューデリジェンスをまとめてデータルームにロードする際、必要以上に複雑な作業となった。

第52章
売却プロセス

　会社の売却を決意した。このイベントのための心の準備という、長くて曲がりくねった道の旅を始めた。そしてそのために会社とチームの準備をした。さて、残念ながら、それらはすべてゲーム前のショーであって、ゲーム本番はこれからだ。

ディールのパターン

　どんなディールも真っすぐで一貫した筋道をたどることなどはないが、状況の動きに応じて、ディールには2つの一般的なパターンがある。

　ディールプロセスがインバウンドオファーから始まるが、競争をさせるために他の潜在的買い手も招く場合、プロセスは次のようなものになる。

- ・買い手1からのインバウンドの関心が買い手1からのノンバインディング（拘束力のない）オファーに繋がる。これはタームシート、LOI（意向表明書）、IOI（関心の表明）、LOMU（相互理解表明書）などの契約によって行われる。これらはすべて、何らかのレベルのいわゆるノーショップ条項、つまり排他性に署名することを求めるものだ。これを極力避けながらも、次の2つに並行して取り組むことになる。

- ・買い手1との基本的なデューデリジェンスに取り組むと同時に、買い手2、3、4から同様の関心とLOIを取得するために全力を尽くす。

- ・オファーを比較し、勝者を決め、排他的なタームシートに署名する。

- ・同時に、さらなるデューデリジェンスとディールのドキュメンテーションを買い手と共に行う。

- ・署名をしてクローズする（同時であることもあれば、そうでないこともある）。

　あなたの売却プロセスがセルサイドプロセス、つまり、買い手がいない状態で会社を売却したいと判断し、そのプロセスを開始するためにバンカーを雇う場合、プロセスは以下のようになる。

- ・バンカーを雇う。

・前章で概説したように、データルームの設定からマネジメントプレゼンテーションの作成まで、出来るだけ多くの準備作業を行う。

・バンカーは、潜在的買い手に対し数多くアウトリーチを行い、あなたはそれに応じて多くの初期的なプレゼンを行う。

・バンカーはリストをもっとも真剣な買い手に絞り込み、あなたとあなたのチームは数社に対して「長い」プレゼンテーションを行う。

・バンカーと弁護士は、ディールのドキュメンテーションを提示し、最終的な買い手候補らにディール書面のファイナルに近い修正案とLOIを提示するよう求める。

・バンカーは複数のLOIをまとめ、オファーを比較し、勝者を決め、排他的なタームシートに署名する。

・1つめと類似しているが、最終的なデューデリジェンスとドキュメンテーション、署名、クロージングを行う。

上で紹介した2つの方法では、後者の方がややクリーンで確実に感じるが、決してそうでもない。どちらのタイプのプロセスも面倒で、計画通りにはいかない。

当事者か、社外アドバイザーか

買い手のタイプの違いは、異なるディールダイナミクスを生むが、忘れてはならないことがある。規模の大きなストラテジック・バイヤーやすべてのフィナンシャル・バイヤーのビジネスは企業買収だ。彼らは、年間数十ものディールを行い、長期で見れば数百ものディールを行う。しかしあなたは、あなたの会社を売却するのは一度だけ。大規模且つ重要なディールのために、よい弁護士を使用したいと思うのは当然のことだ。それと同様、バンカーを雇うのは弱さを証明するものでは決してない。彼らを雇わないとすれば、それはまるで銃撃戦にナイフで戦うようなものだ。

あなたの弁護士、またはあなたの会社が十分大きければ、社外弁護士と社内カウンセルの組み合わせによって、主に3つの作業を行う。1つめは、ディールドキュメンテーションで、文書化、マークアップ、そして法的な観点から見た交渉の実施。2つめは、リーガルデューデリジェンスと、面倒の多い開示別紙への取り組み。3つめは、受託者責任、株主関連法、及びプロセスに関する重要な問題に関する、あなたとあなたの取締役会への助言。最終的にはあなたの弁護士ではなく、あなた（またはあなたの取締役

会）自身が意思決定を行うのだが、弁護士のアドバイスにしっかりと耳を傾ける時間は非常に重要だ。あなたのビジネスや株主、取締役を既によく知っている、いつも頼りにしている社外弁護士と連携すべきだろう。何らかの理由でいつもの社外弁護士にあまりディールの経験がない場合であっても何らかの形で巻き込むとよい。一方であなたが様々な不足を埋めることが出来るすご腕のバンカーでも雇わない限り、他の弁護士の力も必要になるだろう。

　先に述べたように、バンカーの主な役割は、潜在的買い手の認知と関心を呼び起こすことであり、最終的なディール条件、特に価格、そしてエスクローやインデムニティ（補償条項）のような他の重要な条件の交渉の助けとなることだ。これらの役割は、状況に応じて様々な形態や深さがある。たとえ望み通りの買い手からのすばらしいインバウンドオファーがあり、電話を何本か掛けるだけで他社の関心をも得ることが出来る場合でも、バンカーを雇うことで「上空援護」で守られ、必要とあらば悪者にもなってもらい、さらに多くの買い手の関心を生み、時にはあなた自身で行うよりもきちんとした方法でプロセスの詳細に目を配り、当事者たちと共にプロセスを前進させ続けることが出来る。特にフィナンシャル・バイヤーを意識してセルサイドプロセスを実行している場合は、適切な買い手の適切な人々へのアクセスが出来ないのは勿論だが、プロセスを管理することさえ出来ない。前で述べた「銃撃戦でナイフ」の例えに戻るが、あなたはバンカーなしでディールを行えるだろうか。勿論。ならば、そうすべきか？　中規模以上のディールではおそらく90 〜 95％がNoだ。腕がよい弁護士、経験豊富な投資家や取締役会のメンバーがいれば、小規模のディールであればバンカーなしでこなすことも出来るだろう。

　このような状況で、当事者として出来るもっとも重要なことは、冷静にビジネスを運営し、もっとも重要な条件を交渉し、テーブルの向こう側にいる当事者と定期的に友好的な接触を維持することであろう。私はいつでも超がつくほど細かなタームシートが好きだ。初期段階で複雑なことをやっておけば、実際のディールのドキュメンテーションのプロセスがよりスムーズになる（もしあなたが売却プロセス中で、本書をずっと以前に読んだことがある場合は、第22章「資金調達の時期と方法」、特に「資金調達交渉における11の教訓」と呼ばれるセクションを参照してほしい。この2つのタイプのディールには多くの共通点がある）。また、あなたの社外アドバイザーが買い手の社外アドバイザーとの間で壁にぶつかった場合、常に双方の当事者が飛び込んで問題を解決しなければならない。

　その結果、相手がたまたま知り合いか、または過去に一緒に仕事をしたことがある人物でない限り、あなたともう一方の当事者とは、奇妙な、非常に厳しいパートナーシップを形成することになる。特にストラテジック・バイヤーの場合、それは非常にあり得ることだ。たとえあなたの会社がストラテジック・バイヤーとビジネス上の関係を持っ

ていたとしても、ストラテジック・バイヤーのディール担当とは緊密に仕事をしたことがないに違いない。多くの場合、関係は一時的な足場にすぎず、ディール後はほとんど接触がない可能性も大いにある。あなたは相手方当事者の友であると同時に、非敵対的な敵対者となる必要がある。しかしそれでも、ディールが終了するまで、常にその関係に投資し、売り込む必要がある。

あらゆる関係者のための最適化

2019年8月、私が本書の第2版執筆中に、「Business Roundtable」のメンバーである「フォーチュン1000CEO」の数百人からなるグループが、株主のための価値の最適化に加え、従業員、顧客、サプライヤー、地域社会を含むすべてのステークホルダーのために価値を最適化することの重要性について述べた、企業のための倫理ガイドラインを発表した。これは、デラウェア州で法制度化された「ベネフィット」や（訳者注：B Labによる）「Bコーポレーション」認証制度などの受託者責任の定義と似ている。

あなたが Bコーポレーションでない場合、またはBusiness Roundtableのガイドラインに署名していない場合は、株主以外の誰に対しても（厳密にいえば普通の利害関係者にすぎない）売却価値を最適化する法的義務はない。たとえそうであっても、あなたの従業員やあなたの会社のバリューへの敬意から、そうしたいと願うかもしれない。または、株主のために価格を最適化したいかもしれないが、その後、その枠組みの中で従業員などの他の利害関係者のための最適化に時間を費やしたいと考えるかもしれない。全従業員にストックオプションを与えることは、株主の利益と従業員の利益の方向性を揃えるためのよい方法になり得る。しかし、すべての会社がすべての従業員に株式を与える訳ではなく、また株式を与える場合でも、従業員に対するディールの経済的価値は、従業員の雇用に関わる他の考慮すべき事項によって矮小化される可能性がある。

そしてそれは多くの場合、あなたの会社を売却する際の「摩擦」となる。ほとんどの場合、すべての新しい所有者は、ストラテジックであるかフィナンシャルであるかにかかわらず、一部の従業員を解雇するだろう。ダメージは小さいかもしれないし、甚大かもしれない。しかし、一旦ディールが完了すれば、新オーナーが従業員を保持するか解雇するかを決定するのであって、あなたはもはや状況をコントロールすることは出来なくなることを認識しなければならない。例えば、Return PathをValidityに売却した際、売買契約書の中で、ValidityがReturn Pathの過去の退職慣行を尊重しなければならないという条項を主張したが、それは当業界の常識よりもはるかに寛大なものだった。我々はそれを事細かく説明した。これは交渉の重点であり、株主にとってはディールで少し損をしたことは間違いないが、私をはじめとする経営陣や取締役会にとっては「必須の条件」だった。売却後に何人もの従業員が危険にさらされることを知っていたからだ。また、売却代金の一部を従業員の売却ボーナス（カーブアウトや経営者インセン

ティブプランとも呼ばれる）に充てるように取締役会と交渉した。しかしこのディールの状況にあっては、一部の従業員のレベルや勤続年数、業績を考慮した場合、ストックオプションの価値が十分とは感じてもらえないと感じたのだ。最終的には、こうした配慮のすべてが当社のチームの皆に評価されたと考えている。

とはいえ、株主のためにディールの経済的価値を最適化することは、たとえ考慮すべきことが他にあったとしても、最優先事項であることを忘れてはならない。興味を示す相手方が多ければ多いほどよい。実際私は、文字通りそのような方法でディール価格を2倍または3倍にする会社を見てきた。また、交渉戦略として、価格以外のディールバリューを上げる交渉材料があることも忘れてはならない。例えば、これは上場企業に株式で買収された場合にのみに有効だが、1990年代後半にMovieFoneをAOLに売却した際、創業者たちは当時のAOLの勢いの良さを見事に利用し、カラーつき（AOLの株価が一定以下に下がった場合には、株式を追加することでディール価格を保証しなければならない）、キャップなし（株価が上昇し続けた場合は、株式数を変更せず、我々は株価が上がった分だけ利益を享受した）のディールを行った。その交渉の結果、MovieFoneの株主は署名時に予想されていたよりも約50％多くの利益を得た。

ディールの失敗への対処

Return Path売却前の数年間に、2つの異なる売却プロセスを経験したが、どちらも失敗だった。1つはそれほど悪くはなかったものの、会社の評価額を素早く「マーケットチェック」したもので、ある株主から他の株式を買い取るというソフトオファーがあったことがきっかけだった。しかし、私は会社が様々な理由で準備が出来ていないことを知っていたので、強力なオファーに仕立てられる可能性は低かった。私たちはこのプロセスにそれなりの、ただ大き過ぎない範囲で会社の時間を投資したが、最終的に諦めた時も内部的には大したことでもなく、そもそもそれについて知っている人物もあまりいなかった。

もう一つの失敗したプロセスはまったく違っていた。それは、この業界で有名なストラテジック・バイヤーからの予期せぬインバウンドオファーから始まった。バンカーの助けを借りて、我々はそれを別の有名なストラテジック・バイヤーからのよりよいオファーに転換出来た。徹底的なデューデリジェンスと最終的なディールのドキュメンテーションを完結させた。社内には約80人の関係者が事情を知り、チームはこのディールについてとてもワクワクしていた。我々の弁護士と相手側の弁護士の両方が、最終的な取引文書に署名した。私の経営陣のグループの半分が、買い手のもとで会社に残るという新たなオファーも受けていた（勿論、全員が昇給と多額の株式報酬を得た）。一方私は他の半分の経営陣に彼らはディールが完了し

たら解雇されるという悪いニュースを伝えた。そして土壇場になって、文字通り、最終的な契約書に署名する予定の前日に、買い手は突然冷静になり手を引いた。ディールは死んだ。復活させる方法はなかった。

2日後、内部的にディールを発表する予定だったオールハンズミーティングで、急遽、私と幹部チームは（啞然として混乱していた！）業績レビューのための四半期毎の定例ミーティングだったふりをするために必死だった。

幸いなことに、Return Pathには強い組織回復力が備わっていた。しかし、壊れた物の断片を拾い上げるのは簡単なことではなかった。どうやってそれを行ったか？

・我々は全幹部で2日間のオフサイトを行い、多くのカタルシスと感情の共有、そしてポストモーテムを行った。

・退職金やストックオプションのアクセラレーションを中心とした雇用条件の変更、オプション付与の追加といった経営陣の将来の雇用と報酬を強化すべく、いくつかのステップを踏んだ。

・今後は事業売却に向かうという方向性が整い、事業計画とエグジットの道筋をクリアにするために多くの時間を費やした。そしてほとんどの従業員は（経営陣も取締役も含め）心の準備をすっかり整えた。

・経営陣からのコミットメントを得るためにプッシュした。

・すぐに全員が休暇を取り、皆が精神的に再結集出来るようにした。

・内情に通じている残りのチームメンバーと同様の話し合いを行った。

このように手を尽くしても、このディールの破談は長期的なダメージを与えた。何人かのエグゼクティブを失った。多くの眠れない夜を経験した。取締役会や株主の勢いを失った。事業自体に影響はなかったものの、経営陣は確実にダメージを受けた。ディールがタームシートの段階であろうが、クロージング前の最後の瞬間であろうが、それが本当に完了するまでは、ディールが殺されたり、引き戻されたりする可能性があることを学んだ。好きなことわざを選べばよいが（ヨギ・ベラの「本当に終わるまで終わりではない」という名言やオペラの「太った女性が歌うまで，オペラは終わらない」ということわざ）、その意味するところを決して忘れてはならない。

　LUMA Partnersのブライアン・アンダーセンとマーク・グリーンバウムは、Return Path売却時の社外アドバイザーであり、それ以前も2回、会社が売却出来そうになった時に関わった（「ディールの失敗への対処」を参照）。ブライアンは10年間バンカーを務めているが、それ以前はシリコンバレーで企業開発の上級幹部を務めていた。彼はまたLUMAの共同設立者でありデジタルマーケティングの責任者でもある。マークは20年以上バンカーとしてMorgan Stanley、GCA、LUMAで活躍し、LUMAのM&Aの実行をリードしている。

「会社は買われるものであり、売るものではない」

　この言葉は本書の中で何度も言及されており、M&Aの実務家、取締役メンバー、スタートアップの経営者などの間で常に耳にする言葉だ。しかし、この言葉に関して、明確にしておくべき2つの誤解が存在する。

・この言葉は、「プレミアム評価を受けている会社は売られるのではなく買われる」に修正すべきだ。

・「買われる」というのは能動的であり、決して受動的ではない。

　この2つの誤解について詳しく説明する前に、まず極めて重要な2つのトピックを取り上げたい。（1）何がバリュエーションを高めるか、及び（2）ストラテジック・バイヤーはいかに会社を買収するか。バリュエーションに関しては、4つの主要なドライバーがある。

　成長：より速い成長＝より高いマルチプルだ。我々がスケール後のSaaSビジネスに使用する経験則は、予測売上高成長率を5で割ったものが売上マルチプルに近似するというものだ（例えば、次の12カ月間に40%で成長しているビジネスは売上高の8倍で評価される）。

　予測可能性：より高い予測可能性＝より高いマルチプルだ。これは、高い顧客リテンション率/低解約率のサブスクリプションビジネスが非常に高く評価される理由の1つになる。高い確実性を伴う将来の売上がわかっていれば、CAPEX、雇用、資金調達及び負債のサービシングなどのよりよい計画を立てることが出来る。逆に、この予測可能性を欠くビジネス（例えば、四半期毎に販売して配信しなければならない広告ネットワークなど）は、低いマル

チプルで評価される。

セールスレバレッジ：会社がスケーリングアップされてゆくと、新規に計上される売上のうちセールス利益になる割合はどの程度なのだろうか。定着率の高いSaaSビジネスに関して言えば、比較的固定的なプロダクト開発リソースを活用しているため、新規契約からの収益は既存の収益に積み重なり、収益に占めるセールス費用の割合は大幅に減少することになる。それとは対照的に、時給制のコンサルティング会社はほとんどが変動費であり、収益を伸ばすには費用を比例的に増加させることになり、レバレッジはほとんどない。そのような理由で、通常コンサルティング会社はソフトウエアビジネスよりはるかに低い（~1-2x）売上マルチプルで評価される。

戦略的価値：これはM&Aの「Xの要因」で 特定の買い手にとって固有のターゲットの価値になる。これは1+1=3の力学だ。例を挙げよう。売上のない従業員数十人の会社に10億ドルを支払うだろうか。そんなことはするはずがない。しかし、FacebookはInstagramに10億ドル支払っており、現在、多くのアナリストはこのビジネスの価値を1000億ドル以上と見積もっている。ユーザーを獲得し、維持し、収益化するのはFacebook独自の価値創造能力だ。戦略的価値は、それぞれのディールや潜在的な買い手に固有のものであり、売り手は、交渉においてこの価値を引き出す能力を最適化するためにも、戦略的価値のドライバーを理解する必要がある。

さてここで、経験豊富なチームを持つストラテジック・バイヤーが企業を買収するプロセスを説明する。このような買い手は、以下のような論理的且つ継続的なM&Aプロセスを展開する傾向がある。（1）常に自社のビジネスを競合他社と比較して評価し、ギャップを特定する、（2）新たな成長の機会の獲得を可能にし得る業界動向やオポチュニティを評価する、（3）自社のビジネスの方向性に関するビジョンを再定義する、（4）そこに到達するための戦略を策定する（自社構築 vs 買収 vs パートナーシップ）、という流れだ。パートナーシップを通じて取り組むにはあまりにも構築に時間がかかり過ぎる、または重要過ぎる必須のケイパビリティが、会社の買収ロードマップをドライブする。ケイパビリティが優先順位付けされる中で、戦略部門か事業開発部門、またはビジネスチーム（どのグループが責任を担うかは買い手によって異なる）はこれらのケイパビリティを有する潜在的買収ターゲット会社と会い、下記のような基準で対象先を査定する。

プロダクト（機能・特徴）

テクノロジー（アーキテクチャ、スケーラビリティ、オンプレミス対SaaSなど）

チーム（経営陣とファンクショナルチームの在り方）

GTM（エンタープライズセールス、チャネルセールスなど）

プライシングモデル（ライセンス、サブスクリプション、フリーミアム、ボリュームベースなど）

独自性（希少性、オファリングの防御力、競争優位、IP保護など）

ロケーション（拠点、顧客基盤）

財務（収益、成長性、マージン、収益性など）

バリュエーション

　戦略的ディールに関しては、適切なターゲットの選択が成功のためのもっとも効果的なドライバーになる（バリュエーションの調整よりはるかに重要だ）。したがって、望ましいターゲットを識別し、それらターゲットがオファーを決定するのに十分な「予備的デリジェンス」を行う。それによりストラテジック・バイヤーは通常積極的にそして先制的にオファーを行う。上記の概要は、「買われる」会社についての説明になる。

　ストラテジック・バイヤーが買収にアプローチする方法の例として、スタートアップCEOはストラテジック・バイヤーとどのように対話すべきかという質問に、Oracleのデータクラウド元シニアバイスプレジデント兼GM（及びOracleが10億ドル以上で買収したDatalogixの創設者兼CEO）であるエリック・ローザがどのように答えたかに注目してほしい。

　これまでに行われた買収はすべて極めてテーマにドライブされてきた。誰かが声を掛けてきて「会社を売っているんだけど、見てみないか」というようなオポチュニスティックな買収などあり得ない。Oracleに対してはこういった話が頻繁に持ち込まれるが、我々はこんな話には乗らない。そんなことをしている時間がない。我々が考えるテーマを実現する上で買収対象の企業をよく知り、何年にもわたってその行動を見てきた結果が買収なのだ。

　エリックが述べたように、「買われる」ことは受動的な活動ではない。関わったすべての買収において、エリックは会社のリーダーたちと個人的に関係を築き、そのビジネスが長期にわたってどのように実績を上げたのかを直視している。

　LUMA Partnersでは、スタートアップのCEOに対して、潜在的な買い手を特定し、積極的に彼らとの関係を築き、買い手がターゲットを評価し、優先順位付けを行う際に適切に考慮されるよう一貫したアドバイスを提供している。商業的なパー

トナーシップは、ビジネスの発展がディールへの発展に繋がる可能性があるため、理想的なスタートとなる。パートナーシップを築くことで、買い手は、買収ターゲットのプロダクトやチーム、及び共同の顧客基盤への提供価値をより深く理解することが出来る。しかし、同様に重要なのが、スタートアップのCEO（そしておそらく経営陣）とストラテジック・バイヤーの経営陣との間に個人的な関係を築くことだ。我々のパートナーであるテリー・カワジャはよく、「会社が会社を買うのではない。人が会社を買う」と言っている。まったくその通りだ。成功する買収に必要なのは、買い手側の「エグゼクティブスポンサー」が「私はこのディールをしたい」と言い、ターゲットの財務的な業績や買収後のビジネスに対する責任を負うことを厭わないことである。買い手の個人的なスポンサーなしでは、ディールは成立しない。関係構築が鍵になる。

ここまでは、戦略的なプレミアム付きの企業評価を得るために、会社がストラテジック・バイヤーに「買われる」可能性を最大限に高め、積極的に取るべきステップについて説明してきた。しかし、会社が「売られる」ことを望み、そのためにセルサイドプロセスを実行することを決定する場合もあることはよく理解出来る。これらのプロセスには、マットがこのセクションで概説しているステップがある。

買い手の買収へのアプローチ、そして古典的なバリュエーションのドライバーについて述べたが、売り手側のプロセスに応じたターゲットを検討する場合と、ターゲットに積極的にアプローチする場合の買い手の考え方を理解することも重要だ。私（ブライアン）がInterwovenとOmnitureで事業開発を担当していた時、週に数回、あからさまに売ろうとしている会社から連絡を受けていた。これらのプロセスの結果を追跡調査したところ、プロセスの失敗（売却なし）がいちばん多く、市場評価を下回るバリュエーションでの売却が2番目に来た。買い手はこのような力学を理解しているが故に、セルサイドプロセスでの典型的な入札戦略は、まず検討される範囲の可能な限り低いオファーを提示し、その資産に対して本当に競合入札者が認められる場合にのみ上乗せするというものとなる。これは、戦略的ターゲット（「買われる」会社）を積極的に獲得しようとする買い手の考え方とは対照的だ。戦略立案、ターゲットの評価、予備調査を経て、いざオファーを出す段階で、ほとんどのストラテジック・バイヤーは、魅力的なオファーを先回りで出して売り手に売却を促し、ターゲットを囲い込もうとする（単独で事業を継続するよりも）。このようなオファーは、売り手に受諾を迫り、他の買い手候補への関心を最小限に抑制し（または排除する）、結果的には競争を回避することにも繋がる。「プレミアム評価を受けた会社は、売られるのではなく買われる」という言は、実際そのような考え方があるからなのだ。

上記の解説では、ストラテジック・バイヤーがどのように会社を買収するかに焦

点が当てられている（例：FacebookがInstagramを買収する）。しかしもう一つ、買い手にとって見逃せない重要なカテゴリーがある。それは、プライベートエクイティに代表される「フィナンシャル・バイヤー」だ。フィナンシャル・バイヤーは、既存の顧客基盤やセールスチーム、インフラを活用するなどの戦略的利点（シナジー）を目的にターゲットを自社の既存事業に組み込むことに重点を置くのではなく、買収して単独で経営出来るような優良事業を探している。ほとんどのプライベートエクイティのディールでは、借入（「レバレッジ」）を利用してディールの資金を部分的に調達しつつ、ターゲット会社のキャッシュフローを利用し、時間を掛けてその負債を返済していく。また、プライベートエクイティの買い手は、ベンチャー投資家に比べてより成熟した、言い換えればリスクの低いビジネスを狙う。こうした背景から、プライベートエクイティの買い手は以下に挙げるような基準を持つビジネスに焦点を当てる傾向がある。

スケールされた収益
予測可能な収益とキャッシュフロー
利益が出ていること（負債の利子と元本を支払うことが可能であること）

上記の3つの基準を満たす会社は、プライベートエクイティの買い手にとって現実的な選択肢となる。実際、LUMAが取り組む領域（デジタルマーケティングとデジタルメディア）では、プライベートエクイティの買い手がもっとも活発な買い手グループとなっている。また、ストラテジック・バイヤーがセルサイドプロセスから購入することはほとんどない反面（代わりに積極的な買収に焦点を当てている）、フィナンシャル・バイヤーはこのプロセスを介して頻繁に買収し、意味ある結果を得るために必要な関与も入札も実施することが多い。

ここまで、スタートアップCEOが考慮すべき、エグジットに関する多くのコンセプトについて説明した。最後のトピックとして、アドバイザーの選択について触れたい。当然のことかもしれないが、理想的アドバイザーは、あなたのビジネスや業界を理解し、潜在的買い手との関係を持っているべきだ。しかし、買収・売却には膨大な時間とストレスがかかり、またあなたの人生でもっとも重要な金融ディールになる可能性がある。あなたが安心して任せられるアドバイザーを探すべきだ。

ストラテジック・バイヤーとの関係を築くことが重要であるのと同様、潜在的アドバイザーとの関係も築く必要がある。すぐに契約させて「付加価値」を付したり、事業を売却するためのプロセスを実行させたりしようとするアドバイザーは要注意だ。時間を掛けてアドバイザーと知り合い、彼らのネットワークを活用して紹介してもらい、アドバイザーが戦略策定や事業運営に役立つ洞察力を実際持ってい

るかどうかを識別する必要がある。それによって、実際にアドバイザーを雇う際、
あなたの選択基準に適合する、効果的なアドバイザーを見つけることが出来るであ
ろう。

LUMA Partners 共同創業者兼パートナー ブライアン・アンダーセン

パートナー M&A・ヘッド マーク・グリーンバウム

ディール完了日の翌朝に初めて次のことを考え始めるようであってはならない。事業の運営、ディールのマネジメント、そして同時に自分の感情のマネジメントでどんなに忙しくても、ディールのプロセスの中で、どのようにして「平和を勝ち取る」のかを計画する時間を十分に確保しなければならない。つまり、あなた自身と組織をどのようにトランジションさせ、新しいオーナーにインテグレーションするかを考えなければならないのだ。

もっとも重要なこと

トランジションとインテグレーションの期間にどのように取り組むかは、当然状況によって大きく変わる。プライベートエクイティに買収されその会社のCEOであり続ける場合、ストラテジック・バイヤーに買収されて事業部門として残る場合、大きな組織に完全に吸収される場合などの状況によってプロセスは大きく異なる。また、アーンアウトがある場合、新しい組織にとどまる場合、すぐに辞める場合、決められたトランジション期間中にのみとどまる場合など、個人の状況も大きく異なる。本章では、会社と社員が新しい運営組織に移行するのを支援し、退職などの役割の大きな変化の準備をすることに関し、一般的な観点から述べることとする。

しかし、何よりも重要なことは、ディールが終わったらそれで終わりだということを心得ておくことだ。あなたがCEOになるかどうかに関わりなく、あなたには間違いなく新しい上司が出来たのであり、多くの場合、長年ぶりに上司が出来たということになる。AOLのMovieFone買収後に、「ディールを合併と呼ぶにしても、買収されたのだと心得るべきだ」と、テッド・レオンシスがMovieFoneの創業者たちに言っているのを聞いた。あなたの仕事は、新しい会社での滞在期間の長短にかかわらず、成功のために新しい環境でチームとプロダクトをどのようにセットアップするのがベストかを考えることなのだ。

あなたの役割は、アドバイスすることだろうか。実行だろうか。それとも黙ることか。あなたがビジネスとチームに最高のサービスを提供するために、新オーナーにこの質問をし、彼らの指示に従う必要がある。何事もそうだが、買い手の動機や計画をすべて理解することは出来ないという現実的な自覚の上で、出来る限りのことをするべきだ。実際、買い手側が意図的に情報を隠していることも考え得る。あなたがクロージングまでずっと売り続けなければならないのと同様に、彼らもまたディールを成功させる

必要がある。もし彼らが、自分たちの計画をあなたに明かすことであなたがディールから手を引くかもしれないと考えれば、彼らはそれを秘密にしておくだろう。しかしそれが問題なのではない。心の準備をして、自分がもう物事をコントロール出来ないことを認識し、部下のために出来る限りのことをしているのであれば、クロージングの際のあなたの考え方は、「いかにしてディールをクローズさせるか」から、「いかにしてもっとも効果的に他の人の役に立つか」へと変わるはずなのだ。

オールハンズミーティング

これはおそらく、あなたの会社の歴史で最大且つ最重要なオールハンズミーティングだが、短いアドバイスをしよう。心を込めて話そう。事業の売却について何カ月も頭を悩ませたにもかかわらず持ち時間はわずか30分かもしれないが、その30分に「全員を巻き込む」ために最善を尽くすべきだ。誰が残るか、誰が去るかにかかわらず、明日は皆違う仕事をしていることを全員に伝える。感謝の言葉を忘れてはならない。それもたくさん感謝しよう。

パス・ザ・バトン

会社を売却することに関し、私は入り交じった感情を覚えたが、それはやむを得まい。20年間の努力が認められ、数億ドルの評価を得られることに興奮を覚えた。一方で、このニュースが社内でどのように受け止められるのか不安もあった。このディールの一環として解雇される私の友人や同僚のことを思うと悲しかった。一方、買い手がどのように物事に対処するのか好奇心があった。

ただ、私の中ではっきりしていたのは、この旅に句点や感嘆符をつけることは気持ちの上で受け入れられなかった。私は、ディールクローズ直後に辞任を予定していたことから、会社の歩みに「読点」を打つ必要があると考えていた。私は「パス・ザ・バトン」（バトンタッチ）というプログラムを作成し、ValidityのCEOは快く私が自由にそれを実行することを許可してくれた。このプログラムは、1つの時代が去って新しい時代が到来することに関するものだった。

私は、バンカーや弁護士がディールの収益からチームや役員に高価な食事を振る舞う、クロージングディナーの習慣が好きではない。社外アドバイザーは、ディールには重要であっても、その会社の旅のすべてには参加していない。私は常にこのことを不自然に感じた。そこで我々は、このようなイベントではなく、小規模なイベントを連続して行うことにした。数人のスタッフが各事業所を見学し、全スタッフと共にお礼のハッピーアワーを行い、リーダーたちと一緒にお礼のディナーを楽しんだ。これらのイベントでは、楽しいこと、悲しいこと、感謝すること、涙することなど期待出来るすべてのことが行われた。中でも、コロラド州にある最大の事業所で行った「オールドタイ

マー」のイベントで、10年以上の勤務歴を持つ50人以上の従業員が集まっているのを見て、非常に胸を打たれた。

「パス・ザ・バトン」プログラムには、私のチームのために最後の「ささやかなプレゼントのパッケージ」を準備することも含まれていた。この日のために特別に作られた会社のロゴ入りギアを特別な箱に詰め、また「シニア年鑑」的な出来る限りのものを作成した。また、会社の歴史の中で撮影された写真を集めた永久保存版のオンラインアーカイブを作成し、全員に投稿を依頼した。また、LinkedInとFacebookに同窓会グループを作り、現役の従業員と退職者を招待し、1300人以上の退職者が集まった。

これらすべては、社内全員が別れと感謝の言葉を述べ、楽しく、またスタイリッシュにトランジションを迎えられるようにした。

インテグレーション

第30章で、買収した会社を自社に統合することについて述べた。買収した会社に自分の会社が統合される場合も同様だが、逆の立場だ。あなたがそのプロセスを担当するかどうかは、買収後の会社との付き合いの長さによって異なるかもしれない。しかし1つ、気をつけなければならないのは、その会社はもうあなたの会社ではないということだ。あなたがそこにいるのは、ビジネスと従業員のためなのだ。統合においてどんな役割を果たすとしても、常に、新オーナーとの関係を確認する必要がある。彼らがどれだけデューデリジェンスを行ったとしても、あなたは彼らの100倍は自分のビジネスについて知っていることを決して忘れてはならない。Validityの新しいオーナーからの質問（「Xを実行すべきかYを実行すべきか」、または「Aさんを残すべきかBさんを残すべきか」）に対し、私は決して簡単な回答をしたことはなかった。常に「Zに関するあなたの戦略は何ですか」と聞き返し、それから初めて、私のアドバイスは質問の文脈に沿ったものにした。

最後に、誰が買収したにせよ、買収には必ず解雇がつきものだ。新しいオーナーには、この作業をあなた自身（あなた、またはあなたの人事チーム）で行うことを提案するべきだ。買い手が許すかどうか、或いはあなたがまだそこに残っているかどうかはともかく、従業員はあなたの部下であり、この行動は少なくとも部分的にはあなたの決断だったからだ。あなたには、このニュースをきちんと顔を合わせながら、彼ら（そして自分自身）に説明する義務がある。そして第52章「売却プロセス」で述べたように、彼らに、ディール条件、オプション、割増退職金、売却ボーナスなど経済的に出来る限りの配慮が示されるべきだろう。

第54章
次のステップを考える

　私がReturn Pathの売却に取り組んでいた最中に作った最初のルールは、ディールが実際に成立するまで次の行動について考えないというものだった。ディール成立後に自分が会社を辞める可能性が高いことを認識したからだ。成功度は95％というところだが、この経験則がなければ、事業の運営と契約の締結にすべての時間とエネルギーを費やさなければならないときに、会話や頭の中身が、自分の退職の可能性のことでいっぱいになってしまっていただろう。

シフトダウンと休息

　実際に業務から離れるためには、意識的に、意図的に自分のペースを落とす必要がある。私がよく使った例えは、マニュアル車を時速100マイルで運転しているときに、3速に入れたいと思ったらどうするかというものだ。時速100マイルから5速、4速、3速と落とすと、エンジンが吹っ飛んでしまう。だからといってアクセルから完全に足を離すとエンストしてしまう。まず減速し、それからシフトダウンし、さらに減速してから再びシフトダウンする必要がある。

　「期間Xは仕事を再開しない」、「期間Xは新しい課題での会議や電話にも出ない」と自分に誓うのだ。このXにどんな数字が入るかは問題ではない。私が知っているCEOの中には1年以上掛けている場合もあれば、数カ月しか掛けていない場合もある。休息や運動、友人や家族との充実した時間を確保するための時間と空間を確保する。自分が経験したこと、つまりディールとそして起業の旅全体を咀嚼するための時間と余裕を確保する。メールなしの長期休暇を取る。罪悪感なしにくだらない小説を読む。

　スタートアップCEOのオフィスから来る負担はかなり大きい。四半期毎の業績、EBITDA、競合他社、バーンレート、何十人何百人もの従業員が住宅ローンを支払い、家族を養うためにあなたの会社に依存している事実など、常に頭の中は心配事で溢れている。そういう重荷から解放されると、驚くほどリラックス出来るようになる。

<ruby>鋸<rt>のこぎり</rt></ruby> を研ぐ

　スティーブン・R・コヴィーの例えを借りれば、休暇中の目的は、リラックスするだけでなく、鋸を研ぐことだ。つまりよい仕事が出来るようになるために自分を活性化させることだ。仕事の在り方を変えよう。違う筋肉をつけよう。自分を充電しよう。おわかりいただけただろうか。

ディール完了日の翌週、私はリラックス出来る時間にやりたいことをリストアップした。家族の誰もが目を丸くして、「そうだよね。リラックスするためのリストを作るのにスプレッドシートを使うのは当たり前だよね」などと呆れかえり嫌味を言われたが、リストの項目は3つに分類されることに気付いた。1つは、今まで無視していた、または先に進めたいと思っていた個人的または家庭内の作業。2つめは、私が必死で働いている間にマルキータに移ってしまった、家庭内作業。どちらも、実際に「働く」こととは違うのだろうが、当然仕事だ。しかし、3番目の項目は真に「私」の項目だ。例えば、どんな本を読むか、短期的にも長期的にも自分の身体をどのようにケアしていくか、また、ギターのレッスン（何年も前から時々やっていた）、石の彫刻のレッスン（まったくやったことはないが以前から興味を持っていた）に時間を割くことなどが含まれる。

本書第2版執筆中、私は鋸を研ぐことに多くの時間を費やしている。思うようにはいかないかもしれないが、ここ数年の中ではもっとも多くの時間をそれに費やしている。それは実によいことだと思う。新しい会社を率いるために仕事に戻る準備をするという目的にかなっている。そして何よりも、もう少し常日頃から鋸を研ぐ必要があることを実感することが出来る。

自分のストーリーを語ること、そして究極のポストモーテム

第28章では、ポストモーテムの実践、ポストモーテムが組織での学び、或いはプロフェッショナルの成長や開発にとってどれほど重要かを書いた。Return Pathの旅の終わりに行われた総括的な活動の一環として、私がいちばん好きなのは、旅のほとんどを共にした少数の人々と共に行った20年の回顧だ。

準備された数時間の会話の中には、いくつかすばらしいと感じる瞬間があった。おそらくもっとも印象的だったのは、CTOのショーンが「我々は売上5000万ドルのビジネスが1億ドルのビジネスに成長しようとしているのに、蹴飛ばし、怒鳴り散らしながらその成長を止めてしまっていたような気がする」と言ったことだ。この言葉は、我々の市場と、会社としての心意気や努力をよく表している。

しかし、このポストモーテムでベストな部分は、私がそれまでの20年間に一体何をしてきたのか、自分のストーリーを結晶化させるプロセスを開始したことだろう。キャリアの次のステージに入るにあたり、自らのスタートアップCEOとしての歩みを、よいことも悪いことも、そしてひどいことさえもひっくるめて、明確に理解することが重要だと感じている。他人にきちんと説明出来るということも重要だが、何よりも自分自身に説明し、そこから学ぶことは、さらに重要なことだ。次に何をするにしてもだ。

次へ！

　休暇を取り、鋸を研ぎ、これまでの経験を整理したら、次は自分のキャリアについて考える段階だ。

　年齢的にも経済的にも仕事をやめる準備が整い、隠居生活に入るので何もしないという人もいるだろう。もし、あなたが隠居生活に入る訳でもないのなら、次に何をするかを検討するために、整理して考えるようお勧めする。何故なら、意図的に考えないと、人生の多くのことと同様に（本書の前の章と同様）、自分にはまったく合わない決断に流されてしまうからだ。エグジットに大成功をして注目を浴びるようなことになれば、すぐにヘッドハンターやVCから、別の会社の経営に参加してほしいというお誘いの電話が掛かってくるだろう。それはすばらしく、いい気分になるだろうが、しかしそれはあなたにとって本当によいことなのだろうか。

　私は、このプロセスを第2章で紹介した新しいアイディアを精査するフレームワークとよく似た方法で行った（最初と最後が共通しているのは面白い）。自分にとって何がもっとも重要かを考え、それに重み付けの式を適用し、そのフレームワークに沿って新しいチャンスを検討してきた。こうした検討によって、このフレームワークが既存の会社、未熟なスタートアップ、異なる業界など、様々なビジネスチャンスを比較するのに非常に有効であることがわかった。

　私のこのフレームワークがそのままあなたに当てはまるという保証はないが、このフレームワークを共有することで、必要な時に、あなた独自のフレームワークを作成するためのアイディアが得られることを望む。私にとってこれらは次のキャリアステップでもっとも重要な要素となった。

・ビジネスの世界にとどまり、再びCEOになること（学界、政治、非営利団体ではない）。

・すばらしい人々と共に働く。特に以前の同僚とは、また共に働きたい。

・財政面：短期的に（収益のない期間もあるかもしれないが）ぼちぼち稼ぎつつ、長期的に見て大きなリターンを狙い、且つより少ないリスクでそれを実現する。

・何らかの社会的ミッションを組み込む。社会に大きな影響を与えるようなことをする。社風を副次的なミッションではなく、主たるミッションに深く関連するものとする。

・セクター：MarTech（マーケティングテクノロジー）やAdTech（広告テクノロ

ジー）はやらない。世論の追い風を受けるものにする。

・Googleによって廃業に追い込まれるようなビジネスへの参入や企業を避ける。

・バランス：出張を減らし、ニューヨークを中心に活動する。

・可能であれば、そのエンティティや仕事へのコントロールを維持する。

・私自身の強みである、人に関わる革新的なビジネスモデルで勝負する。

　このフレームワークに加えて、次にすべきことの決断を下す際に、家族、友人、Return Pathの友人など、相談相手として大いに活用した。

　結果的には、Return Path退職以降数カ月の間に、2つの臨時CEOを務めることになった。1つはLRNという倫理・コンプライアンス分野の興味深い会社、もう一つはコロラド州のイノベーション・レスポンス・チームという組織の立ち上げだった。またコロラド州のジャレッド・ポリス知事に指名され、COVID-19ウイルスに対する州の対応を指揮した。我々は、起業家的で既成概念にとらわれない思考と、民間企業（加えて各レベルの政府機関）との深い繋がりを必要とする迅速且つ創造的なプログラムを、州の緊急時対応センターと統合して実施した。この2つの組織の臨時リーダーとして与えられた影響力により、私はReturn Pathの元同僚たちと共に、High AlphaとSilicon Valley Bankとの提携で、Bolsterという新会社を立ち上げた。Bolsterは、企業とエグゼクティブを、暫定職、分業職、顧問職、プロジェクト職の形でマッチングさせる人材マーケットプレイスで、「シニアエグゼクティブのためのネットジェット（訳者注：プライベートジェットサービス企業）」のようなものだ。20年を経てまたヨチヨチ歩きのスタートアップのCEOに戻り、この20年で得た学びをすべて生かすのも興味深い。

あとがき

『スタートアップ・マネジメント』初版の執筆は、Return Pathを起業しての旅が始まって約10年後に開始した。1999年に電子メールによる住所変更サービスを提供するという単純なアイディアから始まったものが、あらゆる種類のプロダクトを扱うようになり、取締役の一人が「我々は世界最小のコングロマリット（複合企業）だ」とコメントするまでになった。これは褒め言葉ではなかったのだが！ 本書初版のアイディアは、Return Pathの旅を共有することではなく、スタートアップCEOを初めて経験した私が直面し、おそらく他のスタートアップCEOも同じように直面するであろう問題のすべて（または多く）を共有することだった。

　私はこの本を、初任スタートアップCEOになったあなたのために書いた。何故なら、CEOになること以外に、CEOになる方法を学ぶことは出来ないからだ。あなたが初任のCEOで、初めての状況に陥ったといって、他に同じ状況に陥った者がいないとは限らない。この本では、私が学んだこと、失敗、対処した課題など、他の初任CEOが直面するであろう課題を共有している。

　第2版は創業から約20年後に執筆したが、我々は2000年のドットコム危機、9.11、2008年の金融メルトダウンを乗り越え、現在COVID-19の世界的流行の渦中にある。Return Pathは、一握りの従業員から500人近い従業員へ、ほぼゼロだった収益が1億ドルを超えるまでに成長した。また私は、初任CEOが成長する過程で遭遇するであろう状況にも直面し、最終的には会社を売却したが、これについては第6部で説明した。

　スタートアップCEOになったばかりの頃は、間違い、失敗、勘違いをし、さらに自分が結果をコントロール出来ていない（またはほとんど出来ていない）ように感じたりすることが多い。本書の中で私はそのような無力感を消し去ることを望んでいる。危機的状況からの影響を最小限に抑えるため、或いは危機的状況を断ち切るために、個人的にも組織的にも創業前の時点から開始出来ることが多く存在するのだ。

　創業初日から出来るもっとも重要なことの1つは、バリューを重視した社風を作り、その価値観に基づいて、人を雇い、昇進させ、解雇することだ。あなたの大切にするバリューがどのようなものかは私は知る由もないが、Return Pathでは透明性が重要なポイントだった。

　私が学んだもう一つの重要な教訓は、たとえそれが自分（またはリーダーシップチームのメンバー）にとって個人的な苦難を意味するとしても、ビジネスが常に最優先であり、ビジネスの観点から正しいことを実践しなければならないということだ。一貫した

社風とビジネスへのフォーカスこそが、多くの問題を回避し、あなたやあなたのチーム、取締役会、従業員が正しい判断を迅速に下すことを可能にする要素なのだ。

　私は、たとえ混沌の真っただ中でも、規律と一貫性を維持することが、持続可能な会社を成長させ、構築するための土台となることに気付いた。そして組織のためのオペレーティングシステムと、私個人のためのオペレーティングシステムを開発した。初期の段階で重要なのは、会社とのコミュニケーションを一貫して行うことだ。そこで四半期毎（または任意の頻度で）のオールハンズミーティングや取締役会、定期的な1対1ミーティングやスキップレベルのミーティングを予定した。帰宅後、一日の終わりには、妻や子どもたちとじっくり向き合えるだけの自分の時間を確保することも大切だ。今回紹介した会社と個人のオペレーティングシステムは、ビジネスの向上に不可欠な規律と一貫性を識別し、習得する上で役に立つだろう。

　Return Pathの初期に、贅沢な出費と判断したり、必要ないと思ったりして却下したものが、実は成功の礎であったという経験がある。

　さて、創業者3人だけのチームにエグゼクティブコーチは必要か。エグゼクティブコーチとの関係を築くことで、あなた以外の人々にも多くの利益がもたらされる。私のコーチは、エグゼクティブチームの他のメンバーと共に働き、エグゼクティブリトリートやボードリトリートのファシリテートを行い、また他のメンバーと共に働くことで得られる視点を提供してくれた。私のエグゼクティブアシスタントは、私のカレンダーの管理人ではなく、私の分身であり、私の必要とすることを予測し、私のために優先順位を設定し、指示がなくても物事をフォローし、1日3〜4時間も私を自由にしてくれた。

　スタートアップCEOになるというのはこういうことだ。1人しかいないし、1日は24時間しかない。週に120時間働けるだろうか。短期間なら可能かもしれない。週に120時間、効果的に働けるだろうか。多分無理だ。あなたが作り出す社風、開発し実践するオペレーティングシステムは、あなた自身と他の人々を変え、あなたの人生のバランスと会社の成長を同時に可能にするだろう。

　私は、この本を書いたことで、或いは20年近く会社を経営してきたことで、すべての答えが得られたとは決して考えていない。ただ、この2つの経験から、自分が何を問うべきなのかの答えがようやくわかり始めたとは申し上げたい。

　私の望みは、本書が、現役スタートアップCEOまたはその志望者たちに刺激を与えることだ。「サウスビーチ・ダイエット（The South Beach Diet）」や「4時間ボディ（The 4-Hour Body）」を読んだだけで痩せたり強くなったりしたような気になるように、本書を読むことで終わりにしないように願いたい。私はあなたのパーソナルトレーナーであり、『スタートアップ・マネジメント』はワークアウトのマニュアルだと捉えてほしい。私は、いくつかのガイドラインを設定し、いくつかの警告を発し、励ましやアドバイスを提供する。さあ、あとはジムで練習、練習、練習あるのみ！　スタート

アップの経営という課題に日々向き合うことは、トレッドミルやウエイトマシンのような退屈な作業とは違い、スリリングで知的好奇心を刺激する仕事であり、決して機械的繰り返し作業ではない。

　私は、フレッド・ウィルソンの言葉を引用し、スタートアップCEOは「孤独」であり、「重労働」であり、「感謝されない仕事」であるという趣旨のことを述べた。本書でトピックを何度も取り上げ、何度も単に表面をなぞっただけだと主張してきた。このことは、スタートアップCEOというのは、世界でもっとも難しく、もっともリスクが高く、もっともストレスの多い仕事の1つだということを示唆しているのか。その通り！しかし、熱意がありクリエイティブ、そしてものづくりが好きで、人と接することや、チームに目的意識を持たせるのが好きな人間にとっては、世界最高の仕事だ。

訳者あとがき

第1部　ストーリーテリング

　つまるところ、スタートアップと伝統的大企業との差は、ステークホルダーからの期待値の差から生まれる。

　顧客から見ると、大企業に接する際には既存サービスのイメージから期待値を設定しがちで、例えば「大銀行」と聞くだけで何か厳しく面倒でそして難しいサービスなのではないかと思い込んでしまう。一方で、スタートアップには予めセットされた期待値が存在しない（つまりブランドもない）ことがチャンスにも制約にもなり得る。

　従業員からの期待値はより大きく違うと言ってよい。特に日本において顕著なのだが、職場に安定した仕事を求めている社員を有する大企業は、終身雇用を期待され、どんな施策をしても剝がれない社員の雇用の受け皿を探す必要がある。事業収益性や資産効率性を脇に置いても雇用対策でやるべきと判断せざるを得ない事業が生まれ、そこでは経営の切れ味が鈍る。しかも、意外なことにそこで活用可能なスキルやカルチャーを持った社員がまさにその企業の持つコアコンピタンスを形成する存在であったりもする。一方で、スタートアップでは、レガシーがないが故にそうした難しさがないとも言えるし、逆に骨になる文化や強みがないからこそ、創業者や経営者が非常に積極的な発信によってミッション、ビジョン、バリューなどをより強く押し出し、パーパス或いは存在意義と言われる軸を自ら探して明文化し、それをしつこく執念深く伝達し続けなければチームワークが機能しない。

　株主・投資家から求められるものはといえば、もうまるで異なる。当然だが、伝統のある上場企業はまずは生き延びること、成長よりも、まずは明日も存在することが期待値となっていることが多い。だがスタートアップは生きることよりもディスラプティブな成長を求められる。ある程度壊れることも想定しながら投資する株主は3x、10x或いは50xといった投資収益率を期待するが、一般論で言えば大規模な上場企業に関しては、毎年10%成長して、且つそれなりの配当が出来ればかなり褒められる経営と言っていい。「死ぬな」と言われるか、「死んでもいいから一番になる努力を」と言われるか、の壁は無限大に高い。

　今これを読んでいただいているあなたがどちらに属しているかによって感じるものは違うことは自明だ。私もついこの間までは大企業側の経営者だった。そこからスタート

アップの世界に来て思うことがある。

　もとよりスタートアップの成功確率は低い。だが、同じ成功確率の低いスタートアップ事業を経営するにしても、短期で10xになる見込みのある事業にこそ人生を賭けるべきだ。もとより成功する見込みのない事業、スケールしない事業、プロフィットプールのない事業、顧客が金を払うことのない事業、当初から取引マージンがネガティブな事業、などなど、面白いが勝ち続ける見込みのない事業は、プランニングの段階でそれが未来のないものだとわかるはずだ。

　勿論自分たち自身で事業の未来について考えてほしい。だが、それに加えて有能なアドバイザーに自分たちのストーリーの値踏みをしてもらうべきだ。それは、経験豊富な投資家だ。VCでもCVCでもエンジェルでもよいのだが、なるべく自分たちの事業領域の事例に明るく、そして自分たちの今いる成長ステージにあるスタートアップとの協働経験の豊富なプロフェッショナルならすばらしい。

　なお、概ねいつでも言えると思うのは、日本にある事業アイディアは大抵の場合にはどこか他の国でも既に似たようなことが試されている。いわゆる「タイムマシン経営」のススメとも言えるが、海外成功事例をパクれといっているのではない。どこか他の地域での類似或いは近接分野の事例に通じた投資家のアドバイスを継続的に得るべきだ。そのためには、海外投資家に広く門戸を開いておいた方がよい。ことに日本のスタートアップ経営者に伝えたいことがある。言葉の壁、つまり英語への苦手意識は早めに払拭して、海外投資家との対話を積極的に持ち、そこでのストーリーテリングから学ぶことを強く勧める。

第2部　人的資本の構築

　この部は、スタートアップにおける創業時の「仲間うち集団」から成長のための「ベスト・アンド・ブライテスト・チーム」へと脱皮することについて触れたものだ。

　そのプロセスにおいては多くの辛い経験を経る必要がある。Paidyにおいても、それは同じだ。

　自社のパーパスを考え抜き、自分の言葉で幾度となくステークホルダーに語り、他者のインプットから学びながら修正を続けるのは楽なプロセスではない。

　「CEOとそれ以外」という超絶にフラットな仲良しチームから、規模拡大と共にレイヤーを重ねて「組織」に脱皮する中で、古参のメンバーたちから「大企業病に陥りつつある」と不満を明らかにされてきた。社員数十人の大企業！

　時には職場の仲間に対して、ポジションに見合った能力がないことを明確に伝え、降格或いは退職勧奨などを行わねばならない。それが幹部であった場合には、今後運命を

共に出来そうな後継候補者を求めて自ら数十人の採用面接を重ね、ようやく出会えたすばらしい候補者に入社を断られて途方に暮れることもある。

　100人を超えるスタッフを、採用面談から気さくな人間関係の構築までをすべてCEO自らが行い、丁寧なフォローアップを続けられれば得るものは大きいが、時間的・体力的に相当しんどい。

　そうしてようやく集まった有能な社員が、ポリティクス、議論のための議論、忖度(そんたく)、悪意、同調圧力などから解放され、意味とインパクトのある仕事に集中出来るような企業文化の構築と維持・向上のために、取り組まなければならないことは数多ある。

　これらは、スタートアップに固有の課題なのだろうか。解決方法は違えど、どのステージにあるいかなる企業にも当てはまる課題なのではないか。

　ともすれば、大企業になるにつれ、これらの仕事を人事や外部コンサルタントに委ねることも多いのかもしれないが、これらを自らの仕事と認識し、日々自己研鑽(けんさん)を重ね、変化を重ねる経営者のもとで働きたいものだ。

　読者のあなたが大企業の社員・管理職・経営陣でおられるとしたなら、ぜひスタートアップという小さな経営の事例をショーケースとして捉え、ここで述べられている人的資本の構築が自分たちのチームでも実践出来ないか、自問自答をしてほしい。

第3部　エクセキューション

　本書にある通り、スタートアップ経営に固有の難しさは、形成途上の市場で、資源の制約が大きい中で勝ち抜くことにある。ほとんどのスタートアップは資金不足が原因で破綻する。十分な資金がないにもかかわらず多くの事業を同時に追い掛けて目的達成前に資金を切らせたり、マネタイズすべきコアプロダクトに課金することなく未来の未知の収益源ばかりを語りながらフリーミアム戦略を突き進んだり、差別化が不完全なプロダクトに巨額のマーケティング費用をつぎ込んで、広告投入合戦の後に顧客の失望とともに息絶えたり、といった具合だ。

　投資家に伝えた成長ストーリーをしっかりと実行する上で十分な資源を確保したら、事業内容を飛躍させることなくやり方を修正しつつ、予め定めたマイルストーンまでしっかりとした足取りで突き進む。そして慌てふためく状況に陥る前に用意周到に次の資金調達ラウンドに臨む。そのラウンドにおいて最良のクオリティの投資家と手の切れるような会話を重ね、また次の成長ストーリーを固める。これを繰り返すことの大切さを、この3年間身に染みて感じてきた。

　もう一つ、スタートアップであれ、伝統ある大企業であれ、CEOにとってとても大

事だがなかなか実行出来ないのが、失敗を避けるのではなく失敗から学び続けること
だ。第3部には経営における留意点やフレームワークが多く紹介されているが、ここに
あるのはこうすれば必ず名シェフになれるというレシピではない。結局はいばらの道を
歩む中で、どのようにすれば困難をコントロール出来る可能性が高いのか、といったア
ドバイスがあるのみだ。失敗は、あらゆる企業にとって、継続的修正への必要不可欠な
学びだ。成功はつまずいた数の少なさで測られるものではなく、まさにそこから這い上
がる行動の質によって決まる。日本ではよく、つまずいた経験がなさそうなエリートと
称される人材を揶揄して「あいつはまだ挫折を知らない」などと話す。私は「失敗を挫
折などと感じてしまうようでは永遠に事をなすことなど出来ない」と思う。

第4部　取締役会の組成とリード

　ここにある通り、取締役会或いはボードメンバーとの対話は常に学びの宝庫だ。本文
と同じことを繰り返すのはやめて、ここでは日本特有のスタートアップ・ボードへのス
スメを私なりに書きたい。

　兎にも角にも、自分と違う背景を持つメンバーを集めるべきだ。プロフェッショナル
としてのバックグラウンドは勿論、特に話す言語と居住地域・友人関係などは距離があ
ればあるほど多くの学びが得られると感じる。例えばあなたが日本人で、日本の
Fintechスタートアップにいるなら、日本の他のスタートアップや投資家、競合などの
情報は誰の手を借りることもなくあなたの頑張りで取りに行ける。だが、あなたは海外
の競合環境、スタートアップ資金調達動向、技術トレンドなどにつき自分で他言語メ
ディアを当たり、情報収集出来るか？　一級の海外の事業パートナーや投資家とのリ
レーションの構築を一人で行えるか？　おそらく大半の人はNoと答えざるを得ないだろ
う。それが出来るメンバーが自社のボードにいるだけで、あなたの視野は日本人社会、
或いは日本語メディアに掲載されている情報に制約されることなく、無限大に広がる。

　無論、多様な人材が会議に入ればそれだけ合意形成には時間が掛かる。だが、取締役
会はもとより決断をして実行に移す場ではなく、執行チームに助言・サポートを提供し
正しい決断に導くためにある。無論、執行の監視機能についても軽視するものではない
が、せっかくあなたの時間の多くを取締役会の運営に費やすのであれば、攻めと守りの
両面から最大限のバリューを享受したいものだ。

第5部　他者の管理のための自己管理

　自分らしくあること。これは人生の命題だ。他人や仕事に追い立てられて毎日を過ご
すことは、自分らしい人生を生きることに繋がらないのは明らかだ。

自分の人生を生きよう。あなたの人生は自分でコントロールしよう。他人にどう思われたいか、他人にどのように評価されたいか、ではなく、自分がどうしたいのかで進む方向を決めよう。そして、過去にとらわれず、常に未来を生きよう。

　ただ、特にあなたがCEO或いは上位の管理職であるならば、あなたがどう生きるかは他者の人生にも大きな影響を及ぼす。自分がどうしたいのかを知ったなら、その通りに出来ているのかを定期的に振り返り、アジャストを続けよう。学びを続けよう。特にあなたがCEOであるのなら、社で一番のラーニング・アニマルとして、昨日よりもよいリーダーであり、昨日よりもっと理想に近い自分であり続けることに取り組み続けてほしい。

　そうでないなら、今があなたの引き際ではないか。
　自分にも肝に銘じておきたい。

第6部　会社の売却
　第2版へのアップデートとして、エグジットに関して貴重な体験に基づく記述が加えられた。
　CEOにとっても、他の誰にとっても、いつかやってくるかもしれないギヤチェンジ。スタートアップの側からも、買収する側からも、「自分ごと」ととらえて考えてみるのもよいかもしれない。

【著者】

Matt Blumberg (マット・ブランバーグ)

VC、経営コンサルティング会社でコンサルタント、事業会社でのデジタル・マーケティング責任者を経て1999年にReturn Pathを創業、大きな成功に導く。卒業したプリンストン大学のコミッティーへの参画、コロラド州の新型コロナ対策ワークフォースのリード、地域リトルリーグのサポートなど活動は多岐にわたりシリコンバレー拠点のVC、アンドリーセン・ホロウィッツの共同創業者であるベン・ホロウィッツやTwitterの元CEOであるディック・コストロなどにも尊敬される経営者。

【訳者】

杉江 陸

株式会社Paidy代表取締役社長兼CEO

1971年生まれ。東京大学教養学部卒業後、富士銀行 (現みずほフィナンシャルグループ) 入行。その後コロンビア大学MBA並びに金融工学修士を取得しアクセンチュアを経て2006年GEコンシューマー・ファイナンス入社。同社が新生銀行グループ傘下となり2009年に新生フィナンシャルへ社名変更。2012年に同代表取締役社長兼CEOに就任。2016年からは新生銀行常務も兼任。2017年11月からPaidy代表取締役社長兼CEO。

スタートアップ・マネジメント

破壊的成長を生み出すための「実践ガイドブック」

2021 年 5 月 18 日　第 1 刷発行

著者 ————————— マット・ブランバーグ
訳者 ————————— 杉江 陸
翻訳アシスタント — 竹中美紀
発行 ————————— ダイヤモンド・ビジネス企画
　　　　　　　　　　〒104-0028
　　　　　　　　　　東京都中央区八重洲2-7-7 八重洲旭ビル2階
　　　　　　　　　　http://www.diamond-biz.co.jp/
　　　　　　　　　　電話 03-5205-7076 (代表)

発売 ————————— ダイヤモンド社
　　　　　　　　　　〒150-8409　東京都渋谷区神宮前6-12-17
　　　　　　　　　　http://www.diamond.co.jp/
　　　　　　　　　　電話 03-5778-7240 (販売)

編集制作 ————————— 岡田晴彦・川地彩香
装丁 ————————— BASE CREATIVE, INC.
DTP ————————— 齋藤恭弘
印刷・製本 ————————— シナノパブリッシング